LITTÉRATURE CONTEMPORAINE

NEUVIÈME SÉRIE

LA JUSTICE

POÉSIES

PAR

L'ABBÉ BOGROS — LOUIS OPPEPIN — GUSTAVE L'HOTTE — L'ESPRIT FRAPPEUR
LOUIS DE PRÉVILLE — PAUL CHOCQUE — ALFRED PIQUOT
EUGÈNE BOUR — ORSE — CH. BLANCHOT — A. DE MARTONNE
GUSTAVE ROUSSET — LE GUERCHE — V. BONHOMMET — P.-C. DUPUY
Dr VALLON-COLLEY — ALFRED VELLOT — ARMAND MENICH — L'ABBÉ PEYRET
FABRE DES ESSARTS — HENRY NADAUD — ETC., ETC.

PUBLIÉES

PAR

ÉVARISTE CARRANCE

BORDEAUX
AU SECRÉTARIAT DES CONCOURS POÉTIQUES
92, Route d'Espagne

1873

LA JUSTICE

LITTÉRATURE CONTEMPORAINE

NEUVIÈME SÉRIE

LA JUSTICE

POÉSIES

PAR

L'ABBÉ BOGROS — LOUIS OPPEPIN — GUSTAVE L'HOTTE — L'ESPRIT FRAPPEUR
LOUIS DE PRÉVILLE — PAUL CHOCQUE — ALFRED PIQUOT
EUGÈNE HOURI — ORSE — CH. BLANCHOT — A. DE MARTONNE
GUSTAVE ROUSSET — LE GUERCHE — V. BONHOMMET — P.-C. DUPUY
Dʳ VALLON-COLLEY — ALFRED VELLOT — ARMAND MENICH — L'ABBÉ PEYRET
FABRE DES ESSARTS — HENRY NADAUD — ETC., ETC.

PUBLIÉES

PAR

ÉVARISTE CARRANCE

BORDEAUX
AU SECRÉTARIAT DES CONCOURS POÉTIQUES
92, Route d'Espagne

1873

A MONSIEUR LE COMMANDEUR

LUIGI CRISOSTOMO FERRUCCI

Président d'honneur du Comité des Concours Poétiques de Bordeaux

à Florence.

Admiration, respect, dévouement!

Pour les membres du Comité Poétique :

Le Président,

ÉVARISTE CARRANCE

LA JUSTICE

AUX COLLABORATEURS DU 9ᵉ CONCOURS POÉTIQUE

La justice est la fleur qui parfume la vie,
Et le juste un soldat luttant contre l'envie,
Semant, dans les replis profonds du cœur humain,
La vérité qui marche un flambeau dans la main.
Il n'est rien de plus doux et rien de plus auguste
Que la vertu qui brille au front de l'homme juste :
C'est la sérénité du devoir accompli,
Qui passe sans laisser le symptôme d'un pli.
C'est le regard sublime, et quelquefois austère,
Fouillant le cœur humain, cet effrayant cratère,
Et cherchant à guider, phare aux multiples feux,
Dans les sentiers du bien, les esprits malheureux.

Comme Dieu, la justice est vraiment éternelle.
Elle habite l'azur, et souvent d'un coup d'aile,
Descend dans les tripots de ce monde vantard
Dont le vice est le fils, et l'honneur le bâtard !
Elle va, rappelant parmi la race humaine
Le sublime pardon et l'oubli de la haine,
Et foulant, tour à tour, les peuples et les rois,
Cherche à les pénétrer de ses divines lois.

Et depuis six mille ans... qu'elle poursuit sa route,
Écartant la terreur, et terrassant le doute,
Semant la vérité, promenant son drapeau
Sur le monde vieilli, sur le monde nouveau,
Montrant ses attributs à la foule insensée,
Et revenant toujours, sans en être lassée,

LA JUSTICE

Prodiguer ses rayons! prodiguer sa beauté!
Et depuis six mille ans... ô sombre cruauté!
Le monde a méprisé cette femme sublime,
Dont un simple regard fait resplendir l'abîme!
O peuples! qu'avez-vous à repousser la main
Qui doit vous préparer la paix du lendemain?
Vous voulez être libre au prix du sacrifice?
Eh bien! la Liberté n'est rien sans la justice!
Et l'esprit le plus grand, s'il en fuit la splendeur,
N'est qu'un tyran banal qui forfait à l'honneur!

La justice, ici-bas, c'est la voix qui console;
C'est, d'un homme de cœur, la loyale parole;
C'est la fraternité dans son rayonnement;
C'est le droit qui combat pour sauver l'innocent;
C'est l'étoile qui brille au foyer solitaire,
Comme une douce lampe au pieux sanctuaire;
C'est l'espoir qui sourit, le travail qui soutient,
Et la paix qui regarde, et le bonheur qui vient.

Oh! la justice! il faut en ce monde où tout passe
Nous éclairer toujours d'un rayon de sa grâce,
Et ranimer nos cœurs à ce souffle puissant
Qui fait l'homme meilleur et qui le fait plus grand.

ÉVARISTE CARRANCE.

Août 1872.

LES DEUX FRÈRES
APOLOGUE

Deux frères possédaient, en commun héritage,
    Un très beau champ de blé;
Tous deux voisins, tous deux ils mettaient en partage,
    Dans un amour jamais troublé,
      Tristesse ou joie
    Que le Seigneur envoie.

Or, voici qu'un beau soir, à l'ombre d'un buisson,
Se reposant, lassé des travaux de la veille,
    Le plus jeune des deux s'éveille :
    — C'était au temps de la moisson. —
Sans doute qu'il rêvait, cœur sans fiel et sans fange,
A quelque œuvre de bien, comme rêve un bon ange.
    Il s'éveille et se dit tout bas :
Je suis seul, et mon frère est chargé de famille;
    Tandis qu'il dort, couché là-bas,
Ses fils autour de lui, sa main sur sa faucille,
Allons grossir sa gerbe, et demain, cela fait,
Il ne saura jamais d'où lui vient ce bienfait.

Aussitôt fait que dit; mais presque à la même heure
L'aîné, se réveillant, s'était dit, soucieux :
Notre frère isolé vit triste en sa demeure,
Il n'a pas, comme moi, de beaux enfants joyeux,
Ni comme moi, non plus, de compagne chérie ;
Dédommageons-le donc quelque peu, qu'il sourie !

    Et, sublime échange d'amour!
Il va d'un pas discret, apporter à son tour

Une gerbe de plus à la gerbe du frère.
Mais comment s'expliquer cet étrange mystère ?
Quand au champ réunis avec l'aube du jour
    Chacun, parmi les hautes herbes,
Retrouva, pour sa part, même compte de gerbes.

    Sans se décourager, vingt fois,
    Nobles cœurs, ils recommencèrent.
Lorsque, se surprenant tous les deux à la fois,
    A genoux, leurs bras s'enlacèrent
Dans un de ces transports muets, délicieux,
Qui, pour juges, témoins n'ont jamais que les Cieux.

    Riches et pauvres, dans ce monde,
  Ah ! goûtez bien cette leçon profonde :
Sans bruit, au champ commun apportez tour à tour,
    Frères, votre gerbe d'amour ;
    Riche, la gerbe nourricière,
    La belle gerbe aux épis d'or ;
    Et toi, pauvre de tout trésor,
Ta gerbe au moins de foi, de paix et de prière !

L'ABBÉ MAURICE BOGROS.

Nièvre.

L'HIRONDELLE DU CALVAIRE

Salut, douce hirondelle au plumage d'ébène,
    Au gazouillement gracieux !
Le printemps embaumé parmi nous te ramène
    D'un long exil sous d'autres Cieux.

D'où viens-tu? Qu'as-tu vu dans tes courses errantes?
L'équateur au soleil de feu?
L'Afrique au ciel brûlant, aux plaines dévorantes?...
— « Non, j'ai vu le Calvaire et le berceau d'un Dieu!

» J'ai vu le chaume antique où la Vierge bénie,
Plus belle que le lys odorant de Béthel,
Priait et méditait quand, suave harmonie,
Elle entendit la voix de l'ange Gabriel.
L'écho m'a répété les paroles sacrées,
Et l'air s'est parfumé, le Ciel s'est recueilli ;
La brise a caressé mes ailes azurées,
Et le Jourdain a tressailli.

» Des palmiers encor verts, j'ai salué l'ombrage
Qui s'inclinait jadis sur les pas de Jésus ;
Le temple où, de l'enfant, le sublime langage
Fit taire devant lui les sages confondus.
Mon vol s'est reposé sur le chaume modeste
Qui, du vieillard soumis, abritait l'atelier ;
Là, sous un lourd labeur, courbant son front céleste,
Jésus vécut, humble ouvrier.

» J'ai suivi le désert où la foule mouvante
Vit se multiplier les pains miraculeux ;
La mer où, commandant à la vague écumante,
L'Homme-Dieu rassura le disciple anxieux ;
Aux flots de Siloé j'ai rafraîchi mon aile ;
Là, le Christ releva la pécheresse en pleurs ;
J'ai vu l'ange troubler à l'heure solennelle
La piscine ouverte aux douleurs!

» Et partout, du cédron aux montagnes superbes,
L'hysope, le palmier, l'étoile, le vallon,
L'aigle du haut des airs, l'insecte sous les herbes
Du divin Rédempteur m'ont proclamé le nom !
Joyeuse, je planais sur ces heureuses plages,
Effleurant chaque flot, baisant toutes les fleurs :
J'aimais ces airs si doux, ce Ciel pur, ces ombrages,
Ce fleuve et ces grands monts rêveurs.

» Mais un jour, — jour fatal ! — je volais solitaire,
Respirant les parfums exhalés sur ces bords ;
Pensive, j'atteignis le sommet du Calvaire,
Et tressaillis soudain à d'étranges accords.
C'était comme un soupir plein de sombre harmonie,
Un murmure plaintif qui montait vers les Cieux ;
Mon cœur fut attentif, et la brise attendrie
    Me dit ce chant mystérieux :

« Ici, s'est accompli le sublime mystère,
   » Le sacrifice solennel !
» Ici coula le sang qui racheta la terre
   » Du sombre arrêt de l'Éternel !
   » Croissez, ô fleurs immaculées !
   » Resplendissez, lys des vallons !
   » Ouvrez vos corolles voilées
   » Aux feux des célestes rayons ;
   » Parfumez cette terre sainte
   » Où l'archange aimé du Seigneur
   » Ne pose le pied qu'avec crainte,
   » Au souvenir du Rédempteur !

» Haletant sous le poids de la croix écrasante,
  » Le front pensif, l'œil attristé,
» J'ai vu le Christ gravir la montagne tremblante
» Devant tant de douleur et tant de majesté.

» Trois fois, il est tombé sous l'arbre d'infamie !
  » Et, déchirant son corps sanglant,
» Des tigres odieux rugissant de furie,
» L'ont relevé couvert de sueur et de sang !

» Et la Vierge suivait, elle, la tendre mère,
  » Étouffant ses cris douloureux,
» Implorant du regard la foule sanguinaire,
» Qui ne lui répondait que par un rire affreux !

» O jour épouvantable ! heure à jamais terrible !
  » J'ai vu, j'ai vu l'Emmanuel
» A la croix attaché dans une angoisse horrible,
» Pour ses lâches bourreaux demander grâce au Ciel !

» J'ai vu son œil si doux s'élever vers son père,
  » Et plein d'amour et de pitié,
» Pensant dans sa douleur, désarmer la colère
» Prête à broyer, hélas ! l'univers effrayé !

» Et le Ciel se voila, les antres retentirent
  » De gémissements, de sanglots !
» Sion frémit d'horreur, les tombeaux tressaillirent,
» Le soleil, du Jourdain vit reculer les flots !

» Et l'heure commença, l'heure de l'agonie !
   » Son front se couvrit de sueur ;
» Son âme se remplit d'une angoisse infinie,
» Et son cœur s'inonda d'une immense douleur !

» Puis la mort approcha, lente, terrifiée,
   » N'osant toucher ce front aimé !
» Mais la Victime, hélas ! était sacrifiée !...
» Le Christ rendit l'esprit, et tout fut consommé

   » Depuis, humble brise légère,
   » Fidèle à ce sacré séjour,
   » Je recueille ici la prière
   » Du repentir et de l'amour.

   » Et sur les rayons de l'aurore,
   » Ou sur les feux mourants du soir,
   » Je porte au Dieu que tout adore
   » Ces élans de crainte et d'espoir.

   » Et du Christ ému l'œil s'abaisse
   » Sur ce globe sombre de mort,
   » Et son regard plein de tendresse,
   » Comme autrefois, bénit encor ! »

— » Ainsi parla la brise ; et moi, pauvre hirondelle,
Je descendis tremblante à ce lieu consacré
Sur le rocher béni, je reposai mon aile,
Et contemplai longtemps le sommet révéré.

» C'était là, c'était là le phare d'espérance,
Où l'homme rassuré devait river ses yeux ;
C'était là le salut, la porte de clémence
        Ouverte pour entrer aux Cieux !

» Oh ! comme avec amour je baisai cette cime !
Dans quel recueillement j'effleurai ces sentiers
Où le Christ imprima dans sa marche sublime
        La trace sainte de ses pieds !

» Longtemps, je parcourus la montagne bénie,
M'imprégnant de fraîcheur et de doux souvenirs ;
Et quand l'ombre envahit la plaine recueillie,
Je partis, le cœur plein d'ineffables soupirs !

    » Et je revins à ma Patrie,
    Fidèle à mon nid ignoré,
    Redire aux fleurs de la prairie
    Les merveilles du mont sacré ! »

    Ainsi gazouilla l'hirondelle
    Qui reprit son vol gracieux,
    Rasant la terre de son aile,
    Et remontant rapide aux Cieux.

    Et moi, poète, l'âme émue,
    Longtemps de l'œil je la suivis ;
    Et quand elle eut fui dans la nue,
    Seigneur, Seigneur, je vous bénis !

Et je vous dis dans ma prière :
« Seigneur, au nom de vos douleurs
Et de vos larmes au Calvaire,
Grâce pour vos persécuteurs !

» Sauvez l'homme, sauvez le monde !
Que votre sang versé pour nous
Devienne la source féconde
Où nos cœurs se parfument tous !... »

Louis Oppepin.

Nièvre.

A UNE JEUNE FILLE DONT LE CŒUR S'ÉVEILLE

A qui réserves-tu, mignonne,
Tes regards brillants de désir,
Et cette bouche si friponne
Qui semble appeler le plaisir ?
Qui donc sur ta taille élancée,
Arrondira son bras nerveux,
Comme une vipère enlacée
Sur un daim tremblant et peureux ?
Qui va de ta lèvre dorée
Moissonner les premières fleurs,
Et presser ta tête adorée
Sur son sein tout gonflé d'ardeurs ?
De tes cheveux, ondes soyeuses,
Quand le plus heureux des amants
Mordra les boucles amoureuses
En murmurant des mots brûlants ;

Lorsque cet élu, ma pauvrette,
Avec un sourire effrayant,
Fixera sur ta collerette
Un œil fiévreux et brillant ;
Prise d'une frayeur étrange,
Près de laisser couler tes pleurs,
Quand tu verras froisser, cher ange,
Et tes dentelles, et tes fleurs ;
Lorsque sa main pleine de rage,
Brisant agrafes et lacet,
Va s'abattre ainsi qu'un orage
Sur les trésors de ton corset,
Sur ces beaux seins qu'une tempête
Soulève de bonds inconnus,
Il perdra tout à fait la tête,
Enfant, devant tes charmes nus.
Il se rira de ta prière,
De tes larmes, de tes fiertés,
Et saura noyer ta colère
Dans l'Océan des voluptés.
Sous ses longs baisers, frissonnante,
Oubliant bientôt tes soupirs,
A la fois Vestale et Bacchante,
Rouge de honte et de plaisirs,
Craintive encore mais charmée,
Te laissant aller sur son cœur,
D'une étrange ivresse pâmée
Tu diras : Salut au bonheur !
Puis après la nuit enivrante,
Lorsque les rayons de soleil,
En dorant ta couche brûlante,
Arrêteront ton court sommeil ;

Près de ton amant qui repose,
Ton coude blanc sur l'oreiller,
Tu rêveras à mainte chose
Avant que de le réveiller.
Peut-être, en ta vertu tardive,
Tu vas te trouver bien des torts;
Peut-être même, enfant naïve,
Ton âme auras quelques remords;
Mais songe alors, ô ma princesse,
Que les fleurs ne brillent qu'un jour,
Et qu'à la fleur de la jeunesse,
Il faut le soleil de l'amour;
Que s'il te donna tant de charmes,
De grâces, d'attraits enivrants,
Dieu te fit pour sécher des larmes
Et consoler des cœurs souffrants.
Songe enfin combien de dévotes
Dont on célébra la pudeur,
Ont porté leurs grâces vieillotes
A quelque jaune confesseur,
Ou bien dans un regret lubrique,
A prix d'or trompant leur chagrin,
Cherché la caresse impudique
De leurs laquais ivres de vin.
Mais toi, l'amour dort sur ta couche,
Jeune, épanoui, radieux.
Regarde sourire sa bouche,
Et caresse de tes grands yeux
Son beau front tout humide encore
Des baisers dont tu le couvris
Et ce sein, rosé par l'aurore,
Où cette nuit tu t'endormis.

Chasse de ton esprit la crainte
Puisqu'il est beau, qu'il est aimé,
Dans une langoureuse étreinte
Réveille ton amant charmé.
Enfin, souviens-toi qu'à ton âge,
Age de passion, d'ardeur,
Être folle c'est être sage,
Et sois fière de ton bonheur.

Gustave L'Hotte.

Nord.

LA MORT
ODE PAR UN MORT

A MM. LES JUGES DU CONCOURS POÉTIQUE DE BORDEAUX

TRÈS HUMBLE ET TRÈS RESPECTUEUX HOMMAGE

Les êtres humains présents sur la terre ou recueillis en Dieu ont entre eux des rapports vivants, et n'est-il pas temps de comprendre *scientifiquement* que les esprits s'attirent et se pénètrent les uns les autres ?

Le Père Gratry, de l'oratoire, professeur de
morale évangélique.

I

Réunis en cour souveraine,
Doctes juges de nos travaux,
Comme moi lancés dans l'arène,
Intrépides et chers rivaux;
Vous, si grande sous la couronne,
Vierge pure, sainte patronne,

Soutenez mon pieux transport ;
Et vous, vous par qui tout respire,
O mon Dieu ! bénissez ma lyre ;
J'ai vécu... je chante la mort.

II

Écoutez... dans le monastère,
Le funèbre glas retentit ;
Et le fossoyeur, à la terre,
A déjà demandé mon lit.
Tout à coup le Ciel s'illumine,
Et répand la flamme divine
Sur mon front à peine terni ;
Une voix m'appelle... ô merveille !
Je frissonne, je me réveille...
Et m'élance dans l'infini.

III

L'infini !... serait-ce un mirage ?
Le brin d'herbe, le vermisseau,
Le chanteur ailé du bocage,
Le bocage et son clair ruisseau ;
Le feu des volcans, les planètes,
Traînant leurs cheveux les comètes,
Les soleils, les flots écumants ;
Les esprits en leur sainte extase...
Tout se meut, s'attire, s'embrase
Dans d'immenses tressaillements.

IV

Et dans sa fureur homicide,
La mort, sombre divinité,
Contiendrait d'une main livide
Nos élans vers l'éternité...

Vil atome, le grain de sable
A nos pieds roule impérissable;
Et notre âme devrait finir !...
Triste erreur, insolent blasphème :
Ton droit éternel, mort que j'aime,
Est de nous frayer l'avenir.

V

Au creuset! chimiste morose,
Le plus humble de tes cheveux,
Les parfums qu'exhale la rose
Anéantis-les, si tu peux.
Je le sais : « Tu n'as pas vu l'âme. »
As-tu jamais vu cette flamme
Qui conduit le fer à l'aimant;
Ce magique et puissant fluide,
Qui tient suspendus et qui guide
Tous les globes du firmament?

VI

Répondez, du fond des abîmes,
Répondez, superbes tyrans;
Répondez, bourreaux et victimes,
Rois martyrs et rois conquérants.
Sous l'étreinte de la tempête,
Engloutis ou portés au faîte,
Annibal, César, Scipion,
Et vous tous, rivaux d'Alexandre,
N'êtes-vous que fumée et cendre,
Sur les ailes de l'aquilon?

VII

A la pâle lueur du cierge,
Sous une tenture de deuil,
Le pasteur bénit une vierge
Que le sort destine au cercueil.
Belle encor la vierge repose ;
Mais cette lèvre sitôt close
Un baiser ne peut la rouvrir...
Et toi, que sa mort désespère,
Mère, dis-moi, mourante mère,
Si ton enfant a pu mourir !

VIII

Rien ne meurt ! et la foi succombe
Sous l'effort de l'impiété.
Insensés... entrer dans la tombe
C'est gravir l'immortalité.
C'est bonheur, loin de vos misères,
Dans nos tourbillons de lumières,
De prier d'un cœur plus fervent ;
De descendre où l'aube se lève ;
De dompter le flot que soulève
La fureur jalouse du vent.

IX

Des esprits la grande phalange
Vous convie au banquet des Cieux.
Pour nos Cieux, laissez votre fange ;
Pour notre Dieu, laissez vos dieux.

A la foi donnant l'espérance,
Montez où la gloire commence,
Où finit le rêve menteur.
Dans nos sphères, plus d'amertume...
Le brasier qui seul nous consume,
C'est l'amour pour le Créateur !

L'Esprit Frappeur.

ÉLÉGIE
A M. X.

I

ALORS ET AUJOURD'HUI

Triste, je viens de suivre un chemin qu'avec joie,
Je parcourus, un jour, en y foulant des fleurs ;
    C'était encor la même voie,
Mais on n'y répandait aujourd'hui que des pleurs !

Comme en ce jour si loin — et cependant si proche ! —
L'airain sacré, dans l'air, fut saisi d'un frisson ;
    C'était encor la même cloche,
Mais elle n'avait plus, hélas ! le même son !

L'église, ainsi qu'alors, ne fut pas assez ample,
Lorsque tous vos amis en franchirent le seuil ;
    C'était encor le même temple,
Mais l'or n'y brillait plus, l'autel était en deuil !

Oubliant que le temps, comme un fleuve, s'écoule,
Je cherchais de nouveau votre ange devant moi...
    C'était encor la même foule,
Mais au lieu d'un cortége, on formait un convoi !

Le trépas aveuglé par sa rage jalouse,
Vous prit celle que, seul, vous deviez protéger;
  C'était encor la même épouse,
Mais l'immortelle avait remplacé l'oranger!

II

DÉSORMAIS

Désormais... c'est la vie à la face livide,
C'est votre cœur broyé, c'est votre maison vide,
C'est le pèlerinage à travers les cyprès,
C'est d'une affreuse mort le souvenir intime :
  Puisqu'avant vous fûtes sublime,
  Soyez donc héroïque après!

Le mois de mai déjà naissait avec les roses,
Le printemps présageait les plus riantes choses,
Mais Dieu qui nous donnait les fleurs, avait le droit
D'en cueillir, pour le Ciel, une plus digne qu'elles;
  Et choisit, parmi les plus belles,
  La fleur qu'abritait votre toit!

Désormais... c'est le deuil qu'une larme accompagne,
C'est l'absence sans fin d'une tendre compagne,
C'est le dard des douleurs dans une âme rivé,
C'est l'éternel regret d'avoir trouvé si brève
  Cette union qui fut un rêve
  Disparu, sans être achevé!

Pourquoi Blanche sitôt vous fût-elle ravie?...
Plus que d'autres pendant toute une longue vie,
Époux, vous dépensiez de flamme en un seul jour;
Ah! votre douce femme a quitté cette terre,
  Pour aller redire à sa mère,
  L'immensité de votre amour!

Désormais... le devoir doit bannir la tristesse,
Gardez bien le trésor que le Seigneur vous laisse...
Priez, puisque de vous se détache un lambeau;
Chantez, puisqu'il vous reste une blanche colombe :
  Il faut pleurer près d'une tombe,
  Mais sourire près d'un berceau!

Louis de Préville.

Mai 1872.

LA REVANCHE
A VICTOR HUGO — A LIEBKNECHT
1re Partie. — Démence.

France, sur ton beau corps, le farouche Germain,
Cupide et violent, a pu porter la main!...
Après t'avoir longtemps, sans relâche, meurtrie,
De ta riche couronne, ô ma noble Patrie,
Il osa dérober deux glorieux fleurons :
L'Alsace et la Lorraine, hélas! que nous pleurons...
Surprise, tu t'étais vainement défendue!
Sous le pied de bourreaux avides, étendue,
Pour rançon tu signas à leurs chefs, trois vieillards,
L'engagement sacré de payer cinq milliards;
Puis tu te relevas, bien pâle, mais sans honte!...

Voilà ce qu'aujourd'hui l'histoire nous raconte.

Mais nous, nous frémissons!... Les fils des vieux Gaulois,
A l'étranger, souvent, ont pu dicter des lois,
Et jamais, non! jamais, ils ne sauraient permettre
Qu'il puisse insolemment, chez eux, parler en maître!...

Oh! comme ils rougiraient de nous, nos preux hardis,
De nous voir à ce point tombés, abâtardis!...
Perdant tout sentiment de notre indépendance,
A t-elle donc sonné l'heure de décadence?
Faut-il, en consommant toutes les lâchetés,
Perdre ce qui nous reste encor de Libertés?...

O Danton, grand tribun qui, devant leur menace,
T'écriais : « De l'audace! encore de l'audace! »
Des vieux trônes, là-bas, et des traîtres ici,
La coalition te demandait merci!...
Mais nous, quel sang glacé circule dans nos veines?
Ne prépare-t-on pas les colliers et les chaînes
Qui doivent contenir nos fureurs sous le fouet?
Ou bien, d'un rêve affreux, sommes-nous le jouet?

France, réveille-toi! le vieux monde murmure...
Jette tes cotillons! revêts la rude armure!...
Quand le cri des tyrans monte encore dans l'air,
Montre-leur ce que peut un peuple libre et fier.

Tout notre crime était d'avoir subi l'Empire;
Mais, au Quatre Septembre, il s'abîme! il expire...
Les Allemands, alors, devaient avoir à cœur
De rendre noble et grand le rôle du vainqueur;
Car ils tenaient, tremblant, l'aventurier sinistre
Cause, encore une fois, de ce dernier sinistre...
Notre armée, elle-même, était en leur pouvoir;
Pour eux, faire la paix devenait un devoir.
Mais non, ils poursuivaient une invincible haine,
Et voulurent ta mort, France républicaine!

Ils lancèrent partout leurs nombreux bataillons
Sur ton peuple innocent, paisible en ses sillons.
Vainement on voulut le leur faire comprendre,
Bientôt, sur leurs projets, on ne put se méprendre ;
L'occasion s'offrant certaine, sans danger,
La Prusse n'avait plus qu'un seul but : se venger !
Aussi, les vîmes-nous se ruer sur la France,
Comme pour insulter au jour de délivrance
Que venait d'acclamer ce malheureux pays...

Par l'indignation nos cœurs furent saisis,
Et la colère, alors, souleva nos poitrines !
Pourtant, à l'Allemagne oubliant ses doctrines,
Nous voulûmes porter un avis fraternel.
De l'humaine union, le principe éternel
Savait nous animer d'abord, et non la lutte,
Et nous parlions ainsi, dignes dans notre chute :

15 Septembre 1870.

« Allemagne, ta cause est injuste aujourd'hui !
» A sa suite, aveuglée, un vieux roi te conduit...
» Toi dont j'ai toujours cru l'âme républicaine,
» D'un despote orgueilleux tu secondes la haine ?
» Ah ! prends garde, vois-tu, prends garde aux Prussiens !
» Bismark prend tes soldats et ménage les siens...
» Il veut, d'un empereur, t'imposer l'esclavage,
» Et te met en avant dans son œuvre sauvage,
» Afin, lorsque viendront la honte et le malheur,
» De poser sur ton front son propre déshonneur.

» Prends bien garde ; pour toi cette heure est solennelle !
» Tendons-nous, Allemagne, une main fraternelle.

» Après tant de misère et d'inhumanité,
» Ils seront doux, crois-moi, nos jours de Liberté...
» Mais, avant, il faut être une grande Patrie ;
» Il faut que ta voix fière, avec la mienne, crie :
» — Vivent les peuples-rois ! les tyrans ont vécu...

» Plus de peuple vainqueur ni de peuple vaincu
» Où l'un, ne récoltant qu'une gloire stérile,
» Sème toujours chez l'autre une rage fébrile
» De se venger bientôt de revers trop sanglants !...
» Ne pouvons-nous trouver de plus nobles élans?
» Des sentiments, enfin, dignes de ce nom d'hommes
» Dont on veut être fier dans le siècle où nous sommes?...

» Frères, au despotisme opposons la raison !
» Sans elle le progrès se voile à l'horizon.

» Pendant la paix, ceux dont nous subissons la chaîne
» Ont bien soin, entre nous, d'entretenir la haine...
» Ils évoquent souvent les ombres du passé,
» Oubliant à dessein qu'un grand souffle a passé
» Dessus, égalisant les hommes et les races.

» Ici, les vieux venins n'ont point laissé de traces ;
» Pourquoi lancer ainsi vos bataillons épais
» Sur nous, les travailleurs et les hommes de paix?...
» Puis, quels sont les sujets de ces fureurs altières?
» Nos frontières? Eh bien! n'ayons plus de frontières!
» Notre pays commun s'en trouvera doublé,
» Et produira pour tous, les métaux et le blé...

. . . .

» Mais non, vœux superflus ! car le métier des armes
» Pour vos sens primitifs possède encor des charmes :
» Enfourcher un coursier !... ceindre le ceinturon
» Au moment du départ, sonné par le clairon !...
» Voir tout autour de soi des figures aimées,
» Par l'espoir, le désir, ou la crainte, animées !...
» Les bruyants défilés d'hommes et de chevaux !...
» Les canons... les caissons... les chants guerriers nouveaux !
» Les fiers commandements !... les brillants uniformes
» Où la plume, la soie, et l'or, sous mille formes,
» Réjouissent les yeux !... ce troupeau qui se meut
» Au caprice d'un seul !... tout cela vous émeut !...

» Hélas ! ce déploiement d'éclatantes bannières,
» Ces accords si joyeux des fanfares guerrières,
» Savez-vous ce qu'on veut vous cacher avec eux ?
» Le monstrueux ! l'horrible !... un spectacle hideux !...
» Tout cela c'est la mort aux tableaux les plus sombres ;
» C'est la nuit déployant ses plus lugubres ombres :

» Partout des malheureux, vrais squelettes vivants,
» Fuyant quelqu'incendie, errent à tous les vents ;
» Les villes et les champs ont d'affreuses épaves...
» Des morts défigurés, des blessés aux fronts haves !...
» Là-bas, un cavalier a le crâne fendu ;
» Cet autre, contre lui s'est en vain défendu,
» Un boulet est venu déchirer ses entrailles...
» Cent mille autres ! ainsi, dans le sort des batailles,
» Se sont trouvés broyés, brûlés, déchiquetés,
» Sans avancer d'un jour le temps des Libertés !...

» Quant aux vainqueurs, voyez : une épaisse poussière
» Couvre leurs oripeaux ; leur démarche, si fière

» Au départ, a fait place au pas lourd, fatigué...
» Sous la poudre et l'ennui, cherchez leur front si gai...
» Et pourtant ce sont là ceux qui chantent victoire,
» Rapportant au foyer ce qu'on appelle gloire;
» Ils laissent derrière eux, dans les pleurs et le sang,
» Tout un peuple meurtri... mais encor frémissant!
» Devant un si grand crime, œuvre atroce, insensée,
» La nature, d'effroi, semble s'être glacée...
» Le calme de la mort suit l'horrible fracas,
» Et les noirs corbeaux seuls font de larges repas!...

» — Meurtre, viol, pillage, incendie et famine,
» Ruisseaux de pleurs, de sang!... la peste, la ruine,
» De nos luttes voilà le tableau le plus vrai :
» Malheur à qui lui trouve encore quelqu'attrait! »

Tel fut à ce moment notre sage langage.

— « Nous voulons bien la paix, dirent-ils, mais, pour gage
De cette paix qui doit causer tant de bonheur,
Il faut vous résigner à votre déshonneur...
Ne tentez pas en vain des efforts téméraires;
Signez, pour vous sauver, la vente de vos frères...
Il sied mal au vaincu d'écouter la fierté;
Passez sous notre joug de bonne volonté... »

Infâmes!... Mais, un jour, ces peuples en furie
Qui prêchèrent si bien le vol et la tuerie,
Qui, partout, n'ont semé que le ressentiment,
Récolteront quand même un juste châtiment!
Vainement l'appareil de la force s'étale
Insolemment chez eux... l'heure viendra, fatale

L'heure qui ne veut pas laisser l'impunité
Au forfait sans second de lèse-humanité.

Ce n'est pas seulement leur innombrable armée
Qui voulut tant de sang, et s'en montra charmée ;
Tranquilles au-delà du Rhin, mères et sœurs,
A ces égorgements trouvaient mille douceurs...
Paris ne croulait pas, pour elles, assez vite
Sous le poids des obus que le krüpp précipite ;
Il leur tardait de voir la force, triomphant
De la pauvre mansarde et du berceau d'enfant...
D'apprendre, en se jouant un soir sous les charmilles,
Que sans merci, chez nous, cinq cent mille familles
Avaient enfin péri sous leurs trombes de fer...
Qu'elles ne formaient plus qu'une masse de chair
Se mêlant, palpitante encore, aux noirs décombres,
Débris de la cité qui rendait leurs jours sombres !...
Par elles, leurs soudards, sans cesse encouragés,
Narguaient toute justice ; et les droits outragés,
Loin de les arrêter, excitaient leurs ivresses !...

Mais le temps est venu des fureurs vengeresses :

Vous avez repoussé, dans votre cruauté,
Nos offres de concorde et de fraternité...
Eh bien ! puisqu'à la guerre il faut qu'on se consacre,
Puisqu'il faut déployer le drapeau du massacre,
A l'atroce vengeance ouvrons donc tous nos cœurs !
Comme vous nous serons d'implacables vainqueurs...
A bas le droit des gens ! vive la tyrannie !
La pitié, maintenant, de chez nous est bannie :
Pour une mère en pleurs, pour son chaume croulant,
Vingt mères subiront chez vous même tourment...

L'Allemagne à son tour, de bandes de sauvages,
Va supporter partout les furieux ravages...
Sous nos coups redoublés que le sang coule à flots !
A nous l'enivrement du râle et des sanglots !
A nous le meurtre ! à nous le sinistre incendie
Élevant jusqu'au Ciel sa fournaise hardie !...

Par le fer et le feu, sur cette nation,
Avec rage portons mort et destruction !

O fiers aïeux, pour boire à vos augustes mânes,
Vidrecômes germains, nous taillerons leurs crânes !
De la Baltique au Rhin, de ce peuple en entier,
Qu'il ne reste bientôt qu'un immense charnier !!

2me Partie. — Humanité.

Oh ! non... non, plus de sang !... Plus de luttes horribles
Où, mutuellement, nos cœurs servent de cibles !
Peuples, n'attendons pas, même jusqu'à demain :
Aujourd'hui tendons-nous une loyale main.

Comme les rois, ayons pour la guerre un caprice,
Mais où seule, à son tour, la royauté périsse.
Balayons pour toujours ce pouvoir éhonté !
Sans troubles, sans combats : par notre volonté.

Partout, je le sais bien, d'innombrables entraves
Réprimeront l'élan des plus vaillants esclaves ;
De ceux qu'éclaire enfin l'ardente vérité,
Et qui tracent sa route à la fraternité...
N'importe ! malgré tout nous gardons l'espérance,
Et la plaçons encore en toi, ma belle France !

C'est le seul point d'honneur, c'est l'unique succès,
Qui doivent faire battre un cœur vraiment français...
Oui je tressaillirai d'orgueil dans tout mon être,
Et me sentirai fier du sol qui m'a vu naître,
Si quelque jour, tenant tout ce que tu promets,
Les peuples à ta voix s'unissent pour jamais.

Mais pour cela, d'abord, tu ne saurais confondre
La matière et l'esprit. Le bras doit-il répondre
Du mal que le cerveau seul a pu concevoir?
Et n'est-ce pas alors, avant tout, ton devoir,
Lorsque des nations qu'à dessein l'on égare
Ont laissé déborder leur nature barbare,
De laisser de côté ces troupeaux déréglés
Pour n'atteindre que ceux qui les ont aveuglés?

Oui France, l'Allemand, du vol, de l'incendie,
De tout ce que l'honneur des peuples répudie,
A sur toi, sans pitié, répandu les horreurs,
Mais il faut contenir de trop justes fureurs...
Souviens-toi seulement de ce sanglant outrage
Pour savoir y puiser la force et le courage
De te régénérer! Sache te souvenir,
Et tu luiras encore, astre de l'avenir!

Quand le marin, perdu dans l'immense et dans l'ombre,
Voit ruisseler l'écrin des étoiles sans nombre,
L'une d'elles, souvent, l'arrachant à la mort,
Le guide dans sa route et le ramène au port...
Des peuples enchaînés tu seras cette étoile;
Guide-les dans leur nuit; apparais-leur sans voile;

Plus ils sont sous le joug, plus tu dois sans regrets
Leur montrer hardiment la route du progrès.

Mais, avant, songe bien à tes erreurs passées ;
Que ton cœur se retrempe à de mâles pensées.
Vingt ans de césarisme ont amolli tes chairs,
Hélas ! et c'est en vain que tes fils les plus chers
Sont tombés, en mourant dans cette douce joie
Qu'ils frayaient sous tes pas une splendide voie !...
Qu'ils préparaient, enfin, l'ère de Liberté
A laquelle prétend toute l'humanité.

Il faut donc te laver du joug des Bonaparte
Et suivre le régime où se retrempait Sparte.
Il te faut réprimer tes luxueux désirs ;
Donner un but viril à tes moindres plaisirs ;
Il faut qu'à l'existence austère tu t'apprêtes,
Et que peintres, sculpteurs, musiciens, poètes,
Inspirés par l'élan qui fit quatre-vingt-neuf,
Fassent, dans tes vaisseaux, circuler un sang neuf !
Qu'ils montrent, dans toute œuvre à l'éloquente flamme,
La révolution qu'il faut que l'on proclame :
Le peuple maître, en haut ; la monarchie, en bas ;
Paix, amour, remplaçant partout haine et combats !...

Ah ! par tant de malheurs, cette fois, enseignée,
Des lois que fit l'Empire, à grands coups de cognée,
Taille l'inextricable et l'immonde fouillis !
Taille dans ces réseaux qu'il tendait au pays :
Appât de l'or, plaisirs, bassesses, mœurs impures,
Administrations d'imposteurs, de parjures,
Et prends, pour arriver à d'immuables lois,
La déclaration simple et grande à la fois

Des droits sacrés de l'Homme!... Il faut chasser, ô France :
Routine, préjugés absurdes, ignorance,
Pour adopter : lumière, et science, et progrès...
Sage et puissante alors, prends ta place aux congrès!

Français! du vrai devoir sachons suivre la ligne.
Travaillons, mais non pas ayant pour but indigne
L'inutile vengeance, où tombe l'innocent,
Quand le coupable, lui, demeure tout-puissant.

D'un peuple, pour la paix, s'il faut le sacrifice,
Qui donc dira devant l'immuable justice,
Après avoir été dans les siècles chercher,
Lequel, Franc ou Germain, doit monter au bûcher?
Pour voir si d'un côté penchera la balance,
De nos coups de canon, de mousquet, ou de lance,
Faut-il compter le nombre, et peser nos douleurs?
Si nous avons nos morts, n'ont-ils donc pas les leurs?

Je sais bien que chez nous, du temps le plus antique,
Tu sus toujours vibrer fibre patriotique;
Plus qu'aux jours des succès, quand viennent les malheurs,
Le nom de la Patrie est sacré dans nos cœurs;
Et lorsque nous songeons à leurs actes atroces,
Aux fronts de nos enfants broyés à coups de crosses,
Au cynisme honteux de leurs débordements,
Nous voudrions cent fois leur rendre leurs tourments!...
Dans l'aveugle douleur, haine, tu te recrutes,
Et nous dépasserions peut-être encor ces brutes...
Las! où donc irions-nous?... La sentence de mort,
Des meurtriers futurs, prévient-elle le sort?

Œil pour œil! dent pour dent! sont-ils la loi suprême
Qui, du bonheur pour tous, résoudra le problème?
Non, non! le mal toujours engendrera le mal,
Et nous voulons sortir de ce cercle fatal!

Droit et force, aujourd'hui, sont encore en présence;
La bestialité combat l'intelligence!
Mais, quoi qu'en ait pu dire, en raillant, un Bismark
Écrasant d'un seul geste, un jour, le Danemark,
Le pouvoir de la force est de peu de durée :
La force du droit seule est la force sacrée!

Depuis qu'on vit le glaive aux mains des nations,
Quel est le résultat des dominations?...
Que sont-ils devenus les grands centres d'Athènes
Et de Rome, comptant leurs luttes par centaines?...
Napoléon, César, Alexandre, Cyrus...
Devant l'histoire, tous vous êtes comparus :
Le prestige voilait hélas! vos tyrannies,
Et le peuple encensait vos monstrueux génies;
Mais nous pouvons ainsi résumer tout le fruit
De vos œuvres : — La guerre a sans cesse détruit,
N'ayant que des fléaux pour unique récolte.
A votre souvenir toute âme se révolte,
Car on n'ignore plus, superbes conquérants,
Que vous n'avez été que d'orgueilleux tyrans.

Mais vous, hommes vaillants, dont l'ardente pensée
Dans un but de progrès s'est toujours élancée :
Pythagore, Socrate, Archimède, Platon,
Guttemberg, Copernic, Michel-Ange, Newton,

LA JUSTICE

Bacon, Berzélius, Colomb, Papin, Voltaire...
En tous temps, en tous lieux, vous n'avez fait la guerre
Qu'à l'ignorance humaine ! et votre œuvre sacré,
O penseurs, ô savants, est toujours vénéré.
Votre drapeau disait : paix, travail et science !
Et vos vertus étaient : courage et patience...
Puissions-nous voir, un jour, toute l'humanité,
Pour guide, comme vous, prendre la vérité !

Quand nous aurons bien fait des monceaux de victimes;
Comme nos ennemis, consommé tous les crimes;
En aurons-nous conquis plus de sécurité?
Répondons d'après nous avec sincérité;
Tous ne crions-nous pas, dans notre sourde rage,
Que le sang veut du sang?... Tel est donc ton ouvrage,
Guerre, fléau barbare ! A ton ambition
Faut-il, du monde entier, l'extermination ?
Oui ! si pour arrêter ta farouche démence
Nous ne luttons jamais !...
                Ah !... Revanche, Vengeance...
Quel esprit en délire ose vous concevoir?
Et pourtant il en est qui, songeant au devoir,
Mais l'âme par l'orgueil aveuglément guidée,
Placent, à faux, l'honneur dans votre folle idée...
O mon pays ! comme eux je t'aime cependant;
D'une revanche aussi j'ai le désir ardent...
C'est pourquoi je te veux cette gloire immortelle
D'avoir enfin fondé la paix universelle !
Admirable réponse aux défis de nos rois :
Les peuples désarmés établissant leurs droits !
Oui voilà ma revanche ! oui, voilà mon seul rêve...
Pour le voir accompli je n'aurai point de trève.

Propriété, famille et Patrie, à leur tour,
Devant : Humanité ! s'effaceront un jour.

Quoi l'on voudrait, après tant de siècles d'épreuves,
Limiter nos élans d'amour à quelques fleuves?
Quoi ! parce qu'un enfant jette son premier cri
Sur l'autre rive, il doit être notre ennemi?...
Quelle est donc l'invisible et l'étrange puissance
Qui vient ainsi, selon le lieu de sa naissance,
Changer nos sentiments pour lui dans notre cœur?
Sur ce bord : « C'est un frère ! » Eussions-nous dit en chœur;
Et voilà qu'un ruisseau, moins que cela peut-être,
Une borne ! indiquant où nous parque le maître,
Va nous faire haïr cet être faible hélas !...

Esclaves, répondez ! N'êtes-vous donc point las
D'être achetés, vendus, et rachetés sans cesse,
Par les ambitieux qui vous tiennent en laisse?

O France ! montre-leur un avenir sans fiel;
Et que les vents heureux qui passent sous ton Ciel
N'emportent désormais, sur leur aile rapide,
Que ces termes de paix dont tout peuple est avide :
Au lieu d'ennemi, frère ! au lieu de haine, amour !
Au lieu de force, droit !... et bientôt, sans retour,
On verra s'abîmer le monstre monarchique
Sous ton rayonnement superbe, ô République !

Paul Chocque.

Seine.

A MON VOISIN PHLIPOT

C'est en vain, cher Phlipot, qu'une ardeur indiscrète
M'excite sans relâche à me croire poëte :
Quiconque veut rimer sans amis, sans argent,
Serait-il un Orphée est titré d'ignorant.
De ses vers et de lui l'on rit et l'on fait rire,
Et, tandis qu'en tous lieux contre lui l'on conspire,
On voit de graves sots, faisant les beaux esprits,
Lui répéter : « Sois sage et brûle tes écrits.
Orgueilleux insensé, rimeur du dernier ordre,
Cesse de pressurer ta cervelle en désordre.
Ne viens plus nous vanter Lafontaine et Boileau,
Marot et Rabelais et Voltaire et Rousseau,
Le sublime Racine et le fameux Corneille ;
Notre siècle à leurs vers ne prête plus l'oreille.
De nos doux romanciers les fleurs et les parfums
Condamnent à l'oubli tous ces chantres défunts.

» Les écrivains du jour sont trop beaux, trop sublimes,
Pour cadencer leur prose et la coiffer de rimes.
Sans faste l'harmonie à leur muse sourit ;
Ils chatouillent les cœurs, ils élèvent l'esprit,
Polissent notre langue, enseignent l'art d'écrire,
Égalent, en un mot, le dieu qui les inspire.
Pour un rien, sur un rien, on les voit discuter,
Pérorer, comparer, résoudre, disserter.
Leur verve est enivrante à vous tourner la tête.
Ils soulèvent les flots, la foudre, la tempête ;
Leur esprit, s'allongeant en suprêmes propos,
Vous promène à travers un océan de mots,
Du Nord jusqu'au Midi, du couchant à l'aurore,
Pour offrir à vos yeux... un rien qu'il fait éclore.

Je vois ton front pâlir, ah! débile écrivain!...
Enfin plume et papier te tombent de la main.
Oh! que je voudrais voir un phraseur plein de grâce
Brouiller page et revers pour peindre ta grimace.
Jette tes vers au feu, mets ta muse au cachot,
Et crois qu'en te créant Dieu n'a créé qu'un sot. »

— C'est ainsi que l'on voit la fortune cruelle
Étouffer un poète encore à la mamelle...
Quelquefois on s'écrie, afin de m'alarmer,
Ah! qu'il vivrait en paix s'il vivait sans rimer;
S'il voulait, libre et gai, plus modeste et plus sage,
Se livrer tout entier aux soins du labourage,
Alors il passerait, partout sans contredit,
Pour avoir du bon sens et même de l'esprit;
Mais, tel qu'un possédé que le diable remue,
Nuit et jour à rimer il s'énerve, il se tue;
Eh! que forge-t-il donc? un libelle imparfait
Où la colère parle, où le bon sens se tait...
. . . .
De la critique en vain la harangue instructive,
Veut arrêter l'élan de ma bile rétive,
Et, toujours l'œil au guet et l'humeur de travers,
Malgré tout contre tout je veux faire des vers,
Et dire librement dans mon indépendance,
Et tout ce que je sais et tout ce que je pense.

Cependant, cher Phlipot, j'écoute tes avis.
« Au grand jour, me dis-tu, ne mets point tes écrits;
Offre à quelques amis le travail de ta plume;
Ne change point de voix, de ton ni de costume;
Ne fuis point le réel pour courir l'incertain;
Préfère ton labeur au titre d'écrivain;

Préfère au fier Paris ta retraite champêtre ;
Sans rimer au grenier, rime à l'ombre d'un hêtre... »
Et révérant toujours un si sage conseil,
Jamais un fol espoir n'a troublé mon sommeil.
— Je suis né pour l'air pur, je dois vivre au village,
Je dois bêcher les champs et manger sous l'ombrage ;
Là, libre, indépendant, sans soucis, sans remords,
Je travaille en chantant, je rime ou je m'endors,
Et, dans l'art de flatter sans songer à m'étendre
Pour mériter d'un grand le refus de m'entendre,
Je ne veux d'aucun grand essuyer le dédain,
Je n'implore d'aucun ni louange ni gain ;
J'ai trop pour mendier, j'ai trop peu pour paraître :
Je ne demande rien et je ne veux rien être.

Alfred Piquot.

LE JOUR DE LA JUSTICE

SOUVENIR DU QUATRE SEPTEMBRE

I

Deux fois déjà, roulant vers l'infini des âges,
Les ans ont ramené le mémorable jour.
Deux fois aussi la haine a des mêmes outrages
    Salué son retour...

Sois donc maudit encore, ô noble anniversaire,
Si l'épreuve s'impose aux instincts révoltés !
Acte réparateur, sois le bouc émissaire
    Chargé d'iniquités !

Car tu n'as pas mêlé la gloire à ta semence,
Ni fondé sur la force un règne incontesté;
Et tu n'as rien sauvé dans le naufrage immense,
   Rien, — que la Liberté!

Cette épave suprême où gît quelque espérance,
Et que des forcenés vont repoussant encor,
Tant les préventions, l'orgueil et l'ignorance
   Entravent tout essor!

Oh! dans ces temps troublés où chaque voix accuse,
Où chaque conscience échappe à ses remords,
Le présent est ce juge indigne qu'on récuse
   Devant ses propres torts.

Il faudrait, pour forcer l'égoïsme à se taire,
Que l'ouragan vengeur des révolutions,
Avec les vieux abus, balayât de la terre
   Les générations!

Mais si tout ce qui fut ou parasite ou lâche,
Si tout ce qui trahit l'avenir, ô forfait!
Vient, du haut de sa honte, insulter sans relâche,
   Ligué contre un bienfait!

Ceux-là se souviendront pour bénir, pour renaître,
Qui, conservant le deuil austère de la loi,
Dans l'air empoisonné des louanges du maître,
   Ont su garder leur foi;

Et qui, le jour venu, le jour de la colère,
Redressés des premiers sous le brûlant affront,
Se sont mis en avant du torrent populaire...
        Ceux-là se souviendront !

II

C'était beau, solennel ! Comme avant les tempêtes,
D'un calme précurseur dormaient les éléments ;
Et le soleil frappait ces onduleuses têtes
        De ses rayonnements.

Rayonnements déjà voilés d'automne. — L'astre
Des moissons, et des fruits morts aux rameaux rompus,
Doit, soleil de l'histoire, éclairer le désastre
        Des pouvoirs corrompus.

A voir ces rangs venir, prêts aux moyens extrêmes,
Flux qui, gros d'inconnu, tous les vingt ans paraît,
On eût dit, apporté par des juges suprêmes,
        Un redoutable arrêt.

Le souffle des grands jours soulevait les poitrines.
Point de chefs ! la colère elle seule excitait.
Tout s'était confondu : les hommes, les doctrines,
        Un seul cœur palpitait !

Le cœur de cette France apprenant sous l'Empire
La défaite et la honte ; et qui, prise d'horreur,
Bondissait, repoussant l'étreinte du vampire,
        Du funeste empereur !

Comme au sortir d'un rêve horrible où l'épiderme
Frémit au froid toucher des fauves du Soudan...
Réveil affreux! le crime au début comme au terme :
   L'Élysée et Sédan!

Trop longtemps la justice a dormi sur son glaive!
Le dégoût! voilà, peuple en Décembre vaincu,
Ta seule arme! Soudain une clameur s'élève,
   Et l'Empire a vécu!

III

Quel instant! Le palais rend un écho d'alarmes :
L'orage gronde au seuil. C'est le vrai souverain!
Le tambour bat la charge et les yeux ont des larmes...
   Irrésistible entrain!

L'heure est aux grands devoirs : Silence aux voix vénales!
La légende trompeuse est usée... En avant!
Le droit proscrit revient s'inscrire en nos annales,
   Le droit toujours vivant!

Eh! qu'importent encor les présages sinistres,
Ce menaçant lointain, le vieux Rhin allemand,
Océan qui déborde apportant les ministres
   Du tardif châtiment!

O mâles visions qui semblez l'espoir même!
Montrez Brunswick, montrez l'élan, les prompts moyens;
La Patrie en danger jetant l'appel suprême :
   Aux armes, citoyens!

Montrez ces plébéiens décrétant la victoire,
Marquant leurs fortes lois d'un redoutable sceau ;
Nos réveils généreux ; et, du haut de l'histoire,
    Carnot, Hoche et Marceau

Électrisant encor, tutélaires génies,
Cette nation qui, rouge d'affronts soufferts,
Sonne comme le glas des vieilles tyrannies,
    Rien qu'en brisant ses fers !

IV

Éblouissement magnétique
Venu comme un rapide éclair
Des cris de la place publique
Et des scintillements de l'air ;
Jetant dans la pensée un monde
Des siècles dans une seconde
Et dans un pli l'immensité ;
Ivresse généreuse où l'homme,
Arbitre des destins, sent comme
Un souffle de divinité !

Cette intelligence qui crée
Avec la force qui détruit
Comprend sa mission sacrée
Parmi le tumulte et le bruit,
Quand, touchant au faîte suprême,
Elle emprunte à la foudre même
Ses éclats et sa majesté,
Et garde un rayon de clémence
Éclos dans l'horizon immense
De la responsabilité.

C'est pour sacrifier encore à leur foi sainte
Qu'ils ne sont pas vengés, ces martyrs, ces héros
Dont la tombe et l'exil rendent l'amère plainte
    Qui poursuit les bourreaux !

Qui peut dire pourtant, devant tant de victimes,
Devant la France en deuil arrachée à son rang,
Ce qu'avaient soulevé de fureurs légitimes
    Ces nains du « faire grand ? » (1)

    Et tu désarmas ce tonnerre,
    Grondant au-dessus de leur front,
    O République débonnaire
    Que toujours ils calomnieront !
    Mais la conscience publique,
    Justice morale, n'abdique
    Jamais au nom de l'union :
    La flétrissure qu'elle imprime
    N'affaiblit pas l'horreur du crime
    Par la peine du talion.

    Mais au pilori de l'histoire,
    L'Empire appartient dès ce jour :
    Que les siècles sur sa mémoire,
    Là, viennent cracher tour à tour !
    Dites, pages accusatrices,
    Ses fanges, ses sombres caprices ;
    Montrez-le dans son lit de sang
    Aux flots noirs, miroirs de ses fastes,
    Écumant des dates néfastes
    Et des cadavres se dressant !

(1) Sire, faites grand ! — Clément Duvernois à Napoléon III.

Leçon terrible, hélas! T'aura-t-elle servie,
O foule au jour le jour broutant au ratelier ;
Et qui pour t'épargner les devoirs de la vie
    Tends le col au collier?

Les guides, chauve élite, en l'ornière tâtonnent.
L'inconscient troupeau les pousse en les suivant.
Du courant révélé les premiers ils s'étonnent :
    On les croit en avant!

V

    Une âme, un fil insaisissable
    Court au fond des événements ;
    En vain nous cherchons sous le sable
    Où sont jetés tous fondements.
    Est-il saisi pour une époque,
    Bientôt perdu, quelque équivoque
    Fait égarer, jusqu'au soupçon.
    Et de la force encore éprise,
    L'histoire, isolant chaque crise,
    Commence à peine une leçon !

    C'est qu'hélas! dans ce champ si vaste,
    Tout jonché de destructions,
    Un esprit d'église ou de caste
    Fouille avec ses préventions.
    Sur l'abîme où se penche, blême,
    A la recherche du problème
    Le penseur grave, haletant,
    La loi vulgaire de l'optique
    Lui rend, Narcisse politique,
    Son propre visage flottant.

Si cependant le moi s'efface,
L'analyse encore se plaît
A juger d'après la surface
L'état présent sur ce qu'il est.
Du temps qui consacre les choses
Elle fait le droit et les causes,
Et du relatif, l'absolu :
Légitimant cette justice,
Règle entrée en chaque interstice
D'un ordre disjoint, vermoulu.

Tandis qu'une loi générale
Préside aux révolutions ;
Loi mystérieuse et morale
Pénétrant les conventions.
Synthèse de la vie humaine,
Elle dirige, en son domaine,
Les sociétés vers le but.
Leur marche serpente ou s'arrête
En vain : l'éternelle conquête
Impose l'éternel tribut.

Malheur au peuple qui transgresse
Cette grande loi du progrès !
La fatalité vengeresse
Le voue à l'opprobre, aux regrets ;
Malheur à l'œuvre qui se fonde
Sans prendre pour base profonde
Les droits du primitif état !
Comme un grondement sourd qui traîne,
Sans cesse une voix souterraine
Vient lui crier : à l'attentat.

LA JUSTICE

Et vous jetez de vains emblèmes,
O politiques impuissants!
A la face de ces problèmes,
Sphinx formidables, menaçants.
Où sont tant de grandeurs sacrées
Dont les foules ont, enivrées,
Admiré le pompeux tableau?
L'horreur s'attache à leur chimère...
Décembre échoue après Brumaire,
Sédan confirme Waterloo!

Lâcheté! L'ordre est-il l'éclipse
De la conscience et du droit?
Dans cette sombre apocalypse,
Quand, libre, l'esprit s'en va droit
Vers la Jérusalem céleste,
La peur évoque, — effroi funeste! —
Fatidique malentendu,
Ce spectre du socialisme
Qui semble un dernier cataclisme
Au zénith humain suspendu.

Terrible justice des choses!
Puisque celle des hommes dort,
Sur les fausses apothéoses
Laisse donc les leçons du sort!
Et puisse l'œuvre de colère
Fécond orage, avancer l'ère
Où les pactes s'inspireront
Des principes évangéliques
Que les puissantes Républiques
Aux quatre vents proclameront!

Eugène Bour.

JUSTICE

Justice inexorable! ô cruelle justice!
Qui de ton attribut ne portes que le nom;
Qui, la balance en main, caches un noir calice
    Toujours imprégné de poison,

Ce n'est point au grand jour que tu poursuis ta route;
Tu te plais au détour des sentiers ténébreux;
Et, parmi les humains, tu te trompes sans doute,
    Quand tu choisis un malheureux.

La voix de l'outragé te trouve plus rebelle :
Il consume sa vie entière à te chercher;
Et, plus l'infortuné te supplie et t'appelle,
    Plus tu prends soin de te cacher.

L'ignorance, l'orgueil, l'intrigue et la bassesse
T'escortent à l'envi pour briguer ta faveur;
Le mérite t'endort, la dignité te blesse
    Et la vérité te fait peur.

La phryné qui te prie est souvent la plus forte;
Si quelque ingrat revient tu lui souris encor;
Et, la nuit et le jour, on peut ouvrir ta porte
    Quand on possède une clef d'or.

O justice! pourquoi désertes-tu le monde,
O déesse inflexible et toujours en courroux,
Au lieu de t'égarer dans une nuit profonde,
    Quand descendras-tu parmi nous?...

ORSE.

Seine.

ESPÈRE

Elle a sonné pour toi l'heure de la souffrance,
Le deuil a ceint ton front d'un épais crêpe noir ;
Ton âme est ulcérée et tes yeux, pauvre France,
    Versent des pleurs de désespoir.

On cherche vainement sur ta joue amaigrie
Ce brillant coloris, fils des jours radieux.
Hélas ! il s'est éteint, et ta lèvre flétrie
    Est morte aux sourires joyeux.

Comme dans le sillon une horrible tempête
Couche les blonds épis, espoir du laboureur ;
Le destin t'a frappée, et tu courbes la tête
    Sous le fléau dévastateur.

Messager d'avenir, un éclair de vengeance
Parfois vient déchirer cette nuit de torpeur.
Tu sembles, tressaillant au réveil qui commence,
    Secouer le joug du malheur.

Ton front, au souvenir de ta grandeur passée,
Retrouvant sa fierté, se redresse un instant,
Puis retombe !... Le doute a mis sa main glacée
    Sur ton cœur déjà palpitant.

Le doute ! oui, bien souvent s'il torture ton âme,
C'est qu'il est des affronts qu'on doute de venger.
Ah ! qui pourra jamais laver la trace infâme
    Du passage de l'étranger ?

Aux bras de l'ennemi des lâches t'ont livrée,
France, quand tu dormais d'un paisible sommeil ;
Il t'a fallu subir, mère déshonorée,
  D'impurs baisers à ton réveil !

De ta tête où brillait la majesté sereine,
Dans ton propre palais, le barbare Teuton,
O honte ! a fait tomber la couronne de reine
  Pour la fouler sous son talon.

Tes enfants, accourus à ta voix déchirante,
Vengeurs improvisés de ton honneur sacré,
Ont mis à te défendre une ardeur dévorante
  Qui n'a jamais désespéré.

Un contre dix, ils ont, dans maints combats célèbres,
Lutté toujours vaillants, quelquefois les plus forts.
Hélas ! ils n'ont cueilli que des palmes funèbres
  Pour tant d'héroïques efforts !

Nul n'est venu pleurer sur la commune tombe
Où dorment tant de preux loin du foyer perdu !...
Mais le sang généreux du Français qui succombe
  Jamais en vain n'est répandu.

Car c'est le grain qu'on jette en la terre féconde
Au temps où vient l'hiver d'un pas précipité ;
Semence d'avenir qui germe quand l'inonde
  Le soleil de la Liberté.

LA JUSTICE

C'est trop longtemps pleurer, détourne, chère France,
D'un lugubre passé ton noble front flétri.
Aurore d'un beau jour, se lève l'espérance
    A l'horizon moins assombri.

Espère ! l'espérance est la brillante étoile
Qui, scintillant soudain, vient en aide au nocher,
Quand son vaisseau, perdu dans l'ombre qui le voile,
    Va se briser contre un rocher.

C'est la céleste main qui met des couleurs roses
Au visage souffrant que la fièvre a pâli,
Et qui chasse bien loin les souvenirs moroses :
    L'espérance est sœur de l'oubli.

C'est l'ange qui, la nuit, vient de son aile blanche
Effleurer le sommeil du pauvre travailleur,
Et qui, dorant son rêve, à son chevet se penche
    Pour lui prédire un sort meilleur.

Lorsque le voyageur, tombant en défaillance,
S'assied découragé sur le bord du chemin,
C'est le guide béni qui lui dit : confiance !
    Et doucement lui prend la main.

France, courage aussi ! du haut de ton calvaire
Regarde l'avenir t'apportant d'heureux jours.
Tes lèvres jusqu'au fond ont bu la coupe amère,
    Et l'on ne pleure pas toujours.

Le temps emporte tout sur son aile rapide ;
Dans un lointain brumeux, plaisir, douleur, tout fuit :
Tel un léger steamer sur la plaine liquide
    A l'horizon s'évanouit.

Autour de toi déjà, ruche laborieuse,
Tes fils font disparaître un désordre fatal.
Ils ont repris l'outil d'une main courageuse
    Pour te refaire un piédestal.

Tandis qu'en son palais, dans des fêtes sans nombre,
Entouré d'empereurs, s'enivre le Germain,
Eux travaillent pour toi, dans le silence et l'ombre,
    A la revanche de demain.

Ce barbare avait dit : « Mort à la grande reine !
Enfin de son linceul l'oubli va la couvrir ! »
Insensé ! qui croyait, aveuglé par la haine,
    Que la France pouvait mourir !

Non, tu ne mourras pas, ô France que j'adore,
Nous te préserverons de la nuit du tombeau ;
Et dans le monde entier nous te verrons encore
    Promener ton brillant flambeau.

En vain à pleines mains la horde germanique
A-t-elle jusqu'au fond puisé dans ton trésor :
A ta voix aussitôt, fée au pouvoir magique,
    Surgissent des montagnes d'or.

Pareils à des vautours s'abattant sur la plaine,
En vain ces détrousseurs, aujourd'hui triomphants,
T'ont-ils volé deux parts de ton riche domaine
    Et les plus chers de tes enfants.

Un jour ils reviendront (ah! malheur au Vandale!)
Ces enfants par la force arrachés de tes bras;
Car Dieu ne permet pas que le droit longtemps râle
    Sous la botte de vils soldats.

L'avenir est à toi! sagesse et patience!
Le succès ne veut pas d'efforts prématurés;
Et dans le calme attends l'heure de la vengeance,
    Le triomphe de droits sacrés.

Dors en paix, il est temps enfin que tu reposes,
Après tant de longs jours de douleur et d'effroi.
Ton réveil, chère France, effeuillera des roses;
    Dors en paix, nous veillons sur toi!

Arrière, adorateurs d'un passé qui s'écoule,
Qui rebroussez chemin quand tout marche à grands pas;
Bateliers essoufflés remontant l'eau qui coule,
    Passez, ne la réveillez pas!

Passez, vous dont la main, funeste frein, enraie
Le char qui nous conduit vers un monde nouveau,
Et qui mettez, hibous que le grand jour effraie,
    La lumière sous le boisseau!

Bien au large passez, coupe-jarrets sinistres,
Qui pendant dix-huit ans avez régné sur nous ;
D'un infâme César trop complaisants ministres,
    Homme de fange, cachez-vous !

Passez, vous que l'on voit servir toutes les causes,
Sycophantes donnant le baiser de Judas ;
Amants de l'équivoque et des métamorphoses,
    Passez, ne la réveillez pas !

Passez, vous n'avez su faire que des esclaves,
Et la France a rompu vos trop honteux liens.
Elle veut désormais marcher, libre d'entraves,
    Vos chemins ne sont plus les siens !

Ch. Blanchot.

SUR LE CERCUEIL DE MON ENFANT

Dieu l'a voulu... Silence !...
Lamartine.

Oh ! quand la froide mort, quand la mort inflexible
A la mère éperdue et folle de douleur
Vient arracher l'enfant, qui, riant et paisible,
Hier encore en jouant s'endormait sur son cœur,
Malheur à qui n'a pas l'espérance suprême
De vivre au sein de Dieu, d'y revoir ceux qu'il aime ;
Malheur à qui, les yeux attachés sur le corps,
Sans regarder le Ciel ensevelit les morts !...

Quand je vis foudroyé par un fléau sauvage
L'enfant froid, immobile, étendu dans mes bras,
Je levai le linceul qui couvrait son visage :
Il semblait murmurer : « Père, ne pleure pas !...
» Car le dernier baiser des lèvres paternelles
» Dans mon vol je l'emporte aux voûtes éternelles !...
» Ne pleure pas !... Dieu frappe et bénit. Il lui faut
» Des enfants près de lui pour lui parler des pères ;
» Il veut qu'au Ciel toujours se trouve l'œil des mères,
» Et que chaque famille ait son ange là-haut. »

ANONYME.

LA MORT DU POÈTE
RÉCIT

Dans les gouffres du lac, ce soir, il est tombé.

Il se promenait seul, pâle et le front courbé.
Aux rayons de la lune il fermait ses paupières.
Ses pas, comme un homme ivre, allaient battant les pierres.
Un désespoir immense assombrissait son cœur.
Sa vie était mourante. Une morne stupeur
Faisait tomber ses bras, et de ses mains tremblantes
Refluer tout son sang vers ses tempes brûlantes.
Quelquefois sur sa joue aux fiévreuses pâleurs,
On voyait lentement naître et glisser des pleurs.
Quelquefois un sanglot soulevait sa poitrine.
Parfois, lorsque le vent de la plaine marine,
En passant sur les bois, râlait comme un mourant,
Il répondait, d'un rire horrible et déchirant.

Mais nul mot ne sortait de ses lèvres muettes,
Et de ses doigts crispés, de ses mains inquiètes,
Comme un homme agité par un délire affreux,
Il se frappait le front et froissait ses cheveux.

Comme il errait sans but, sans voie et sans pensée,
Il avait, sans le voir, fui la route tracée.
Sur le bord de l'abîme il était parvenu ;
Il pouvait reculer. Il ne l'a pas voulu.
Superbe et dédaigneux, il tomba dans le gouffre.
La mort ouvre ses bras à toute âme qui souffre ;
L'abîme ouvrit les siens. Le poète était las.
Il ne combattit point ; il fut doux au trépas.
On ne l'entendit point appeler sur les rives,
Comme l'oiseau du lac, dont les notes plaintives
Glacent d'effroi l'enfant tout seul dans son berceau.
Il ne s'accrocha point aux tiges du roseau ;
Il ne releva point la tête sur les ondes,
Et quand revint le jour, quand les laveuses blondes
Vinrent, riant, chantant et le pas cadencé,
Elles trouvèrent plus qu'elles n'avaient laissé :
Le lac avait dans l'ombre augmenté leur richesse.

Or, de savoir quel mal accablait sa jeunesse,
Nul ne le pourra dire et nul ne l'a connu.
Pourtant j'ai soupçonné (ce soupçon m'est venu
D'avoir vu de ses yeux la funèbre étincelle),
Qu'il aimait une dame et qu'elle était cruelle.

ALFRED DE MARTONNE.

DOULEUR, ESPOIR

Dans ces jours d'amertume, où, par un sort fatal,
Loin de son cœur troublé semble fuir l'idéal,
L'homme aime à ressentir cette émotion pure,
Qui lui fait oublier les chagrins qu'il endure.
Mais vers quel lieu béni, dans quel heureux séjour,
Git la source sacrée où puise son amour,
Pour en faire jaillir cette divine flamme,
Dont le rayonnement illumine son âme ?
Pour saisir ce trésor dans ce vaste univers,
Faut-il donc s'égarer vers cent climats divers ?
O France, hier si grande, et sitôt éclipsée,
C'est vers ton Ciel si pur que vole ma pensée...
Mais à ton nom des pleurs ont coulé de mes yeux.
Pourquoi donc m'arrêter sur tes bords malheureux ;
Quand je vois l'étranger, vainqueur dans dix batailles,
Sans frein ravir ton or, ton sol et tes murailles !
Ah! je dis, comme Horace, à ton peuple abattu,
L'abîme où l'on te plonge a grandi ta vertu.
Relève enfin ton front, et songe à tes ancêtres :
Les Teutons et les Huns t'envahirent en maîtres,
Semant partout la mort; mais partout repoussés,
Tes champs ont recouvert leurs membres dispersés.
Clovis à Tolbiac, et Philippe à Bouvines,
De ces vautours du Nord vengèrent les rapines.

Quand nous songions en paix à ces brillants combats,
Qui pouvait voir l'abîme entr'ouvert sous nos pas ?
Eût-on pensé que krüpp aussi prompt que la foudre,
Plus puissant qu'Attila, pouvait nous mettre en poudre !
Paralysant ainsi cette bouillante ardeur,
Qui nous valait toujours la palme au champ d'honneur.

LA JUSTICE

Jadis à Fontenoi nos pères, pleins d'audace,
Ont salué d'abord le feu qui les menace;
Chevaleresque élan! mais soudain mis en jeu,
Leur glaive étincelant sut triompher du feu.
Quels miracles depuis enfanta ce génie,
Qui tint un jour l'Europe à ses pieds asservie!...
Toujours prêt, l'œil ouvert sur les complots des rois,
Comme un volcan, le bronze éclatait à sa voix;
De ce jouet sans trêve il ébranlait la terre,
Qui saluait en lui le maître du tonnerre.

Qu'avons-nous fait, hélas! de cet enseignement!...

De facile succès fatal aveuglement!!
Quarante ans nous avons, dans leurs plaines arides,
Pourchassé sans péril les enfants des Numides;
D'Isly, de Mazagran, nous nous sommes grisés;
En combattant des nains nous nous sommes usés;
Nous avons oublié l'art et la vigilance...
Seuls moyens tout-puissants, qui sauvèrent la France,
Quand l'Europe contre elle un jour se déchaîna,
Et qu'ont su raviver les vaincus d'Iéna...
O ma chère Patrie, est-ce à tort qu'on te nomme
Le berceau qui jadis porta Jacques Bonhomme?
Combien John Bull a dû sourire en ses châteaux,
Lui qui durant vingt ans combattit tes drapeaux;
Quand du Velche il a vu l'avalanche inhumaine
Se ruer sans obstacle en ton vaste domaine!...
De ton Paris si fier te faire une prison!
Et confondre le monde au prix de ta rançon!

Tu pensais voir peut-être, accourir à tes portes
Du Danube et du Pô les puissantes cohortes;

Mais si l'un fut ingrat, l'autre était trop jaloux
De voir l'affreux destin t'accabler sous ses coups.
Seule, il fallait alors comme autrefois Médée,
Compter sur ta valeur par la science aidée;
Rassembler en faisceaux tes sublimes efforts,
Et confier ton glaive au plus digne, aux plus forts.

Pardonne à ces regrets; quand l'avenir te reste,
Effaçons le passé comme un rêve funeste.
Les Marceau, les Kléber, à des appels nouveaux,
Sortiront aisément du fond de leurs tombeaux.
Si nos vainqueurs ont dit : « Le droit cède à la force, »
Pour nous, fils de l'idée, il faut une autre amorce;
Rangés sous l'étendard de la fraternité,
Nous prêtons notre force au droit déshérité;
Le fer brille en nos mains pour briser les entraves
Dont le tyran se sert, en liant ses esclaves.
Le Danois opprimé tourne les yeux vers nous,
Contemple notre étoile, et l'implore à genoux.
Nos frères dépouillés d'Alsace et de Lorraine,
Contiendront-ils longtemps les élans de leur haine?
Et le maître jaloux dont ils sont les sujets
Voudra-t-il réfréner d'ambitieux projets?
Quand le fleuve en grondant a renversé sa digue,
Qu'importe qu'à la hâte une foule se ligue;
Il surmonte aisément ses impuissants efforts,
En semant la misère et l'effroi sur ses bords.

Ainsi sur l'horizon un point noir se dessine,
Présage de salut, peut-être de ruine.
Aurons-nous donc compris la leçon du malheur?
Et serons-nous tous prêts pour un destin meilleur?

— Pourquoi donc repousser un consolant augure?
Oui, notre noble France enfin se transfigure;
D'un vainqueur sans pitié l'implacable rigueur
Électrise partout les fibres de son cœur;
Et dût de ses enfants disparaître l'élite!
Il faut qu'elle succombe ou qu'elle ressuscite.

Naguère elle dictait à ses brillants penseurs :
« Anathème à la guerre, espoir des oppresseurs;
» Les tyrans ont vécu; place aux peuples de frères
» Échangeant dans la paix les fruits de leurs salaires.
» Plus de soldats classés : pour défendre ses droits,
» Que la foule se lève, elle vaincra les rois. »
Ces axiomes vains de sa philosophie,
Que par d'affreux malheurs en silence elle expie,
Comme un philtre enivrant, comme un subtil poison,
D'une vive jeunesse ont troublé la raison;
Et prenant en pitié de mâles exercices,
D'un repos énervant elle a gagné les vices.
Aussi quand le clairon l'appelait aux combats,
Nous étions désarmés; mais ils ne l'étaient pas
Ces fiers enfants du Nord, qui près de nos frontières,
Massaient depuis longtemps leurs phalanges guerrières.

Saurons-nous bien venger nos lugubres affronts?
Oui!... Mais pour que la gloire éclate sur nos fronts,
Courons nous préparer par un labeur immense,
A mériter du sort la puissante assistance;
Le talent, la constance ont droit à ses faveurs;
S'il a gorgé de biens nos altiers oppresseurs,
Ils avaient par l'effort d'une habile science,
Arrêté tous leurs plans, tout combiné d'avance,

Prêts à faire hécatombe, au moindre choc douteux,
D'innombrables guerriers, qui s'immolaient pour eux.

O ma Patrie en deuil, plus je te considère,
Plus j'ai foi que bientôt tu te montreras fière
D'offrir à tes rivaux tes sublimes enfants,
Revenus des combats dignes et triomphants,
Des rejetons brillants de Bayard, de Turenne,
Dont la France vengée à jamais se souvienne.

C'est ainsi que cédant aux assauts d'Annibal,
Rome put s'affranchir de ce fameux rival.
C'est ainsi que réduit au plus mince héritage,
Du maure envahisseur sut triompher Pélage;
Un courage indompté poussait ses bataillons
Quand de sa voix puissante il leur criait : allons.

Aux champs de Reischoffen par sa charge si belle,
Mac-Mahon n'a-t-il pas une page immortelle?
Ah! pourquoi sous le nombre, et des milliers de feux
Qu'ils ne pouvaient atteindre, ont succombé ses preux!

C'était pour qu'à jamais l'émotion les gagne,
Quand nos fils reliront cette affreuse campagne;
Pour qu'ils sachent comment meurent nos fiers soldats,
Quand ils sont commandés par un Léonidas;
Qu'en naissant désormais sur la terre de France,
Ils prendront pour jouets le mousquet et la lance;
Que, cette heureuse paix, chère à nos doux rêveurs,
N'est plus qu'un intermède à d'horribles fureurs,
Tant que pourra surgir la nouvelle puissance
D'un engin destructeur forgé par la science.

L'Autriche à Sadowa, nos vaillants bataillons,
Ont été décimés par ces inventions.
Pour éteindre à jamais l'ardeur qui nous dévore,
Qui sait ce qu'en secret krüpp nous prépare encore?
Quelque foudre lancé par un canon géant,
Qui réduira d'un coup notre armée au néant.

Eh bien! si, dévoués à la lutte suprême,
Nous tombons, qui voudra nous lancer l'anathème?

Mais que dis-je? où va donc s'égarer mon esprit?
Non, nous ne sommes par issu d'un sang maudit;
O mon noble pays, dissipe ta tristesse;
Paris ne sort-il pas de l'obscure Lutèce?
Surpris par un rival dès longtemps préparé
Arme tous tes enfants : ton sol est délivré.

GUSTAVE ROUSSET.

Drôme.

LE RENDEZ-VOUS ROYAL

Ils sont là le front haut. — Leurs mains se sont touchées
Sans prendre garde au sang dont elles sont tachées;
Au sang de leurs vaincus, au sang de leurs soldats!
Royale trinité qu'une hypocrite étreinte
Réunit. — Dans leurs yeux la franchise est empreinte,
Cependant leur baiser fut celui de Judas.

Ils sont là le regard souriant, — leur prunelle
Pourtant recèle au fond la haine, l'étincelle

Qui couve, au premier vent prête à se raviver.
Ils sont là, déguisant sur les planches d'un trône,
Leur orgueil, leur renom, leur sceptre, leur couronne,
Qu'une fausse amitié semble vouloir river.

Guillaume est le soleil. — Autour de lui gravite
Le duo potentat qui n'est que satellite
Sous l'aimant de Wilhem dans l'espace entraîné !
A la face des Cieux, du monde, sans vergogne
Pensent-ils découvrir la sœur de la Pologne ?
Un autre sang, un peuple à leurs pieds enchaîné !

Réponds empereur-roi ! Cherches-tu des apôtres
Pour absoudre ton bras des vols qu'il fait aux autres ;
Ou, veux-tu seulement te créer des relais ?
Cherches-tu des consorts pour afficher ta gloire ?
Pour affermir la paix que dicte ta victoire ?
Dis ? sont-ils des amis ? Non !... ce sont des valets !...

Et toi czar, réponds-moi ! — Viens-tu quérir main-forte
Pour ranger sous tes lois les enfants de la Porte ?
Constantinople a-t-il fasciné ton regard ?
Au point de t'en montrer si jaloux — quand l'aurore
Lui sourit, en naissant aux flots bleus du Bosphore,
Viens-tu pour l'en frapper, y forger ton poignard ?

Et toi François-Joseph, qu'as-tu fait de tes larmes ?
Tu courbas aussi toi le front devant ses armes ;
Tu sentis comme nous son bras qui t'entrava !
Pourquoi prostituer aux genoux de Guillaume
D'abord ton propre honneur, celui de ton royaume ;
As-tu François-Joseph oublié Sadowa ?

Tu n'es que son hochet, l'attribut de sa gloire,
Mannequin qu'il étale aux tréteaux de sa foire,
Soumis à son caprice, esclave à son dessein !
Convive à son banquet, il te nomme son frère,
Tandis que sous la nappe en aiguisant sa serre
Il apprête pour toi le fer d'un assassin.

La fanfare a sonné ! L'heure des saturnales
Vibre. — Portez la coupe à vos lèvres royales,
L'avenir n'est qu'un mot qui dépend du hasard !
Courtisans couronnés, chercheurs d'apologies,
L'Europe vous regarde au sein de vos orgies,
Laquais ! relevez donc la robe de César...

Eugène le Guerche.

Finistère.

PATRIE

Ton soleil est bien froid, bien pâle est sa lumière,
— Disait-il, — avec moi, monte dans ce vaisseau,
Oh ! fuis ce vent glacé, fuis ce triste flambeau !
Je disais : — Il a lui sur le front de mon père !

Oh ! viens dans mon pays au souffle parfumé,
— Disait-il, — avec moi, fuis cet horizon vide,
N'épuise point tes bras dans une terre aride ;
Je disais : — Elle enferme un cercueil bien-aimé !

Insensé, — disait-il, — ne veux-tu pas connaître
Ce pays où toujours une douce fraîcheur
Nous fera mollement voguer sur le bonheur !
Je disais : — J'ai pour moi le toît qui m'a vu naître !

Eh quoi ! de tant de biens tu ne veux pas jouir?
Tu ne veux pour goûter les douceurs de la vie
T'éloigner des fléaux de ta triste Patrie?
Je disais : — J'y naquis, et je veux y mourir !

H. H.

Belgique.

LA FRANCE

*Æquam memento rebus in arduis
Servare mentem, non secus in bonis
Ab insolenti temperatam
Lætitia...*

HORACE.

I

Après avoir dompté le préjugé gothique,
Et l'hydre féodale, et le satan biblique
Qui rapetissaient l'homme en des dogmes étroits ;
Après avoir d'un geste, ô sublime colère !
Rompu la chaîne énorme, abjecte et séculaire,
   Qui l'attachait aux rois !

Après avoir détruit la terrestre géhenne,
Où, depuis l'âge d'or, la vieille race humaine
Se tordait dans la brume et la fange et le feu ;
Après avoir ouvert à la science ailée
Une route infinie, une route étoilée,
   Qui monte jusqu'à Dieu !

Après avoir semé d'un souffle les pensées
Que vingt peuples avaient avec peine entassées,

Pendant mille ans de nuits, au fond du crâne humain !
Après avoir franchi les zones étonnées
En trois pas, et conquis, en trois grandes journées,
  Le vieux monde romain !

Après avoir foulé l'échine colossale
De l'Europe soumise, inclinée et vassale,
Et, comme les Titans, escaladé les Cieux,
Lasse et superbe, un jour, la France ivre de gloire,
S'endormit au sommet le plus haut de l'histoire,
  Presque au-dessus des dieux !

II

Ce fut là son malheur. Se sachant immortelle,
Elle monta trop haut, sans songer que son aile
  Pouvait fondre au soleil !
Et que les majestés qu'elle avait abaissées,
Pour reprendre à ses pieds leurs couronnes brisées,
  Épieraient son sommeil !

Elle dormit longtemps : ce fut là sa faiblesse.
S'éveillant, un matin, sur son lit de mollesse,
  Elle aperçut un nain,
Qui, de l'aigle ayant pris le plumage et la forme,
L'étouffait dans sa serre âpre, immonde et difforme,
  Et lui rongeait le sein !

Elle était déjà froide ; et ses membres livides
Annonçaient que sa tête et sa veine étaient vides ;
  Son œil était sans feu !
S'éteignant à son tour au fond d'un corps débile,
Son âme à moitié morte, insensible et stérile,
  Avait perdu son Dieu !

LA JUSTICE

Et son poing qui, jadis, dans la brûlante arène,
Tenait l'épée auguste, épique et souveraine,
    De l'an quatre-vingt-neuf;
Son poing qui remuait les foules et les sphères,
Portait un nouveau monde et lançait des tonnerres,
    De sa force était veuf!

III

Et l'on vit, une nuit, à sa poitrine nue,
Grimper avec lourdeur une immense cohue
    De bas et hauts valets;
Qui, hideux, pressuraient ses mamelles stériles;
Et qui, pour assouvir leurs rages puériles,
    Lui donnaient des soufflets!

Elle but cet outrage, hélas! jusqu'à la lie!
Car son cœur presque mort et son âme amollie
    Ne sentaient plus l'affront!
Et l'on vit, ô douleur! cette auguste ruine,
Les yeux fermés, passer sous la fourche caudine,
    En courbant son grand front!

IV

Oh! c'était trop de honte! Elle en fut suffoquée!
Et, comme une lionne en son antre traquée,
    Regardant ses petits,
Qui, blessés et mourants se traînaient autour d'elle,
Elle toisa dans l'ombre, au feu de sa prunelle,
    Ses nombreux ennemis!...

Puis, redressant la tête, et comme électrisée,
Recueillant les tronçons de son âme brisée,

Dans un sublime effort,
Elle se ressouvint qu'elle était immortelle,
Et que son fier génie avait encor son aile,
Et que son bras fut fort !

Puis, demandant au peuple une herbe souveraine,
Elle a pansé sa plaie ; et, la face sereine,
Comme un convalescent,
Libre, elle a retrempé dans sa source première
Ses membres épuisés ; puis, en pleine lumière,
S'est fait un nouveau sang !

V

Aujourd'hui son œil clair voit, sur les monts, éclore
Du soleil de demain la bienfaisante aurore,
Qui rajeunit sa foi, son cœur et son cerveau !
Sa santé refleurit, sa blessure se ferme,
Et son âme renaît féconde, ardente et ferme,
Aux rayons de ce renouveau !

Alors poussant du pied le pygmée à l'œil fauve,
Qui la convoite encor, du fond de son alcôve,
Après l'avoir livrée à trente ans de douleur,
Elle dit à ce nain couvert de l'or des traitres :
« Retire-toi, maudit ! je ne veux plus pour maîtres
Que Dieu, mes enfants et mon cœur ! »

VI

O France ! sois bénie, en ton épreuve auguste !
En te frappant, le Ciel voulut te faire juste !
C'est ainsi que toujours il forme ses élus.
Le souffle évangélique est sorti des ruines !
L'émancipation eût son nimbe d'épines !
Nos maux font nos vertus !

Maintenant accomplis, austère et délivrée,
Ta noble mission sur la route sacrée,
Sans rappeler, hélas! sur ta tête des rois!
Souviens-toi bien qu'étant souveraine toi-même,
Tu rampes en souffrant un autre diadème
    Au-dessus de tes droits!

En regardant rôder, autour de ta grande âme,
Les fauves majestés à l'appétit infâme,
Qui vivent de ton sang, de tes pleurs, de ta chair,
Et qui, depuis Clovis, te traînent sur des claies,
O France! Souviens-toi de tes anciennes plaies!
    Ah! souviens-toi d'hier!

Victor Bonhommet.

Sarthe.

LES ANGES DE LA TERRE

IV

LA MÈRE

A MA MÈRE

> Ce'st vous qui nous prenez en entrant dans la vie,
> Et ne nous quittez qu'au tombeau,
> Qui constamment tramez d'or et de poésie
> Tous nos jours — ces rayons de notre pur flambeau.
> P.-C. D.

Nobles et saintes fleurs, qu'avril a fait éclore
A l'heure où quelque étoile abandonnait le Ciel,
Dont le chaste calice en secret élabore
Les parfums dont l'abeille un jour fera son miel!

Que le soleil de juin — universelle ivresse —
A doré de ses chauds et bienfaisants rayons,
Mystérieuse effluve, éternelle caresse
Qui réjouit la terre et mûrit les moissons !

Pour vous septembre a lui — délicieuse aurore
De jours souvent rêvés, vagues comme ces bruits
Que tinte du désir la voix vive et sonore
A nos sens que la sève en bouillonnant dévore,
   Cette riche saison des fruits.

Vous êtes l'ornement et l'orgueil de ce monde :
Votre printemps fut pur, votre été bienfaisant ;
Votre automne tout plein de ce souffle puissant
   Qui vivifie et qui féconde.

Le respect et l'amour vous suivent en tout lieu,
Car sur votre beau front lumineux, calme, austère,
On lit en traits d'azur le nom sacré de *Mère*,
   Qui vous fait grandes comme Dieu.

   Près du berceau de votre enfant,
   Lampe éclatante de tendresse,
   Vous veillez nuit et jour, sans cesse,
   Pour que rien ne trouble un instant
   Le cours du repos bienfaisant
Qui plane sur son front où vous buvez l'ivresse,
Sans oser l'effleurer d'un souffle de caresse.

Mais avec ses pavots dès qu'a fui le sommeil,
Sur ses lèvres, de lait toutes blanches encore,
   Fières du sourire vermeil
   Que vos bons soins ont fait éclore,

Vous versez plus d'amour pour fêter son réveil,
Que la nuit de rosée au lever de l'aurore.

Sous le souffle embaumé de vos baisers ardents,
      Son premier cri — plainte éphémère —
S'évanouit ainsi qu'une vapeur légère
        Sous les rayons incandescents
        D'un beau soleil — vaste cratère
        Où le Ciel verse ses volcans.

Il vient de secouer sa torpeur et ses langes ;
Le voilà bégayant sur vos sacrés genoux,
De ces mots empruntés au langage des anges,
      Et que nul ne comprend que vous.

        Ses petits pieds, faibles, timides,
        Pourtant de mouvement avides,
        Vont essayer les premiers pas ;
        Vos beaux bras seront la barrière
        De cette adorable carrière
        Ouverte à leurs frêles ébats.

Vite il se développe à l'ombre de votre aile,
Vous lui communiquez la première étincelle
De ce brillant flambeau qu'on nomme la raison,
Et dont votre belle âme est toujours inondée ;
Qui, par vous dans les cœurs semée et fécondée,
A fait les Bossuet, les Thiers, les Cicéron.

. . . .

Il a vu s'envoler son doux parfum d'enfance ;
Et maintenant en proie au doute, à la souffrance,

A la gêne, au travail, au sombre désespoir,
Quand la fièvre le brûle et le malheur l'atterre,
Vous montez avec lui son morne et froid calvaire
Pour y porter la paix, la santé, le devoir.

    L'homme ne vit que de caresses :
    Aussi, Dieu vous fait tout amour
    Pour que sur nous votre tendresse
    S'épanche à chaque instant du jour.

    Vous eûtes son premier sourire,
    Le premier élan de son cœur,
    Les premiers accents de sa lyre,
    Le premier cri de sa douleur.

Non! vous ne voulez pas que la parque le touche :
    Pour le disputer au tombeau,
    Vous voilà veillant sur sa couche
    Comme autrefois sur son berceau.

    Il faut le soleil aux campagnes,
    A nous vos soins de chaque jour.
    La foi soulève les montagnes,
    Et, pour vous, la foi, c'est l'amour.

Comme le messager des voûtes éternelles,
Vous portez le bonheur dans le pli de vos ailes;
Votre charmant regard éclaircit l'horizon;
A votre douce voix s'apaise la tempête;
Dans le cœur, sur le front tout est sourire et fête,
Et la brise embaumée a vaincu l'aquilon.

Des plus saints dévoûments source pure et féconde,
Vous nous sacrifiez tous les biens de ce monde :

Repos, santé, plaisirs, beauté — noble splendeur —
Ces dons si précieux, les plus dignes d'envie,
Et le rêve constant de toute votre vie,
    Bons anges, c'est notre bonheur.

. . . .

Mère!... à ce nom sacré les cordes de ma lyre
Ne peuvent que bénir; ton amour, ton sourire
    M'ont toujours inondé de foi;
Et si ma faible voix célèbre des chimères,
    C'est que jai cru toutes les mères
    Bonnes et saintes comme *Toi*.

P.-C. DUPUY.

Gironde.

HÉLÈNE

> Tu ne tueras point.

> Développer ce grand mot : conscience, telle est la mission d'une poésie régénératrice.   É. CARRANCE.

> Chaque jour le *sexe fort* tue moralement une créature du *sexe faible*. Or, lequel est le plus coupable des deux? L'assassin ou la victime? Si le *sexe fort* était réellement fort, le *sexe faible* serait moins faible.   Dr H. M. V.-C.

I

Hélène a dix-huit ans! riant âge où la vie
Est une coupe d'or de songes d'or remplie,
Où, se développant, l'âme donne le jour
Aux enivrants parfums de son premier amour;

Où le passé candide est une calme aurore,
L'avenir un bouquet que le présent colore,
Un éternel matin, un magique miroir,
Montrant les objets tels que nous voulons les voir ;
Riant âge où le temps ne semble avoir des ailes
Que pour nous apporter des fleurs toujours nouvelles,
Où l'on espère tout, où jamais la raison
Ne nous fait remarquer au bout de l'horizon,
Sur un ciel azuré, l'abîme inévitable
Qui sans cesse engloutit le juste, le coupable,
L'oppresseur, l'opprimé, le maître, le valet,
Le riche, l'indigent, le prince, le sujet.
Hélène a dix-huit ans! sur sa bouche un sourire
Tout immatériel se joue et semble dire
Que son cœur, composé d'amour et de vertus,
Est tout à fait heureux et ne veut rien de plus.
Par un lien sacré, celui du mariage,
En présence des siens et de tout le village,
Librement, avec joie, elle vient de s'unir
A son ami d'enfance. Un paisible avenir
De ces jeunes époux semble être le partage,
Car sur leur ciel d'amour n'est pas un seul nuage.
Elle est belle, il est beau. Puis envers tous les deux
Le partial Plutus s'est montré généreux ;
Et l'airain remplit l'air de sa douce musique,
Et des bons campagnards la troupe sympathique
Fête les mariés et redit dans ses chants :
« Aimez-vous ! aimez-vous ! vivez, vivez longtemps ! »

II

Phébus est au Zénith. Là-bas, dans la prairie,
Deux robustes enfants, parmi l'herbe fleurie,

En poussant de grands cris, chassent avec ardeur
Un brillant papillon : C'est le frère et la sœur,
Une blondine, un brun. Au bout de cinq minutes,
Mais non sans avoir fait de nombreuses culbutes,
Hors d'haleine, rendus, et pourtant radieux,
De l'insecte de l'air ils sont victorieux.
« Papa, nous l'avons pris! maman, il est superbe! »
Disent les conquérants en se couchant dans l'herbe.
« Il a mille couleurs : il est rouge, il est noir,
» Il est jaune, il est bleu; maman, viens donc le voir. »
Ces joyeux chérubins sont les enfants d'Hélène.
Auprès de son époux, assise sous un chêne,
Elle feuillette un livre et dit de temps en temps :
« Oh! comme ils sont heureux! oh! comme ils sont charmants! »
L'époux, avec douceur, répond : « Ma bien-aimée,
» Je suis heureux aussi! ma route fut semée
» Par toi, pendant dix ans, de plaisirs et de fleurs,
» De sourires divins, jamais, jamais de pleurs.
» Je suis fier du passé! Que l'heure soit bénie
» Où ton âme à la mienne au saint lieu s'est unie!
» Si nous voulons toujours être heureux ici-bas,
» Cette heure aimons-la bien! oh! ne l'oublions pas! »
« Non, ne l'oublions pas! » redit la jeune mère
D'un air un peu rêveur, le regard vers la terre.
« Non, ne l'oublions pas! » et dans son grand œil bleu
Ont brillé tout à coup quelques larmes de feu.
L'aimant, l'honnête époux supposant que la cause
De ces pleurs c'est l'amour, l'amour pas autre chose,
Pleure aussi de bonheur, étreint dans un transport
Sa compagne, en disant : « A toi jusqu'à la mort! »
Et cent oiseaux divers, cachés dans le feuillage,
Charment les alentours par leur joyeux ramage.

Le zéphir amoureux aux amoureuses fleurs
Donne mille baisers, conte mille douceurs.

III

Le murmure du vent trouble seul le silence
De la nuit. C'est l'hiver. Il neige en abondance.
Pourtant malgré le froid, malgré l'obscurité,
A travers monts et vaux, d'un pas précipité,
Un prêtre âgé déjà, mais jeune en apparence,
Le missel sous le bras, résolument s'avance.
Sur le bord d'une route, au débouché d'un bois,
Il s'arrête soudain. « Oui, c'est ici, je crois, »
Dit-il, en essuyant son humide paupière,
Puis il franchit le seuil d'une pauvre chaumière.
Quel spectacle grand Dieu ! Sur un méchant grabat
Une femme à la mort livre un dernier combat ;
Des mots incohérents s'échappent de sa bouche,
Elle gémit, se tord, se roule sur sa couche.
Terrifié, vaincu, le désespoir au cœur,
Le bon prêtre sanglote en appelant sa sœur.
« Hélène qu'as-tu fait ? Dans quel affreux abîme
» T'es-tu précipitée ? Après la faute un crime !
» Et pourtant autrefois elle aimait la vertu.
» O mon père ! ô mon Dieu ! lui pardonneras-tu ? »
Elle aimait la vertu ! mais un jeune homme pâle,
Au regard langoureux, au front pensif et mâle,
Brave, aimable, élégant, bon envers le prochain,
Grand avocat du bien, *un noble cœur enfin*,
Après avoir été depuis une semaine
L'ami de la maison, voulut séduire Hélène.
Hélène vaillamment combattit, résista,
Vexé, *le noble cœur,* pour vaincre, persista.

Il fut vainqueur, hélas ! A l'avenir pour mère
Deux enfants n'avaient plus qu'une femme adultère.
Cette horrible pensée, ainsi qu'un ver rongeur,
De la mère bientôt vint habiter le cœur.
Saisie enfin un soir d'une tristesse immense,
Ne pouvant plus, d'ailleurs, supporter la présence
De l'époux outragé, l'épouse, au séducteur,
Dit : « J'accepte, partons, fuyons ; ici j'ai peur. »
Hélas ! vingt jours plus tard, Hélène, abandonnée
Par *l'homme au mâle front*, mourait empoisonnée.
Le prêtre s'éteignit aussi le même jour.
Il est allé, sans doute, au céleste séjour,
Pour sa sœur criminelle, implorer la clémence
De Dieu, dont la bonté surpasse la puissance.
. . . .
Faut-il, pour être heureux, sortir d'une famille
Possédant de grands biens ? Faut-il être la fille
D'un comte ? d'un baron ? d'un illustre seigneur ?
D'un prince tout-puissant ? d'un roi ? d'un empereur ?
Avoir de beaux châteaux ? une riche livrée ?
De vils adulateurs une foule titrée ?
Des joyaux de grands prix ? par des dames d'atours
Se faire emprisonner dans des flots de velours ?
Invariablement toujours s'entendre dire :
« Enfant vous êtes belle à donner le délire,
» Au salon vous régnez, mais c'est au bal surtout
» Qu'astre resplendissant vous éblouissez tout ! »
Est-ce là le bonheur ? non. Soyez vertueuses,
Femmes, et vous serez réellement heureuses.
La vertu c'est la paix, c'est le bijou du cœur,
C'est le contentement, c'est le parfait bonheur.

Dr HENRI M. VALLON-COLLEY.

LA FRANCE DEVANT LES SIÈCLES

A M. ÉVARISTE CARRANCE

Sunt lacrymæ rerum.

HIER

I

Hier c'était Gutemberg, absorbé dans ses veilles,
Qui trouvant la clef d'or d'étonnantes merveilles,
Unissait les anneaux des siècles écoulés !...
C'était lui qui donnait à la pensée une aile,
Allumait de sa main une aurore nouvelle,
    Sur tous les mondes écroulés !...

Hier, en lui jaillissait la sublime étincelle,
Qui d'éclairs infinis en nos âmes ruisselle,
Et puis remonte au Dieu de toute éternité !...
Hier, l'homme entrevoyait dans cette nuit immense,
    Le soleil de l'intelligence,
    La route à l'immortalité !...

Hier, le Corse était là rêvant au bord de l'onde,
Tous les rois à ses pieds, pour empire, le monde,
Géant en qui le siècle était comme incarné !...
La France alors laissa, dans sa course haletante,
Tomber la Liberté de sa robe sanglante
    Sur l'Occident illuminé !...

Il la prit dans ses bras à cette heure suprême,
Et posa sur son front un divin diadème,
Étincelant bandeau de gloire et de beauté !...
Aigle étrange ! il plana dessus l'Europe entière,
    Fit des trônes une litière,
    Quand le Ciel en fut irrité.

Il tomba foudroyé de son aire sublime,
Entraînant son idole avec lui dans l'abîme :
L'Océan lui donna pour palais un îlot.
On jeta sur son corps quelques grains de poussière,
Et lui, qui de sa main avait pétri la terre,
      Passa, comme un bruit sur le flot !

Hier, rayonnante encor de splendeur et d'ivresse,
Dans un élan sublime elle sauvait la Grèce,
La patrie immortelle où dorment les héros !...
Rendait à ces martyrs la jeunesse et la vie,
      Leur Dieu, leur Liberté ravie,
      Et brisait les fers des bourreaux.

C'est ton œuvre : et ton nom éblouit dans l'histoire,
France ! pourquoi jeter ton vieux manteau de gloire
Aux bandits qui demain laboureront tes seins !...
Tendre ton front de vierge à leurs lèvres impures,
Entends monter ces flots de voix et de murmures,
      De Dieu, tu trompes les desseins !

AUJOURD'HUI

II

France ! n'ouvrais-tu pas aux Cieux tes blanches ailes !...
Hier encor ta pensée et ses voix immortelles
Enivraient les esprits de sublimes transports !...
Aujourd'hui, c'est la chute, une chute étonnante ;
      Dans les siècles, jamais tourmente
N'avait aux pieds des rois couché cent mille morts !...

La Prusse désormais sera reine et maîtresse,
Et le monde baisant la main de qui l'oppresse,
Entonne un hosanna, puis se courbe à genoux!...
C'est le canon qui parle et fait trembler la terre;
     Peuples, apprenez à vous taire,
Tout roseau qui s'agite est brisé comme nous!

Qui parle est emporté par le fleuve qui passe;
Le vaincu laisse à peine un sillon, une trace,
Sur cette vague humaine où tout vient s'engloutir!...
Pour vaincre un peuple, il faut le génie et l'astuce,
     Il faut l'audace de la Prusse,
Il faut au grand soleil égorger et mentir!...

A genoux, vieille Europe, à genoux devant elle,
Jette à ses pieds sanglants ta dépouille immortelle,
Et verse tes rubis dans le creux de sa main!...
Bismark étouffera, dans un accès d'ivresse,
     Cette Liberté qu'il caresse,
Ou qui mettra son cou sur le billot demain!...

C'est Paris qui s'embrase en ces trois nuits funèbres,
Où Dieu semble couvrir le monde de ténèbres,
Et jeter de nouveau le progrès au néant!...
C'est le Louvre qui brûle et ses divines toiles;
     Ses palais sont autant d'étoiles,
Dans la fournaise où bout comme un enfer géant!...

Pour pâture, il te faut les plus nobles victimes,
Pour émouvoir ton cœur, l'orgie et puis les crimes,

Commune ! et puis du sang, du sang jusqu'aux genoux !
Il faut pour t'inspirer le souffle des tempêtes,
      L'échafaud où roulent des têtes,
Et pour palais impurs les plus sombres égoûts.

Vaisseau ! pourquoi vas-tu sous un Ciel sans étoiles,
Courir l'immensité sans agrès et sans voiles ;
Tu portes, souviens-t-en, la France et son destin ?...
Tu portes dans tes flancs la Liberté du monde ;
      Sans pilote voguer sur l'onde,
C'est chercher dans les flots un naufrage certain !

DEMAIN

III

Ton passé merveilleux ne serait-il qu'un songe,
Rêve qui berce encor un glorieux mensonge,
Que l'histoire a gravé de sa puissante main !
Tout dort dans le tombeau, grands hommes et poètes,
Le génie et l'amour n'ont plus leurs saintes fêtes,
      O France ! où seras-tu demain ?

Où marchons-nous ? demain, c'est la nuit, le silence ;
Demain c'est l'échafaud dressé pour l'innocence ;
Demain il faut pleurer, ne plus se souvenir !
Demain se lève aux Cieux une aurore nouvelle,
Dans le sang jaillira la nouvelle étincelle
      Du grand soleil de l'avenir !...

Déjà Dieu n'entend plus tes pleurs et ta prière,
Il a marqué ton front, mis ta gloire en poussière,

Demain ton rêve impur tiendra dans un cercueil!...
Le vent de la révolte a fait le tour du monde;
Il veut rendre à la terre enfin la paix féconde,
    Au néant ton immense orgueil!...

Si tu veux de l'Europe être encore l'étoile,
Il faut couvrir tes seins de pudeur et d'un voile;
Il faut laver tes mains de leurs taches de sang!...
Il faut jeter au feu les livres du blasphème,
Renverser l'échafaud, et croire au Dieu suprême
    D'où vint ta splendeur et ton rang!

Alfred Vellot.

Isère.

LE CARNAVAL
SATIRE

Salut, ô carnaval, temps de fièvre où l'on danse
    D'un monde à l'autre de la France!
Parais! de la folie agite les grelots,
Et fais la place large, au milieu des badauds,
    A l'éternelle et folle engeance
    Des pierrettes et des pierrots!
Arban, à ton pupître! et vous, orchestre, en place!
En avant le quadrille aux rhythmes tapageurs,
Les valses, les polkas, qui grisent les danseurs,
Et le vertigineux galop qui tourne et passe,
    Comme un rêve plein de stupeurs!

Il faut électriser Rigolboche et Paillasse
Dont l'abruti regard attend son feu de vous;
Songez que vous devez faire bondir en masse,
   Non plus des hommes, mais des fous!
Reléguez le génie aux cartons où s'amasse
La poussière d'oubli sur les Sébastien Bach,
Et jetez sous les pas de cette populace
L'Offenbach du haut cru, le mousseux Offenbach!

Saute, France! sautez, ô moutons de Panurge,
Puisqu'est venu le mois où l'on saute partout;
Comme le mois qui suit est le mois où l'on purge
   D'un bout du monde à l'autre bout!
Sautez, pierrots, titis, débardeurs et chicardes,
   Sautez par bandes et troupeaux;
Sautez pour oublier qu'on gèle en vos mansardes,
Et que vous avez mis hier au clou vos hardes
   Pour un soir de ces oripeaux!
Sautez, filles de plâtre, ô folles affamées,
   Sautez au bras de ces pygmées,
   Les beaux messieurs de Vestoncourt,
Et puis faites sauter leurs bourses tour à tour!
A ces blêmes idiots, ô mes blondes almées,
Cotez si haut le prix où vous vendez l'amour,
Que chacune de vous puisse compter un jour,
   Comme autant de trophées,
Ce qu'elle a fait sauter de cervelles plumées!!!

Il faut voir, au matin, tous ces masques tombés,
   Ces clodoches et ces bébés.
L'orgie, après le bal, a de ses doigts livides
Laissé la marque au front de ces têtes stupides :

Le chicard trébuche hébété ;
Les filles ont perdu jusqu'à leur volupté ;
Le carmin a pâli des lèvres qu'il fit roses,
　　Et de tout cet amas de choses
　　Qui leur faisait une beauté,
　　Seul, le plâtre blême est resté !

Armand Menich.

Seine-Inférieure.

DEUIL

a victor hugo

Quando ceciderunt fortes!
Bible.

Mil huit cent trente ! aurore ineffable et superbe !
Jours purs ! — O muse, alors comme des fleurs dans l'herbe
Les beaux vers par milliers à ton souffle éclosaient !
On allait épanchant l'ode aux strophes tonnantes ;
On chantait, on chantait ! Les ailes frissonnantes
De la gloire à la fois sur vingt fronts se posaient.

On était le *Cénacle*, et l'on était la France !
On était l'avenir ! temps béni ! L'espérance
Riait dans tous les cœurs comme un vin pur dans l'or.
— Hélas ! de tous ces fils de la sainte harmonie,
De tous ces fronts divins, fiers élus du génie,
Au séjour des vivants combien restent encor ?

Combien ? ah ! demandez aux saules des vallées,
Demandez aux grands monts, aux plaines désolées,

Demandez aux ormeaux pensifs et chevelus,
Demandez à la mer, murmurante et plaintive,
Aux lacs bleus, à la brise, aux forêts, à la rive,
Aux échos endormis qu'ils ne réveillent plus.

Tous sont morts. Et là-bas, sous les arbres de rouille,
L'affreux ver du sépulcre au creux de leurs yeux fouille.
Ils sont là, nus, gisants, en proie au gouffre noir.
— C'est toi, pauvre Moreau, frère de Malfilâtre,
C'est Musset, fils d'Horace, à la lyre folâtre,
Tous deux morts à la peine et bien avant le soir.

C'est Béranger, ce roi de la fraîche romance,
C'est toi, Châteaubriand, aigle à l'essor immense,
C'est Alfred de Vigny, doux chantre d'Éloa,
C'est vous, dixième muse, ô charmante Delphine,
Blonde sœur de Sappho, dont la verve si fine,
Comme un vent dans les fleurs, dans les vers se joua.

C'est Méry, gai chanteur, noble enfant de Marseille,
Rappelant au rivage où le flot d'or sommeille
Les sonores accords des joyeux troubadours;
C'est Brizeux, cygne auguste au chant mélancolique,
Vieux barde, réveillant les échos d'Armorique,
Au récit gracieux des naïves amours!

C'est Reboul, c'est Dumas, Nerval, et Ste-Beuve,
Sublimes inspirés dont notre France est veuve,
Voix dont nous admirions les suaves accents;
C'est Lamartine enfin! qu'à ce nom tout s'incline,
Car il les surpassait, comme sur la colline
Le chêne vous surpasse, ô beaux lys pâlissants!

C'est Gautier ! — deuil amer ! hier parmi nous encore,
Aujourd'hui dans la tombe ! — A ce nom que j'adore
Je sens mon cœur se fendre et mes larmes couler;
— O vous tous qui dormez, bardes, rêveurs, poètes,
O vous tous qui dormez dans vos tombes muettes,
Dites, n'allez-vous pas enfin vous réveiller?...

Non, rien! non, c'en est fait pour toujours. Noir silence.
Et pour pleurer leur mort et consoler la France,
Pas une voix puissante hélas! ne vibrera;
Car nous sommes finis; car notre poésie
Est morte. Adieu la muse et la fraîche ambroisie.
— Sur leurs tombeaux glacés le vent seul gémira.

Il ne reste que toi, maître. Mais déjà l'ombre
Descend sur ton front blanc, et remplit ton œil sombre;
Et peut-être, qui sait, demain bien loin de nous,
Tu t'en iras, avec ton ange au vol rapide;
Alors nous serons seuls, sans nul flambeau, sans guide...
Seigneur, Seigneur, Seigneur où donc nous menez-vous?

Léonce Fabre des Essarts.

Basses-Alpes.

AU CHRIST

L'homme n'a pu souiller ta loi de vérité!
L'ignorance a terni tes lumières sublimes,
La haine a confondu tes vertus et nos crimes,
Les flatteurs aux tyrans ont vendu tes maximes,
Elle est encor justice, amour et Liberté.

Lamartine.

I

Que d'ennemis, ô Christ, sont ligués contre toi!
Comme Satan, leur maître, ils blasphèment ta loi :

— Ce n'est plus, disent-ils, que la loi des esclaves;
Elle a pour déserteurs les généreux, les braves,
Du despotisme infâme elle est le ferme appui,
Et veut ramener l'ombre où la lumière a lui;
Puis, avec le progrès proclamant son divorce,
Pour vaincre et pour régner elle implore la force.

Non! ce n'est pas ta loi, ce qu'ils montrent ainsi;
Par la haine inspirés, oh! comme ils ont menti!...
Eh! qui peut t'accuser, lorsque au siècle où nous sommes,
Tout nous fait voir en Toi le doux gardien des hommes,
Quand les peuples chrétiens revendiquent leurs droits,
Quand d'un signe fatal ta main marque les rois,
Quand du tyran du Nord l'orgueilleuse puissance,
Ivre encore de sang, marche à sa décadence;
Quand ceux que ton amour embrase de ses feux,
Allant du bien au bien, et n'aspirant qu'aux Cieux,
Et soufflant leur mépris sur ce globe d'argile,
Suivent, libres et fiers, l'immuable évangile?...

Oui! qu'un pouvoir impie exhale son courroux,
Tes disciples jamais ne ploîront les genoux;
Mais pour la vérité, le droit et la justice,
Ils sauront tout souffrir et marcher au supplice.
Sous le ciel d'Italie, au pays des Baskirs,
Ta loi fait les héros, ta loi fait les martyrs.
De la Liberté sainte embrassant la défense,
La prison et l'exil font briller leur constance.
O Christ! n'est-ce pas toi qui dans ces nobles cœurs
D'un courage invincible allumas les ardeurs?
N'est-ce pas toi qui sais, quand tout plie et succombe,
Relever leur espoir en face de la tombe?

D'autres, pour un peu d'or, aux tyrans sont vendus ;
Parmi ce vil troupeau les voit-on confondus ?
Magnanimes, n'aimant que la chose publique,
Ont-ils eu peur des fers, ou des plages d'Afrique ?
Qui les fera trembler ? qui les fera pâlir ?
Qui leur arrachera quelque indigne soupir ?
Tu les soutiens, ô Christ ! combattant pour leurs frères,
Au sein de la Patrie, aux rives étrangères.

II

L'évangile est toujours la loi d'égalité,
Il proclame toujours l'auguste Liberté :
Donc le triomphe est sûr, et le progrès s'opère,
Et la fraternité bannira la misère.
Qu'il sera beau ce jour, divin législateur,
Où les peuples amis n'auront plus qu'un seul cœur ;
Où, se donnant la main, guidés par ta lumière,
Unissant leurs travaux, leurs généreux efforts,
Riches de ces vertus qui rendent doux et forts,
Ils croiront voir le Ciel descendre sur la terre !!!
Ce jour si désiré, ce fortuné destin,
Ta main nous le prépare à l'horizon lointain...
Mais quelle nuit l'orage épaissit sur nos têtes !
Viens, oh ! viens l'éclairer... Dans ces vastes tempêtes
Qui déracinent tout, les lois comme les mœurs,
La justice et le droit demeureront vainqueurs :
Pour les faire régner tu parus en ce monde.
Qui donc aurait rendu ta parole inféconde ?
Ton pouvoir est-il vain ?... Non, non ; frappe tes coups,
Et que la tyrannie allume ton courroux,

Et répands ton mépris sur ceux dont l'imposture
Chante le despotisme et bénit le parjure !...

Quand l'oppresseur triomphe et quand règne l'effroi,
Le pauvre et l'opprimé n'espèrent plus qu'en Toi.
De tes frères, ô Christ, contemple les misères !
Proscrits, de la douleur buvant les eaux amères,
Ils tournent vers le Ciel un suppliant regard ;
Puis, leur âme soupire et gémit à l'écart :
« Toi qui donnas pour nous ton innocente vie,
» Rends-nous, te disent-ils, la Liberté ravie ;
» Elle seule et du pain, c'est notre ardent désir.
» On peut avec cela marcher à l'avenir. »
Fils de Dieu, fils de l'homme, au sein de l'indigence,
Tu connus les travaux, les pleurs et la souffrance :
Prends pitié de leurs maux, toi qui souffris pour eux ;
Sois-leur propice, ô Christ, et couronne leurs vœux !!

L'ABBÉ PEYRET.

Hérault.

LE CONTREBANDIER SUISSE
CONTE EN VERS

Connaissez-vous le Doubs et ses charmants rivages,
Ses cirques de rochers et leurs grottes sauvages,
Ses forêts, son eau pure où se mirent en paix
Et la fragile barque et les sapins épais ?...
Connaissez-vous ses lacs parlant de poésie,
Où l'on voudrait rêver, aimer toute une vie,

Et ses rocs sans sommet sur des gouffres sans fond?
Près d'eux l'homme est petit; la grandeur le confond.
Ce fleuve au pas bruyant, aux rives écumeuses,
L'avez-vous vu jeter au loin ses eaux poudreuses,
Alors que, paraissant ennuyé du repos,
Furieux il s'élance et fait jaillir ses flots?
Si calme était son cours et si pure son onde,
Et voici que le Doubs soudain cascade et gronde,
S'engouffre avec fracas, roulement éternel,
Sous sa blanche poussière où perce l'arc-en-ciel.

I

La nacelle frôlait l'onde limpide et pure;
A peine on entendait le cadencé murmure
De la rame troublant de son coup répété
Le calme de la nuit, la paix d'un soir d'été.
Moi, joyeux voyageur, j'admirais en silence
La plage qui s'enfuit, la vague qui s'élance,
Caressant notre esquif, et ce lointain tableau
De rocs et de forêts entre le Ciel et l'eau.
Elle allait doucement, descendant la rivière
Au-dessus de la chute, et j'étais à l'arrière;
Je ne remarquais pas que j'avais pour rameur
Un être à qui parler : Silencieux, rêveur,
Il semblait absorbé par quelque idée sombre;
Un feutre aux larges bords le couvrait de son ombre,
Donnant à sa figure un air mystérieux.
Il me fit presque peur quand je levai les yeux.
Nous restâmes longtemps assis, sans rien nous dire.
Tout à coup se levant et s'efforçant de rire :
« Vous croyez, me dit-il, que je suis batelier,
» Non, l'on vous a trompé, je suis contrebandier;

» On m'appelle Robert; le soir, quand la nuit gagne
» Le fond de ce vallon, là-haut sur la montagne,
» Leste et joyeux je grimpe avec un lourd fardeau,
» Et le matin gaîment je reviens passer l'eau.
» Voyez sur ce rocher cette petite flamme :
» S'il faisait sombre au moins mes enfants et ma femme
» Demain auraient du pain ; mais, par un temps si clair,
» Le douanier voit tout et la mort est dans l'air.
» Et cette lune au Ciel que je maudis sans cesse,
» Pourquoi vient-elle encor, curieuse, traîtresse,
» Comme pour m'épier, me lancer un rayon?
» Je me dispenserais de ce gai compagnon !
» Mais ! je suis trop peureux de craindre la frontière :
» Vastes sont les rochers, et large est la rivière ;
» Le douanier craintif, je saurai l'éviter,
» Et bientôt sans souci je pourrai m'abriter. »

Alors, montrant du doigt au loin, sur l'autre plage,
Un chalet isolé : « C'est là, dit-il, je gage
» Que les amis déjà me réclament en vain.
» Je dois partir : il faut que je gagne mon pain ! »

Puis, comme s'il eût dit plus qu'il ne voulait dire,
Il me fixa longtemps et, feignant un sourire :
« Je puis compter sur vous, vous avez mon secret,
» Si vous tenez à vivre, ami, soyez discret. »

Il dit. Déjà la barque, à l'aviron docile,
Touchait au sol français ; d'un mouvement agile
Il sauta sur le bord, me fit de courts adieux,
Et moi, je restai seul à le suivre des yeux.

LA JUSTICE

II

Il gagna lentement une gorge voilée;
Les lumineux rayons de la voûte étoilée
N'y pouvaient pénétrer. Aussi, sans aucun bruit
Il disparut pour moi dans les plis de la nuit.
Longtemps mon œil inquiet interrogea les cimes,
J'aurais voulu revoir au-dessus des abîmes
Et hors de tout danger l'intrépide Robert,
Mais le lac restait noir et le rocher désert.
Tout à coup un rayon de la lune éclatante
Montra dans le lointain une ombre chancelante
Sous quelque grand fardeau, mais lourd était son pas,
Par instants on eût dit qu'elle n'avançait pas.
Des lugubres sapins que la brise balance
Sortaient comme des voix redisant en cadence :
L'angoisse te saisit, hardi contrebandier;
Le vieux loup cette fois aura peur du limier.
Tu veux braver les lois et le Ciel te regarde,
Ah! recule plutôt, contrebandier, prends garde!
Ce n'est ni ton bâton ni ton bras vigoureux
Qui pourra te sauver aujourd'hui, malheureux!
Les douaniers, ce soir, te suivent à la piste,
Ils t'atteindront bientôt. Mort à qui leur résiste!
« — Holà! le voyageur égaré dans les bois!
» Tu te caches sans doute et tu nous fuis je crois;
» Arrête un peu qu'on voie au moins ce que tu traînes,
» Et pourquoi sur les rocs si tard tu te promènes. »
Mais lui : « Je le savais, c'était mauvais présage,
» La lune m'éclairait, j'écoutai mon courage.
» La force maintenant seule peut me sauver;
» Un lâche s'enfuirait, moi, je veux le braver. »

Et, le bâton levé, son ombre vacillante
M'apparut, puis une autre à la démarche lente,
Et leur grossière insulte et leur vibrante voix
M'arrivaient résonnant à travers les grands bois.

III

La lutte fut terrible et l'écho des deux rives
Répercuta longtemps leurs cris, leurs invectives.
Enfin Robert est maître et reste le plus fort;
Sous ses coups redoublés on devine la mort.
Mais le sang jaillissant a demandé vengeance;
Le cri du moribond, dernier cri de souffrance,
Est entendu du Ciel. Tandis que sur l'abîme
Le meurtrier maudit contemple sa victime,
Un coup part, et la balle en faisant siffler l'air
Et résonner l'écho, plus prompte que l'éclair
Atteint le malheureux que le rocher rejette,
Et force à se creuser une tombe muette
Dans la vague qui fuit; sous ses nombreux détours
Le courageux Robert est perdu pour toujours.

G. Agassiz.

Suisse.

A LA FRANCE

Muse, il est temps de faire un Sonnet à la France,
A ce noble pays saignant et dévasté;
Mais d'abord demandons à Dieu sa délivrance
Des mains d'un ennemi cruel et redouté!

Dans notre cœur alors renaîtra l'espérance
Pour nous de voir enfin cesser l'adversité ;
De voir dés jours meilleurs après notre souffrance,
Si nous mettons d'accord l'ordre et la Liberté.

Des hommes sans raison vont prêchant l'anarchie,
D'autres rêvent l'empire ou bien la monarchie ;
Tout cela c'est la guerre et la division.

Pourquoi, dans l'intérêt de la chose publique,
Ne pas continuer de vivre en République,
Si par elle on obtient la paix et l'union.

R. AGNÈS.

A M. THIERS
PRÉSIDENT DE LA RÉPUBLIQUE

Napoléon et vous ministres incapables,
En déclarant la guerre à la Prusse, aux Germains,
Vous attiriez sur nous des maux épouvantables
Dont la plume au récit tremble encor dans les mains.

Ces bataillons du Nord, épais et formidables,
Partout se sont montrés barbares, inhumains !
En vain pour repousser leurs masses innombrables,
Nos soldats ont-ils fait des efforts surhumains.

Par la fortune hélas ! la France était trahie ;
Elle allait succomber toute entière envahie,

Lorsque pour la sauver on signe enfin la paix;

Et grâce à Monsieur Thiers, à son rare génie,
La France, qu'il a prise hier à l'agonie,
Déjà se sent revivre en goûtant ses bienfaits.

R. Agnès.

APPEL A LA BIENFAISANCE
EN FAVEUR DES ÉMIGRANTS DE L'ALSACE-LORRAINE

Frappés par le malheur que toute guerre entraîne,
Venons tous au secours de nos concitoyens;
Des pauvres émigrants d'Alsace et de Lorraine
Forcés d'abandonner leurs foyers et leurs biens.

La France est tout pour eux : Mère, Patrie et Reine;
Pour vivre sous ses lois, ses doux et chers liens,
Ils préfèrent l'exil à leur natal domaine,
Au redoutable joug des barbares Prussiens.

Leur pays est le prix de notre délivrance;
Cherchons tous les moyens d'adoucir leurs souffrances.
Soyons ingénieux à trouver les meilleurs!

Si vous goûtez celui que propose ma plume,
Français! daignez souscrire à ce petit volume :
Son prix pourra peut-être étancher quelques pleurs.

L'Auteur des trois Sonnets,
R. Agnès.

Nota. Le dernier Sonnet est mis en tête d'un petit volume intitulé : *Les Cent Sonnets d'Agnès*, publié sous les auspices de la *Société des Amis des Arts, d'Orléans*, et vendu 1 franc au profit des émigrants de l'Alsace-Lorraine.

MÉLANCOLIE

A CEUX DONT LE CŒUR PARLE SOUVENT

TRANSFORMATION POÉTIQUE

(Voir le volume *La Patrie*, page 342.)

Aux noms qui nous sont chers souvent mon âme songe
    En regardant le Ciel.
Heureux, alors, l'espace où mon œil plonge,
    Laisse mon cœur sans fiel.
Du haut de ce Ciel bleu ma muse prie et chante
    Ivre de souvenir,
Et sous l'accord de sa lyre touchante
    S'éveille l'avenir.
Étant, grâce à l'esprit, auprès de ceux que j'aime,
    Et joyeux de cela
Le temps qui fuit passe sur mon front blême
    En disant : me voilà !
L'heure voudrait en vain, répétant sa cadence,
    Tourmenter mon exil ;
Elle se tait sous mon indifférence
    Humble... loin du péril.
Il faut, pour que mon âme inquiète et timide,
    Espère du bonheur,
Nommer les noms que mon oreille avide
    N'entend que dans mon cœur.
Noms pour lesquels je rêve, ah ! dites-moi qu'un songe
    Riant vous sourira
Et si, par vous, mon cœur loin du mensonge
    Y pense, il redira :
Aux noms qui nous sont chers souvent mon âme songe !

H. NADAUD.

Gironde.

RÊVE SATANO-POLITIQUE
POÈME EN CINQ CHANTS

Table des épisodes contenus dans chaque chant

1ᵉʳ CHANT

Sommaire. — Voyage dans l'immensité; apostrophe à mon rêve.

2ᵐᵉ CHANT

Sommaire. — Combat de Sédan; carnage affreux. Triomphe des Prussiens; réjouissance à Berlin.

3ᵐᵉ CHANT

Sommaire. — Départ pour les enfers; apparition du palais des Tuileries; pillage; tous les habitants sont assassinés, jetés par les fenêtres. 30 Suisses brûlés vivants; nom des antropophages qui se sont repus de leur chair calcinée.

4ᵐᵉ CHANT

Sommaire. — Le pont du Styx, rempart des Enfers. Cerbère m'ouvre la porte du Ténare. Mon rêve l'épouvante, s'enfuit, et me laisse au pouvoir de mon rêve.

5ᵐᵉ CHANT

Sommaire. — Mon rêve me présente à Satan, qui me fait un bon accueil, m'introduisant dans son immense tribunal où sont jonchés les assassins de 93; leur jugement, leur supplice.

RÊVE SATANO-POLITIQUE

1ᵉʳ CHANT

Sommaire. — Voyage dans l'immensité; apostrophe à mon rêve.

Écoutez, chers lecteurs, écoutez le récit,
D'un rêve sans égal, que je fis l'autre nuit.

Rêve, bien que passé depuis plus de douze heures,
Rappelle à mon esprit de tristes aventures
Dont mon réveil ne peut adoucir les horreurs.
Arrivons vite aux faits, écoutez, chers lecteurs,
Pour ne pas abuser de votre complaisance,
Je raye la préface, écoutez, je commence :

La cloche du village, au son grave et lointain,
M'annonce l'Angélus, quatre heures du matin.
La nuit semble mourir, l'oiseau dans la bruyère
Qu'éveille chaque jour l'étoile matinière,
Appelle, par son chant, les chrétiens au saint lieu,
Les pécheurs aux remords, et les justes à Dieu.

J'avais beaucoup écrit, et j'écrivais encore
Quand l'horizon ouvrit son grand cercle à l'aurore;
Mais alors le sommeil, appuyant sur mon front
Son invisible main et son sceptre de plomb,
Vint engourdir mes sens, suspendre ma prière,
Donner trêve à ma muse et fermer ma paupière.

Les songes aussitôt, planant sur l'Univers,
Enfants tout à la fois des Cieux et des enfers,
Tantôt anges, démons, serpents, amours, fantômes,
Qui torturent ou font les délices des hommes,
Descendent près de moi, sur un char ténébreux,
M'enlèvent de mon siége et me placent près d'eux.
A leur ordre l'éclair leur prête à l'instant même,
Sa puissance électrique et sa vitesse extrême.

Mon char, brûlant l'espace, en un instant je vis
Disparaître à mes yeux, le sol de mon pays :

Ce qui vint me causer une douleur profonde.
Enfin, d'après mon rêve, en moins d'une seconde
Je franchis le soleil, dans mon vol incertain;
Je laisse ses rayons mourir dans le lointain.
Ce grand astre, à mes yeux, n'est qu'une faible étoile,
Que l'espace engloutit sous son immense voile.
Saturne au double anneau, Jupiter et Vénus,
Palissant sous mes pieds, bientôt ne seront plus.

Mais de l'immensité, de nouveaux soleils naissent,
Enflamment l'horizon, pâlissent, disparaissent,
Et font place aux rayons d'un soleil non moins beau,
Dont mon char, en passant, étouffe le flambeau.

O tableau ravissant! tableau plus que sublime!
Œuvre du Créateur où ma raison s'abîme,
Tu confonds mon esprit, terrasses mon orgueil,
Et plonges mes calculs dans la nuit du cercueil.
Cet espace, ô mon Dieu! visible à l'œil de l'homme,
N'est donc qu'un petit point, qu'un invincible atome;
Où sont donc les confins des Cieux que je parcours,
Et le dernier soleil que je cherche toujours!!
Moteur de l'univers, me désignant sa place,
Dites-moi s'il existe un centre dans l'espace.
Mais, non, le firmament, aux sublimes accords,
Ne peut avoir de centre, alors qu'il est sans bords.
L'éclair qui me conduit, est toujours en présence
D'une autre immensité qui toujours recommence.
Oh! pourtant ce grand cercle, égal en chaque lieu,
N'est qu'un petit anneau tournant aux doigts de Dieu.

Ainsi, j'erre toujours sans pouvoir m'en défendre,
Dans un vide éternel que Dieu seul peut comprendre.

O rêve! ô mon tyran, monstre mystérieux,
Es-tu l'enfant du Styx, de la terre ou des Cieux?
Ton invisible esprit vit-il dans un atome,
Voltige-t-il en l'air? réside-t-il en l'homme?
Es-tu dans son cerveau, dans son âme, en son cœur,
Viens-tu le torturer, pour faire son bonheur?
Ton existence est-elle essentielle à la sienne?
Aurais-tu quelque chose en lui qui t'appartienne?
Avant qu'il naisse es-tu dans son corps imparfait?
Germes-tu dans son germe ou nais-tu quand il naît?

Dis-moi, fils de la nuit, étends-tu ton domaine
Au-delà des remparts de la cervelle humaine?
Ses deux lobes sont-ils tes seuls départements?
L'homme est-il, en un mot, le seul à qui tu mens?
Dis-moi, les animaux, cette famille immense,
Sont-ils, ainsi que nous, soumis à ta puissance?
Vas-tu parler au bœuf alors que nos travaux
Lui permettent de prendre un instant de repos?
Le fais-tu voyager, brouter à la prairie
De l'herbe, alors qu'il meurt de faim à l'écurie?
De plus en plus barbare enfin lui fais-tu voir
Le boucher qui l'attend au fond de l'abattoir?

Entretiens-tu l'erreur, que tu tiens à tes gages,
Pour t'aider à mentir dans les grottes sauvages?
Poursuis-tu le lion dans ses brûlants déserts?
Le ver rampant sur terre et l'habitant des mers?
Irais-tu, descendant l'échelle de la vie,
Tourmenter les amours des fleurs de la prairie?
Leur fais-tu voir le feu s'enflammant sous les eaux,
Brûler en même temps et noyer ses rameaux?

Ou bien les balançant dans un rêve contraire,
Leur fais-tu voir Zéphir, leur enfant de Cythère,
Les caresser le jour, le soir les inonder
Du pollen amoureux qui doit les féconder ?
Leur fais-tu voir enfin l'abeille vigilante,
Le corps outre chargé de poudre fécondante,
Suppléant aux amours d'un amant paresseux,
Les couvrir en passant de pollen amoureux ?

O rêve ! ô mon tyran ! veuille, je t'en conjure,
Me dire ton vrai nom et quelle est ta nature ?
Pour me répondre, hélas ! tes efforts seraient vains,
Ton principe appartient aux mystères divins.
Inclinons notre orgueil et notre suffisance
Devant l'Être suprême, et gardons le silence.

Mon rêve, chers lecteurs, et s'éclipse et me fuit,
Le sommeil à son tour m'enchaîne et m'assoupit.
Je dors, en vous parlant, et ma langue affaiblie
Ne peut plus se mouvoir : à demain je vous prie.

2ᵐᵉ CHANT

Sommaire. — Batailles de Metz et de Strasbourg ; triomphe des Allemands ; réjouissance à Berlin.

Mon rêve, chers lecteurs, qui toujours me désole,
Au nom de Belzébuth, demande la parole.
Par curiosité, je dois y consentir...
Je ne viens pas, dit-il, ici pour te mentir.
Ce sont des vérités que constate l'histoire,
Que je voudrais pouvoir chasser de ta mémoire.

Écoute le détail de nos derniers combats,
Que j'ai transcrits avec le sang de nos soldats.
Allons donc, citoyens, commençant la campagne,
Nous abattre, en esprit, sur l'altière Allemagne;
Sous les murs de Sédan, où tes yeux pourront voir
Le sang humain remplir un immense abattoir.
Deux armées sont là, selon la circonstance;
Chacune reste en place, ou recule, ou s'avance.
Les soldats des deux camps, tristes, silencieux,
A leurs pauvres parents font leurs derniers adieux.
Tout est silencieux; enfin l'arme se charge,
Les tambours, les clairons, sonnent, battent la charge;
Pour sauver leur pays, méprisant l'avenir,
Les soldats des deux camps veulent vaincre ou mourir.
Au mot feu prononcé, la fusillade tonne,
La mort serre la main et sourit à Bellone;
Le sang coule à grands flots, l'étang n'a plus de bords,
Le sol épouvanté se cache sous les morts;
Les bombes, les boulets tombent comme la grêle,
Sur deux cents régiments que le sabre morcelle.
Voyez, mes chers lecteurs, tous ces fleuves de sang,
Étouffer nos blessés étendus dans leur rang.
Après huit jours enfin d'un horrible carnage,
Le sang ne coule plus dans l'étang où je nage;
Les canons sont muets depuis quelques instants,
Le combat a cessé faute de combattants.

Pendant que le soleil nous prête sa lumière,
Parcourant à pas lents ce triste cimetière,
Où je vais terminer ma prière à genoux,
Toi, noble chassepot, viens, accompagne-nous.
Nous désirons savoir si, durant ce voyage,
Tu pourras, sans frémir, admirer ton ouvrage.

Eh ! que t'importe au fait, tout le sang que tu vois
Jaillir sur ton habit, se cache sous tes croix.

Ce chemin labouré déjà par la mitraille,
Nous conduit, chers lecteurs, sur le champ de bataille.
Où nous sommes déjà, en frissonnant je vois
Quatre mille blessés étendus dans ces bois,
Que de lâches amis, que la peur vint surprendre,
Laissèrent lâchement, sans oser les défendre.
Mille n'existent plus ! la mort et la douleur
Se sont gorgés du sang qui coulait dans leur cœur.
Les hommes, les chevaux, tous atteints de folie,
Leur passant sur le corps, les mettent en bouillie.
Laissons leur détritus empoisonner les airs,
Et voyons ces blessés que dévorent les vers ;
Voyons, en maudissant le grand siècle où nous sommes,
Des hommes égorgeurs, égorgés par des hommes.
Voyons donc ces blessés... pour juger leur douleur,
Leurs maux et leurs tourments, descendons dans leur cœur.
Mais non, mes chers lecteurs, détournons notre vue
D'un tableau qui déjà nous torture et nous tue ;
Ne nous enterrons pas dans des ruisseaux de sang,
Qui sortant de leur cœur les étouffe en leur rang.
Détournons nos regards de ce sang qui nous glace,
Venez, mes bons amis, venez, changeons de place.

Regardez ce soldat qui soutient dans sa main
Ses entrailles en sang, fuyant son adamin !
Et son ami pressant, avec sa main tremblante,
L'ouverture en lambeaux, d'une artère béante,
Par où le sang jaillit. Hélas ! soins superflus,
Son cœur est déjà vide et le soldat n'est plus.

Regardez son ami que sa mort désespère,
Baiser sa main sanglante ! hélas ! c'était son frère !
Voyez ce vieux soldat vacillant sur ses pas,
Dont la croix est brisée et qui n'a plus qu'un bras ;
Regardez ce conscrit qu'égorge une blessure,
Où des vers affamés arrachent leur pâture ;
Voyez-le sans secours, cédant à sa douleur,
Se plonger par deux fois le couteau dans le cœur.
Regardez son voisin, qui se penche, s'incline,
Prend le même couteau qu'il plonge en sa poitrine ;
Entendez ces blessés qui gisent près de vous,
Vous dire, en se crispant, messieurs achevez-nous !
En nous donnant la mort vous nous donnez la vie,
Faites cesser nos maux au nom de la Patrie !

Quel terrible abattoir, que de maux, que de sang !
Que de soldats sans vie, entassés dans leur rang.
Dieu de l'éternité que l'univers acclame,
Leur corps n'existant plus, bénis, sauve leur âme.

Orgueilleuse victoire, ô triste point d'honneur,
Écume des enfers ! vous me faites horreur !

Quels sont ces cris affreux ! jamais rumeur pareille !
Ne vinrent à la fois torturer mes oreilles.
C'est la cavalerie arrivant sur ces lieux,
Qui pile sous ses pieds les blessés à nos yeux.
Peuple triomphateur qu'empoisonne la rage,
Regarde sans pâlir, si tu peux, ton ouvrage.
Regarde ces blessés, hachés, mis en lambeaux,
Qui vous lèguent, mourants, aux serpents infernaux.

Sachez, hélas! Prussiens, qu'enivre la victoire,
Que la mort qui vous traîne au temple de mémoire
Ne vous élève ici de riches monuments,
Sur lesquels vous trônez qu'avec des ossements !

Quelle horreur ! la victoire aux poudreuses entrailles
Sourit en assistant à tant de funérailles.
Et grave, de sa main, sur son rouge étendard,
La chair est ma pâture et le sang mon nectar.
Permettez-moi, lecteurs, ici de vous traduire
Le mot victoire; eh bien ! voici ce qu'il veut dire :
Salpêtre, assassinat, brigandage, terreur!
Titres que l'on décore avec la croix d'honneur.

Eh ! quoi, les inventeurs de nos foudres de guerre,
Qui peuplent les tombeaux pour dépeupler la terre;
Qui fabriquent partout des engins meurtriers
Pour hacher d'un seul coup des bataillons entiers;
Qui font couler le sang d'une telle manière
Qu'ils changent en mortier le sable et la poussière,
Mortier qui doit servir avec nos ossements
A construire à Berlin d'infernaux monuments
Qui doivent rappeler à la race allemande
Le triomphe sanglant du roi qui la commande.
Eh bien ! ces monuments dont le crime est l'appui,
S'écrouleront un jour sur son peuple et sur lui.

Dites-moi, chers lecteurs, que veut dire victoire,
Que veut dire ce mot, poison de notre histoire?
Que veut dire ce mot, qui dore notre orgueil,
Qui traîne chaque jour les humains au cercueil.

Dites-moi, chers amis, ce que ce mot veut dire,
Hâtez-vous, s'il vous plaît, sinon je vais l'écrire.
Ce mot, tant infernal, se traduit par tombeaux,
Par tyrans couronnés, que je nomme *bourreaux*.
C'est un cancer rongeur, c'est enfin le tonnerre
Que Mars suspend sur nous pour engloutir la terre.

Sachez bien, chers lecteurs, que c'est sous les drapeaux
Dans notre sang caillé que germent les héros.
Détournons nos regards du tableau qui nous glace,
Venez, mes chers lecteurs, venez, changeons de place.
Non, non, tuons toujours, remplissons les tombeaux
Pour donner de la chair aux voraces corbeaux;
Non, non, tuons toujours, point de sang, point de pleurs,
Ce n'est que sur des morts qu'on peut chanter victoire.

O! lui qu'on nomme Mars, qui nous tient dans ses fers,
L'humanité te lègue aux flammes des enfers.
Monstre! sache-le bien, le peuple de notre âge
Te méprise, te hait et te crache au visage;
Sur ce crachat baveux qui glisse sur ton sein,
Se lit en traits de sang : Mars n'est qu'un assassin.
Mon Dieu! délivre-nous de ce monstre en furie,
L'humanité t'en prie au nom de la Patrie.
Le plomb, le fer, la soif, la faim, le désespoir,
N'ont plus rien à tuer, dans ce grand abattoir.
Tremblant, anéanti, je n'ai plus le courage
De marcher dans le sang où la France surnage.

Nous allons assister, la mort dans notre cœur,
Au triomphe sanglant, du roi notre vainqueur.
Suivez-moi, chers lecteurs, armez-vous de courage
Contre les dards aigus de ce nouvel outrage;

Tout le monde illumine en ce jour sans pareil,
Berlin donne un rival à l'astre du soleil.
Mais tous ces lampions que je compte avec peine,
Ne sont alimentés qu'avec la graisse humaine;
Et ces nombreux bûchers, qui barrent les chemins,
Ne sont entretenus qu'avec des corps humains.
Mais n'importe, on s'amuse, on rit, on danse, on chante,
Plus on compte de morts, plus la fête est brillante;
Enfin les bons dîners et les plaisirs du bal,
Font de ce jour sinistre, un jour de carnaval.
Pour terminer l'orgie, on élève les verres
Et l'on boit à la mort de nos malheureux frères.
Vidant le second verre, on s'écrie aussitôt :
Vive, vive à jamais l'immortel chassepot.
Sachez, héros Prussiens, qu'enivre la victoire,
Que la mort qui vous traîne au temple de mémoire
Ne vous élève ici de riches monuments,
Sur lesquels vous trônez, qu'avec des ossements.
D'où le destin un jour, les réduisant en cendre,
En s'écroulant sur vous, vous en fera descendre.
Que Dieu nous soit en aide, et que l'humanité
Dicte toujours ses lois à notre Liberté.

3ᵐᵉ CHANT

Sommaire. — Départ pour les enfers; apparition du palais des Tuileries; pillage; tous les habitants assassinés. 30 Suisses brûlés vivants; nom des antropophages qui se sont repus de leur chair calcinée.

Vous voilà, chers lecteurs, vous étiez soucieux
Sans doute de savoir si je me portais mieux.
Heureux de vous revoir, je viens vous satisfaire,
Ne possédant nul siége, asseyons-nous par terre.

Mais avant tout donnons la parole au menteur,
Au gascon qui se dit mon guide et mon tuteur,
Fantôme de la nuit que veux-tu, je t'écoute.

Je viens te prévenir qu'il faut nous mettre en route,
Sans égard pour les maux que nous avons soufferts;
Satan veut nous entendre et nous voir aux enfers.
Ne pouvant m'insurger, lecteurs, je vous engage,
Si vous le trouvez bon, de me suivre en voyage.

Un pays plat et sec, arrondit à mes yeux
Un cercle à l'horizon qui fait le tour des Cieux.
Le sol volcanisé, sur lequel je m'appuie,
N'eût jamais son cadavre humecté par la pluie.
Un air empoisonné, vomi par les démons,
Pénétrant dans mon sein, dévore mes poumons.

Après avoir marché péniblement une heure,
Apparut à mes yeux, une riche demeure;
Magnifique en tous points, que l'on pourrait, je crois,
Prendre pour le palais, demeure de nos rois.
Les flammes qui sortaient de ce grand édifice,
Qui brûlaient mes regards et faisaient mon supplice,
Me firent présumer, chers lecteurs, un instant,
Que c'était le palais du citoyen Satan.
Les flammes augmentant, curieux, je m'avance
Jusqu'aux pieds de ses murs, qui sont en ma présence.
J'entre... du sang caillé, des cadavres surtout
Encombraient l'escalier, d'un bout à l'autre bout.
C'étaient des vieux soldats aux habits couleur rouge,
Aucun n'existe plus! en effet nul ne bouge.

Mon rêve en ce moment, méprisant mes tourments,
Me lance, en souriant, dans les appartements;
Grand Dieu! pour me cacher cette scène imprévue,
Tant de sang, tant de morts, privez-moi de la vue;
Jamais être sauvage, habitant les déserts,
Ne vit ni ne verra d'hommes aussi pervers.
Là des vieux assassins, soldés par la montagne,
Le poignard à la main, se mettent en campagne;
En effet, ces brigands, armés de coutelas,
Dépeuplent le palais, pour la deuxième fois.
Filles, femmes, enfants, cuisiniers, cuisinières,
Serviteurs bigarrés de toutes les manières,
Qui se trouvaient alors dans le noble palais,
Vont peupler les tombeaux et mourir pour jamais.
De toutes parts du sang, des cheveux, des entrailles
Et des lambeaux humains tapissent les murailles.
Rien n'existe au palais, aux sinistres abords,
On ne voit plus ici que du sang et des morts.
Nous avons vu, lecteurs, lancer par les fenêtres
Femmes, enfants, vieillards, domestiques et maîtres;
Nous avons vu, lecteurs, des êtres innocents
S'écrasant sur le sol, écraser les passants.
Eh bien! ces assassins d'exécrable mémoire,
Qui font pâlir le jour et rougir notre histoire,
Sont portés en triomphe et couverts de bravos,
Nommés grands citoyens et même des héros.
Dans un large foyer, enfant du moyen-âge,
Brûlent en pétillant les débris du ménage.
Vous devinez sans doute à quoi doivent servir
Tous ces meubles dorés qui brûlent à ravir.
Je n'ai donc pas besoin de faire la dépense
De moments précieux, qui vous sont chers, je pense.

Vingt Suisses sont rôtis, chers lecteurs, ayant faim
Nous allons savourer la chair du genre humain.
Dénonçons nos gourmets, l'histoire, notre amie,
Nous réclame leurs noms voués à l'infamie.

Les voici, chers lecteurs ! Varennes, rugissant,
Mange le cœur d'un Suisse, encore palpitant.
Blanc l'applaudit d'abord, puis éventre avec joie
Un Suisse encore chaud, dont il mange le foie.
Gramon, le comédien, je puis vous le prouver,
But un verre de sang, pour se désaltérer.
Arthur Lenapelier, que vit naître Lehavre,
Se fit un ceinturon des boyaux d'un cadavre ;
Écharpe communarde en tout digne à la fois
Des nobles égorgeurs de l'an nonante trois,
Et de nos pétroleurs de la saison dernière
Qui voulaient mettre à feu la France tout entière.
O temps qu'on rêve encore, ô temps d'iniquité :
Vivent les assassins ! vive l'égalité.

Ce festin, chers lecteurs, vous paraît incroyable ;
Il n'est pas, selon vous, un peuple assez coupable
Pour faire un tel repas, qui nous glace d'horreur :
Ce doute vous honore et grandit votre cœur.
Et si mes chers amis refusent de me croire,
Qu'ils aillent consulter notre sanglante histoire,
Qui saura leur prouver que je n'ai pas tout dit,
De crainte d'effrayer leur âme et leur esprit.
Nonante trois, lecteurs, d'infernale mémoire,
A noyé dans le sang notre sanglante histoire.
Que de nouveaux Marrat ensanglantent encor...
Que vois-je, chers lecteurs ! la mort, toujours la mort.

Sur une perche en fer, amis, la mort signale,
De son doigt décharné, la tête de Lamballe,
Dont le sang vient tomber, goutte à goutte sur moi :
Jugez, mes chers amis, de mon sinistre effroi.
Je suis couvert de sang, il est donc nécessaire
Que j'aille visiter mon pauvre vestiaire ;
Mais mon rêve m'arrête, et ce monstre maudit
Me couche sur un roc, et mon bourreau s'enfuit.
O ! toi dieu du sommeil, cache-moi, je te prie,
Aux yeux des assassins de ma noble Patrie.

4me CHANT

Sommaire. — Le pont du Styx, rempart des Enfers. Cerbère m'ouvre la porte du Ténare. Mon rêve l'épouvante, s'enfuit, et me laisse au pouvoir de mon rêve.

Eh ! quoi, l'homme qui peut surmonter tant d'obstacles,
Dont l'esprit créateur enfante des miracles,
Cet homme aimé de Dieu qui, prenant le compas,
Toise l'espace immense et le Ciel d'ici-bas ;
Qui fixe le soleil et, d'une main habile,
Mesure la grandeur de cet astre immobile ;
Eh ! quoi, l'homme qui compte et trace tour à tour
L'espace que la terre arpente chaque jour ;
Qui la voit, s'arrachant du sein d'un grand problème,
Chaque jour en marchant, tourner sur elle-même,
Revenir tous les ans, sur son quadruple char,
Visiter au jour dit, le lieu de son départ ;
Qui sait se faire entendre, en moins d'une seconde,
Distinctement d'un bout à l'autre bout du monde ;
Qui conserve l'espoir, dans ses fougueux élans,
D'escalader le Ciel dans des palais volants.

O ! contraste inouï ! ce grand homme se laisse
Pourtant influencer par un rêve ! ô faiblesse.
Quelle honte pour nous, que la gloire soutient,
De céder au pouvoir d'une ombre qui n'est rien.
Vous voilà, chers lecteurs, je vous ai fait attendre,
Veuillez me pardonner, m'écouter et m'entendre.

Mon rêve, sans égard des maux que j'ai soufferts,
Je vous l'ai déjà dit, me conduit aux enfers.
Vainement, chers lecteurs, je lui fais résistance,
Mais mon garçon se fâche et m'impose silence,
Me pousse par derrière et me fait malgré moi
Trotter sur un chemin, qui me glace d'effroi.
Je marche, chers lecteurs, si j'ai bonne mémoire,
Depuis trente-six jours sans manger et sans boire !...
Enfin j'arrive aux pieds des monstrueux remparts,
Qui transpercent la nue et bravent mes regards ;
C'est là que les pécheurs, condamnés sur la terre,
Viennent s'amonceler, portés par le tonnerre ;
Et le Cocyte, aux pieds de ces remparts déserts,
Les reçoit et les traîne à son tour aux enfers.
L'infernal pont-levis, traversant le Cocyte,
Redouble la terreur qui me trouble et m'agite.
Cet affreux monument, chef-d'œuvre de ces lieux,
Me fait battre le cœur et clôturer les yeux.
Mais alors mon tyran, tel qu'un grain de poussière,
Me lance vers le pont qui m'ouvre la barrière,
Et sans me consulter, mon ignoble tyran,
Me lance vers le pont où je rêve à présent.
Permettez-moi, lecteurs ! maintenant de décrire
Les merveilles du pont, sur lequel je respire.

Les deux rampes en fer portent, des deux côtés,
Des dards rougis à blanc, à demi crochetés,
Entre les dents desquels, les damnés de passage,
Pour solder leur transport et le droit de péage,
Laissent entre leurs dents, des chairs suffisamment
Pour inscrire leurs noms écrits lisiblement.
Que de noms d'assassins, que d'infâmes bacchantes
Figurent sur ces chairs, à jamais palpitantes.

Enfin mon rêve affreux m'étouffant dans ses fers,
Me lançant jusqu'aux pieds des remparts des enfers,
Là, formé d'ossements et d'humaines carcasses,
Se trouve un grand portail surmonté de deux glaces,
Qui reflètent ces mots, répétés treize fois :
Enfer des assassins de l'an nonante trois.
Plus bas, je lis encore, si j'ai bonne mémoire,
Trois cents petits enfants engloutis dans la Loire;
Trois cent neuf fédérés furent, avec amour,
Jugés et mitraillés à Lyon, dans un jour;
Vivent les assassins! que la vertu se taise;
Que le sang coule à flots! vive quatre-vingt-treize!!!

En travers du portail, à hauteur de la main,
Fortement garroté, se trouve un corps humain;
Ses traits, bien qu'altérés, me firent reconnaître
Le montagnard Marat, au visage de spectre.
Sur son livide corps, suspend un lourd marteau
Au bas duquel se visse un énorme couteau,
Que les démons, venant de faire leur tournée,
Abattent treize fois sur cette âme damnée.
Ses cris, ses hurlements, et le bruit de ses fers
Font rouler, sur leurs gonds, les portes des enfers.

Je reculais d'horreur, en détournant la tête,
Quand mon rêve infernal, et me mordant m'arrête,
Et me force, lecteurs, me poussant en avant,
D'enfoncer le marteau, dans le monstre vivant.
Tremblant à son aspect et surpris à cet ordre,
Je sentis mes deux bras se crisper et se tordre ;
Néanmoins, ô terreur ! je saisis malgré moi
Le terrible marteau qui me saisit d'effroi,
Le soulève et l'abat, en détournant la face,
Treize fois sur Marat, qui me demande grâce.
Chaque cri qui sortait de son horrible flanc,
M'aspergeait à la fois et de bile et de sang.
Enfin grâces au Ciel, le citoyen Cerbère
Vint ouvrir le portail, rugissant de colère.
Son aspect effrayant, glaçant mon sang d'horreur,
M'étendit raide mort aux pieds de sa grandeur.
Je vous dirai demain, sans perdre une seconde,
Si l'on fait bonne chère ou non dans l'autre monde.
En attendant, lecteurs, ma résurrection,
Priez, en me donnant votre bénédiction.

5me CHANT

Sommaire. — Mon rêve me présente à Satan, qui me fait un bon accueil, m'introduisant dans son immense tribunal où sont jonchés les assassins de 93 ; leur jugement, leur supplice.

Par un miracle, amis, je me trouve à l'instant,
A mon très grand regret, à côté de Satan,
Qui faisait, dans son parc, un tour de promenade.
Je fus reçu par lui comme un bon camarade ;
C'est par son ordre exprès, que les grands de sa cour,
Vinrent baiser ma main et me faire leur cour.

Puis enfin Lucifer, que son cortége assiége,
Vint m'offrir son vautour pour me servir de siége.
Le monstre, obéissant, s'accroupit à mes pieds,
Me présente son dos, sur lequel je m'assieds.
Mais hélas! aussitôt un fort coup de tonnerre
Vient frapper mon dragon et me renverse à terre.
Je dois vous l'avouer, j'eus peur, je me crus mort,
Écoutez, citoyens, ce n'est pas tout encor.
Un serpent rouge et noir, d'une étrange structure,
S'enroule treize fois, autour de ma ceinture,
Et sa queue aussitôt, d'un bond désordonné,
S'enroulant à mon cou, me sert de cache-nez.
Le terrible animal, avec lequel je lutte,
Me rend en m'étreignant plus mince qu'une flûte.
N'y pouvant plus tenir, j'appelle à mon secours
Satan, qui me promit de défendre mes jours.
Loin de me secourir, le fourbe au cœur de pierre,
Approuvant le serpent, ricane une heure entière.
Tu te plains, me dit-il, de tes périls charmants,
C'est un insigne honneur, chrétien, que je te rends.
Ce vivant ceinturon est une sauve-garde
Qu'on nomme en mon empire écharpe communarde.
Quand un maire infernal faillit à son devoir,
Qu'il pille mon trésor selon son bon vouloir,
Le prenant sur le fait, son écharpe vivante
L'engloutit corps et bien dans sa gueule sanglante;
Et, méprisant les maux par lui déjà soufferts,
D'après mon ordre exprès le vomit aux enfers.
Là, son tourment grandit en raison de son crime,
Du nombre de ses vols dont il est la victime.
Si vos collets brodés portaient le ceinturon,
Ces messieurs n'auraient pas le gousset aussi rond.

Sitôt après ces mots, qui restent sans réplique,
Lucifer m'introduit dans la cour satanique.
Permettez, citoyens, que j'étale à vos yeux
Le tableau révoltant de ces horribles lieux.

Sur le premier degré, construit dans cet espace,
Sont les dieux infernaux, où la cour trouve place.
En face du parterre est un emplacement
Que l'on nomme rotonde assez communément.
Là, s'offre à nos regards deux loges palpitantes,
Que forme un triple rang de couleuvres sanglantes;
Satan, dans la première, en costume de cour,
Gorge de sang humain son tigre et son vautour;
Et moi, seul étranger, j'occupe la seconde,
Assis péniblement sur les crimes du monde.
Les siéges au-dessus ne reçoivent jamais
Que les seigneurs ayant tabouret au palais.
Le troisième présente à la basse noblesse
Des bancs où sont inscrits leur nom et leur adresse.
Les remparts au-dessus me paraissent échus
Aux damnés repentants, aux archanges déchus,
Aux démons décharnés, aux gardes des cavernes,
A tous les employés, qu'on nomme subalternes.
Enfin, esprits follets, revenants, loups-garous,
Se sont, exactement, trouvés au rendez-vous.

Chrétien, me dit Satan, tu vois en ta présence
L'écume, le poison et la mort de la France.
Je vais, non sans horreur, Français te les nommer,
Si je fais quelque erreur, veuille m'en informer.
Jette avec moi tes yeux sur ce vaste parterre,
Où gronde constamment la foudre et le tonnerre.

Ces pervers, ces damnés, ces brigands que tu vois,
Sont tous des assassins de l'an nonante trois.

« Ducrot, Feros, Frèron, Barras, Barance,
» Auxquels le fer trop tard vint voler l'existence;
» Collot-D'Herbois, Cranée, Panis, Sergent, Marat,
» Brissot, Lenfant, Duplain, Chabot-le-Renégat,
» Rocher, Vadier, Leclair, Herot, Rode, Théroigne,
» Bras droit des assassins, nymphe de la montagne,
» L'exécrable Jourdan, le cordonnier Simon,
» Dont l'histoire, à regret, nous rappelle le nom.
» Andracine, Saint-André, Bussot, Billot, Grégoire,
» Maillard, l'affreux Maillard, de sanglante mémoire;
» Gallant, Carrier, Gaudet, Cafinhal, Saint-Fargeau,
» Dermanville, Lacroix, Hurtevent, Simoneau,
» Duhem, Hebert, Ferret, Chambon, Fournier, Santerre,
» Pétion, Lasauski, Constant, Vratet, Barrère,
» Duplain, Lefort, Jourdeuil, Fleuriot, Mazuet,
» Isabeau, Mariban, Mouton, Héron, Druet,
» Lepelletier, Dumas, Franche, Vincent, Chaumette,
» Labretèche, Michel, Saint-Just, Payer, Hischette,
» Grison, Chartut, Tranchan, Boulanger, Mamero,
» Lebar, Fleury, Granet, Lecointre, Marinot,
» Duboissey, Rossignol, Prieur, Bourson, Ravère,
» Kauk, monstres vomis par la ligue étrangère,
» Legendre, Jacquessaux, et deux mille pillards : » [1]
Vive l'égalité, vivent les montagnards!
Honneur à la Commune, honneur à son pétrole,
Qui demande aux bandits des bras et la parole.

(1) Parmi ces noms historiques, se trouvent 17 égorgeurs des prisons de Paris, qui avaient le plus égorgé de victimes, auxquels la commune a décerné des prix.

Eh! toi, quatre-vingt-treize, ennemi des humains,
Qui broyas les Français dans tes sanglantes mains;
Qui voulut l'autre jour, dans ton sombre délire,
Assassiner Satan pour lui ravir l'empire,
Pour devenir le maître et le roi des enfers,
Pour pouvoir, à ton gré, m'étouffer dans tes fers.
« Sais-tu qui tu voulais égorger, téméraire?
» C'est le roi des enfers! c'est Satan, c'est ton père!
» Et c'est à Proserpine, idole de ma cour,
» A laquelle tu dois ton poignard et le jour.
» C'est elle qui lança Marat en ma présence,
» Des enfers, sur Paris, pour étouffer la France :
» La famine, la mort, le fer, l'assassinat,
» Tel fut l'état-major du citoyen Marat.
» C'est par ton ordre exprès que les suppôts infâmes
» Firent mourir, noyer cent cinquante mille âmes;
» Ainsi mon fils fut donc dans son funeste emploi,
» Plus sanguinaire encore et plus brigand que moi.

» Je sais que mon cher fils (il n'eut que quelques heures),
» Quitta furtivement mes brûlantes demeures,
» S'abattit sur Paris, pour y traîner encor
» Le noble drapeau rouge, et le fer et la mort.
» Je te vois souriant et nager avec joie,
» Dans le sang où Paris se débat et se noie.
» La Commune aussitôt dans son instinct brutal,
» A l'unanimité te nomma général.
» Chef de tous ses bandits, et commandant de place,
» Tu reçus ces honneurs de la meilleure grâce,
» Huit cents volcans chargés par ton ordre, mon fils,
» Placés dans les égoûts des rues de Paris,

» Devaient en éclatant dans leur caveau de pierre,
» Déraciner Paris et le mettre en poussière.
» Mais malheureusement pour toi, pour les amis,
» Nul valeureux soldat ne vous l'ont pas permis.

» Rassure-toi Marat, des mains toujours impures
» Viendront et te venger et panser tes blessures !
» Ennemis des Français, criez tous à la fois :
» Vivent les assassins de l'an nonante trois !
» Dussent tout renverser sous la faux meurtrière,
» Excepté les bandits, la France toute entière,
» Pétroleurs, communards, assassins, communaux,
» Commandés par mon fils et les dieux infernaux,
» Si vous aviez soumis, selon votre espérance,
» La France ensanglantée à votre obéissance,
» A votre bon vouloir, aux sanguinaires lois,
» Qui brisèrent la France en l'an nonante trois.
» Vous verriez votre sol, par vous mis en ruines,
» Doté, pour vous saigner de mille guillotines ;
» Et les fleuves traîner, dans le gouffre des mers,
» Des cadavres déjà dévorés par les vers ;
» Cadavres qui semaient, tout le long des rivages,
» Comme en nonante trois, la peste et ses ravages.
» Enfin vous aurez vu tous vos sanglants exploits
» Triomphant, quintupler ceux de nonante trois.
» O Français turbulents ! ô France la rebelle !
» Fais ton signe de croix, tu l'as échappé belle.
» Garde à vous, gens de bien, car de vils montagnards
» Attendent leur réveil, armés de longs poignards.
» Mais non, rassurez-vous, leur conduite exécrable,
» Maudite par le Ciel, les a réduit en sable.

» Sable mis en matière, justement condamné,
» A construire des lieux qui choquent notre nez.
» Et vous vils assassins, qui comblez ce parterre,
» Qui maudissez Satan, et le Ciel et la terre,
» Ce n'est pas pour avoir conspiré contre moi,
» Ni contre mon pouvoir, ni contre votre roi,
» Que le chef des enfers vous livre à sa vengeance;
» Qu'importe à ma grandeur, à Satan que la France
» Ait été par les mains d'un peuple agitateur,
» Renversé à Paris du haut de sa grandeur.
» Que de vils montagnards, assassins mercenaires,
» Aient noyé leur couteau dans le cœur de leurs frères;
» Que de vils assassins, forbans de grands chemins,
» Aient bu du sang français dans des crânes humains;
» Que de vils assassins, dont le nom me consterne,
» Aient pendu dans cent lieux le Christ à la lanterne,
» Profané les autels, placé dans le saint lieu
» Le buste de Marat à la place de Dieu,
» Cela m'importe peu; vos crimes, que j'admire,
» Ont remis en vos mains les clefs de mon empire;
» Vous ont fait, comme amis, admettre parmi nous;
» Ainsi donc vos poignards n'arment pas mon courroux.
» C'est un autre motif que vous allez connaître,
» Vous êtes plus brigands que Satan votre maître;
» Plus fourbes, mille fois, que les dieux infernaux :
» Satan, dans les enfers, n'admet pas de rivaux,
» Voilà pourquoi je veux, jaloux de vos lumières,
» Purger en vous brisant, mes infectes lanières.
» Satan va donc venger au gré de son courroux,
» Deux cent mille Français assassinés par vous.

» A moi bronze fondu, matière dévorante,
» Terreur de mes démons, que sa lave alimente;

» Formez un vaste lac, où je puisse d'abord
» Embarquer à la fois ma vengeance et la mort.
» Que les foudres du Ciel, et mon puissant tonnerre,
» Vengent, les calcinant, les enfers et la terre ;
» Que leur race s'éteigne aujourd'hui pour jamais,
» Pour l'honneur et la gloire et la paix des Français.

» Internationale, arme-toi de pétrole,
» Prête-moi des bandits, sortis de ton école ;
» Qu'ils viennent sans retard, calciner mes bandits,
» Avec le même feu qui dévora Paris.

» Le pétrole, à l'instant, inondant leur costume,
» S'enflamme en pétillant, les pèle et les consume.
» Leur flanc n'est qu'un fourneau d'où partent des éclairs,
» Qui labourent leurs corps et calcinent leurs chairs.

» Je dois pour en finir, chers lecteurs, vous apprendre
» Que ce tas de brigands n'est plus qu'un tas de cendre.
» La concorde peut seule, et non les pétroleurs,
» Sans répandre du sang, réparer nos malheurs.
» Amis de la Patrie et de la paix publique,
» N'ensanglantons jamais, jamais la République ;
» Dieu bénira la France et maudira sans choix,
» Les amis des brigands de l'an nonante trois. »

Jean Barbier.

Algérie.

DEVANT UN BERCEAU

Sa couche est prête : il peut venir
Nous confier son innocence;
Et briller sur notre avenir,
Comme une douce providence.

Que l'Éternel verse en son cœur
La divine et sainte sagesse;
Qu'il nous apporte le bonheur,
En nous apportant sa jeunesse.

Que cet enfant qui vient des Cieux
Pour habiter ce monde étrange,
Conserve le front radieux
Et la virginité de l'ange.

Et que ce berceau ravissant
Soit le nid d'amour et de soie,
Où les rêves de notre enfant
Ne seront tissés que de joie.

ÉVARISTE CARRANCE.

4 Décembre 1872.

A MAURICE-ROBERT-ÉVARISTE CARRANCE

Il est venu; vous pouvez voir,
Dans la douce barcelonnette,
L'enfant béni de notre espoir,
Le rayon sacré du poète.

Puisque le Ciel nous l'a donné,
Puisque la mère est souriante,
Et que, devant le nouveau-né,
Le cœur s'élève et l'esprit chante ;

Puisque devant cette candeur,
Puisque devant cette innocence,
On se sent ému de bonheur,
On se sent trembler d'espérance,

Fêtons ce fils que Dieu conduit ;
Que son chaste et divin sourire
Soit comme un phare dans la nuit,
Soit comme une corde à la lyre.

Car ce berceau contient pour nous
La grandeur que le sage envie,
Le rayon éclatant et doux
Qui sait illuminer la vie.

ÉVARISTE CARRANCE.

Dimanche 15 Décembre 1872.

LA SCIENCE ET LES ARTS COMPARÉS AUX ARMES

Admirez de l'agriculture
Les effets puissants, merveilleux !
La voyez-vous à la nature
Consacrer ses deux bras nerveux ?
Dans les fermes qu'elle édifie
Quiconque à Cérès sacrifie

Trouve abondance, doux abris.
Armé du glaive et de la lance,
Au milieu d'elles Mars s'élance,
Et n'y laisse que des débris.

De la guerre partout où passe
Le souffle impur, le bras maudit,
Tout se dessèche, tout s'efface,
Tout s'écroule, s'anéantit.
Si cette déité farouche
Se repose enfin sur sa couche,
C'est alors qu'elle a tout détruit.
En moins d'un jour, dans sa furie,
Elle abat ce que l'industrie
A peine en un siècle a construit.

Jamais le cliquetis des armes
N'eût pour les muses des appas.
Où le dieu Mars trouve des charmes,
Le dieu des Vers n'en trouve pas.
Son luth harmonieux, sonore,
Ses chants, plus suaves encore,
Eurent leur voix et leur écho
Dans tous les temps, toutes les zones;
Mais vit-on chez les Amazones
Une Corinne, une Sapho?

Par un rapide parallèle,
Opposons les deux dieux rivaux :
De l'un, la palme est fraîche et belle,
L'autre, en pièces, a ses drapeaux.

Dans chaque sentier du Parnasse,
L'un, laisse des fleurs sur sa trace,
L'autre, teint de sang le sillon.
Le premier chante, l'autre tonne,
Au clairon de Mars tout frissonne,
Tout s'enivre au luth d'Appollon.

Dans les annales de la Grèce,
Apparaissent des noms fameux
Que l'immortalité caresse,
Qu'elle couronne dans ses jeux.
Une lumière sans seconde,
Fait briller aux regards du monde
Le grand, l'artiste, le savant.
Ces derniers vivent... d'Alexandre,
Que resta-t-il? un peu de cendre,
De vains échos, puis... le néant...

Chefs de hordes, touchant au pôle,
Dans leur irrésistible élan,
Apparurent à tour de rôle,
Les Attila, les Tamerlan.
Hélas! l'histoire, à chaque page,
Offre des fauteurs de carnage.
Mais, soit justice, soit hasard,
Ceux-ci sont grands, ceux-là vulgaires.
A coup sûr, sans ses commentaires,
César ne serait pas César.

Sur sa cendre, Césars, Augustes,
S'entassent, soudain, abattus,
En cet amas, pauvre de justes,
Que de Hérons pour un Titus!

Malgré leurs débauches, leurs crimes,
Les plaintes de tant de victimes,
Le monde fut à leurs genoux.
En exécrerait-on la liste
Sans l'historien, sans l'artiste
Qui l'ont transmise jusqu'à nous?

Un conquérant, aux pas rapides,
Marche, court, vole on ne sait où.
D'Arcôle, il tombe aux Pyramides;
De Madrid, il touche à Moscou.
Mais, au déclin de sa carrière,
Il voit l'Europe tout entière,
Lui demander la terre et l'eau.
Et la fin de sa longue épreuve
Fut de laisser la France veuve
De Philippeville et Landau.

Abjurons de frêles conquêtes,
Dont la gloire naît et périt.
De durables et de complettes
Il n'est que celles de l'esprit.
Inexprimables sont leurs charmes.
Désormais, adoptons pour armes,
Plume, pinceau, luth et compas;
Des ans, dans le rapide espace,
Les rois, leurs ouragans, tout passe.
Homère ne passera pas...

C.-V.-M. Bassignot.

Basses-Alpes.

LA MORT DU CURÉ DE CAMPAGNE

J'eus dès mes jeunes ans la soif de l'invisible ;
J'ai consacré mes jours à prier à l'autel :
Au service d'un Dieu, que la vie est paisible !
C'est comme l'avant-goût du bonheur éternel.

Chargé d'infirmités, Seigneur, à ton exemple
J'ai souffert sans me plaindre, et je n'eus pour témoins
De mes maux, que les murs et les dalles du temple,
Et mon troupeau, toujours ignora mes besoins.

Pour ta gloire, ô mon Dieu, j'offris le sacrifice ;
En méditant ta loi, je m'approchai du Ciel ;
Je me désaltérai dans l'onde du calice
Avant de m'abreuver aux sources d'Israël.

Sur ton front, jeune enfant, j'ai versé l'onde sainte ;
De tes pieux parents j'ai béni l'union.
Que de fois à genoux, pécheurs, dans cette enceinte,
À Dieu j'ai demandé votre conversion !

Je fus le confident des secrets de vos âmes ;
Je vous ai fait à tous voir la sainte cité ;
Je vous ai retiré des éternelles flammes,
Et calmé le courroux du Seigneur irrité.

J'ai soulagé le pauvre et consolé la veuve,
Et de mon superflu, fait part à l'orphelin ;
J'ai soutenu le faible au milieu de l'épreuve,
Et guidé pas à pas l'aveugle en son chemin.

J'ai du chrétien mourant visité l'humble couche,
J'ai préparé son âme à mourir saintement;
Et le dernier soupir qui sortait de sa bouche
Était pour moi, pasteur, un sage enseignement.

Ah! oui, bientôt, bientôt, je dirais à mon âme,
Il te faudra paraître au tribunal de Dieu,
Du Dieu terrible et doux que l'univers proclame,
Et que le chrétien prie à toute heure, en tout lieu.

Mes amis, je le sens, ma dernière heure approche!...
Je laisse à d'autres mains le soin de mon troupeau.
Pour la dernière fois, j'entends tinter la cloche :
Demain le fossoyeur creusera mon tombeau.

Oui, demain, oui, mon corps descendra dans la tombe;
Mon âme volera vers un séjour plus doux.
Sur mes restes mortels, ah! qu'une larme tombe,
Et que mon souvenir habite parmi vous!...

Adieu! là-haut m'attend un bonheur sans mélange;
Mais vers vous, mes brebis, je tournerai les yeux :
Vous prierez, je prierai; dans ce sublime échange,
Nous serons à la fois sur terre et dans les Cieux.

BOUCHER.

Loir-et-Cher.

UN OUBLIÉ

Oui devant son tombeau la foule indifférente
Passe sans regarder quel homme est couché là.
Celui qui là repose, ô multitude errante!
Est l'enfant malheureux que nul ne consola;
C'est le poète mort à sa trentième année;
C'est le cœur resté grand, quand tout sembloit petit;
C'est la jeunesse fière à l'aube moissonnée;
C'est, dans l'âpre combat, celui qui combattit.
Le voilà maintenant dans la funèbre enceinte :
Nul ne vient protéger ni bénir son gazon;
Nul n'y vient en secret dire une chose sainte,
Quand la bise d'automne assombrit l'horizon.
L'écho conserve encor la ballade plaintive
Qu'il confiait aux murs de son triste grenier,
Pendant les nuits d'hiver où son âme captive
Frémissait sous un souffle intime et printanier.
Il n'avait près de lui ni mère ni sœur tendre
Pour rafraîchir son front, lorsqu'il était brûlant;
A peine si quelqu'un consentait à l'entendre,
Lui le pâle rêveur que courbait un mal lent.
Qu'il tremble donc pour soi le poète morose
Marchant imprudemment loin des chemins fleuris!
Pour lui ne sont point faits les parfums de la rose,
Dans les sentiers qu'il trace il a les pieds meurtris.

Ah! cela fut toujours, malheur au solitaire
Qui s'en va méprisant ce qu'il faut mépriser;
Qui s'écarte pensif, et, voyageur austère,
Veut franchir toute entrave ou cherche à la briser!

O poète oublié qu'à genoux je rappelle!
Nous savons certes bien que ton luth fut puissant,
Et que ta voix chantait ce que la mienne épelle.
Tu n'écrivis qu'avec le meilleur de ton sang!
Ta lampe sans lueur, ta table démembrée
Où t'embrassait la muse, où tu sentais la faim,
L'hôpital qui te prit, l'âme désespérée,
Nous savons ces douleurs et nous savons ta fin.

Aujourd'hui nous voyons ta cendre abandonnée.
Bah! qu'importe un sépulcre à ce siècle moqueur?
Toi qui partis avant le bout de ta journée,
Sur ton nom déjà plane un silence vainqueur.
A l'heure où le vent siffle aux angles de ta tombe,
A l'heure où le soleil décline vers le soir,
Dans la morne saison où le feuillage tombe,
Sur ta pierre modeste en paix j'irai m'asseoir,
Et je dirai : — Du moins il a la délivrance
L'homme qui, pour dormir ainsi, ferma les yeux.
Sous les cyprès, en somme, il n'est plus de souffrance,
Et puis la palme d'or n'est-elle pas aux Cieux?

Cet homme qui légua son âme en héritage
Et qui vida la coupe aux breuvages amers;
Ce naufragé qui n'eut que des pleurs en partage
Et dont l'esquif brisé surnage au bord des mers;
Ce frère refusant de porter une chaîne,
C'est, chacun le devine, Hégésippe Moreau.
Doux est son myosotis, il est fort comme un chêne!
La misère, tel fut son persistant bourreau.

Lui, nous apparaissant dans l'ombre qui menace,
Nous indique le but, nous le montre du doigt.
Saluons l'oublié qui dort à Montparnasse,
Car c'est à lui, messieurs, que *justice* se doit.

Constant Berlioz.

Seine.

REVERS DE LA FRANCE

Français, prenons le deuil et couvrons-nous de cendre,
A trop d'humilité nous ne saurions descendre !
Quoi ! de l'Europe entière et l'orgueil et l'effroi,
La France a dû courber le front devant un roi ;
Des Teutons elle a vu les cohortes sans nombre
Dans les bois se glisser et défilant dans l'ombre,
Comme un fleuve vivant, à flots précipités,
Inonder la campagne, envahir les cités.

Que dirai-je ? Elle a vu le superbe Guillaume
Du sol de la Patrie agrandir son royaume ;
Vu ces monstres cruels, ivres de leurs succès,
D'un insolent dédain écraser les Français ;
Et gorgés de carnage, excités par leurs princes,
Brûler, anéantir nos plus riches provinces ;
Pour couronner enfin leur œuvre de pillards,
D'un peuple sans défense extorquer des milliards.

Un jour, nous l'espérons, l'impartiale histoire
De ces grands conquérants appréciera la gloire ;

Sans doute on palliera leurs crimes, leurs fureurs,
(La plume se refuse à tracer tant d'horreurs),
Mais nous, nous les enfants de cette noble France,
De ce sanglant affront nous tirerons vengeance,
Et *Guillaume le grand,* qu'en vain l'on applaudit,
Sera pour l'avenir *Guillaume le maudit.*

Dr BROSSETTE.

Saône-et-Loire.

LES FLEURS DE MAI

Le mois des fleurs s'écoule et l'aubépine tombe,
Chantait le rossignol sur l'arbre d'une tombe.

  Est-ce un lis que l'on a fauché ?
  Elle est là, pâle, sur sa couche.
  Au lieu de roses sur sa bouche,
  Un sourire à peine ébauché !

Le rossignol chantait : — Heureuse, heureuse celle
Qui, jeune encore, expire à la saison nouvelle !

  « Vous qui m'aimiez, ne pleurez pas !
  Dieu couronne ma destinée.
  Pour le ciel même j'étais née ;
  Le Ciel va s'ouvrir sous mes pas. »

— D'une moisson de fleurs sa dépouille est couverte,
Chantait le rossignol sur la tombe déserte.

« Du lis des morts, vous que j'aimais,
Ornez mes cheveux : Je suis prête. »
Alors elle inclina la tête
Et ferma les yeux pour jamais.

Le rossignol chantait : — Tombe, blanche aubépine !
L'âme pure a gravi l'éternelle colline.

Léandre Brocherie.

RÉPARATION

J'allais, pensif et morne, aux rives de la Loire.
Jamais plus calme jour, et jamais Ciel plus pur.
Jamais, dans son manteau de lumineuse moire,
Le soleil n'avait mieux transfiguré l'azur.

Sur l'herbe dédiée à la faux incisive,
Indolent et botté, mon pied glissait sans bruit.
L'œil était demi-clos et l'oreille attentive,
A mon bras anguleux fulgurait mon fusil.

Des hôtes de la mer perçait le cri sauvage,
Par-delà les grands joncs, aquatique forêt.
Doucement je voulais m'approcher du rivage ;
A les fusiller tous je voulais être prêt.

Ah ! tu comptais tout seul et sans la destinée,
O coureur égoïste ! ô chasseur inhumain !
Et tu ne sentais pas, dans cette matinée,
De Celui qui peut tout la souveraine main.

Tu ne soupçonnais pas que Dieu prend toute forme,
Quand il a résolu d'arrêter nos efforts ;
Et tu ne savais pas que le reptile informe
Est, à son gré, choisi pour dompter les plus forts.

Et j'allais, confiant, où m'appelait la proie,
Quand, sous le coup fortuit d'un grand étonnement,
Je m'arrêtai soudain : l'engrenage qui broie,
Pour un écrou brisé, suspend son mouvement.

La douve sous mes pas s'ouvrait large et profonde ;
Le flux l'avait salie, et d'un épais limon,
Boue infecte, noirâtre et que promène l'onde,
La croûte retenait l'empreinte du talon.

En bizarres festons la terre s'y partage,
Exhalant au soleil ses dernières vapeurs :
Courtisane affaiblie, elle approche de l'âge
Qui n'a plus à donner que de rares faveurs.

Là, sous les chauds rayons qu'en juillet on endure,
Effilé comme un jonc jeté par le hasard ;
Aussi droit qu'une vergue à sa fière mâture,
Gisait un long serpent, tigré comme un busard.

Sa tête semblait prise en une étroite impasse
Du sol. On l'eût dit mort. J'attendis et bientôt,
Comme font les épis sous la brise qui passe,
Mollement il s'agite et figure un anneau.

Puis deux, puis trois, puis quatre. Enfin, il est visible,
Tant le souple animal se raidit ou se tord,
Qu'il engage un combat, que la lutte est terrible,
Et qu'il veut du succès couronner son effort.

Et puis, nouveau silence et nouvelle inertie.
Ce fut long... Cependant, le reptile vainqueur
Tout entier se dégage, et sa tête aplatie
Projette lentement un regard scrutateur.

Sans doute l'examen satisfit la couleuvre.
Au bord du trou béant rien n'alla la troubler;
Et je la vis, alors, pour accélérer l'œuvre,
Baver sur sa victime avant de l'avaler.

C'était une anguillette encore palpitante.
Le python minuscule, effronté ravisseur,
En ses crochets aigus l'arrachait, pantelante,
A son dernier refuge, asile de douleur.

Le supplice est fini, mais le repas commence...
Et petit à petit, efforts après efforts,
Dans la gueule du monstre, ouverte et presque immense,
Déjà la pauvre anguille entre jusqu'à mi-corps.

Et pendant ce temps-là, moi qui voyais tout faire,
La haine dans le cœur, la honte sur le front,
J'épaulai mon fusil... et le pré solitaire
Eut deux morts à garder, mais non pas un affront!

La cruauté toujours me fut une ennemie;
Mais, comme moi, lecteur, n'as-tu pas reconnu,
Au fond de l'incident, la France, notre amie,
Aux mains d'un oppresseur hideux, avide et nu?

Ah! ce cruel serpent, que ne fût-il vipère!
Le talon de ma botte eût été son tombeau!
Ou, pour n'y pas toucher, d'un simple coup de pierre,
De ce petit Titan, j'écrasais le cerveau.

Gustave Buffeteau.

LE FAUTEUIL DU GRAND-PÈRE

I

Oh! qui me rendra la veillée
Où près d'un feu clair et joyeux
J'évoquais alors en pensée
Le souvenir des temps heureux;
Où, troublant ma douce chimère,
Jeanne et Marc, mes petits-enfants,
Jasaient auprès de la lumière,
Pareils à deux oiseaux charmants;
Puis partant d'un éclat de rire,
Du regard consultant mon œil,
Tous deux s'empressaient de me dire:
Grand-père, voici ton fauteuil.

II

Oui, c'est le fauteuil du grand-père,
Mes petits anges adorés;
N'enviez pas ce siège austère,
C'est le siége des cœurs brisés.

Vous croyez que par sa souplesse
On jouit d'un repos bien doux,
Que sur ses ressorts rien ne blesse,
Qu'on y dort bien ?... détrompez-vous !...
Tout paraît amer à mon âge,
On voit de si près le cercueil !...
Votre mot même décourage :
Grand-père, voici ton fauteuil.

III

Et cependant je m'y prélasse,
J'y suis heureux ! vous êtes là ?...
Vos jeux, vos cris, rien ne me lasse,
Et je souris à tout cela.
O souvenirs de mon enfance !...
Je les retrouve en vous toujours.
N'êtes-vous pas une espérance ?
Le bonheur rêvé des vieux jours ?
Aussi venez, que je caresse
Vos fronts si purs avec orgueil,
Et puis répétez-moi sans cesse :
Grand-père, voici ton fauteuil.

A. BAUDET.

Indre.

MALÉDICTION D'UN SOLDAT

Brisé par la fatigue, épuisé par la route,
Quel est ce voyageur qui s'arrête là-bas ?
C'est un soldat français, c'est un héros sans doute,
Échappé par miracle aux fureurs des combats.

C'est un soldat français. Sur son beau front qui penche
Est une cicatrice, emblème glorieux,
Où ses fils quelque jour verront ce mot : *Revanche,*
Par le fer imprimé, flamboyer à leurs yeux.

Approchons du soldat, hélas ! de grosses larmes
Sur son mâle visage ont tracé leur chemin ;
Au combat le premier il volait sans alarmes :
Quelle douleur a pu toucher son cœur d'airain ?

J'ai compris, ô mon Dieu, tremblant il s'agenouille
Sur les débris sacrés du foyer paternel ;
C'est un Alsacien, et de ses pleurs il mouille
Ces murs qu'a renversés un vainqueur criminel.

Il revenait joyeux, croyant presser encore
Une mère adorée, un père entre ses bras,
Et pour lui se levait une nouvelle aurore
Après avoir cent fois coudoyé le trépas.

Comme il était heureux et comme sa grande âme
S'illuminait soudain sous un rayon d'espoir !
Mais il avait compté sans le Prussien infâme
Dont le cœur de vautour ne saurait s'émouvoir.

O rêve évanoui, vain espoir, doux mensonge
Dont le jeune héros trop longtemps s'est bercé;
En fuyant loin de lui votre souvenir plonge,
Un funeste poignard en son cœur oppressé.

Les barbares Teutons, dignes fils des Vandales,
Torrent dévastateur déchaîné sur les Francs,
Ont passé sur l'Alsace ainsi que les rafales
Au milieu des forêts de nos sapins géants.

Et frappant sans pitié dans leur fureur sauvage
Quiconque osait braver leurs tyranniques lois,
Le père du héros est tombé sous leur rage;
Avec lui tous les siens succombaient à la fois.

Mais ils seront vengés : Comme un lion qu'on blesse
Le soldat va rugir, écoutons ses accents;
Ses larmes ont cessé, debout il se redresse,
Ses gestes et son air deviennent menaçants.

Prusse, dit-il soudain, Prusse, nouvel empire
Fondé sur les débris d'un autre que je hais,
Et comme lui croulant, ton destin sera pire,
Et pire encor ta chûte après tant de forfaits.

O peuple d'assassins, ô peuple sanguinaire,
Qui, d'horreur et d'effroi fit trembler l'univers;
Toi par qui je suis seul aujourd'hui sur la terre,
O toi qui pour l'Alsace avait forgé des fers!

Prusse orgueilleuse et fière et par qui ma Patrie
Vit brûler ses cités et dévaster ses champs;
Toi par qui notre France immolée et meurtrie
A vu sous ta fureur succomber ses enfants!

O Prusse, je te hais et je deviens prophète,
Ton châtiment viendra, oui je te le prédis.
Pour que le Ciel un jour fasse courber ta tête
Et venge mon malheur, Prusse je te maudis!

Maudite mille fois, sois-tu, race infernale,
A ton nom seul j'éprouve un supplice nouveau;
Ah! puissé-je bientôt compter ton dernier râle
Et voir les miens vengés sourire en leur tombeau!

J.-C. Cristophle.

Rhône.

LE SERMENT DES VENGEURS

Nos pères sont tombés, couchés par la mitraille
Et foulés sous les pieds du cheval allemand.
Ils dorment maintenant sur le champ de bataille,
Et l'herbe des sillons a bu leur sang fumant.
Nous qui versons des pleurs sur leur gloire amoindrie;
Nous dont le cœur tressaille à l'appel du tambour,
O notre mère, ô France adorée, ô Patrie!
Nous jurons devant Dieu de te venger un jour.

Ils n'étoufferont pas les échos de l'histoire
Ceux que le guet-apens contre nous déchaîna.
Ils ont beau s'atteler au char de la victoire;
N'étaient-ils pas hier les vaincus d'Iéna?

Qu'ils aient pour leur tyran des chants d'idolâtrie,
Nous que la Liberté regarde avec amour,
O notre mère, ô France adorée, ô Patrie !
Nous jurons devant Dieu de te venger un jour.

Tant qu'ils s'abreuveront de nos larmes amères ;
Tant que les Cieux verront leurs drapeaux triomphants ;
Tant qu'on verra le deuil creuser le front des mères ;
Tant qu'on verra saigner la douleur des enfants ;
Tant qu'ils piétineront sur l'Alsace meurtrie ;
Tant que Metz subira l'horreur de leur séjour,
O notre mère, ô France adorée, ô Patrie !
Nous jurons devant Dieu de te venger un jour.

Honte au lâche qui tremble ! honneur à qui relève
Son vieux drapeau surpris par un roi carnassier !
Nos mains sauront un jour jouer avec le glaive
Et se noircir au feu du bronze et de l'acier.
Pour remettre à ton front ta couronne flétrie
Qui pend, encor sanglante, aux serres du vautour,
O notre mère, ô France adorée, ô Patrie !
Nous jurons devant Dieu de te venger un jour.

Dans nos cœurs affamés de vengeance et de haine
Entassons les trésors de nos ressentiments,
Et nous te salûrons enfin, aube lointaine
Qui verras sur le Rhin marcher nos régiments.
Des golfes de Provence aux plages de Neustrie,
Des forêts de l'Alsace aux torrents de l'Adour,
O notre mère, ô France adorée, ô Patrie !
Nous jurons devant Dieu de te venger un jour.

AUGUSTE CHASTANET.

Dordogne.

L'IDÉAL DE BRUNETTE

Ah! si j'avais vingt ans! la chevelure blonde
Et l'œil bleu, reflet pur de la voûte des Cieux;
Si j'avais un chalet, blanc, coquet, gracieux,
Bien inconnu, caché dans quelque coin du monde!

Je voudrais terminer ma course vagabonde;
Sans chercher un bonheur souvent fallacieux,
Je verrais s'accomplir mon rêve ambitieux
Et mes jours s'écouler dans une paix profonde.

Puis, pour que rien ne manque à la douce chimère
Qui remplit votre vie et la rend moins amère,
Je vous dirais : partons! un nouveau jour a lui.

Mais je n'ai plus vingt ans, ma chevelure est grise,
Mes yeux n'ont plus de flamme et mes rêves ont fui!
Emportés par le temps qui m'accable et me brise!

Victor Coudrier.

PENSÉE

Si la vertu se portait comme une coiffure nouvelle, ou un collier de diamants, toutes les femmes seraient vertueuses.

Évariste Carrance.

LIBERTÉ

Liberté, Liberté, déesse au front sublime,
On a souillé ta robe et méprisé ta voix.
Ton saint rayonnement éclairait notre abîme
    Et faisait tressaillir les rois.

Liberté, Liberté, prends pitié de la France ;
Sur le pays tremblant fais luire un nouveau jour ;
Étends sur l'avenir la divine espérance,
    L'honneur, la justice et l'amour.

Liberté, Liberté, déesse au front sévère,
Tu ne demandes point d'holocaustes sanglants :
Toi qui bénis la paix et qui flétris la guerre,
    Tu dois pardonner tes enfants.

Ils ont souillé de sang ta robe virginale,
En leur farouche amour pour ta grave beauté ;
Ils ont cru révéler ta splendeur sans égale,
    En effrayant l'humanité.

Liberté, Liberté, déesse au vrai courage,
Tu n'as pu recevoir ces tristes égarés :
La haine, au front d'airain, seule, a reçu l'hommage
    De tous ces esprits effarés.

Liberté, Liberté, seule grandeur du monde,
Devant le droit vaincu par un joug odieux,
Toi dont l'âme est si pure et la voix si féconde,
    Tu pris ton essor vers les Cieux.

Et maintenant, reviens, toi la douce espérance,
Reviens nous apporter la paix et le bonheur.
Liberté, Liberté, pour réveiller la France,
    Il faut un cri de ton grand cœur !

ÉVARISTE CARRANCE.

22 Décembre 1871.

LA JUSTICE ET LA LIBERTÉ
Par LAMENNAIS
Traduit en vers des paroles d'un croyant

Heureux ceux qui ont faim et soif de la Justice. (SAINT MATHIEU.
Vous avez été appelés à la Liberté, frères. (SAINT PAUL.)

1

Voyez le laboureur, admirez sa constance !
Portant le poids du jour qu'allége l'espérance,
Frimats, pluie ou soleil, rien l'a-t-il arrêté ?
Aussi de sa demeure il bannit l'indigence :
L'automne payera les sueurs de l'été.
— La Justice ! voilà votre moisson immense.

L'aube n'a pas blanchi les voiles de la nuit,
L'artisan s'est levé, dans son humble réduit ;
Aux lueurs d'une lampe il travaille sans cesse,
Il pense à ses enfants dont l'âge l'attendrit :
Gagner du pain pour eux, c'est ce qui l'intéresse.
La justice ! voilà le pain qui vous nourrit.

Point de rudes labeurs que le marchand refuse,
La fatigue lui plaît et le souci l'amuse,

Il s'arrache au repos qu'à peine il a goûté,
Pour amasser du bien son corps vieillit et s'use.
Quel est votre trésor, peuples?... la Liberté !
Si vous ne l'avez point, qui faut-il qu'on accuse?

Voyez comme chacun de ces fiers matelots
Aventure sa vie au vaste sein des flots,
Affronte les écueils et la noire tempête,
Voulant pour ses vieux ans, après de longs travaux,
S'assurer le repos d'une douce retraite !...
Peuples, la Liberté ! voilà votre repos.

Espérant qu'à jamais brillera sa mémoire,
Et qu'à côté des noms célèbres dans l'histoire
Aux siècles à venir son nom sera porté,
Prêt à verser son sang pour fixer la victoire,
Le soldat souffre... et rêve à l'immortalité.
Peuples, la Liberté fut toujours votre gloire.

II

S'il est un peuple aimant la sainte Liberté,
    Aimant l'immuable justice,
Moins que le laboureur une moisson d'été,
L'humble artisan le pain dont il faut qu'il nourrisse
    Et ses enfants et lui,
Le marchand le trésor dans son coffre enfoui,
Le matelot des mers essuyant le caprice,
Le repos qui le fuit sans cesse loin du port,
Et le soldat qu'anime un généreux transport,
La gloire nuit et jour souriant à son arme...
    Tout autour de ce peuple infâme

Nourri de sentiments pervers,
De peur que son souffle impur n'aille,
Se répandant au loin, infecter l'univers,
Élevez, élevez une haute muraille!!!

III

Quand les peuples en foule iront au jugement,
On lui dira : « Qu'as-tu fait de ton âme?
Ah! d'elle point de trace, aucun signe éclatant!
D'indignes voluptés furent ton aliment;
Va, ton supplice te réclame :
Toi qui dans la fange vécus,
Va pourrir dans la fange, et ne reparais plus! »
— Mais le peuple sage, au contraire,
Qui sut mettre, en son noble cœur,
Les vrais biens au-dessus des biens de la matière,
Oh! ce peuple, ami de l'honneur,
Qui pour les conquérir n'épargna point la peine,
Ni sacrifices, ni travaux,
Il s'entendra bénir par la voix souveraine
De Celui qui dispense et les biens et les maux :
« Les peuples qui montrent une âme,
Et dont le courage s'enflamme
Quand le péril est grand et l'ennemi nombreux,
Sont aimés sur la terre, applaudis dans les Cieux.
Levant leur front de gloire radieux,
Des âmes ils auront la récompense auguste;
Viens, possède au séjour de mon éternité,
Toi qui fus, avant tout, constamment libre et juste,
La Justice et la Liberté!!! »

L'ABBÉ PEYRET.

Hérault.

JERSEY, MA PATRIE

I

Doux lieu de ma naissance,
Terre de mes aïeux,
Où rit la puissance
Des jours les plus heureux.
L'affection la plus tendre
Que pour toi je ressens,
Me fera te défendre
A toute heure, en tout temps.

II

Ce qui tend à ta gloire
Me fait battre le cœur,
Bien plus que la victoire
Ne le fait au vainqueur.
De celui qui te loue
J'admire les accents,
Qui pour toi se dévoue
A toute heure, en tout temps.

III

Son pays, sa patrie,
Qui ne pourrait aimer ?
Honni soit qui décrie
Et voudrait diffamer
Le sol qui l'a vu naître.
Un tel homme je prends
Pour un lâche et vil être,
A toute heure, en tout temps.

IV

Aux quatre coins du monde,
Où son pied l'homme a mis,
Sur la terre et sur l'onde,
On trouve de tes fils.
Oublieront-ils leur mère?
Ah! non, pour ses enfants
Elle est toujours bien chère,
A toute heure, en tout temps.

V

Tes coteaux, tes vallées,
Où le soleil sourit;
Et tes vertes allées
Où l'oiseau fait son nid,
Tranquille et sans alarmes;
Tes prés fleuris, tes champs
Ont pour moi mille charmes,
A toute heure, en tout temps.

VI

Tes rochers, ton rivage,
Où le cormoran vit;
Le soleil sur ta plage
Reflétant le granit :
Tout anime la flamme
Qui chauffe tous mes sens,
Et qui ravit mon âme
A toute heure, en tout temps.

VII

O Jersey, ma patrie !
Je t'aimerai toujours ;
Celui qui t'injurie
Par de lâches discours
Aura pour son partage,
S'il est de tes enfants,
Le grand mépris du sage,
A toute heure, en tout temps.

VIII

Ta langue et ton histoire
Jamais je n'oublierai ;
Ton renom et ta gloire
Toujours je chanterai.
L'affection la plus tendre,
Jusqu'aux derniers instants,
Me fera te défendre
A toute heure, en tout temps.

Augustus Aspley Le Gros.

Angleterre.

SATIRE IDÉALE SUR LES HOTELIERS

Mandrin.

Comment ici, toi, Théophile !
Que s'est-il donc passé dans Orléans ?
Un incendie a-t-il brûlé la ville,
Pour avoir du lycée ainsi quitté les bancs,
Sans en avoir reçu l'ordre de tes parents ?

Théophile.

Nous n'avons pas eu d'incendie.

Mandrin.

De peur de quelque maladie,
A-t-on, avant les examens,
Congédié les lycéens?

Théophile.

Pas davantage.

Mandrin.

Ha! petit drôle,
On t'aura pour révolte ou quelque autre méfait,
Mis à la porte de l'école!

Théophile.

Je ne suis point ici pour un tel fait.

Mandrin.

Hé! pourquoi donc?

Théophile.

Pour vous narrer l'histoire
D'un bruit d'une malice noire,
A votre honneur attentatoire.
Il court, parmi les écoliers
Un drame sur les hôteliers
Où, sous le surnom de Vampire,
Des rôles vous jouez le pire :
Celui d'un traitre, d'un ingrat,
D'un fripon, d'un indélicat.

Et, sous le nom de Vampiresse,
De ma mère, à ma pension,
On a fait une pécheresse,
En volerie impitoyable hôtesse;
Et moi, dans ma division,
On m'appelle Vampirion.

Mandrin.

Hé! pour si peu, tu la désertes!

Théophile.

Pour si peu! dites-vous; non, certes,
Ces accusations pour moi ne sont pas peu!
Elles sont sur mon cœur comme un charbon de feu.
De les ouïr vous avez l'habitude
Qui sur elles vous laisse en pleine quiétude.
N'en faire cas, ne s'en inquiéter,
C'est les autoriser, ou c'est les mériter;
Moi, je ne puis les supporter.

La femme Mandrin.

Ce sont là les sermons qu'on vous fait au collége.
A l'épreuve du monde ils s'évanouiront,
Comme au soleil se fond la neige,
Et plus de tes parents ne rougira ton front;
Ils sont plutôt dignes d'apologie.
Ton père à la pédagogie
A, dans un quart de siècle, usé son énergie,
Consumé sa jeunesse et passé l'âge mur,
Sans de bien-être avoir un gage sûr.

Las, à Paris, d'enseigner la grammaire
Au gargotier, au commissionnaire,

Au garçon de recette ou de restaurateur,
Au cureur de privés, au concierge, au frotteur,
　　Au tripier, au marchand de nippes,
　　Au portefaix, au fabricant de pipes,
Il est sous un chapeau, de noir devenu roux,
　　　Avec vieux habits, et dessous
　　　Moins de décimes que de pous,
　　　Il est dans Orléans, disais-je,
Venu, puis est entré comme pion au collége.

　　　Nous nous y sommes mariés.
　　　Sous la misère, hélas! ployés
Riche en espoir et légère de bourse,
　　　Je suis, sans ton père, vraie ourse,
　　　Sur rail-route, allée à Pari
　　　De tous biens abondante source,
　　　Chercher emploi pour mon mari.
Succès à belle, aux puissants peu farouche :
　　　Les gens, de qui l'autorité
　　　Gouverne l'université,
　　　Ne refusent rien à sa bouche.
　　　Je demandai qu'il occupât
　　　En province un principalat :
Ce que j'obtins du ministre d'État.
Le voilà donc directeur de collége;
　　　Mais le conseil municipal,
L'a, sous le fouet du parti clérical,
Au bout d'un an, renversé de son siége.

　　　Démarche à nouveau de ma part,
　　　Et pour Lutèce je repars.

Même succès. On nous envoie
Tenir enseignement non loin de la Savoie.
  Du passé le même destin
  Nous attendait : Mandrin,
   Aux coups des cléricaux en butte,
Une seconde fois de sa chaire culbute.
  Découragé de cet ingrat métier,
Mandrin, par mon conseil, prend celui d'hôtelier.
L'industrie, en profit, prime sur la science,
Et nous brassons plus d'or que l'homme de finance.

Théophile.

  C'est au lycée une croyance
  Que vous payez ma pension
Des fruits du vol ou de l'extorsion.
L'un contre moi fredonne une méchante gamme,
  Un autre lance une acerbe épigramme;
Supplice journalier qui me torture l'âme.
  Plutôt mourir, ou quitter un pays
  Où moi, les miens sont méprisés, haïs
Et tarés à jamais du fouet de Némésis.
Entre la France et nous mettons de l'Atlantique
  L'espace immense, ou passons en Afrique;
  Ou donnez-moi quelque peu de cet or,
   Pour payer mon passage à bord,
Et, seul, vers ces climats je prendrai mon essor.

Mandrin.

  Impertinent! oses-tu te promettre
  A notre honneur de t'imposer en maître?
  En cela suis, comme nous le faisons,
   Et la pratique et les leçons

Des courtisans, des hauts fonctionnaires,
Des gens d'épée et des hommes d'affaires.
　　Tous, n'importe par quels moyens,
Besoigneux, à l'assaut montent à la fortune,
　　Sont réputés honnêtes citoyens,
Et pour tous du public la louange est commune.
« Enrichissez-vous ! » dit le ministre Guizot,
Sur *per fas et néfas*, n'ajoutant pas un mot.
Eh bien ! nous travaillons à nous faire un magot,
　　Dont tu recevras l'héritage.

Théophile.

　　Me donnerez-vous le courage
Du *quid de cet, quid non* d'accepter l'alliage ?
　　Dieu nous en garde !

Mandrin.

　　　　Un jour, plus sage
　　A l'or tu seras moins sauvage,
　　Et lui feras même riant visage.

Théophile.

　　Le souverain législateur,
　　Des châtiments juste dispensateur,
Au cinquième degré punit la descendance
　　De ceux qui lui firent offense.
　　Si vous échappez à la loi,
　　La peine tombera sur moi.
J'ai donc fatalement à subir sa vengeance.
J'en suis au désespoir, et sens que ma raison
En est bouleversée et trouble sa maison.

Dr ANDREVETAN.

Haute-Savoie.

SI J'ÉTAIS PETIT OISEAU
A Mlle JEANNE T***

Si j'étais un petit oiseau,
Que j'aimerais sous la charmille
A voir l'insecte qui sautille
En mirant ses ailes dans l'eau !

Mon bonheur serait d'aller boire
Au frais calice de la fleur,
La douce et suave liqueur
De son bassin au fond d'ivoire.

Dans l'univers pour horizon,
J'irais butiner à mon aise,
Les épis dorés, ou la fraise
Au doux parfum dans le gazon.

J'irais arracher la mûre,
Et l'épais buisson qui la tient,
Et du rameau qui me soutient
Je pourrais chanter la nature.

J'aimerais à planer dans l'air :
Puis, avec mes ailes rapides,
A fuir dans les pays torrides
Quand viennent les froids de l'hiver.

Je bénirais à ma manière,
Dieu qui nous fit, dans son amour,
Ce Dieu qui nous donna le jour
Et nous protége sur la terre.

J'irais au lever de l'aurore,
Pour le saluer, dans les Cieux;
J'irais de chants harmonieux
Célébrer le Dieu que j'implore.

Ah! si j'étais petit oiseau!
J'irais près de celle que j'aime
Lui dire : « Vois, je viens moi-même,
» Au toit qui me semble si beau.

» Réchauffe-moi, le froid me glace;
» Pour toi j'ai parcouru les airs,
» Et je traverserais les mers
» Pour dans ton sein avoir ma place. »

En attendant le renouveau,
Je pourrais, sans la voir farouche,
Ravir un baiser sur sa bouche,
Oh! si j'étais petit oiseau!

Léon Flament.

Nord.

ALLÉGORIE SUR L'AMBITION

Voyez-vous au lointain, cette onde cristalline,
Courant et bondissant au pied de la colline,
    Qu'elle veut quitter pour toujours
Dans le riant vallon, sous la verte charmille,
Sur un lit sabloneux, heureuse elle sautille,
    Mais aussitôt reprend son cours.

De son joli vallon, le souvenir s'efface :
Que lui fait le passé ? n'a-t-elle pas l'espace
    Où la transporte le courant.
Elle n'a plus, hélas ! sa belle transparence,
Tout est sacrifié pour la grande puissance
    Que va lui donner le torrent.

La blanche marguerite, avec la marjolaine,
La si douce pervenche et sa sœur la verveine,
    Pour lui plaire émaillaient son gazon ;
Plus loin, sous l'olivier, la brillante églantine,
Ainsi que la charmille et la belle aubépine
    Fermaient son riant horizon.

La voyez-vous là-bas, sous de sombres arcades,
Au milieu d'autres flots, elle court par saccades
    Cherchant à se faire un chemin ;
Sur le lit rocailleux à peine elle débute
Que l'écho frémissant de sa terrible lutte,
    Gronde et gémit dans le ravin.

Mais voici son triomphe et son grand jour de fête !
Sur ses bords escarpés va fondre la tempête
    Qui lui rendra tout son élan ;
Le Ciel s'est obscurci ; sous le sombre nuage
Il n'est plus d'horizon ; déjà sur le rivage
    Mugit le terrible ouragan.

Vous cherchez aujourd'hui cette onde si limpide,
Qui naguère coulant au pied de la bastide
    Répandait la douce fraîcheur !
Elle sort du ravin, fière et toute puissante,
Et roule avec fracas sa vague mugissante,
    Répandant partout la terreur.

L'entendez-vous gronder dans son nouvel empire?
De son flot irrité c'est un sombre délire
    Qu'a fait éclore le démon;
Son vallon, ses coteaux, ses fleurs et son feuillage
Oui! tout est dévasté; le charmant paysage
    Est couvert de son noir limon.

De son règne odieux sonne l'heure dernière;
Sur les champs désolés par sa puissance altière
    Brille le céleste flambeau.
Elle frémit et fuit; car la douce lumière
Lui montre le néant de sa folle carrière
    Et les débris de son berceau.

Regardez! la voilà, près de la cataracte,
De nouveau se formant en une onde compacte
    Qui sur le roc va rebondir;
Dans un suprême effort c'est en vain qu'elle lutte,
Dans le gouffre béant a commencé sa chute,
    De loin vous l'entendez gémir.

Sur son lit de douleur, elle dit sa misère,
Et regrette ses bords qu'ornait son beau parterre,
    Au temps de son premier élan;
Puis, maudissant son cours, dans une nuit obscure,
Elle va, sans espoir, jeter sa vague impure
    Dans les enfers de l'Océan.

Léon Flament.

Nord.

CE QUE J'AI VU

Monde ! tu m'as montré bien les vicissitudes
Du sombre esprit du mal, des viles habitudes,
Qui germent dans le cœur de ces hommes pervers
Qui vont semant la guerre au sein de l'univers.
J'ai vu moi-même hélas ! dès ma plus tendre enfance
Le mal heurter le bien avec indifférence,
L'humble et digne foulé par le subtil flatteur
Et la chaste vertu couverte d'impudeur.
La folle ambition, jusque chez le vulgaire,
Et le mensonge au vrai faisant la triste guerre ;
J'ai vu la vanité dans ses pompeux appas,
Blâmant la modestie et dans beaucoup de cas
Confondre pour de l'or l'innocent au coupable,
Et trouver au repos de l'âme préférable
La jalousie immonde au frémissant poison.
En notre siècle hélas ! où trouver la raison,
Et que n'ai-je pas vu des faiblesses humaines ?
Jusqu'au peuple enchaîné se surcharger de chaînes
Quand tout était amour, bonheur et Liberté,
Méprisant la justice et la fraternité.

Isidore Lieure.

AVANT L'EXÉCUTION

On va couper la tête à cet homme aujourd'hui ;
L'échafaud, sur la place, est préparé pour lui ;
La foule accourt bruyante à la cérémonie
Où va se terminer sa lugubre agonie...

A peine le soleil, — qui doit rougir là-haut
De voir encor du monde autour d'un échafaud, —
Se montre-t-il, voilé dans son horreur muette !
Pourtant, du prisonnier on a fait la toilette :
Ses cheveux ont été coupés ras, lentement ;
C'est dur, affreux, mais c'est ainsi le règlement !
Puis, pour que rien ne manque au drame épouvantable,
Pâle, abattu, stupide on l'a fait mettre à table ;
Et ce morne assassin, qu'on va guillotiner,
Obtient ce qu'il demande au dernier déjeuner
Qu'il doit faire ici-bas, pour trouver le courage
De ne pas s'égarer en un si long voyage.
Il suffit de manger pour ne pas défaillir.

— Comme il vient, l'appétit, alors qu'on va mourir !

Paul Harel.

A MA COUSINE ADÈLE

SOUVENIR DU JOUR DES ROIS

Vous voulez être reine, et vous m'avez choisi
Pour être votre roi, cousine : grand merci !
— Mais, voyez-vous ? le trône est un meuble incommode,
En ce siècle sceptique : on ne croit plus à rien ;
On fronde la noblesse ! on rit du droit divin !!
— Hélas ! les rois sont bien passés de mode !...

La seule royauté qu'on encense, aujourd'hui,
C'est celle de la *blague* et du charlatanisme.
Jocrisse est tout-puissant : il a les sots pour lui !
Notre siècle, qui va, criant au despotisme,

Réclame un mannequin affublé d'oripeaux,
    Et bat des mains devant tous les tréteaux !

C'est un vilain métier, — croyez-m'en, ma cousine,
Que le métier de roi par la grâce divine !
Le sceptre a fait son temps, le bon plaisir n'est plus.
Les Louvres sont sanglants : nul n'en sort sans reproche.
— Régnons donc ! — Mais restez reine de la brioche :
    Moi, je serai monarque *in partibus* !...

IWAN LAPAINE.

Janvier 1872.

LES PÊCHEURS

Le soleil s'en allait briller vers d'autres Cieux,
Le flot venait mourir doucement sur la grève,
Et de quelques pêcheurs un groupe gracieux
Revenait au logis et traversait mon rêve.

Car je rêvais devant cet Océan vainqueur,
Devant cet horizon grandiose et limpide,
Dont la majestueuse et sublime grandeur
Me faisait oublier notre siècle insipide.

Le monde était si loin et l'air était si pur
Que mon front se baignait dans cette douce brise,
Et que de mon esprit, tout imprégné d'azur,
S'éloignaient les désirs dont la foule est éprise.

Et je suivis longtemps, d'un regard envieux,
Ce groupe de pêcheurs qui traversait la plage ;
Et, pensant qu'ils devaient, sans nul doute, être heureux,
Je repris lentement le chemin du village !

ÉVARISTE CARRANCE.

Gujan, août 1872.

PROPHÉTIE

« La France veut la paix et la veut pour toujours, »
C'est ainsi que l'a dit Thiers dans un beau discours ;
Mais il doit se tromper, car la France n'aspire
Qu'au jour de la revanche, et je puis le prédire,
L'Allemagne apprendra que ce n'est pas en vain
Que nous aurons subi du barbare Germain
Le joug avilissant. Non, quand sonnera l'heure,
Il faudra qu'à son tour elle succombe... et meure.
Le Français, on le sait, clément et valeureux
Envers ses ennemis fut toujours généreux ;
Un ministre l'a dit après une victoire :
« La France est assez riche et ne tient qu'à la gloire. »
Mais ce roi des Teutons, ce bandit couronné,
Croit-il donc de ses vols être un jour pardonné ?
Quand viendra le réveil, alors la France entière
Avec la foudre en main courra sur la frontière,
Elle brisera tout, traversera le Rhin,
Et comme un ouragan s'abattra sur Berlin.
Nos soldats, animés d'une sublime rage,
Se livreront sans frein au plus cruel carnage,
Ils incendieront tout, cité, bourg ou hameau,
Et l'empire allemand ne sera qu'un tombeau...

Guillaume ! ne crois pas que je sois en délire !
Au livre des destins Dieu m'a permis de lire,
Et voici mot pour mot ce que j'ai découvert :
L'Allemagne bientôt ne sera qu'un désert.

R. Baudemant.

PARIS

Flambe à travers la nuit farouche et sombre.
E. Vermesch.

La cathédrale élève au Ciel ses hauts clochers.
On admire, en passant, orné d'architecture,
L'aspect de son portail, dont l'immense ouverture
Présente de vieux saints avec ordre rangés.

Ici, l'esprit humain, que la hauteur effraie,
Humble, grave, s'arrête et comme épouvanté ;
Et ce vieux monument, par le temps respecté,
L'écrase et lui fait voir sa petitesse vraie.

Cette église a vu naître et mourir les corbeaux
Qui bâtissent leurs nids dans ses flèches de pierre.
Plus d'un siècle a passé, sans que, pour la prière,
Sa cloche ait eu des sons moins profonds et moins beaux.

Mais un jour, quand l'orgueil pris d'une ivresse folle,
Fût las que la géante existât sans bouger,
On mit, rêve infernal, dessous, pour la ronger,
L'esprit de l'Allemand et l'esprit du pétrole !

. . . .

Il vous a plu, Seigneur, Dieu de l'Éternité,
Que la flamme s'apaise et dorme sous les dalles,
Afin que le colosse effrayât ces vandales
Dans sa stature intacte et dans sa majesté !

Paul Harel.

A Mlle ISABELLE D...

Réponse à des quatrains intitulés : *J'aime à rêver*, etc.

J'aime à rire avec Isabelle,
Car, moi, je ne sais pas rêver,
Et je suis heureuse auprès d'elle,
Dès que je l'entends me parler.

J'aime à rire quand Isabelle
Court avec moi sur le gazon,
Pour saisir au vol par une aile,
Plus d'un inconstant papillon.

J'aime à rire auprès d'Isabelle
En cueillant d'odorantes fleurs ;
Et je la trouve encor plus belle
Auprès de leurs fraîches couleurs.

J'aime à rire lorsqu'Isabelle
Vient jouer parmi nos bosquets ;
Et le soir, je chante avec elle
Les refrains de charmants couplets.

J'aime à rire si d'Isabelle
Nous fêtons le nom gracieux ;
Et chaque an c'est fête nouvelle
Lorsque revient ce jour heureux.

J'aime à rire avec Isabelle,
Et lorsque je la vois rêver,
Je me mets à prier pour elle,
Dieu, de vouloir bien l'égayer.

EUPHROSINE B., Ve OUDART.

Aube.

L'HOSPITALITÉ

— Qui frappe à notre porte ? entends-tu, dis, mon fils.
Regarde : sur le mur, bouge le crucifix.
Un vase a trébuché dans notre vieille armoire.
— Bonne mère, le vent gémit dans la nuit noire ;
Il veut nous visiter comme un hôte connu,
C'est lui qui, sans façon, par la porte est venu.
— Pourtant, j'avais bien cru... quelque chose m'oppresse ;
De mes pressentiments je ne suis point maîtresse ;
Je pense qu'un malheur, enfant, plane sur nous.
Un tremblement soudain, fait ployer mes genoux.
— Calme-toi, bonne mère, espère et prends courage,
Tous ces pressentiments fuiront avec l'orage
Et tu verras, demain, le soleil sourira
A ton visage aimé, qui s'épanouira.
Il te faut du repos, déjà s'avance l'heure.
— Pan, pan, pan. — Cette fois, mon Norbert, je demeure,

Je ne me trompe pas... on a frappé... ce bruit
Trois fois a dominé l'orage de la nuit.
— Pan, pan, pan. — En effet... c'est quelque pauvre diable !
Frappez moins !... vous aurez un gîte pitoyable,
Mais un loyal accueil... à moins d'être devin,
Je ne pourrai trouver plus d'un flacon de vin.
— Pan, pan, pan. — On y va. Norbert, riant, s'élance.
Cric crac, — la porte s'ouvre, un étranger s'avance ;
Sous le fardeau des ans, son corps semble ployer.
Morne et silencieux, il prend place au foyer,
Mais le feu, qui rongeait la verte bûche d'orme
S'est éteint tout à coup... il faut que tout s'endorme...
La flamme et le vieillard, est-ce malignité,
Restent, en se voyant, dans l'immobilité.
— Je veux que vous ayez une face vermeille ;
Mon hôte, je m'en vais chercher une bouteille
D'un vin plus vieux que vous... c'est là tout ce que j'ai,
Il vous rajeunira... vous rendra le cœur gai.
A votre âge, le vin vaut mieux qu'une amulette
Pour chasser les soucis... mais sa bouche est muette !
Ce vin délicieux, comme un parfum d'été,
Vient d'un coteau, jadis notre propriété.
Mes aïeux, voyez-vous, ont connu la fortune.
Bast ! il faut oublier cette histoire importune,
Et jeter au rebut les souvenirs rouillés,
Car la fortune et moi, nous nous sommes brouillés :
Je laisse la rancune à la capricieuse...
Je ris : ma mère encore est d'humeur soucieuse.
Bon vieillard, je suis pauvre, et mon unique bien,
C'est le cœur de ma mère... hors de là, je n'ai rien,
Mon flacon excepté... secouez la tristesse ;
On dit que les vieillards sourient à la jeunesse

Et, qu'au joyeux contact de nous autres enfants,
Ils jettent au passé des regards triomphants.
Allons, souriez-moi, souriez à ma mère,
Cet ange du bon Dieu, dont la vie est amère,
Quand, au lieu de trouver des visages heureux,
Elle voit sur les fronts des pensers douloureux...
On croirait que cet homme est taillé dans la pierre
Toujours cet œil vitreux, sous sa morne paupière.
Pas un mot, pas un geste... aussi sec que l'acier,
Bonne mère, Harpocrate est donc son créancier ?
Le marteau va frapper le timbre de l'horloge,
Et minuit, tout frileux, sortira de sa loge.
— J'ai besoin de ce bruit, Norbert, en ce moment,
Le silence me pèse, ainsi qu'un châtiment.
— Din, din, — mon bon Norbert, cet étranger se lève,
Il fixe le cadran, — mère, serait-ce un rêve,
On n'entend plus sonner ?

      Vieillard, écoutez-moi :
Votre arrivée a mis la maison en émoi.
Et quant à vous parler, sans cesse je me tue,
Votre mépris pour nous, vous transforme en statue.
Je suis hospitalier et peu questionneur,
Mais, sans être indiscret, sans manquer à l'honneur,
Si votre bouche, ainsi qu'un cercueil ne se ferme,
Si vous n'êtes muet, si vous n'êtes un terme,
Puis-je savoir au moins d'où diable vous venez?
Ce seul renseignement, bon étranger, tenez,
Va jeter un éclair dans la nuit ténébreuse.
— D'où je viens? répartit l'hôte, d'une voix creuse,
Je viens de visiter le chaume et les palais,
Soucis de courtisans, misères de valets,

Les femmes, les enfants, les vieillards de tout âge,
Je parcours l'univers, dans mon pèlerinage :
La fleur, l'étoile d'or qui brille dans les Cieux,
Matière, être animé, rien n'échappe à mes yeux, —
Et le sombre vieillard, ô miracle incroyable
Prit aussitôt l'aspect d'un squelette effroyable.
— Étranger, — fit Norbert, — hôte maudit du sort,
Mais qui donc êtes-vous ? — Enfant, je suis la mort !

Louis Greux.

Somme.

FRAGMENT

DE LA TRADUCTION EN VERS FRANÇAIS DU POÈME DE *DON JUAN*
PAR LORD BYRON — CHANT VIIᵉ, STANCE VII

Hommes ou chiens ! — Encor, c'est vous faire, à vrai dire,
Trop d'honneur, sur ma foi, de vous appeler chiens ;
(Vous ne les valez pas). — Bien libre à vous de lire
Ou de ne lire point cet ouvrage où je viens
Mettre à nu vos travers et tout ce que vous êtes !
Quand, au sein de l'espace, au-dessus de nos têtes,
L'astre des nuits rayonne, en son paisible cours,
Les hurlements des loups, impuissants à le suivre,
Peuvent-ils, dites-moi, l'empêcher de poursuivre
Sa brillante carrière uniforme toujours ?
Et de même ma muse, elle aussi radieuse,
Ne voilera pour vous un seul de ses rayons :
Tandis que vous hurlez votre rage haineuse,
Sa clarté brillera sur vos sombres sillons !!

L. Gorlier.

A M. JULES DE VORIS

Je suis comme un voyageur,
Courant dans l'ombre incertaine,
Pour appeler le bonheur,
Cette majesté sereine.

Je vais parmi les sillons,
Je marche au milieu du doute,
Cherchant partout des rayons,
Pour me guider dans ma route.

Mais, en ce monde insensé,
Vous le savez, ô poète,
Sur le travailleur lassé
Vient éclater la tempête.

On a beau chercher l'amour,
Et la fortune et la gloire,
On trouve à la fin du jour
Que tout rêve est illusoire.

Et qu'on a laissé flétrir,
Dans un inconstant délire,
L'amour et le souvenir,
La jeunesse et le sourire !

Eh bien ! moi, ce voyageur,
Cherchant l'ombre et la tendresse,
J'ai rencontré pour mon cœur,
Une douce et chaste ivresse.

Et tout mon être a frémi
De bonheur et d'espérance,
En rencontrant un ami
Dans ma solitude immense.

Poëte ! en pressant ta main
Si noble et si bienveillante,
Je vois pour le lendemain
Comme une aube étincelante.

ÉVARISTE CARRANCE.

14 Juin 1872.

LE MOBILISÉ

C'était le sort commun, car nulle exemption
Ne pouvait le soustraire à l'obligation
De servir son pays accablé par le nombre ;
Tous étaient appelés à cette époque sombre :
Que l'on fut riche ou pauvre, enfant unique ou bien
De frères en bas âge et de sœurs le soutien.

Je l'ai connu : c'était un travailleur honnête,
Par les malheurs du temps jeté dans la tempête,
A cette heure où du Rhin jusqu'aux bords de la mer,
On entendait le bruit de la poudre et du fer !

Aux derniers défenseurs de la France en alarmes,
On n'avait à donner que de mauvaises armes,
De grossiers vêtements et parfois pas de pain.
Tous les maux que la guerre inflige au genre humain,

Déployaient dans nos rangs leur fureur sacrilége;
Qu'importe on avançait à mi-corps dans la neige.
Cependant combien peu, de leur nouvel état,
Ne possédaient à fond que le cœur du soldat!
Tout leur faisait défaut, jusqu'à la confiance
Dans les chefs, accusés par eux d'imprévoyance;
Aussi leur dévouement n'en paraît que plus beau,
Et digne d'être inscrit aux fastes du drapeau.

Ce fut après avoir supporté la torture
Du plus rude bivac, par une nuit obscure,
Qu'il reçut à son tour le baptême du feu :
Le sort de la Patrie était encore en jeu!...

On se battit longtemps, mais à chance inégale,
De loin nous écrasait le canon du vandale;
Il fallut reculer. C'est alors qu'il tomba :
A la douleur de fuir la mort le déroba...
Le soir dans un charnier, sa dépouille sanglante,
Eut ce lit de repos dont l'image épouvante!

. . . .

La guerre avait cessé; la France d'autrefois
Subissait des vainqueurs les rigoureuses lois :
(Oh! que faisions-nous donc quand le sombre vampire
S'armait, flairant le sang qui lui valut l'empire!)
Et la mère attendant son infortuné fils,
Déchirait ses genoux au pied du crucifix.
Enfin lorsqu'arriva la fatale nouvelle,
Son cœur cessa de battre et tout finit pour elle.

. . . .

Le temps est déjà loin de ces événements ;
De nombreux tumultus, dans vingt départements,
Nous indiquent encore où dorment les victimes
D'un conflit qui n'eut pas de motifs légitimes ;
La Lorraine et l'Alsace ont été par Bismark,
Disjointes du pays où naquit Jeanne d'Arc ;
Nous payons à Guillaume une somme incomptable ;
L'ennemi se retire et paraît plus traitable ;
La paix règne et le Ciel semble enfin s'éclaircir ;
Notre or, par l'industrie, est prêt à revenir ;
Et ce passé d'hier, de si triste mémoire,
Cherche déjà l'oubli relatif de l'histoire.

Ne me trompé-je pas : tout est-il donc fini?
On peut causer ces maux et rester impuni!...
Mon cœur est oppressé sous le poids de ce doute :
Ah! je comprends la haine et je la comprends toute,
S'il pouvait être vrai que tout fut oublié,
Que d'un passé néfaste on se crut délié.
De ce sang répandu naîtrait la tyrannie,
Non pas celle d'un seul en vertu du génie,
Mais celle de chacun, du méchant, du plus fort,
De tout homme cherchant à conjurer le sort.
Ce serait le cahos au sein de la nature,
Dont l'ordre universel porterait la souillure.

Non, tout n'est pas fini : j'en atteste les voix
Qui sortent des sillons où fourmillent les croix ;
J'en atteste vos pleurs et toutes vos épreuves,
O vous, les innocents, orphelins, pauvres veuves!

LA JUSTICE

Qui dit Dieu juste et bon, dit aussi Dieu vengeur ;
Aux auteurs de la guerre on peut crier : malheur !
Malheur aux ennemis, indignes de la gloire,
Auxquels nous reprochons l'abus de la victoire !

GEIN.

Novembre 1872.

L'AMOUR PATERNEL
A M. GERMAIN SICARD

Ta lyre chante, ami, sur ses cordes légères,
La grâce, dont la vue asservit notre cœur.
L'albâtre et le corail des beautés bocagères.
Elle peint de l'amour le fugitif bonheur.
Peut-être de ces feux que ta voix n'a pu taire,
Ton sein brûle et devra longtemps se consumer ;
Mais il n'a pas l'amour le plus vif sur la terre :
    Tu ne sais ce que c'est, d'aimer !

Une éternelle loi nous porte vers la femme,
Notre être s'y parfait ; quelle joie, ici-bas,
Pour l'homme, poursuivant la moitié de son âme,
S'il en suspend la fuite et l'arrête en ses bras !
Tu subis cette loi, demandant l'art de plaire
Aux chants que le désir ne cesse d'animer ;
Mais tu n'as pas d'enfant qui te nomme son père :
    Tu ne sais ce que c'est, d'aimer !

Que l'homme est peu le but du cœur de sa compagne !
La nature, avec soin poursuivant son dessein,
Comme fin des transports dont l'amour s'accompagne,
Mit une passion plus vive dans son sein.

Près de ce feu nouveau, qu'est la flamme éphémère
Que nos doux soins en elle ont tenté d'allumer?
Quand elle voit l'enfant dont le Ciel la fait mère,
    Elle apprend ce que c'est, d'aimer!

L'objet de cet amour, qui t'efface à sa vue,
Mais de toi lui présente un vivant souvenir,
C'est l'être le plus pur, c'est la grâce ingénue,
Le prix de son passé, l'espoir de l'avenir...
Est ce bien en son sein (ineffable mystère!)
Que l'homme, pour la vie, est venu se former?...
Son regard le contemple et son cœur neuf de mère
    S'écrie : ô Dieu! je vais aimer!

Pour toi, pauvre fou, qui d'une manie étrange
Conservas des cheveux, baisas un gant jeté,
Idolâtras la femme en l'appelant un ange,
Les mots manquent devant cette virginité...
La raison est venue. Il faut creuser sur terre
Un sillon pour ton fils et mille plans former.
De son bonheur fais-toi l'artisan, noble père :
    On est fort, quand on sait aimer!

La jeune passion, c'est la fleur, le caprice,
Le sable dont le flot se joue en murmurant.
Celle du père c'est le fruit, le sacrifice,
Que pour son héritier il consomme en mourant.
Ami, tu connaîtras cet amour plus sévère.
Ce jour-là, renonçant à séduire, à charmer,
Ta voix dira, formée à cet accent austère,
    Comment l'homme fait sait aimer!

Jules Rambaud.

LA BEAUTÉ DE LA LIBERTÉ

Un jour respirant un air embaumé,
Sous un berceau d'ombre et sous la ramure,
Je me trouvais fier et grand d'être aimé
De cette divine et douce nature.
En ce beau jardin tout est admirable,
Et la source court sur les blancs graviers ;
Mais la Liberté paraît adorable
Parmi les bouquets de ces beaux rosiers.

Ah ! je te vois radieuse,
Et tu dis : Je suis joyeuse
De ta voix harmonieuse,
Et l'écho dans le lointain
Répète ce doux refrain.
Ton souvenir me rappelle
Le plus heureux de mes jours ;
Je promets d'être fidèle,
De t'aimer toujours, toujours.

C'est sous le chêne éclatant, centenaire,
Que je jurai de t'adorer toujours.
O Liberté, va, je serai sincère,
Car je te dois mes plus saintes amours.
Malgré la foudre et malgré la tempête,
Comme un soleil brillant à l'horizon,
La Liberté, resplendissante fête,
Viendra toujours éclairer ma maison.

Car je la vois radieuse,
Et e dit : Je suis joyeuse
De sa voix harmonieuse,
Et l'écho dans le lointain
Répète ce doux refrain.
Ton souvenir me rappelle
Le plus heureux de mes jours ;
Je promets d'être fidèle,
De t'aimer toujours, toujours !

J. Bodeau.

Seine.

A DES ROUGES-GORGES

A M. BOUCHET-DOUMENG

Voyez ! de mon pain blanc je vous donne la mie ;
Oiseaux, ne quittez pas ce tranquille séjour !
Quand viendra le printemps, votre couvée amie
Sera, dans mon bosquet, joyeuse, nuit et jour.

Je sais que pour voler vous avez pris des ailes :
Vous n'abusez donc point de votre droit d'essor,
Lorsque, par monts et vaux, suivis de vos oiselles,
Vous allez conquérir l'amour, divin trésor !

Mais craignez l'oiseleur ! on vous guette à la ronde :
Tandis que vous chantez, l'on compte vos instants ;
C'est la loi du plus fort qui règne dans ce monde,
Et cette dure loi règne depuis longtemps !

Aussi, dans le vallon comme sur la montagne,
La mort vole avec vous, destin sombre et cruel !
A quoi tient, dites-moi, le désir qui vous gagne
De porter votre essor aux quatre coins du Ciel ?

Ah ! si vous compreniez combien mon âme est franche,
Il vous plairait de vivre exempts de tout émoi ;
Et dans mes arbres verts où le hasard vous branche,
Vous resteriez toujours et chanteriez pour moi !

Voyez ! de mon pain blanc je vous donne la mie ;
Oiseaux, ne quittez pas ce tranquille séjour !
Quand viendra le printemps, votre couvée amie
Sera, dans mon bosquet, joyeuse, nuit et jour.

Siffrein Seyssaud.

25 Octobre 1872.

INVOCATION

A NOTRE-DAME DE LOURDES

Marie, ô tendre mère, après Dieu notre espoir,
Nous t'implorons... pitié, Notre-Dame de Lourdes !
L'avenir apparaît comme un nuage noir...
Aux menaces du Ciel, hélas ! que d'âmes sourdes !

Toi seule peux calmer le courroux de ton Fils ;
A ce Fils bien-aimé que de sanglants outrages !
L'orgueil des faux savants, la haine des faux sages,
Lui lancent tous les jours un insultant mépris.

Non! jamais on ne vit plus affreuse licence.
Les démons de l'envie et de la volupté
Vont tuer dans les cœurs toute sainte croyance,
Et ce siècle pervers n'en est point attristé.

Quels maux! ruine et mort... sans un divin remède!
De honte et de douleur tu nous vois abattus.
Oh! qu'auprès du Sauveur ton amour intercède,
Pour ramener la France au culte des vertus!

Des Prussiens, des Germains la fureur nous assiége.
Ils ont, lâches bandits, sifflé sur nos malheurs,
A chacun de nos pas leur main semait un piége,
Par le nombre et la ruse ils sont restés vainqueurs.

Avec Bismark-démon, il attaque l'Église,
Guillaume le soudard, tartufe couronné;
Tyran, pour réussir dans sa noire entreprise,
Il livre au sacerdoce un combat acharné.

La mer vit éclater ta puissance et ta gloire
Lorsque, invoquant ton nom, d'intrépides marins
Remportaient à Lépante une insigne victoire,
Qui des fiers Ottomans fit pâlir les destins.

Naguère apparaissant à la simple bergère
Dont Lourdes admira la constante candeur,
Tu voulais que de tous la fervente prière
De ton Fils sur la France attirât la faveur.

Reine de ma patrie, ô Vierge très clémente!
Toi qui de Bernadette enchantas les regards,
Obtiens-nous de Jésus un cœur qui se repente,
Et la victoire encor suivra nos étendarts.

On verra refleurir ce vieux catholicisme
Qu'une foule d'ingrats déclarait déjà mort;
La charité divine étouffant l'égoïsme,
Tous les peuples pourront envier notre sort!!!

L'ABBÉ PEYRET.

A NOTRE-DAME DE MAI

On n'entend plus mugir le souffle de Borée;
Le jeune et beau printemps sourit du haut des airs;
De verdure et de fleurs la campagne est parée;
Tout bosquet retentit d'harmonieux concerts.

Voilà mai, ton doux mois, ô Vierge vénérée!
De nos dons parfumés tes autels sont couverts.
Marie, entends les vœux de la France éplorée,
Qu'elle a perdu d'enfants! quels maux elle a soufferts!...

Son épée est brisée et sa douleur immense;
Oh! fais luire à ses yeux un rayon d'espérance!
Du Ciel son repentir implore le pardon.

Rends propice ton Fils, auguste et tendre mère :
Par de nobles vertus qu'elle se régénère,
Et qu'on la nomme encor la grande nation!!!

L'ABBÉ PEYRET.

ASPIRATION D'UN VIEILLARD

Je languis... si longtemps j'ai marché dans la vie,
Chemin qui devient vite et rude et fatigant !
Au printemps de mes jours, d'innocence embellie,
Mon âme était candeur, joie et ravissement.

Des passions bientôt grondèrent les orages,
En tous lieux je portais une indicible ardeur.
Les poètes divins et les aimables sages,
Seuls, calmèrent un peu les troubles de mon cœur.

Que de fois je rêvais de bonheur... rêve immense,
Où l'univers entier ne paraissait qu'un point !
Tout, pour moi, n'était rien : plaisir, grandeur, science.
Le plus vaste horizon ne me suffisait point.

Je voulais m'enivrer du beau, du bien suprême,
Je brûlais d'embrasser un bonheur infini...
Le chercher ici-bas, quelle folie extrême !
Et toujours par l'espoir je me sentais trahi.

Quand il me souriait puis s'envolait, chimère,
Tu voyais, ô mon Dieu ! mes larmes, mes soupirs.
On ne trouve qu'au Ciel ce qui manque à la terre ;
Vers lui seul maintenant s'en vont tous mes désirs.

L'ABBÉ PEYRET.

11 Juillet 1872.

L'EXILÉ

Par LAMENNAIS
Traduit en vers

> Je suis parmi vous un étranger et un voyageur.
> GENÈSE.

L'exilé s'en va seul, pauvre, errant sur la terre :
Dieu guide l'exilé, le protége et l'éclaire!

J'ai promené partout mes pas indifférents,
J'ai vu des nations, des cités merveilleuses,
Dans les pays glacés, sous des climats brûlants,
Et des foules en deuil et des foules rieuses...
Nul n'a jeté sur moi des regards caressants,
On n'a point reconnu ma pauvre âme étrangère.
Ah! partout l'exilé reste seul sur la terre!

Quand baissait le soleil, quand ses derniers rayons
Illuminaient au loin l'ondoyante fumée
D'une chaumière assise au creux d'un beau vallon,
Je disais, en pensant à la Patrie aimée :
« Heureux ceux qui le soir retrouvent leur maison,
» Et près du doux foyer une sœur, un vieux père. »
Ah! partout l'exilé reste seul sur la terre!

Quel pays vont-ils voir ces nuages là-bas,
Chassés en tourbillons par la noire tempête?...
Comme eux elle me chasse, et ses brûlants éclats
Font tonner la menace au-dessus de ma tête.
Elle pousse à l'exil; n'importe en quels climats :
Manquerai-je jamais d'y traîner ma misère?
Ah! partout l'exilé reste seul sur la terre!

Que ces arbres sont beaux, et charmantes ces fleurs !
Mais je ne les vis point dans ma noble Patrie ;
Ils ne me disent rien leur éclat, leurs couleurs.
Ce ruisseau mollement coule dans la prairie...
Enfant, ai-je entendu ses murmures rêveurs ?
Non ; il ne me rappelle aucune image chère.
Ah ! partout l'exilé reste seul sur la terre !

Vos chants ravissent l'âme, à l'oreille ils sont doux ;
Mais quoique dans ces chants un bel art se déploie,
Du sort ils ne m'ont pu rendre légers les coups,
Ne sachant réveiller ma douleur ni ma joie.
Je pleure... sur mes maux vous m'interrogez tous,
Mais vous ne pleurez point : je vous suis un mystère.
Ah ! partout l'exilé reste seul sur la terre !

Un superbe olivier lève son front joyeux
Parmi ses rejetons qu'il couvre de son ombre ;
Tels j'ai vu des vieillards, fiers et tout radieux,
S'entourer de leurs fils dont ils vantaient le nombre.
Aucun de ces vieillards ne m'a dit : Sois heureux,
Mon fils !... de ces enfants nul ne m'a dit : Mon frère !
Ah ! partout l'exilé reste seul sur la terre !

J'ai vu plus d'une fois un spectacle enchanteur,
Des vierges envoyer un pudique sourire
Au jeune époux choisi pour régner sur son cœur.
Aucune n'est venue en souriant me dire :
« Mets ta main dans ma main, je ferai ton bonheur ! »
J'ai porté tout le poids de ma douleur amère.
Ah ! partout l'exilé reste seul sur la terre !

J'ai vu des jeunes gens, modèles d'amitié,
Redire, en se serrant et poitrine à poitrine,
Le serment par lequel chacun s'était lié.
Mais pas un ne m'a dit : Vers toi mon cœur incline,
« Aimons-nous ; sans amis l'on ne vit qu'à moitié. »
Non ; loin de la Patrie il n'est ami ni père.
Ah ! partout l'exilé reste seul sur la terre !

— Cesse, pauvre exilé, cesse donc de gémir.
Comme toi, dans l'exil tous les hommes languissent ;
Frères, pères, amis, épouses, tous vont fuir.
Fantômes passagers, comme ils s'évanouissent !
La Patrie est ailleurs ; ce monde doit finir ;
Il n'est pour une nuit qu'un gîte de misère.

L'exilé s'en va seul, pauvre, errant sur la terre :
Dieu guide l'exilé, le protége et l'éclaire!!!

L'ABBÉ PEYPET.

LE PRÊTRE

Le prêtre fut toujours homme de liberté,
Toujours, même aux tyrans, il dit la vérité.

Frères ! aimez le Christ, aimez aussi le prêtre,
Il redit humblement l'évangile du Maître ;
Comme une sentinelle au sommet d'une tour,
Pour le salut commun il veille nuit et jour ;
Au bonheur de votre âme, en l'ardeur qui le presse,
Il consacre ses soins, son zèle, sa tendresse ;
Il bénit vos travaux, console vos chagrins,
Et présente vos vœux au père des humains.

A défendre vos droits sa voix est toujours prête ;
Jamais, courbant le front au vent de la tempête,
Qui quelquefois accourt des enfers en hurlant,
Il n'encensa l'orgueil d'un despote insolent ;
Constamment pour le peuple il s'offre en sacrifice ;
Il l'aime, il le soutient, lui prêche la justice ;
Les saintes lois du Ciel, l'auguste Liberté,
Droit divin par le Christ aux hommes apporté,
Lui commande la paix, l'union fraternelle,
Aux vertus du chrétien doucement le rappelle,
Et, fort de son amour et de son dévouement,
Vit, meurt homme du peuple et de Dieu seulement.

Voilà, voilà du Christ le ministre sincère !...
Au Ciel sa piété fait monter sa prière :
Voyez ! un saint rayon sur son front a relui,
Et la vertu d'en haut réside, opère en lui.
Frères, aimez-le donc, vénérez sa parole,
Elle éclaire, elle touche, elle anime et console.
Votre joie est sa joie et vos maux sont les siens ;
Il fait part de vos dons à ses concitoyens :
Peu lui suffit ; du Christ respectant les défenses,
Il abhorre et le luxe et les folles dépenses.

Oh ! que ce prêtre-là vous soit toujours sacré !
En marchant sur ses pas nul ne s'est égaré :
Du divin Maître il suit lui-même les exemples ;
Il peut dire à chacun : Fais comme tu contemples !
Avez-vous des chagrins qui vous serrent le cœur,
Confiez-les sans crainte à l'homme du Sauveur.
Il plaint les malheureux, à leur sort s'intéresse,
Et, s'il ne . . . .

A tout esprit troublé, tâtonnant dans la nuit,
Il donne des conseils que la lumière suit ;
A qui doute il dit : Crois ! à qui chancelle : Espère !
Oh ! vous trouvez en lui l'ami tendre et le père...
Humble et grand, doux et fort, ainsi que le Christ-roi,
Le prêtre vit d'amour, d'espérance et de foi.

L'ABBÉ PEYRET.

L'AMOUR DOIT-IL COUTER TANT

ROMANCE ITALIENNE

1

Parti... je suis abandonnée !
Il me quitta lui que j'aimais,
Ne me laissant, infortunée,
Que mes douleurs et mes regrets.
L'amour, ce n'est donc qu'un vain rêve
Qu'un jour donne... qu'un souffle enlève :
Aimer, c'est donc naître aux douleurs,
Goûter l'amertume des pleurs !...

REFRAIN

Que de fois il me disait belle
Me promettant un cœur fidèle...
O doux souvenir... ô tourment !...
    A l'Italie
      Il sacrifie,
L'ingrat, mon bonheur et ma vie ;
Ah ! l'amour doit-il coûter tant !...

II

Tu partis, me parlant de gloire,
D'honneur, de brillant avenir!...
A l'ombre comment peux-tu croire
Qui paraît pour s'évanouir!
Moi, je ne demandais sur terre
Que toi, ton amour, et ma mère;
Être avec toi, suivre tes pas,
N'être point quand tu n'étais pas!...

Que de fois tu me disais belle
Me promettant un cœur fidèle!
O doux souvenir!... ô tourment!...
    A l'Italie
      Cours, sacrifie,
Ingrat, mon bonheur et ma vie;
Ah! l'amour doit-il coûter tant!...

III

Pourquoi fuir l'azur de Venise,
Courir les combats hasardeux,
Lorsque dans mon âme conquise
Tu dominais, vainqueur heureux!...
Lorsque ensemble, à la nuit tombante,
Bercés sur la vague écumante,
Se mêlait à la voix des flots
Le chant joyeux des matelots!...

Alors quand tu me disais belle
Me promettant un cœur fidèle,

Tu n'as point dit dans ton serment
  Qu'à l'Italie,
  Triste patrie,
Tu sacrifierais ma vie...
Que l'amour devait coûter tant !

Camille Paret.

L'AUMONE

Mes amis, faites l'aumône,
C'est le Ciel qui vous l'ordonne ;
Donnez ! les pauvres sont tous
Enfants de Dieu comme vous.

Un soir d'hiver, prenant part
Au clair foyer qui pétille,
A sa petite famille
Ainsi parle un bon vieillard.
Et les enfants, en silence,
Sensibles à ses récits,
Près de l'aïeul qui commence
Déjà se sont tous assis :

« Hélas ! tandis que le froid
» Nous fait tenir près de l'âtre,
» Songez-vous, troupe folâtre,
» Que bien des gens sont sans toit ?

» Ils vont, pieds nus, sur les pierres,
» Grelottant, joignant les mains...
» Encore si leurs prières
» Déridaient les fronts hautains!

» Ils vont ainsi jusqu'au soir :
» La nuit, leur couche est bien dure
» Mais un sourire les rassure,
» Mais un mot leur rend l'espoir
» Eh bien! soulagez la peine
» De qui souffre à chaque instant;
» Qu'il retire toujours pleine
» La main vide qu'il vous tend !

» Enfants, l'amour nous unit
» Sans que le rang soit le même
» Donnez! le pauvre vous aime.
» Aimez! le Ciel vous bénit.
» Il faut que le riche donne;
» A son cœur Dieu fait appel :
» La prière avec l'aumône
» Toutes deux montent au Ciel! »

Or, comme l'aïeul parlait,
Une voix tendre et plaintive
Troubla la troupe attentive :
« La charité, s'il vous plaît! »
« Consolons celui qui pleure, »
Dirent les petits amis :
« Qu'il vienne en notre demeure,
» Les pauvres y sont admis. »

Près d'un homme à demi-nu
Chacun s'empresse avec joie :
« Puisque c'est Dieu qui t'envoie,
» Frère, sois le bienvenu ;
» Avec nous attends l'aurore !
» Mange, bois, dors avec nous ! »
— Puis l'aïeul répète encore,
Sur un ton de voix fort doux :

Mes amis, faites l'aumône,
C'est le Ciel qui vous l'ordonne ;
Donne ! les pauvres sont tous
Enfants de Dieu comme vous.

S..... N SEYSSAU...

8 Octobre 1859.

LE PEUPLE LE PLUS HEUREUX

Le peuple le plus heureux
De notre étroite planète,
N'est pas le Français joyeux
Qui créa la chansonnette.

Ce n'est pas ce peuple lourd,
Cet Allemand monotone,
Que la bière a rendu sourd
Après l'avoir rendu tonne.

Ce n'est pas l'Américain,
Cet extravagant sublime,
Dont le courageux dédain
Marche toujours vers l'abîme.

Ni l'Espagnol, ombrageux
Comme un peuple de parade,
Ni le Chinois vaniteux,
Ni l'Anglais toujours maussade.

Ce n'est pas le Grec charmant,
Pleurant sur sa décadence,
Ni le Portugais galant
Drapé dans son indécence !

Ni le Belge, voyageur,
Ni le Russe, un peu sauvage ;
Ni l'Italien, moqueur,
Ni le Suédois, volage.

Le peuple le plus heureux
N'a pas plus de folle ivresse
Qu'il n'a d'impudiques vœux.
Il a pour bien : La sagesse !

Mais je crains ! oh ! malgré moi,
Car ma crainte est importune,
Que ce peuple plein de foi
N'habite hélas !... que la lune !

ÉVARISTE CARRANCE.

Septembre 1872.

LE DIVORCE

Messieurs les grands faiseurs de lois, ce n'est qu'à vous
Que j'adresse ce cri de mon être en courroux.
Voici bientôt vingt ans que, broyé de misère,
Je marche en ignorant où je vais sur la terre,
Courbé par la souffrance et l'implacable sort,
En demandant l'oubli qui jaillit de la mort.

O vous! les grands faiseurs de lois, vous pouvez croire
Tout ce que je dirai dans ma sinistre histoire,
Et vous pouvez penser que notre humanité
Souffre les mêmes maux, sous sa folle gaieté.

Messieurs les vrais soutiens de la saine morale,
Depuis vingt ans, je vois la larve sociale.
Je suis une victime, et je suis un bourreau !
Que Thémis sur mon front promène son flambeau !
Voyez comme je suis ridé, sombre et livide ;
Mon cœur est maintenant comme une lande aride :
Le remords seul y croît !

      Messieurs, dans le passé,
J'étais aussi brillant que je parais lassé.
J'avais auprès de moi, pour marcher dans la vie,
Une femme, éclairant ma jeunesse ravie ;
Une de ces beautés dominant la raison,
Et qui font resplendir la plus pauvre maison.
J'étais heureux ! Je crus, dans ma suave ivresse,
Que rien ne ternirait ma sublime tendresse.
Je tenais le plaisir, et ne comprenais pas
Que la sombre douleur me suivait pas à pas.

Quelquefois, dans un Ciel tout d'azur, un orage
Retentit brusquement, se déchaîne avec rage,
Et le Ciel radieux se fait lugubre et noir !

Messieurs, en un instant, je perdis tout espoir,
Et mon bonheur partit ainsi que la fumée.
Celle que j'adorais, la femme bien-aimée,
A qui j'avais donné mon âme et mon amour,
Celle qui m'apportait l'extase chaque jour,
Cette chaste beauté qui portait l'auréole,
Ah ! Messieurs ! elle avait oublié sa parole ;
Elle m'avait trompé ! trahi ! déshonoré !

J'ai toujours devant moi ce spectacle abhorré.
Je devins fou. Je vis s'échapper ma lumière,
Ma main prit un poignard et frappa l'adultère !

Et lorsque j'eus frappé dix fois, qu'un sang brûlant
De dix trous à la fois sortit en bouillonnant,
Le poignard s'échappa de ma main criminelle.
La morte m'apparut plus sublime et plus belle
Et je m'agenouillai dans le sang pour la voir.
Sentant monter en moi l'atroce désespoir
Je pleurai ! je criai ! pardon ! Oh ! fais-moi grâce !
Je t'aimais trop ! Hélas ! en ce monde, où tout passe,
Ton amour a subi cette commune loi !...
Oh ! le plus malheureux ce sera toujours moi.
La justice m'attend ! le remords me torture ;
Il n'est plus un abri pour moi dans la nature.

Messieurs les grands faiseurs de lois, au nom de Dieu,
Écoutez mon histoire, encore un petit peu.

J'ai bientôt terminé, d'ailleurs. Je dois vous dire
Qu'on me mit en prison, que j'étais en délire,
Et que le tribunal, déclaré compétent,
M'acquitta.

    Moi, Messieurs, n'étant pas innocent,
Je ne m'acquittai pas ; et je courbai la tête,
Sachant que ce pardon cachait une tempête,
Et que j'allais rester tout seul, comme un maudit,
Moi, le mari-bourreau, tuant comme un bandit.

Encore quelques mots. — Vous oublîrez ensuite,
Messieurs, c'est le devoir qui dicte ma conduite.
Je ne vous dirai point tout ce que j'ai souffert.
J'ai vécu ces vingt ans dans un gouffre entr'ouvert.
De ce gouffre est sorti mon corps si misérable
Pour se représenter comme le vrai coupable !
Oui, Messieurs, nul mortel n'a ce droit effrayant
De plonger dans la mort un seul être vivant.
Tous les codes humains peuvent lui faire grâce ;
Au foyer fraternel il a perdu sa place.
Il traîne son remords comme on traîne un boulet,
Et l'oubli ne viendra jamais large et complet.
Il a tué !

    Messieurs, le mari qu'on outrage
Ne doit point devenir assassin ; le courage
Consiste à repousser froidement, pour toujours,
L'être perdu qui vient d'empoisonner nos jours.
O vous ! les grands faiseurs de lois, dont la morale
En discours très pompeux de temps en temps s'étale,

Ne vous semble-t-il pas qu'il faudrait, par hasard,
A l'époux outragé défendre le poignard?
Eh bien! pour que le droit puisse arrêter la force
Il ne faut qu'une loi!
    Laquelle?
      Le divorce!

        Évariste Carrance.

26 Août 1872.

LE ROSSIGNOL

Un jeune Rossignol, délaissé, malheureux,
Importunait l'écho de ses chants douloureux.

Hélas! s'écriait-il, jours heureux de ma vie
Vous ne reviendrez plus!... jamais fidèle amie
Ne viendra soupirer au son de mes accords!
Pour moi ne seront plus les fidèles transports;
Ces doux embrassements qui donnent le délire.
Aujourd'hui, délaissé, je souffre le martyre;
Je souffre mille maux!... coulez, coulez mes pleurs...
Échos de ces vallons, répétez mes douleurs.
Je suis abandonné, je n'ai plus que des larmes;
L'objet de mes amours n'a pour moi plus de charmes.
Arrière ses soupirs, arrière ses serments,
Et vous plaintifs échos répétez mes accents.
Dites que les bosquets et les vertes prairies,
Les transparentes eaux et les fleurs si jolies,
N'ont plus d'attraits pour moi, car mon chant va finir.
Hélas! je le vois bien, je n'ai plus qu'à mourir;

Et je meurs en effet, dans ma douleur cruelle,
Puisque tu m'as trahi, perfide Philomèle !
Éloigne-toi, va-t-en, je ne veux plus te voir ;
Va, fuis et laisse-moi dans tout mon désespoir !

Et puis tout près de là, sous un épais feuillage,
La pauvre Philomèle écoutait ce langage...
Succombant sous les maux d'un poignant repentir ;
Dans son cœur les remords se faisaient ressentir.
Que faire ? se trahir est chose très commune.
La plainte d'un ami nous devient importune...
On peut nier le mal mais non pas l'oublier,
Puisque jamais au bien il ne peut s'allier.

Le premier pas est fait, se dit-elle, courage !
Ne nous arrêtons pas, trompons-le davantage.
Elle achevait ces mots qu'un serpent la saisit,
Et vous l'entortillant dans un fatal réduit,
Philomèle périt dans l'horrible souffrance.

Que fit le rossignol ?
                    Il chanta l'espérance
D'un printemps plus heureux avec d'autres amours...
Mais le pauvre petit ne chanta que trois jours,
Car il chérissait tant son indigne infidèle,
Qu'il se laissa mourir comme une tourterelle.

                                    Denis Robert.

FLEUR DE SA FENÊTRE
ROMANCE ESPAGNOLE

I

Lorsque l'étoile brillante
A l'horizon se montrait;
Quand la lune confidente
Douce à l'amour se levait :
On vit rêveur un jeune homme
— Senor Rodrigue — on le nomme.
Le cœur palpitant d'espoir,
Rodrigue allant chaque soir,
Chaque soir sous sa fenêtre !
— « Cette tendre fleur, peut-être,
Disait-il, — m'apportera
Un mot de ma senora,
Mot d'amour de Lénora. »

II

Parais heure fortunée,
Heure d'amour, de bonheur ;
Qu'elle est longue la journée,
Longue aux désirs de mon cœur !
Comme vous mes tourterelles
Mon cœur que n'a-t-il des ailes
Pour suivre partout le sien,
Être son ange gardien !
Tombe, fleur, de ma fenêtre,
Car mon Rodrigue peut-être
Sur son cœur te couchera,
Gage de sa senora
De l'amour de Lénora.

III

Instants si courts, pleins de charmes,
Heures qu'on passe à s'aimer,
Devez-vous changer en larmes,
Si vite en larmes changer !...
Par une belle soirée
A l'heure tant désirée,
Rodrigue un soir revenait ;
Personne ne l'attendait !...
La fleur hélas ! est fanée,
La fenêtre abandonnée.
— La brise : elle t'attendra
Sous les Cieux ta senora,
Rodrigue ta Lénora.

Camille Paret.

Belgique.

A L'OMBRE DES PINS

Sous la voûte qui nous abrite
Des pins verts noyés de ciel bleu,
Qu'aimes-tu mieux, la marguerite
Ou le soleil ? voyons un peu !
  — Jeanne petite,
  Ton œil de feu !

Qu'aimes-tu mieux, le chant étrange
Que notre rêve écoute aux Cieux,
Ou la chanson de la mésange
Parmi les pins harmonieux ?
  — Jeanne, mon ange,
  Ton chant joyeux !

Qu'aimes-tu mieux pour diadème,
La rose reine ou le lis roi?
Ou bien, les aimes-tu de même?
Allons, monsieur, répondez-moi!
— Ma fleur suprême,
Jeanne, c'est toi!

Trouvais-tu donc la vie amère
Quand, seul, je t'ai pris à penser?
Ta douleur est une chimère;
Dis-moi ce qui peut l'effacer?
— Jeanne, ma chère,
Un doux baiser!

Plus de noire mélancolie!
Bannissons le doute moqueur!
Que l'espoir à l'amour s'allie,
O mon poète, ô mon vainqueur!
— Jeanne jolie,
Viens sur mon cœur!

25 Août 1872.   Siffrein Seyssaud.

IL FAUT MOURIR

Il faut mourir; hélas! la vie n'est qu'un rêve
Qui doit bientôt finir;
Tout fils d'Adam et toute fille d'Ève
Au bout doivent venir.

Il faut mourir; c'est là la destinée
De tout être qui vit;
Dès qu'on a salué la première journée,
On aperçoit la nuit.

Il faut mourir; quand même la carrière
    Irait jusqu'à cent ans.
Mortels, hélas! où donc est la barrière
    Qui met arrêt au temps?

Il faut mourir; vivons donc pour revivre
    Dans le grand avenir;
Pensons, mortels, au monde qui va suivre,
    Et ne doit pas finir.

Il faut mourir; et bientôt la souffrance
    Aura fini son cours;
Ayons la foi, vivons en espérance,
    De ce meilleur des jours.

Augustus Aspley Le Gros.

CHANTS D'UN HABITANT DE LA MONTAGNE

Oh! la muse se doit aux peuples sans défense.
Victor Hugo.

AMOUR FRATERNEL

Le parjure régnait, le droit fuyait proscrit...
Dans les pleurs et le deuil ce livre fut écrit.
Oh! frères, écoutez les chants de la montagne;
Ils respirent l'amour, l'espérance, la foi,
Pour produire en vos cœurs un doux et saint émoi;
Que la grâce du Christ toujours les accompagne!

Aimons-nous! aimons-nous!... c'est la divine loi,
Sur la terre d'exil c'est le bonheur suprême.
Sans amour, tout pâlit : science, or, diadème.

Eût-il un nom fameux, fût-il un conquérant,
Celui qui n'aime pas ne sera jamais grand :
Mais l'homme généreux s'immolant pour ses frères,
Proscrit, chargé de fers, aux rives étrangères,
Chéri des nobles cœurs, applaudi dans les Cieux,
Pourra lever son front de gloire radieux.
Sous quelque affreux climat qu'un vil tyran le jette,
Du cachot avec joie acceptant le séjour,
Il porte un nom sacré que partout on répète,
Et, prêt à le servir quand reviendra son jour,
Au peuple qu'on trahit garde un fidèle amour.

Que de calme et de force au fond d'une âme aimante !
Sur elle ne peut rien la fortune inconstante.
Des révolutions si l'ouragan mugit,
Pour se renouveler si tout tombe et périt,
Le plus pur dévouement seul fait battre cette âme
Que l'amour fraternel de ses beaux feux enflamme.

Sans pâlir, aux tyrans dire la vérité ;
Haïr le privilége, et de l'égalité,
Au milieu des clameurs de l'aristocratie,
Proclamer les bienfaits, la douceur infinie ;
Des peuples en travail espérer le succès ;
Malgré ses insulteurs, applaudir au progrès ;
Combattre pour le droit et flétrir l'égoïsme ;
Déployer fièrement un courageux civisme
Pour que la Liberté règne et vienne fleurir...
C'est vivre noblement. Après, l'on peut mourir !

L'ABBÉ PEYRET.

SUR GENEVIÈVE

Par Lamartine

Quand on lit Geneviève, un si sublime ouvrage
    Dans sa tendre simplicité,
Il semble que du Ciel un ange au doux langage
    Parle à notre cœur enchanté.

On s'attendrit, on pleure, on sourit, on admire :
Ce récit rend meilleurs ceux qu'il vient de charmer.
Dans l'intérêt pieux que l'héroïne inspire,
On dit : Le peuple est bon... voyez s'il sait aimer ! ! !

L'Abbé Peyret.

Hérault.

L'ESPRIT HUMAIN

AU GRAND POÈTE VICTOR HUGO

> L'esprit humain dresse de plus en plus la tête du peuple vers le droit, et la tête de l'homme vers Dieu.
> V. Hugo.

L'esprit humain partout en ébulition
Comme un cratère en feu, des routes inconnues
Va percer les détours bien au-delà des nues.
Vapeur, chars aériens, l'imagination
Ce volcan déchaîné, dans sa puissance active
Fait mouvoir en tout lieu les plus secrets ressorts
De son vaste génie ; énergiques efforts
De sa persévérance et de sa force vive.

Ce travail incessant ne s'arrêtera plus !
L'esprit humain s'avance et toujours et sans cesse
Au milieu de l'orage, affrontant sans faiblesse
Les coups du despotisme et brisant ses abus.
Pourrait-il donc sombrer? jamais ! C'est une sève
Qui ne peut se tarir ; sa puissance soulève,
Sa puissance s'agite et l'immense cerveau
Vit, enfante toujours, quand la nuit du tombeau
Couvre de son linceul les trônes, les empires,
Et refoule en son sein tous les lâches vampires.
L'esprit humain lui seul, ne peut se comprimer,
Il est inviolable, on ne peut l'opprimer.
Élevez des bûchers, inquisiteurs terribles !
Tuez la Liberté, despotes inflexibles !
Refoulez le génie, écrasez la raison
Dont la vive lumière éclaire l'horizon ;
Et vous n'aurez rien fait. — La sainte Providence
Mettra toujours un frein à votre violence.
L'esprit humain est tout, le despotisme rien.
On ne peut l'enchaîner comme un galérien,
Dans un unique effort il briserait sa chaîne.
Il méprise vos coups et confond votre haine.
Vouloir l'anéantir, serait vouloir de Dieu
Égaler la puissance, ou d'un volcan de feu
A la marche infernale arrêter l'incendie.
L'esprit humain se meut : Soit dans la tragédie
Ou le drame sanglant. Il s'est nommé Jésus,
Sans mourir sur la croix, il s'est nommé Jean-Hus,
Mais n'a point rendu l'âme au bûcher de Constance.
Il s'est nommé Luther, et de la conscience,
De la religion il ébranla la foi.
Son nom est Mirabeau : La tempête et l'effroi

Sur le trône ébranlé jetèrent l'épouvante.
Voilà l'esprit humain, l'étincelle vivante,
Animant tour à tour Jérusalem et Tyr,
Babylone et Thèbes, Rome, Athènes, Palmyr,
Rayonnant aujourd'hui sur le sol de la France
Et l'animant au souffle ardent de l'espérance;
Réveillant son génie, inspirant ses enfants
De ses joyeux refrains, ses héroïques accents
Qui font vibrer les cœurs et retrempent les âmes
Au foyer lumineux de ces célestes flammes
Que l'on nomme : Patrie! Honneur et Liberté!
Ainsi marche le monde, ainsi l'humanité
Grandit. — L'esprit humain dans sa course suprême
A chaque heure s'étend et résout un problème;
Chaque vibration de ce vaste cerveau
Est un pas en avant vers le juste et le beau !
Enfants! ayons donc foi; l'effort de la Patrie
Est un effort du droit contre la barbarie
Qui voudrait écraser l'Europe dans sa main.
Un levier plus puissant, nommé l'esprit humain,
Tôt ou tard brisera cette force insensée,
Voulant tuer le vrai, comprimer la pensée.

H. Curie.

Jura.

EXIL
A L'ÉTRANGÈRE

Je suis exilé loin, bien loin de ma Patrie,
En un pays maudit où nul ne me connaît
J'y meurs de nostalgie et mon âme flétrie,
D'un chimérique espoir follement se repaît.

Mes yeux à l'horizon cherchent la blanche voile
Qui doit me délivrer : mais je l'attends en vain,
Rien toujours, la nuit tombe, au Ciel brille l'étoile;
Un jour s'est écoulé, ce sera pour demain !

Demain c'est l'inconnu, c'est le lointain rivage
Où je veux aborder nageur meurtri, sanglant;
Demain, c'est l'oasis que montre le mirage
Au voyageur perdu dans le désert brûlant.

Et ce pays lointain, beau rêve qui s'envole
Comme l'oiseau du Ciel; pays au nom si doux
Que je garde en mon cœur ! O ténébreuse idole,
Cette Patrie, hélas ! que je pleure... c'est vous !

Victor Coudrier.

SUR LA STATUE DE VOLTAIRE A PARIS (1)

Paris le couronna, Sodome l'eût banni.

Horreur !... une statue à l'infâme Voltaire !
Voltaire, trop semblable au monarque du mal,
En tous lieux répandant son poison délétère,
Et du Fils de Marie exécrable rival !...

Toi qu'un fer ennemi d'un large cercle enserre,
Paris, à notre deuil ton courage est égal :
Bien !... mais rends gloire au Christ, brise un buste fatal
Qui fait sur nous du Ciel descendre la colère.

(1) Ah ! pourquoi cet homme d'un esprit immense, d'un admirable génie dramatique, a-t-il si souvent et si cruellement abusé du don céleste !...

Peux-tu ne pas frémir en contemplant les traits
De ce vieillard cynique, impie, antifrançais,
Nous raillant quand Rosback chantait notre défaite?

Le monstre osa flétrir la vierge d'Orléans,
Il courtisa le roi des barbares uhlans...
Il était donc prussien? — Oui, du cœur à la tête!!!

L'ABBÉ PEYRET.

13 Décembre 1872.

LETTRE

Écrite et envoyée à son adresse le 12 juillet 1872, après avoir reçu un diplôme
de *Membre d'honneur des Concours Poétiques de Bordeaux*.

Messieurs du Comité des Concours Poétiques,

Si quelques vers boîteux, si des rimes étiques,
Si le parler sans frein d'un affreux *Perroquet* (1)
S'associant, en rêve, au plus vilain roquet;
Et si les gros jurons d'une grasse Bretonne
Rendant son abdomen concurrent d'une tonne,
Vous ont scandalisés, parfois, tant pis pour ceux
Qui, voulant ménager leur esprit paresseux,
Ont osé, les butors, affronter le scandale!...

Je comprends qu'agitant l'une ou l'autre sandale
Vous ayez secoué, peut-être avec mépris,
Votre indignation sur ces auteurs surpris...

---

(1) Voir le volume *La France nouvelle*, page 225, et le volume *La Patrie*, page 213.

Je bisse ce *surpris*... car, sait-on la pensée
Dominant l'écrivain?...
                    Paraissant très sensée,
Rendue en vers brillants, parachevés, polis;
Produisant des effets, comme les mots, jolis;
Telle chose peut n'être, au fond, que baliverne.

La vessie est, souvent, prise comme lanterne.

Mais, vous, Messieurs, sachant bien distinguer les deux;
Puisque dans vos arrêts, rarement hasardeux,
Après *Umbra, Jacot* et *Lex mea* (Patrie),
Vous avez incliné sur mon âme attendrie
Votre coupe d'où peut s'épancher le bonheur,
De votre Comité nouveau Membre d'honneur,
Je viens vous saluer avec mon nouveau titre.

Chapeau bas, mais front haut (ayant voix au chapître),
Puisqu'au fin fond du fond des vers que je commets
Du bon s'est laissé voir, Messieurs, je vous promets
De guider vers le mieux mon esprit drôlatique.

Dans ma marche en avant un peu de sel attique
Semblera, quelquefois, pétiller sur mon feu;
Mais ce bruit sans écho sera si peu, si peu
De chose, qu'il faudra l'écouter pour l'entendre...

Sur ce (ne voulant pas plus longuement m'étendre),
Messieurs, recevez, tous, le compliment lourdaud
De votre serviteur :
                    Henry-François Nadaud.

LA FONTAINE DES FOUS

LÉGENDE

Matin et soir, au pied de la haute colline,
Vers la source des prés, l'on voyait Madeline.

C'est là qu'un jour d'hiver, pour la dernière fois,
Du conscrit qu'elle aimait elle entendit la voix!
Et Jehan dut partir, ô destinée amère!
Tandis que Madeline allait devenir mère...
La vie à deux s'écoule ainsi qu'un pur ruisseau.
L'absence fait l'oubli! — léger comme l'oiseau!

Matin et soir, au pied de la haute colline,
Vers la source des prés, l'on voyait Madeline.

Qu'est devenu Jehan? sept ans se sont passés :
Les gars sont revenus, de la guerre, lassés.
Les peuples, réunis sous la même bannière,
Feront de leurs soldats une armée ouvrière!
La paix universelle a semé ses trésors :
Voici l'ère du bien, des suprêmes essors!

Matin et soir, au pied de la haute colline,
Vers la source des prés, l'on voyait Madeline.

Qu'est devenu l'ami superbe et triomphant,
Le père qui serait si fier de son enfant?
Toi qui reviens de loin, voyageuse hirondelle,
As-tu vu Jehan mort ou Jehan infidèle?
Mort? on ne le croit pas : Madeline en mourrait!
Infidèle? mais quoi! Jehan la trahirait?...

Matin et soir, au pied de la haute colline,
Vers la source des prés, l'on voyait Madeline.

Un soir, au souvenir de leurs tendres aveux,
Madeline pour lui faisait au Ciel des vœux;
Elle allait, belle encor comme une fée amie :
Son âme par l'espoir semblait plus affermie...
Marguerite, sa fille, aux cheveux d'or flottants,
Cueillait dans les blés verts les glaieuls du printemps.

Matin et soir, au pied de la haute colline,
Vers la source des prés l'on voyait Madeline.

Sous les pins bruissants, par le couchant dorés,
Un homme était debout vers la source des prés.
L'enfant y vint bientôt par sa mère conduite :
L'homme leur adressa des paroles sans suite...
« Jehan ! » fit Madeline en lui sautant au cou !
Mais Jehan éclata de rire — il était fou !

Matin et soir, au pied de la haute colline,
Vers la source des prés l'on voyait Madeline.

Un mois après ce jour, deux pauvres insensés
Au même lieu, mouraient, tendrement enlacés :
On les ensevelit sous les cyprès funèbres,
Où leurs ombres, la nuit, errent dans les ténèbres.
Et la source, où l'amour eut des liens si doux,
S'appelle, depuis lors, la fontaine des fous !

Matin et soir, au pied de la haute colline,
Vers la source pleurait Marguerite orpheline.

SIFFREIN SEYSSAUD.

Avril 1869.

SOUVENIRS DE SAINT-BRIEUC-DE-MAURON
(MORBIHAN)
A M. L'ABBÉ THÉODORE BARA

Qu'il est doux, ô pasteur, au cours d'un long voyage
A travers un désert aride et sans ombrage,
De trouver au sommet de quelqu'âpre rocher
Un gazon pour s'asseoir, un instant pour rêver !
L'œil alors, ce miroir de notre âme divine,
Sur le poudreux chemin se retourne et s'incline,
Et, dans un long regard vers l'horizon lointain,
Salue avec amour le ciel bleu du matin !
Il distingue là-bas, ses landes, sa bruyère,
Ses grands bois, son clocher, sa rustique chaumière...
Et le cœur inondé de souvenirs rêveurs,
S'abîme en vains regrets, en noirs pensers, en pleurs !

Ainsi vers le passé me reportant moi-même
Je revois en esprit tout ce que mon cœur aime.
Souvenirs !.. souvenirs !.. quel mot délicieux !
Il n'en est point pour moi de plus harmonieux !
Je veux donc aujourd'hui, muse faible et timide,
Saluer avec toi, dans un retour rapide,
Cet asile où, deux ans, dans la paix retiré,
Je goûtai loin du monde un bonheur ignoré.

Le voilà ! ce séjour modeste et tout champêtre
Qu'entourent l'humble saule, et le chêne, et le hêtre ;
Voici le chemin creux, et, plus loin, le sentier
Que bordent le buis vert, la ronce et l'églantier.
Le ruisseau chante encor là-bas dans la prairie ;
L'herbe encor sur les murs aux rosiers se marie,

Et, là, sous ma fenêtre, ils présentent toujours
A l'oiseau du printemps un nid pour ses amours!...

Mais voici que déjà sur le seuil charitable
Quelqu'un sort et s'avance... ah! quel sourire aimable!
. . . .
Salut! au nom des Cieux, à vous, vénéré père,
Dont le luth inspira ma romance première;
Salut au bon vieillard dont le cœur généreux
M'a suivi dans l'exil de ses chants, de ses vœux!
Ah! je reviens m'asseoir, voyageur fatigué,
Sous ce paisible toit où mon cœur est resté :
Il s'y trouvait si bien!... Je veux goûter encore
En ces lieux le bonheur; je veux revoir l'aurore
Filtrer dans ma chambrette, entendre encor les vents
Mugir dans la nuit sombre, et parler du printemps
Devant ce vieux foyer! — Père aimé, que de larmes
Ont coulé de mes yeux en rêvant, de ces charmes!...

Vous souvient-il qu'ici, par un beau soir d'été,
Entr'ouvrant la fenêtre en pleine obscurité,
Nous jetions aux échos de la longue vallée
Quelque fraîche cantate à nos luths inspirée?
Un ami partageait ce plaisir avec nous :
Dieu me garde à jamais de t'oublier, *Dom Gloux!*

Bien souvent le jeudi, penchés sur vos coquilles (1)
Nous en étudions les diverses familles,

---

(1) M. Bara possède, comme conchyliogiste, une très belle collection de coquillages.

A moins que quelqu'ami vers l'heure du dîner
Ne s'en vint avec nous se distraire et causer.
Non! je ne sache pas que nulle part à table
Le rire fût plus franc, la gaîté plus aimable.
Que de contes charmants, de mots heureux et fins!
Quel convive oublîra jamais vos vieux marins?

Nous donnions notre hiver aux études classiques,
Et nos beaux jours aux fleurs, aux courses botaniques.
Quelquefois en débats nous passions nos loisirs :
Alors les gros bouquins (est-il plus vrais plaisirs?)
Descendant des rayons secouaient leur poussière
Et venaient gravement nous offrir la lumière :
Parfois en vain, hélas!... pour un jeune entêté
La lumière est ténèbre, et l'erreur, vérité!

Mais voici le jardin, le verger, la tonnelle :
Ah! que de souvenirs chaque endroit me rappelle!...

Sur ce banc, j'attendais avril et mai venir;
J'y revoyais l'été, puis l'automne finir :
Que ces lieux me sont chers! Combien de rêveries
Je promenai, là, seul, le long de ces prairies!...

Mais, abrégeons, pasteur; déjà le temps, sans bruit,
Comme un ingrat s'esquive et loin de nous s'enfuit...

Vous souvient-il du soir, où, tous en *casque-à-mèche*,
A minuit sur l'étang nous étions à la pêche?
La pêche à la grenouille!... Ah! *Zeller*, dans cent ans
Elles riront encor de nos échecs navrants!!

Mais pour nous consoler de cette gent rebelle,
Parlons de notre Dick, le bon vieux chien fidèle :
« Garçon intelligent, » jamais dans l'âtre noir
Il n'allait se coucher sans nous dire : Bonsoir !
Vous en souvenez-vous ?
. . . .
                    Je salue en silence
Nos aimables voisins; j'ai surtout souvenance
Des pasteurs de Mauron, d'Évrignet, de Brignac,
Sans oublier Guilliers, ni même Ménéac.

Je m'arrête, pasteur; près de cent vers d'histoire
C'est assez pour vos yeux, c'est beaucoup pour ma gloire.
A plus tard autres faits, autres récits fameux;
Embrassons-nous ce soir et regardons les Cieux;
Demain matin pour vous, pour la Saint-Théodore,
L'airain sacré prenant sa voix pure et sonore,
Amènera la foule aux parvis du saint lieu ;
Et vos nombreux enfants, inclinés devant Dieu,
Mille fois rediront cette ardente prière :
« Oh ! gardez-nous, mon Dieu, bien longtemps notre père ! »

A. LE SOURD.

Ille-et-Vilaine.

LE FEU-FOLLET

VIEILLE BALLADE ALLEMANDE

Le Ciel est noir ; — le vent gémit !...
Par cet asile solitaire
Quelle est la femme téméraire
Qui passe au milieu de la nuit ?...

Que caches-tu sous ta mantille?...
C'est mon seul bien, — c'est ma fille.

Ma mère, je tremble, j'ai peur ;
Quelle est là-bas cette lueur
Qui sautille sur cette tombe?...
Elle baisse, — s'élève, — tombe!...

Rien... ferme tes yeux mon enfant,
Et dors, dors sur mon sein tremblant!...
Fuyons ce triste cimetière,
Courons vite à notre chaumière.

Mère, comme elle grandit, vois,
Elle sort là près de la croix!...
Il me semble entrevoir une âme
Qui me sourit dans cette flamme!...

Ah! ferme tes yeux, pauvre enfant,
Et dors, dors sur mon sein tremblant!...
Ce sourire était de ton père...
Mais ce baiser... est de ta mère.

Seule un soir, elle vint passer,
Et vit une lueur subite,
Flamme plus pâle et plus petite
Près de la première trembler.
Tout se tait dans le cimetière!
Elle frémit!... regarde encor...
Ne rentre plus dans ta chaumière,
O femme!... ton enfant est mort.

CAMILLE PARET.

CHANTEZ, DANSEZ FILLETTES

CHANSON MONTAGNARDE ÉCOSSAISE

I

Gais montagnards voici l'aurore
Qui paraît au pâle horizon ;
De ses reflets, le soleil dore
Les chaumes de notre vallon.
L'oiseau chante dans le bocage,
Le vent gémit dans le feuillage,
Debout, tout promet un beau jour.
Entendez-vous sur la colline
Les sons de la cloche argentine,
Entendez-vous ces chants d'amour ?

REFRAIN

Ce sont nos fillettes,
Douces bergerettes,
Reines de nos fêtes,
Reines de nos bois,
Qui mêlent leurs voix
Tendres et coquettes
Aux sons des musettes !
Tralla, tralla, tralla,
Leur gai chant vous appelle,
Tralla, tralla, tralla !
Courez donc pêle-mêle,
Chantant, le jour est là.

II

Sur les monts, nos vastes domaines,
Bergers conduisez les troupeaux;
A vous chasseurs les bois, les plaines;
Vous mères gardez les berceaux !
Allons, chacun à son ouvrage,
Travail est notre vieil adage,
C'est le trésor des montagnards.
Cherchez la plus fraîche verdure,
Puis bergers l'onde la plus pure;
Chasseurs, point de grâce aux renards.

  Et vous ô fillettes,
  Douces bergerettes,
  Reines de nos fêtes,
  Reines de nos bois,
  Unissez vos voix
  Tendres et coquettes
  Aux sons des musettes !
  Tralla, tralla, tralla,
  Quand le soir vous rappelle,
  Tralla, tralla, tralla !
  Revenez pêle-mêle,
  Chantant, le soir est là.

III

Le jour s'éteint sur nos montagnes !...
Revenez chasseurs et bergers,
Venez heureux, car vos compagnes
Vous attendent à vos foyers.

Loin des soucis de la journée,
Dans sa cabane fortunée
Chacun bénira son destin!...
Et lorsque de notre vallée
Viendra la fête désirée,
Le joyeux jour de Valentin !

Alors ô fillettes,
Douces bergerettes,
Reines de nos fêtes,
Reines de nos bois,
Unissez vos voix
Tendres et coquettes
Aux sons des musettes !
Bergers aho tralla,
Aux bras de votre belle ;
Chasseurs tayaut tralla !
Bondissez pêle-mêle ;
Le bonheur, le voilà !...

Camille Paret.

Belgique.

A S. A. Mme LA PRINCESSE MARIE LASCARIS

Pour éclairer l'affreuse nuit
Où nous fléchissons sous le doute,
Pour nous guider dans notre route
Où la fatalité nous suit,

LA JUSTICE

Le Ciel a versé dans votre âme
Ses plus magnifiques atours,
Et votre esprit est une flamme
Que la bonté guide toujours.

Sur cette terre où la souffrance
Courbe les peuples sous ses lois,
Vous êtes, ô fille des rois!
Comme l'ange de l'espérance.

Car je ne sais rien de plus grand
Que votre charité féconde,
Qui, semblable au soleil géant,
Répand ses gerbes sur le monde.

Soyez comme la douce fleur
Qui nous parfume et nous console;
Que votre front ait l'auréole,
Comme votre âme a la douceur.

Et nous vous bénirons, princesse,
Car votre généreuse main,
D'un rayon de votre tendresse,
Aura doté le genre humain.

ÉVARISTE CARRANCE.

15 Juin 1872.

A Mlle N. B.

A l'âge où la jeunesse, encor folle et joyeuse
Brille sur votre front, jeune fille rieuse,

Vous avez dit, Neloy : « La poésie, hélas!
A fui nos cœurs blasés, emportant dans ses bras
Le bonheur et l'amour, la gaîté, la folie! »
Mais savez-vous, Nelcy, ce qu'est la poésie?

C'est la fleur qui frissonne au souffle du zéphir;
C'est la voix qu'on entend, au sein de la nuit sombre,
   Murmurer et gémir;
C'est la vague plaintive, ou l'étoile dans l'ombre;
C'est le chant de l'oiseau, l'aurore et le printemp,
   C'est la brise et l'autan.

C'est l'amour, la beauté; c'est une épaule ronde;
Une main fine et blanche, un sourire, un baiser;
   Une pensive blonde,
Une brune, que sais-je, un brillant cavalier?
C'est le regard brûlant, c'est la lèvre empourprée
   De la femme adorée!
Eh bien! tant qu'ici-bas, le zéphir inconstant
Caressera la fleur de sa brûlante haleine;
   Tant que l'oiseau gaîment,
Chantera sur les monts, chantera dans la plaine;
Tant qu'au sein de la nuit, on entendra des voix
Troubler en murmurant le silence des bois;
Tant qu'on verra sur terre, une femme coquette,
Une brune Andalouse, une blonde fillette,
Blonde avec des yeux bleus; tant que pour moi, Nelcy,
Vous aurez un regard, j'en fais serment ici,
   La poésie vivra!

. . . .

Henri Siéger.

Suisse.

STANCES

J'aime à me trouver sous l'ombrage
Quand l'oiseau chante un peu fort.
J'aime écouter son doux ramage
Lorsque la nature s'endort.

J'aime, des eaux, le pur murmure,
Du vent, les sons capricieux.
J'aime écouter de la nature
Tous les concerts mélodieux.

J'aime toutes les merveilles,
Mais toi... mon cœur te chérit,
Car tu resplendis dans mes veilles
Et tu consoles mon esprit.

J. Briol.

Bouches-du-Rhône.

LA SAINT-HENRY

DÉDIÉ A Mme HENRIETTE DE L., NÉE DE CONDÉ, A L'OCCASION DE SA FÊTE

Quelle est donc cette douce aurore
Dont l'horizon là-bas se dore?
Et dans les airs que dit l'airain
    Sonore,
Retentissant dès le matin
    Si loin !

Français, debout ! c'est la Patrie
Qui vous appelle et vous convie;

C'est la France de son effroi
    Sortie,
Fêtant dans un joyeux émoi
    Son roi !

O jour heureux, jour d'allégresse,
Levez-vous sur notre détresse ;
Rendez à notre cœur meurtri
    L'ivresse ;
Nous aimons tant le nom béni
    D'Henri !

Ce nom sacré dans notre histoire
Veut dire amour, honneur, victoire ;
Il est avec le nom de Louis
    Ta gloire :
Garde toujours, ô mon pays,
    Tes lys !

A genoux donc, et confiance !
Ouvrons nos cœurs à l'espérance :
Le Seigneur prend pitié de toi,
    O France !
Bientôt il va rendre à ta foi
    Ton roi !

Mon Dieu, bénissez notre mère,
Exaucez ses vœux, sa prière :
Donnez-lui le roi que son cœur
    Espère,
Faites-lui goûter ce bonheur
    Seigneur !

A. Le Sourd.

Ille-et-Vilaine.

OUBLI

La gloire n'est qu'un songe, et l'amour n'est qu'un chant,
Dont les rêves dorés bercent l'homme un instant ;
Mais la gloire et l'amour, comme une ombre s'efface,
Retournent au néant, sous un souffle qui passe !

Henri Siéger.

PENSÉES

Ne perdez jamais l'occasion de faire le bien, de répandre la lumière et la justice.

*
* *

Soyez charitable pour être heureux, soyez heureux pour être charitable.

*
* *

La poésie est un rayon libérateur.

*
* *

Les vrais poètes sont les missionnaires de la justice et de la vérité !

Adrien de Lobel.

A Mme MARIE GIARD
NÉE WEYLANDT D'HETTANGES

On m'a promis, Madame, et je n'ose le croire
    Tant ce plaisir est doux,
Que je lirai bientôt, moi chétif et sans gloire,
    Une lettre de vous.

On m'a conté, Madame, et je n'ose le dire,
Sans redouter l'orgueil,
Que vous avez daigné faire à ma douce lyre
Un bienveillant accueil ;

Et que mes humbles chants, qui parlent de la France,
Ce pays de l'honneur,
Ont mis en votre esprit la sublime espérance
D'un avenir meilleur.

On m'a dit tout cela, mais je ne veux point croire
Un plaisir aussi doux,
Sans avoir recueilli, moi chétif et sans gloire,
Une lettre de vous.

ÉVARISTE CARRANCE.

15 Juin 1872.

SI...!

Si je sentais en moi bouillonner le génie,
Si mon luth frémissait sous des flots d'harmonie,
Je dirais : Le siècle est mourant !
Comme un brick démâté que roule la tempête
Il erre au gré des vents, et l'éclair sur sa tête
Trace son losange sanglant !

Autour de lui les flots, — noirs lions de l'abîme —
Rodent en effleurant sa carène sublime,
Leurs hurlements troublent l'éther ;
Déjà je vois les dents de leur gueule béante :
Une fausse manœuvre, et la vague sanglante
Sera plus rouge que l'éclair !

— « Jeune homme, calme-toi, la tempête est trop forte ;
» Pour dominer le bruit que le vent nous apporte
        » Du champ d'horreur où l'on se bat,
» Il te faudrait le cri qui puissant et sublime,
» Jadis sortit du sein de la grande Victime
        » Clouée au bois du Golgotha !

» Déjà plus d'un lutteur a préparé sa fronde,
» Jeunes, et le front haut, ils défiaient le monde
        » De leurs regards étincelants ;
» Mais le vent de la mort a soufflé sur l'arène,
» Emportant dans la nuit, leur nom, leur force vaine,
        » Avec leurs pâles ossements ! »

Quoi ! tu reculerais devant un sacrifice ?
Parce qu'un noble cœur est tombé dans la lice
        Sous la mitraille des combats,
Tu dirais au tyran : Sois vainqueur dans la lutte !
Quoi ! notre foi chancelle et tu verrais sa chute
        O lâche ! en te croisant les bras !

Non ! rien n'arrêterait ma voix impatiente,
Non ! rien ne calmerait ma veine bouillonnante
        Ni ma sainte inspiration !
Dussé-je rester seul au milieu de l'orage,
Rien ne pourrait jamais arrêter mon courage,
        Rien que la hache ou le canon !

Peut-être entendrait-on une note éclatante
Surgir malgré l'autan, et retentir vibrante

Au sein du sombre tourbillon ;
Comme on entend parfois, au fort de la tempête
Quand l'avalanche écrase une terre muette,
Le cri sauvage de l'aiglon !

Et ce cri ne put-il ramener à sa route,
Qu'un seul homme perdu dans les ombres du doute,
Je sentirais mes nerfs frémir,
Je sentirais mon cœur tressaillir d'espérance
Et je dirais : Seigneur ! gloire à votre puissance !
Seigneur, je puis mourir !

H. H.

AUX ALSACIENS-LORRAINS

Vous repasserez tous ce sillon : la frontière.

Moselle, pour un temps fermée est la carrière,
On peut la parcourir avec célérité
Ou marcher d'un pas lent sans heurt prémédité.
Ah ! la dernière fois que nous t'avons revue,
Le Ciel était splendide, on voyait dans la nue
Vers l'Occident poindre une éclatante lueur
Traversant un nuage épais, plein de torpeur.
L'un de nous dit : Quel Ciel ! Nous aurons de l'orage.
En effet : le point noir grossissait davantage.
Tout à coup le tonnerre éclate avec fracas.
Les éclairs aveuglaient. Grand est notre embarras.

Il nous faut un abri. Allons vite au Sauvage, (1)
Ramons, ramons, virons de bord : à l'abordage!
Il était temps d'user d'un vigoureux effort;
Il éclaire plus près, il tonne au loin plus fort.
A peine le soleil venait de disparaître
Que nous n'y voyions plus à travers la fenêtre.
Tout était ténébreux au milieu de ce bruit.
Ce n'était plus le jour; ce n'était pas la nuit.
C'était une clarté sombre autant que blafarde :
Comme l'orbite creux d'un crâne qui regarde.
Nous écoutons. J'entends de vagues roulements.
Sur nos têtes arrive un choc, des craquements.
Nous sommes éblouis. Les senteurs de la poudre
Se dégagent du bord de l'eau : c'était la foudre.
Nous cherchons notre barque : elle est coulée à fond;
Nous n'en retrouvons plus un reste d'aviron.
Après cette frayeur qui bientôt est passée,
Il nous fallait partir, l'heure était avancée;
Et pour rejoindre Metz aller pédestrement,
A pas lents, fronts baissés vers le gravier fumant.
On vient pour éclairer le sentier, quand tout change :
Sur le mont Saint-Quentin une lueur étrange
Paraît soudain ; on voit une trace de feu
Dans le Ciel assombri, mais qui redevient bleu.
Il semble que là-haut se livre une bataille.
De nouveau la lumière arrive, s'éventaille
Et s'étale en rayons convergents, lumineux,
Qui semblent embraser les espaces, les Cieux?
Surpris, extasiés, nous relevons la tête
Et voyons resplendir une immense comète;

(1) Le Sauvage est un petit restaurant sur le bord de la Moselle.

Sa chevelure d'or couvre cette cité
Vers laquelle s'en va mon espoir irrité.
Mil huit cent quarante-huit (Paulin vit cette année) (¹)
M'avait chassé de toi, ma belle abandonnée.
Dix ans s'étaient passés. Date ce souvenir
Que je viens de citer : présage d'avenir,
Oui, le temps de son doigt montrait déjà la France
Ce qu'elle fut vingt ans : molle dans la licence.
Regarde le noyau du météore au Ciel ;
L'abeille qui butine en nos rayons de miel. (²)

Te voilà prussienne et soumise à la force.
Sois soumise à la foi : ce n'est pas le divorce
Quand l'espérance tient ton ardeur en souci :
La foi, ce levier, est une force aussi.
Croire est ressusciter. L'avenir, c'est l'attente.
Il faut donc tout subir : ce n'est que la tourmente.
La tempête n'a pas fait sombrer le vaisseau. (³)
Et nous retournerons nous baigner dans ton eau.
Qu'importe qu'on la souille : elle n'est que troublée,
Quand ta source est à nous, jaillis-en redoublée.
Si l'on a pu courber notre front orgueilleux ;
Si l'on nous a trahis, anciens valeureux ;
Si nous nous sommes crus dans notre plénitude,
Que nous pouvions compter, en toute quiétude,

---

(1) Paulin, colonel commandant le 1ᵉʳ régiment du génie qui fut chassé par ses soldats : Dourlens connaît ça.

(2) Blason des Napoléon : Vert et or parsemé d'abeilles.

(3) Paris, voir ses armes.

Sur ce Dieu qui pour nous montrait de bons desseins
Alors qu'il nous courbait sous le joug d'assassins;
Ne nous endormons plus. Travaillons sans relâche.
Que plus à notre tête on ne replace un lâche!
Le désordre effrayant dans lequel on nous mit
Ne pouvait nous donner ce que l'on nous promit.
De là ce que tu sais. Tu vois ces hécatombes,
Ces tumulus verdis qui ne sont point des tombes.
Des tertres la couleur glauque est dans ce bas air
Empoisonnée : elle est d'un sombre gris de fer.
Du bronze salpêtré l'on aperçoit la rouille.
Si l'on cherche quelqu'un dans ce charnier qu'on fouille
On rencontre de l'or et du sang à foison,
Des moutons tondus ras l'abondante toison.
Tout est là sous l'essieu brisé sous cette roue
Déjantée, enfoncée et couverte de boue :
Le reste du budget qu'on n'avait pas volé.
Tout est là dans ce champ qui n'est pas assolé,
Lorsque le laboureur l'aura remis en œuvre;
Pour rebâtir son toit aura fait le manœuvre,
Il reviendrait encore un monarque pervers
Pour ainsi nous mener et toujours de travers?
Non. Et cela se peut : qu'on rende difficile
Ces enchevêtrements de la liste civile!
Qu'on ne refasse plus trôner des scélérats,
De ces usurpateurs qui, trompant les soldats,
Portent effrontément aux fêtes les insignes
De ceux qu'ils font tuer, capitaines indignes!
Indignes de l'honneur de ne pouvoir mourir?
Ainsi que Pierre ou Paul ils ne peuvent pourrir?
Cela n'est pas nouveau : ces porteurs de cocardes
Ne sont des valeureux qu'au milieu de leurs gardes;

Encore en ce milieu perdent-ils les arçons :
Leurs rubans ne sont faits que de contrefaçons.
Qui du pouvoir suprême a les honneurs suaves
Devrait bien se montrer brave parmi les braves !
Il porte à son côté, chatoyante d'honneur,
L'étoile qui contient un prisme de valeur.
Pour les lâches il faut inventer des supplices :
Plus ils sont haut placés, plus bas les précipices,
Afin que, tournoyants, retombés jusqu'au fond
Ils ne remontent plus comme l'aig'e qui fond
Sur toute proie ainsi que sur toute couvée,
Qui déchire la mère alors qu'il l'a trouvée,
Et la porte sanglante à ses jeunes aiglons
Qui rejettent ses os sur le flanc des vallons
Aux renards glapissants, et dont les loups jouissent
Jusqu'à ce que les vents les lavent, les blanchissent,
Ou que ce grand faucheur qui moissonne toujours
Les fasse disparaître aux vals des alentours.

Est-ce dans ta Justice, ô grand Dieu ! que tu souffres
Qu'ainsi l'on nous foudroie et jette en de tels gouffres ?
Que faut-il faire enfin sous ton divin pouvoir
Pour ne plus retomber aussi bas ? — Son devoir.

Charles Darloy.

LES PARDONS
CANTILÈNE BRETONNE

Allons au pardon du Fœil, garnissons nos poches, il y a des marchands de macarons, des marchands de brioches, nous embrasserons saint André de bon cœur et nous le prierons de faire notre bonheur. — Allons aux pardons, filles et garçons.

*
* *

Allons au pardon de saint Brandau, en fumant un cigare, nous verrons les bonnes d'enfants, au plain de la gare, nous irons au bourg par Carboureux, et nous en reviendrons par chez le Boîteux. — Allons aux pardons, filles et garçons.

*
* *

Allons au pardon de Leslay, il guérit la goutte, nous entrerons chez Thomas casser une croûte, du bourg ils entendront nos voix, à notre arrivée à la croix du bois. — Allons aux pardons, filles et garçons.

*
* *

Allons au pardon de saint Germain, revenons de bonne heure, car cela ne va pas bien que tard on demeure. Tous les ans on s'y bat, l'usage est tel, avec les gars de Plaintel. — Allons aux pardons, filles et garçons.

*
* *

Allons au pardon de Lanfain, c'est la foire aux Biquettes, nous reviendrons par Robien et par la Manchette, nous entrerons à Quintin en chantant : Par la rue Saint-Thurian. — Allons aux pardons, filles et garçons.

*
* *

Allons au pardon de Quintin, il y a mât de cocagne, nous verrons Bidaou Augustin, qui tous les ans gagne; il y aura course à pieds, course aux canards, danse au Biniou, fusées, pétards. — Allons aux pardons, filles et garçons.

*
* *

Allons au pardon du vieux Bourg, on y joue aux quilles, nous ferons un bon accueil à toutes les filles, nous descendrons amis, à l'hôtel rigoleur, nous y trouverons café, cognac et liqueur. — Allons aux pardons, filles et garçons.

*
* *

Allons au pardon de saint Bihy, c'est une grande ville, il y a trois garçons et deux jeunes filles, pas de vicaire, un recteur, de bonnes sœurs, un fossoyeur, et le beau gars d'Yvo, l'enfant de chœur. Allons aux pardons, filles et garçons.

*
* *

Nous n'irons plus aux pardons une fois en ménage, nous penserons au travail, à devenir sages ; et si Dieu, dans sa bonté, nous donne un enfant, il nous faudra l'élever bien honnêtement. — Allons aux pardons, filles et garçons.

Pierre Rastel.

Côtes-du-Nord.

LES RUINES DU CHATEAU

Quand la terre prend son voile,
Quand l'étoile

Au déclin du jour qui fuit,
Sur le front de la nuit sombre
Perce l'ombre
Et comme un diamant luit !

Je quitte alors pour une heure
Ma demeure,
Et de l'antique château
Je vais revoir la ruine
Qui domine
Les chaumières du hameau.

Salut, débris d'un autre âge,
Par l'outrage
Du temps chaque jour détruits !
Salut, murs jadis superbes,
Sous les herbes
Maintenant presque enfouis !

Où sont ces salles gothiques,
Ces portiques,
Ces admirables arceaux ?
Tours, qu'êtes-vous devenues,
Dans les nues,
Vous qui dressiez vos créneaux ?

D'un grand passé noble trace
Qui s'efface,
Sombre asile des hibous,
J'aime quand à la nuit close
Tout repose,
J'aime à rêver près de vous.

Là, dans mon âme pensive
    Se ravive
Le souvenir de ces jours.
Je crois voir sous la fenêtre
    Apparaître
Trouvères et troubadoûrs.

Je crois voir les gens de guerre,
    Race fière,
Au combat prêts à partir.
J'entends encor sur la dalle
    De la salle
Les armures retentir.

Puis comme un sylphe qui passe
    Dans l'espace,
La châtelaine en tremblant
Court rejoindre en le bocage
    Le beau page
Qui soupire en l'attendant.

Puis le vassal tributaire,
    Vers la terre
Se courbant, au baisemain,
De sa foi, solennel gage,
    Rend hommage
A son puissant suzerain.

Mais quel bruit rompt le silence?
    On s'avance
Vers ce toit hospitalier;
Et soudain la lourde herse
    Se renverse
A l'appel d'un chevalier.

Chants de guerre et de conquêtes,
      Bruits de fêtes,
Doux propos, soupirs d'amour ;
Joute habile où l'on s'élance
      Haut la lance,
Tournoi dans la grande cour :

De ce temps chevaleresque
      Plus rien presque,
Plus qu'un souvenir confus.
La tempête populaire
      A naguère
Passé, soufflant là-dessus.

Tout cela n'est plus qu'un songe,
      Car l'éponge
De notre quatre-vingt-neuf
A lavé jusqu'à l'image
      Du servage,
Nous montrant un peuple neuf.

Le vilain qui sous l'injure
      Sans murmure
Courbait un front d'hébété,
A fait oublier l'ilôte,
      Pense et vote
Et bénit sa liberté.

Et pour sa longue souffrance
      Sa vengeance

A lui qui n'est pas méchant,
C'est de bâtir sa chaumière
    De la pierre
De ce vieux manoir croulant !

CH. BLANCHOT.

LA TROCHULLIADE

POÈME FANTAISISTE DE 1870 A 1871

Castigat ridendo mores.

On chatie les mœurs en riant.

L'an passé, dès les bruits de guerre,
Rester là, je n'y pensais guère.
S'armer pour la Liberté ! Bon !...
Mais pour le roi de Prusse ? Non !...
Travailler pour lui ! — pas si bête ! —
Prenant la poudre d'*escampette*,
En dépit de tous les rieurs,
M'enrolai dans les *francs-fileurs*...

Et sans regarder en arrière,
Hardi, je vole à la frontière,
Portant, comme les escargots,
Mon petit butin sur le dos.
Et, faisant toute diligence,
Loin de Paris, loin de Mayence,
Dès le premier coup de canon,
J'étais au-delà de Dijon.

LA JUSTICE

Je préfère au chevaleresque,
Oui, de beaucoup le pittoresque :
Or, pour mieux *jugeoter* de l'effet,
Vers la Suisse je débarquai.
Des Prussiens guettant le derrière...
Ayant le Simplon pour barrière,
On peut bien, de cette façon,
Passer son hiver à Saxon.

Là tout fut mieux couleur de rose :
J'y vis maints guerriers de ma dose,
Sur *carte* suivant les combats,
Discuter du prix des soldats.
Le dos au feu, le ventre à table,
Dégustant un vin délectable,
D'un tel dire : *c'est un héros !*
Et les autres sont des zéros.

Patatras !... le Quatre Septembre.
Crac !... l'Empire qui se démembre ;
J'en vis parader maints suppots
Aux tapis verts de nos tripots.
Ce fut un temps pourvu de charmes ;
Car l'on vit jouer des gendarmes.
(Oui !... des gendarmes qui jouaient...)
Tandis que les préfets filaient.

Cruel retour de politique !
A cheval sur une bourrique,
L'on fit défiler dans Saxon
Le trop fameux Napoléon.

Et, pour comble d'ignominie,
On le pendit en effigie.
J'en suis encor tout confondu ;
Mais j'ai la corde de pendu.

Celle-ci, je la trouve bonne !
C'est bien du produit de Marbonne :
Pour filer ainsi par ballon,
Il faut un toupet de Gascon.
Bismark dit, regardant les nues :
« Ces manières m' sont inconnues. »
Son patron, non moins étonné,
Lève encor son nez épâté.

Ce fut une phase nouvelle :
Tout prit feu, comme une étincelle.
Quel est ce nouveau Jupiter?
Sort-il du Ciel ou de l'enfer?
Trois fois du pied frappant la terre,
En fit sortir, tout en colère,
Des mille soldats-citoyens,
Pour exterminer les Prussiens.

Auteur de la métamorphose,
Grande fut ton apothéose !
Du coup, Paris te compara
Au vieil héros de Caprera.
Ton nom fut dans toutes les bouches,
(Guillaume on dirait que tu louches !...)
Hélas! le futur empereur
En fut tout quitte pour la peur.

Le marbre, non, ne put suffire :
Le bronze d'art, ni le porphyre.
La moindre esquisse de tes traits
Était pour nous de mille attraits.
Le peuple, en son culte idolâtre
Finit par te couler en... plâtre...
Plus tard, tout court on te nomma
Très modestement Grrrambetta.

Ce tribun de noble énergie,
Sauva l'honneur de la Patrie.
Un jour le peuple souverain,
Acclamant ce républicain,
Au chant des hymnes de la France,
Lui donnera la présidence.
Que l'écho, partout répété,
Le dise à la postérité.

Je ne puis clore cette page,
Sans te rendre ici mon hommage.
Hurrah ! pour le plus valeureux !
Gloire au courage malheureux !
Et, s'il nous reste une couronne,
L'humble poète te la donne.
Mais sache-le, dans l'avenir,
En tout, partout, faut réussir.

Rendons hommage à la constance
De ce héros de la défense,
Qui, dans Belfort, a tant souffert :
Bravo ! le colonel Denfert !

En vain de feu le sol se couvre ;
Ce n'est que par ordre qu'on ouvre :
Et l'on défile bravement,
Tambour en tête, enseigne au vent.

Aussi, de quelle flétrissure
N'accablons-nous pas le parjure.
Il faut croire, à notre honneur,
Moins à leur crime qu'au malheur.
La chose plus ou moins certaine.
Ulrich, Lebœuf et toi Bazaine !
Pas moins, vos noms dans l'avenir,
Feront un fichu triumvir.

Quelle invention merveilleuse
Que la fameuse mitrailleuse !
Nous allons voir tous ces Teutons,
Sauter tous comme des bouchons.
Cet engin à vingt *trous de balle*...
(C'est la version générale),
Qui, par un effet renversant,
D'un coup renverse un régiment.

Avec toi, de Failly, ma vieille,
Le chassepot *a fait merveille*...
Mais la mitrailleuse, sans toi,
La mitrailleuse a fait... quoi ?...
Moi je dis, pour plus d'une cause,
Elle a renversé quelque chose :
Et c'est l'Empire assurément :
On ne saurait dire autrement.

Pour produire un effet magique,
Jouant au chevalier antique,
Ducrot eut un beau cri du cœur :
Je rentrerai mort ou vainqueur !!!
En vieux farceur, il voulait rire :
C'est *mort* ou *vif,* qu'il voulait dire.
Il nous fit voir qu'un général,
Sait blaguer, comme un caporal.

A la fin, grâce à la vaillance...
Bien plus encore, à la prudence
De Jules Favre et consorts,
On livra Paris et ses forts.
De ces hommes, au beau ramage,
On vantera longtemps l'ouvrage.
Mais, dès lors, on fut convaincu
De la nullité de Tro...chu.

Certes, ce fut un grand dommage ;
Car ce fier Paris, tout en rage,
Pas un Bayard, pas un soldat
Ne sut le conduire au combat.
Toi seule, ô Lutèce chérie !
As mérité de la Patrie...
Puisse le poids de tes malheurs,
N'écraser que tes imposteurs !

Allez toujours, quoiqu'on en dise,
Et surtout quoiqu'on en médise.
Entre les Trochu, les Caton,
Les Jules Favre, les Danton,

Ces héros de l'indépendance,
Et vos eunuques de Bysance,
Nous aurons sur ces bons vieillards,
Différent de... cinq milliards.

Dignes émules des Bobêche :
Ne pouvant défendre la brèche,
Il fallait fourrer en vingt trous,
Tant et tant de poudre dessous,
Qu'en éclats, volant dans l'espace,
Du monde il ne fut resté trace.
Quoi ! vous n'existeriez plus !
Eh bien ! mais les Prussiens non plus !

Et puisque nous sommes, j'y pense,
Tant en veine de décadence,
Il ne faut pas désemparer :
Vite il nous faut tout préparer.
Qu'une élection générale,
Nous donne une chambre rurale,
Qui, ne péchant pas par le cœur,
Nous rassure au moins sur la peur.

Bien ! c'est fait : — Comptez vos complices,
Servez chaud ; — tout à vos services.
Que faut-il ? — voter pour la paix ?
Et de plus, voter pour les frais ?
C'est dit : — Nous ferons de la sorte,
Mettant les *gêneurs* à la porte.
Quant à ce petit Parisien,
Eh bien ! eh bien ! eh bien ! quoi ?... Rien.

Enfin, bon ou mauvais tout passe.
Nous allons donc franchir l'espace
Qui nous sépare de Paris;
De la famille et des amis.
D'un bond, nos *revenants* s'élancent.
V'lan!... les bêtises qui recommencent :
C'est, dit-on, le... Belleviloi
Qui *s'explique* avec les Vinoy.

Or, notre même ardeur guerrière
Nous fit retourner en arrière,
Attendre fort paisiblement,
La fin de cet événement.
Cette attente fut bien cruelle;
Partout, absence de nouvelle;
Jugez de notre désespoir,
Ne pouvant rien voir, ni savoir.

Je le sais bien; loin d'être brave,
Je me fourre au fond de ma cave.
Quand tout est dit, en vrai curieux,
Moi je suis toujours sur les *lieux*.
Cette fois, sans plus de manière,
Vers Paris, je file, en première.
Dès le dernier coup de canon,
J'étais en deçà de Dijon.

En route, on cause politique.
Mais, à ma première réplique,
Un mien voisin me dit : Morbleu !
Vous parlez comme un *communeu*...

Préjugeant qu'en cet auditoire,
Je n'aurais, pour moi, que déboire,
Je dus rengaîner mon jargon,
Et voir à changer de wagon.

Je fus plus heureux en seconde;
Car, au milieu d'un demi-monde,
Bien moins raide, bien moins ganté,
On peut jaser en liberté.
Chacun peut déverser sa bile,
Qui sur *Ernest*... qui sur *Emile*...
On les reprenait tour-à-tour :
Ils étaient à l'ordre du jour.

C'était en conseil de famille :
« De quel bois ferai-je cheville?... »
Disait Napoléon *dernier*...
— Sire, servez-vous d'Olivier.
— Corbleu! y pensez-vous, Madame!
Un ancien *cinq!*... sur mon âme!...
Il fut jadis un enragé;
Mais, sire, en nourrice on l'a changé.

Peuple borné comme une truite,
A quand l'instruction gratuite?
Quand pour ministre vous aurez
Un Simon. — *Allez vous l'avez!*...
Sur ma foi! si de cent mille *âmes*,
Il n'en fait pas deux cent mille *ânes*,
Par son souffle organisateur,
Dites que je suis un blagueur.

Partout la plus crasse ignorance
Remplacera l'intelligence.
Nous allons toujours *crescendo;*
Témoin ce bon Victor Hugo.
Ah! quel oubli, frère Belgique!
Des Libertés terre classique,
On t'en f... de ces géants,
Pour les traiter en mécréants.

Il n'est pas jusqu'au bon Ju-jules,
Sans plus d'ardeur que de scrupules,
Qui s'empétrant dans cet ébat,
Nous fit la blague d'avocat.
« Pas un pouce... pas une pierre!... »
Partant, il s'en fût à Ferrière
Bâcler, on ne sait trop comment,
Le plus piteux arrangement.

De Thiers, ce vieillard émérite,
Sans vanter ici le mérite,
On trouve encor fort épâtant
Le grand voyage de géant...
Car on le disait même en Corse.
A-t-on vu pareil *tour de force...*
Mais hélas! tous ces *force-tours*
Ne furent plus qu'autant de *fours.*

. . . .

Chemin faisant, tous y passèrent.
Toujours, quand les gens désespèrent,
Un bouc-émissaire au pouvoir,
Doit leur servir de dépotoir.

Oui ! prescrit selon les formules,
Simon, Ernest et *toi Ju-jules*...
Vous serez de la nation,
La plus rare collection.

Dame ! dans l'ignorance extrême,
Des faits passés à Paris même,
Je crus, sans indiscrétion,
Adresser cette question :
   Pardon, — de Paris ou Versaille
   quel côté fut la canaille ? »
Une vieille dame, je crois,
Fit mille et un signes de croix.

Cette saillie inopportune
Portait son odeur de *Commune*.
On se mit tant à me honnir
Qu'il me fallut bien déguerpir.
Aussi, pour sortir de l'impasse,
Je dus encor changer de place.
Mais, en troisièmes, sur ma foi,
Je me crus tout à fait chez moi.

Car là des binettes moins rondes,
Et des faces moins rubicondes,
Me laissèrent, ô doux espoir !
Deux heures durant le crachoir.
C'est un défaut, je le confesse ;
Ici-bas, chacun sa faiblesse :
Des dangers, j'aime à discourir,
Dangers que j'aurais pu courir.

Ce jour, j'eus la main malheureuse :
Mon odyssée aventureuse,
Au lieu d'auditeurs attentifs,
N'en vit jamais de plus rétifs.
Tout bas, l'un me dit à l'oreille :
Tu veux nous la faire à l'oseille.
Vrai! je ne l'aurais jamais cru.
Et toi, mon vieux, l'*eusses-tu cru?*

Sans être trop *infaillibiliste*,
Ni même en rien trop formaliste,
Je dis : « Quel coup dur pour Darboy,
Au moins, pour la première fois! »
Un des vengeurs de la Courtille,
Grrrand démolisseur de Bastille,
Dit, en me traitant de cagot,
Ou-st-ce qu'il est mon chassepot?

Je vieillissais dans ce Ténare,
Quand, enfin, le train rentre en gare.
De Paris foulant le pavé,
Je me dis : « Dieu! je suis sauvé! »
« Quoi! j'ai peine à me reconnaître!
C'est la maison par la fenêtre,
Qu'on a jeté, assurément :
Je ne saurais croire autrement. »

Et que dit-on?... encore la peste?...
Non, c'est d'Henri le manifeste,
Disant qu'il est, pour son départ,
Tout prêt avec son étendard.

Foin du service qu'il veut rendre !
Des sauveurs !... nous sortons d'en prendre.
Qu'il attende un peu sous l'ormeau,
Dans les plis de son oripeau.

Allons, traçons-nous une route,
Et de l'avant, quoiqu'il en coûte.
Comment, plus de palais de roi !
Oh ! jarnidieu ! quel désarroi !
Ce monument, ce ministère...
Que vois-je ? tout cela par terre !
Pauvre *décapitalisé,*
Comme on t'a *des-hausmannisé !*

Eh bien ! la petite *Bellone,*
Que penses-tu de la colonne ?
Ton petit caporal *premier*
Tomber sur un lit de fumier !...
C'est bien te dire que ta gloire
Sera désormais illusoire ;
Qu'en dépit de ta vanité,
Nous aurons la Fraternité.

De la relever, on y pense :
Il faut un soleil à la France.
Celui d'Austerlitz éclipsé,
Pourrait-il être remplacé ?
Ou pour couronner l'édifice,
On usera donc d'artifice.
Un beau jour, l'on y pourra voir
Un grand et immense éteignoir.

LA JUSTICE

A travers ces ruines fumantes,
Après vingt scènes émouvantes,
D'ici, de là, sur mon chemin,
Quai de grève j'arrive enfin.
Serait-ce là cette carcasse,
L'hôtel qui bordait cette place ?
C'était le palais, en effet,
De l'autocratique préfet.

De ce dédale diabolique,
Gagnant un quartier excentrique,
A la honte du genre humain,
J'y vis des misères sans fin.
J'y vis barboter dans la crotte,
Un pauvre petit *sans culotte!*...
Que fait ton père, mon bébé?...
— Papa, monsieur, ils l'ont tué!...

Je fus jusqu'au quartier de Flandre,
Pour voir si je pourrais apprendre
Où gît ce fameux *Lanternier*...
— Oh! que me fit un brigadier,
Maintenant la lumière est faite :
Puisque la Commune est défaite,
J'ai fourré le tout en prison.
— *Brigadier tu n'as pas raison.*

Et Rrran! — c'est Canrobert qui passe.
Tiens, c'est Mac-Mahon, à sa place.
C'est toujours du même tonneau :
Nous aurons un *sauveur* nouveau.

Hier (il en est souvent de même)
Il ne put se sauver lui-même.
Demain, nos échines, dit-on,
Feront les frais de sa rançon.

Courage! en avant la milice.
Ne formez qu'un corps de police;
Instruments de réaction,
Servez avec distinction.
Mille pétards! c'est l'ordinaire
Que, dans votre esprit militaire,
Tous les civils soient des *pékins*...
Et tous les pékins des faquins.

On vous flatte par des promesses;
On vous prodigue des caresses;
A voir tous ces tas de lauriers,
C'est à vous croire des guerriers.
Un marquis vous dit : « Viens, mon brave,
Goûter le nectar de ma cave. »
C'est un épanchement des cœurs,
Que c'est comme un bouquet de fleurs.

D'un *cœur léger*, chez la marquise,
On fera l'œil à la *payse.*
Tout est pour vous, en ces beaux jours,
Le vin, la gloire et les amours.
Demain, ce succès éphémère,
Mettra tout ce monde en colère.
Fi! des soldats chez vous, Suzon!
Horreur! faut quitter la maison.

On vous passera des revues;
On vous portera jusqu'aux nues.
A vos casques empanachés,
On ajoutera des plumets.
Thiers, en cette fureur extrême,
Se *grand'cordonnera lui-même*.
Vous en aurez de ces clinquants
A faire augmenter les fer-blancs.

Allons, mettons le peuple en fête!
En avant, tambour et musette!
Deux barriques, deux mirlitons :
C'est lui qui fournit les violons.
Qu'il se saoule et fasse bombance;
Qu'il saute, s'amuse, *qu'il danse...*
Danse de toutes les façons :
Sinon, en avant les canons.

Nous voulons bien tous, à l'envie,
Fêter, puisqu'on nous y convie,
Les martyrs de la Liberté.
Trinquons à leur postérité.
Bannissant le dieu de Fortune,
Buvons à la sainte *Commune*...
Nous fêterons la saint Rémy,
Et vous la saint Barthélemy.

Grand Dieu! quelle audace cynique!
Oser porter sabre et tunique,
Côte à côte de son vainqueur,
Ah! c'est n'avoir ni sang, ni cœur!

Et que de morts, nom d'une bombe!
Doivent tressaillir dans leur tombe.
Ce devrait être tout ou rien :
Être tout Français ou Prussien.

Soldats, je ne veux point de haine!
Rentre ce glaive dans sa gaine:
Nous sommes frères, tu le sais,
Prussiens, Cosaques ou Français.
Que le Dieu de miséricorde,
Mette en nous la paix, la concorde!
Mais parader, c'est enfantin,
Quand les Prussiens sont à Pantin.

Il est trop tard pour la revanche :
D'ailleurs, n'es-tu pas manche-à-manche?
S'ils sont sous les murs de Paris,
Tu fus, jadis, dans leur pays.
Serais-tu, de la part du diable!·
Quand même *irréconciliable!*
Faut que ça finisse, aussi bien...
Motus : ne parlons plus de rien.

S'il n'est plus moyen de combattre,
Dame! alors, il faut en rabattre.
Reconnais qu'il est le plus fort :
Pose ta chique et fais le mort.
Non point de celui qui travaille,
Le dire *héroïque canaille.*
Sans lui tu verrais les archers,
Bastille et lettres de cachets.

De vingt siècles de barbarie,
Il nous sauve, par son génie.
Au joug du pouvoir personnel,
Oppose un vote universel.
C'est aussi grâce à ses conquêtes,
Si tu prétends aux épaulettes.
Où l'on n'aurait vu que manants,
Maints d'entre vous sont commandants.

Pourquoi payer d'ingratitude,
Qui t'a sauvé de servitude.
Nigaud, tu méconnais tes droits.
Sache-le, qui sers-tu? les rois...
Obscur complice des Charrette,
Catelineau, Catelinette...
Mets à l'oubli du genre humain,
Ces pourvoyeurs du droit divin.

Il vous faut asservir le monde,
Car le sang des martyrs féconde.
(S'ils tombent nos jeunes héros,
La terre en produit de nouveaux.)
Assez; arrêtez! quelle horde!
A Satory, le sang déborde.
Insensés, cruels, inhumains,
Ah! tous vos efforts seront vains.

Ce n'est qu'une arche sans boussole.
Qui donc a dit cette parole?...
Ah! c'est du haut de sa *grandeur*,
Celui qui tient lieu d'empereur.

Dans notre esprit égalitaire,
Nous voulons voir sur cette terre,
En ton nom, sainte Liberté!
Faire place au déshérité.

Nous voulons cesser d'être esclave;
Nous voulons voir, brisant l'entrave,
Partout, au champ, à la cité,
Pour l'ouvrier, plus d'équité.
Nous voulons, enfin, voir cet homme,
Cessant d'être bête de somme;
S'il n'est pour vous de nul souci,
Cesser, du moins, d'être à merci.

A part sur mille, un utopiste!
Quel est ce mot de *communiste?*
Spectre à l'usage des tyrans,
Pour effrayer les paysans.
Vous tenez, en votre ironie,
Ce mot pour une calomnie.
Mais pour le besoin de vos vœux,
Vous nous appelez partageux.

Qu'importe à nous votre richesse!
Nous crions : A bas la noblesse!
Soit, vos fiefs, bien ou mal acquis,
De quel droit naissez-vous marquis?
Pour vous, les croix ont peu de charmes,
Depuis qu'on en donne aux gendarmes.
Mais ce droit fût-il mérité,
Il n'atteint pas l'hérédité.

Par des combinaisons nouvelles,
Des taxes proportionnelles,
En rapport de vos millions :
Voilà ce que nous voudrions.
Tandis que c'est notre piquette,
Surtaxée à tant la feuillette,
Impure tisane à canards,
Qui solde vos *grains d'épinards*.

Vous, vieux Crésus, au cœur de pierre,
Vingt sous, vous payez l'ouvrière,
Quand vous ne pouvez ignorer,
Qu'il en faut trente pour manger.
Mais à vos genoux (quelle aubaine!)
On la verra, la *Madeleine*...
Et c'est pour ce mal-entendu,
Que nous luttons à corps perdu.

Vous nous traitez de cannibale,
Sans religion, ni morale :
Ah! pour effacer ces erreurs,
Puissiez-vous lire dans nos cœurs!
Aristocratie en débile
Mieux que vous, suivant l'Évangile,
Des peuples voulons l'union :
Voilà notre religion.

Ami, travailleur des campagnes,
Regarde, au loin, sur tes montagnes,
Cette clarté, vers l'horizon :
C'est le flambeau de la raison.

Ramenant, au vent de la brise,
L'âge d'or, la terre promise,
Astre brillant, nouveau soleil,
Du peuple éclairant le réveil.

C'est donc la nouvelle auréole...
Ça sent joliment le pétrole...
Il ne faut pas voir tout en noir.
C'est la lutte du désespoir.
Immortels, montez au pinacle...
Peuple, debout, entends l'oracle.
Honneur, gloire au vaillant martyr,
Qui pour toi seul saura mourir.

Raoul Rigault, Rossel, Millière,
Et vous tous, la commune entière !
Un jour le peuple souverain,
Vous inscrira-t-il sur l'airain ?
La résistance fut sublime :
De plus, pour nous, très légitime.
Des Brutus ou Calligula,
L'histoire, un jour, décidera.

Aimez-vous mieux cette pléiade,
Ayant pour nom *Trochulliade;*
Vieille commère aux abois,
Trop indigne du sang gaulois.
Oui, certes, bien loin à la ronde,
Ils étonnèrent tout un monde;
Mais ce fut Trochu, par son plan...
Ran, tan, plan... tire-lire-en-plan.

Que d'une horrible tragédie,
Ce soit la dernière folie.
Que l'excès même de fureur
Nous fasse sortir de l'erreur.
Chantons, amis, sous la tonnelle,
La République universelle ;
Et crions tous, le verre en main :
Vive le peuple Souverain !

Jules Blancard.

SONNET
A CYPRIS

Composer un Sonnet, quelle folle entreprise !
Surtout, quand il s'agit d'en faire un qui soit bon,
En respectant la rime autant que la raison...
Mais, pour plaire à Cypris, il faut que je m'épuise.

Elle veut un Sonnet ; j'ai l'âme trop éprise,
Pour savoir refuser à ce charmant démon.
Je veux glisser mes vers, ce soir, sous l'édredon ;
Ce sera pour ma mie une aimable surprise.

Amour, sois-moi propice et dirige mes pas,
Au milieu du chemin ne m'abandonne pas,
Et bientôt je pourrai célébrer la victoire.

Oui, déjà, grâce à toi, j'entrevois le bonheur,
Et, fier de ton appui, je chante ici ta gloire.
— Cypris, je touche au but ; toucherai-je ton cœur ?

Édouard Charruau.

LE FANTOME

CONTE

Mes chers petits enfants, écoutez cette histoire,
Gardez-la bien longtemps dans votre souvenir;
Le sujet une nuit s'offrit à ma mémoire,
Et depuis, mes amis, quand s'étend l'ombre noire,
  Je n'ose pas sortir.

 Minuit marquait au cadran de la ville,
 Un lourd marteau frappait sur le métal,
 Et douze fois, dans la cité tranquille,
 Retentissait un coup toujours égal.
 Ah! mes enfants! c'est à cette heure sombre
 Que j'aperçus un fantôme effrayant :
 Comme un éclair ses yeux brillaient dans l'ombre,
 Son long manteau me parut tout sanglant.

Je crus le voir sortir d'une tourelle
Ornant encor le flanc d'un vieux manoir :
Sous son regard un poignard étincelle,
Sa voix est rauque et son visage est noir.
Je l'observais étant à ma fenêtre
Quand, tout à coup, j'entendis un accent!...
Ensuite au loin je le vis disparaître :
Le monstre alors poursuivait un passant.

 Dans le pays il n'est plus d'allégresse,
 Les airs joyeux des fronts sont disparus;
 Chacun paraît plongé dans la tristesse,
 Prêt à pleurer ceux qu'on ne revoit plus.

Plusieurs ont dit avoir, après l'aurore,
Trouvé du sang dans le creux des vallons ;
Combien de fois d'autres ont dit encore
Avoir trouvé des manteaux, des haillons.

Depuis trois mois une famille pleure
Une beauté, jeune enfant de seize ans,
Qui s'absenta le soir de sa demeure :
Ses chers parents l'attendirent longtemps !...
Et quand, parfois, dans leur douleur profonde,
Leur triste appel retentit dans la nuit :
L'écho gémit de seconde en seconde,
Un feu-follet devant eux danse et luit !!...

Jules Dieuaide.

LE SIÈCLE D'OR

SATIRE EN DEUX PARTIES

I

J'avais pourtant juré d'éviter la satire
Et de n'avoir recours à ma chétive lyre,
Comme un pâtre galant à ses légers pipeaux,
Que pour chanter les prés où paissent les troupeaux,
Les bois et les vallons, les coteaux, les rivières,
Et l'amour folâtrant dans le cœur des bergères.
C'était un doux programme à sujets gracieux :
Louer la terre en fête et contempler les Cieux
Pour une âme sensible et calme, sans malice,
Était, vous l'avouerez, un suprême délice.

Mais hélas! aujourd'hui, que, jusque dans les champs,
Le vice, recruteur, va chercher des méchants,
Et qu'on voit fourmiller tant de passions viles
Au fond de nos vieux bourgs comme au centre des villes,
Me serait-il permis, sur un air de ténor,
D'entonner un cantique à notre siècle d'or?
D'exalter nos vertus? notre innocente vie?
L'amitié succédant à la farouche envie
Dans nos cœurs généreux où la fraternité
Supplante l'égoïsme et se fait charité?
Pourrais-je célébrer, sans prêter à sourire,
La pudeur d'une enfant, dont le cœur bat, soupire,
Et, s'épanouissant comme au matin la fleur,
Tremble en le désirant de hâter son bonheur?
Oserais-je citer, sans être ridicule,
— Dans un temps où l'on saute à pieds-joints tout scrupule —
Telle épouse fidèle à son mari constant,
Tel couple bienheureux, dans ses devoirs mettant
Sa simple ambition, et recueillant ensuite
Les trésors de bonheur que vaut cette conduite
A toute âme sans tache ayant fait un seul vœu :
Servir l'honnêteté, sainte fille de Dieu?
Mais, ne serais-je pas un monstre d'impudence,
Si, jetant aux échos le mot « indépendance, »
Je montrais nos pays réveillés par sa voix
Renoncer aux tyrans, c'est-à-dire à leurs rois;
Si, voyant nos aïeux, ces laboureurs stoïques,
Admirant leurs vertus, leurs trépas héroïques,
Leurs combats immortels, leurs immortelles morts,
La Liberté naissant de leurs mâles efforts,
Je pouvais, un instant, mêler leurs grandes ombres
A nos spectres vivants, confondant les décombres

De hideux bouges noirs à ces fiers monuments
Vainqueurs du froid oubli dans l'avenir des temps?

En vain, j'alléguerais de ma philanthropie :
Pousser jusqu'à ce point ma tendre myopie
Semblerait condamnable à pas mal de ces gens,
Tartuffes bons dévots, pour eux fort indulgents,
Qui, voulant s'ériger en de fervents apôtres,
Censurent vertement les faiblesses des autres
Et, pensant par ce mode effacer leurs larcins,
S'affublent sans pudeur du beau titre de saints !
Sur le champ donc, et quoiqu'à regret je souscrive
« A leur émotion naturelle et bien vive, »
« Contre un siècle pervers » dont je hais les abus
Sans invoquer comme eux le doux nom de Jésus,
Faisant marcher de pair avec le sacrilége
L'infecte hypocrisie et son hideux cortége,
Je m'en vais essayer un virulent assaut,
N'ayant d'autre arme en main qu'un peu d'encre, un pinceau,
Dont je veux tout d'abord barbouiller le visage
De ceux que j'ai cités au précédent passage,
Sépulcres noirs dedans s'ils sont blancs au dehors,
Baziles de tout âge, Ignaces de tous bords !
Je m'en vais essayer, dis-je, un assaut en forme
Contre ce qu'on appelle un siècle de réforme.
Le combat, je le sais, offre plus d'un danger :
C'est un combat loyal que je veux engager !
Une lutte au grand jour fait jaillir la lumière.
Aux ours, de s'égorger dans leur sombre tanière ;
Aux loups, de proférer ces sinistres hourras
Dont le lion tranquille et fier ne s'émeut pas.

Pourtant, je le répète, en face de la tâche
Que je m'impose ici, mon cœur tout bas se fâche
Et saigne de penser qu'il est, sous le bleu Ciel,
Tant de sots préjugés faits d'erreurs et de fiel;
Tant d'ignares bourgeois boursouflés d'arrogance;
Tant de faquins crétins, et de par leur naissance;
Tant de fils de manants devenus des marquis
Grâce à quelques écus ou bien ou mal acquis!
Je rougis de penser qu'il est dans notre Église
Tant de prélats pourris dont l'aspect scandalise,
Et qu'il est au pouvoir, soit haute ou basse-cour,
Tant de bandits rentés dépassant le vautour!
Je pâlis de dégoût, palpant le réalisme,
De voir sous tous les toits s'abriter l'égoïsme,
Et de voir tous les doigts salis par les écus
Se refermer sur l'or et devenir crochus!...
C'est l'or qui de nos filles a fait des courtisanes :
Grâce à lui les palais ont chassé les cabanes,
Mais grâce à lui le vice a chassé la vertu
Qui brillait sans éclat sous le chaume... abattu.
L'or est ce grand moteur qui fait les parricides,
Et qui, puissant levier des luttes fratricides,
Fait mitrailler le peuple et hacher le soldat
Pour river leurs débris au joug d'un potentat.
Devant ce nouveau dieu tout pouvoir s'humilie,
L'immuable justice opprimée, avilie,
S'éloigne avec horreur d'un monde où les petits,
Innocents par le droit sont dans le fait proscrits,
La cause étant toujours arrangée à l'avance
En faveur des écus jetés dans la balance.
Devant ce nouveau Dieu la vénérable foi,
 — J'entends celle qui chez tous les grands cœurs fait loi, —

Peut trouver en eux seuls de pieux sanctuaires,
Les autels n'étant plus refuges à prières,
Mais boutiques d'agnus, de messes, d'oraisons,
Dont le prix des curés enrichit les toisons.
Devant ce séducteur à la face empourprée
La pudeur, souffle, fuit. Une prostituée
Naît de la jeune fille au cœur candide et pur
Qui se livre coquette à son contact impur,
Comme une fraîche rose à la chenille abjecte
Livre son front charmant qu'outrage cet insecte.
C'est l'or qui fait courber l'échine aux favoris :
Que de cruels soufflets, que de sanglants mépris
Se changent en faveurs dans la main princière
Qui verse l'or ainsi que Phébus — la lumière.
Or infâme, or maudit! je le répète encor,
L'or, voilà le fléau de notre siècle d'or!
C'est la soif d'en avoir qui dessèche, empoisonne
La source ouverte en nous, dont jaillissait l'aumône,
Et dont la mâle audace à torrents découlait
Quand sous quatre-vingt-neuf le vieux passé râlait...
Oh! le vrai siècle d'or que ces quelques années
Où les Français vainqueurs devenaient Prométhées,
Voulant ravir au Ciel son plus céleste feu :
L'austère Liberté, sainte à l'égale de Dieu.
Qu'ils reconnaîtraient mal en des nains rachitiques
Leurs fils, ces durs Titans pères des Républiques,
Et que de fois leurs cœurs se seraient soulevés
S'il leur avait fallu coudoyer nos crevés ;
S'il leur avait fallu, ces fils de la charrue,
Sublimes ignorants à parole bourrue
Qui s'immolaient heureux nous léguant le savoir,
Entendre cet argot de nos dieux du trottoir.

Mais, comme ils saigneraient si, parcourant nos plaines
Qu'ils fécondèrent en brisant les lourdes chaînes
Des laboureurs par eux faits hommes, citoyens,
Dans notre âge ils voyaient ceux-ci, maîtres de biens,
Oubliant leurs aïeux et leur noble indigence,
N'adorer plus que l'or, la vile jouissance
Qu'il procure, et sans honte et sans moindre pudeur,
Devenir les soutiens d'un Cartouche empereur !
. . . .
Oh ! ne secouez point la cendre de vos tombes,
Preux couchés dans la gloire en vastes hécatombes ;
Ne vous réveillez plus, car hélas ! vos regards
Épouvantés verraient, dans l'ombre des fuyards,
Et devant le soleil, des traîtres en démence
Qui, pour mieux la sauver, écartellent la France !...
Horreur !... dormez toujours ; vos protestations
Saintes soulèveraient contre vous, vieux lions,
Des lâches, des tyrans, les fureurs acharnées ;
Et vous verriez bientôt vos mémoires damnées,
Vos noms salis de boue et condamnés à mort
Par ces adorateurs frénétiques de l'or !!...

II

Ai-je assez dit ? — sans doute ; et, sur cette misère,
Mon cœur qui saigne hélas ! voudrait en vain se taire,
Et semble se briser quand mon œil s'obscurcit,
— Non des pleurs qu'à Ferrière, un Favre répandit, —
Mais de ces pleurs amers, qui ne sont point des ondes,
Et qui, montant du cœur dans les douleurs profondes,
Lents à s'en exprimer sont plus lents à tarir,
Leur véritable but n'étant point d'attendrir.

Pourtant, devant ce deuil fait de honte et de crimes,
Est-ce ma faute à moi si, comme un glas, mes rimes
Tombent en évoquant de grands jours écoulés?
Et si, loin de railler ainsi que Rabelais,
Mon esprit qui n'est point d'humeur folle et plaisante,
S'indigne au lieu de rire, et tout haut s'épouvante
De voir tant de laideurs s'étaler au grand jour
Et planer sous le Ciel comme un sombre vautour?
Est-ce ma faute à moi si, plein de ces figures
De héros dont la gloire a grandi les statures,
Je ne puis qu'en silence admirer leurs vertus,
Et, reportant après mes regards abattus
Sur les indignes fils de ces dieux d'un autre âge,
Je ne puis que flétrir ces fronts par l'esclavage
Avilis, et ces bras sans vigueur et sans nerf
Propres à supporter les attaches du serf?...
Non ce n'est point ma faute et, je dois le redire :
Je me sens peu de goût pour user de satire
Même à l'égard de ceux qui le méritent bien.
J'achèverais donc là ce morceau, si le bien
Ne me servant de guide et me semblant en cause,
Je n'avais à conter encore quelque chose,
Et compléter ici par un enseignement
La leçon que plus haut, peut-être durement,
Je donne aux partisans d'un siècle qu'on renomme,
Mais qui n'est point le siècle d'or pour l'honnête homme.
Je poursuis. Abrégeons. L'auguste vérité
Est un rayon divin dont la blanche clarté
Doit luire à tous les yeux sans éblouir personne :
La prodiguer est faire une œuvre grande et bonne.
Honneur à l'écrivain dont la plume toujours
Humble a su la choisir pour muse à ses amours!

Honte à ces renégats qu'embaucha le mensonge,
Que l'or a corrompus, et dont la bouche ronge
Tout ce qui reste encor de moral parmi nous!
Ces gens-là je les hais, — mais bravons nos dégoûts...
Passons. Je dirai donc : Société qui souffre,
Si tu veux t'arrêter à temps au bord du gouffre
Où tu t'effondreras sans merci, sans espoir;
Si tu veux ressaisir ton éclat, ton pouvoir;
Si tu veux recéler dans ton sein de vrais hommes
Au lieu de vils manants et de plats gentilshommes;
Si tu veux posséder, non d'obscènes Marcos,
Mais de fières beautés qu'aimeront nos héros
Et dont l'honneur fera des mères citoyennes
Dignes de s'appeler lacédémoniennes;
Si tu veux allaiter des enfants vigoureux,
Pétris de cette chair dont sont pétris les preux,
Nourris de ce froment fécond pour la vaillance :
Le vertueux amour de leur indépendance,
Celui de leurs devoirs et celui de leurs droits
Qui, seul, peut entraîner des Césars et des rois
La chûte, et prodiguer au peuple qu'il anime
Ces trésors de grandeur qui le font magnanime;
Si tu veux te refondre, enfin, et devenir
Une postérité digne de l'avenir,
Lumineux que dérobe au loin l'horizon sombre;
Si tu veux que ton nom surnage hors de l'ombre
Prête à l'ensevelir comme un enfer béant;
Si tu veux t'arracher des griffes du néant,
Et, d'un fatal présent brisant la chaîne immonde,
Reconquérir ton sceptre et transformer le monde;
Si tu veux, dis-je encor, grande ainsi qu'autrefois,
A l'Europe abattue, imposer à la fois

Ton joug et, brusquement, supprimant leurs entraves,
Faire des citoyens de cent peuples d'esclaves ;
Si tu veux à ton char atteler le Progrès,
Suspendre la Science aux plis de tes agrès,
Devenir le soleil, la vie et la lumière,
Être immortelle enfin... tu n'as qu'un pas à faire,
Et, ce pas-là franchi, régénération
Splendide ! l'on verra la Révolution,
De son souffle puissant balayant les pygmées,
Faire jaillir du sol des légions armées
Dont les moindres soldats se changeant en héros
Rempliront l'univers du bruit de leurs travaux !
La Révolution qu'illustrèrent les Hoche,
Les Marceau, les Kléber, tant de cœurs sans reproche,
De son génie immense embrasant nos esprits,
On nous verra toiser la mort avec mépris,
Et, comme eux animés d'un courage stoïque,
Faire de notre mort une mort héroïque,
Utile à la Patrie, à cette humanité
Qui de ce prix espère en la Fraternité.
Quelle tâche à remplir à la fois douce et belle !
Comme nous déploîrons alors un noble zèle !
Comme l'on nous verra, grandis par les vertus,
Guéris de cette soif ignoble des écus,
Préférer une sage et modeste indigence,
Infaillible garant de notre indépendance,
A ce luxe effronté payé du déshonneur !
Préférer un infime et glorieux labeur
A cet amas pompeux d'insolentes richesses,
Fruits des vénalités et des sales bassesses !
Et préférer surtout la fatigue et la mort
A ce lâche repos qui se vautre dans l'or !!!

H. Daguet.

L'ALSACIENNE

Réveille-toi, France adorée !
Entends la voix de tes enfants.
Pour nous venger sois préparée,
Tes ennemis sont nos tyrans.
Que tes guerriers brisent nos chaînes,
Et notre cœur les bénira.
Un même sang est dans nos veines,
Un même amour nous unira.

Eh quoi ! Français ! de l'esclavage
Nous subissons le joug honteux !
N'avons-nous plus notre courage ?
Et n'avons-nous le sang des preux ?
Mais vienne un jour la délivrance,
Au champ d'honneur on nous verra,
Soldats français vengeant la France,
Et l'univers applaudira.

Comme autrefois, quand la victoire
Guidait partout nos pas vainqueurs,
Nous marcherons couverts de gloire,
Jetant l'opprobre aux oppresseurs.
Sur les Germains notre colère
Comme la foudre éclatera.
Ils sont puissants, mais comme un verre
Notre valeur les brisera.

Mais écoutez… le clairon sonne ;
Tremblez tyrans et potentats,
Car aujourd'hui Mars et Bellone
Ouvrent l'espace à nos soldats.

Et vainement le peuple esclave
Au vieux Guillaume obéira ;
Vous le savez, le Franc est brave,
De vos forfaits vous châtîra.

Si vous voulez, de notre haine,
Vous affranchir, ah ! croyez-nous,
Rendez l'Alsace et la Lorraine,
Il est grand temps, décidez-vous.
Retirez-vous à la frontière,
Ou votre orgueil en gémira ;
Si vous tardez, notre bannière
Jusqu'à Berlin vous conduira.

Louis Godet.

REVANCHE

Air : *Alsace et Lorraine.*

Depuis longtemps vous maltraitez la France,
Traîtres Prussiens nous allons vous dompter ;
C'est déjà trop supporter la souffrance,
Il ne faut plus qu'on se laisse insulter.
Nous ne pouvons garder ce long silence,
Vous violez nos droits de plus en plus ;
Mais nous saurons punir votre insolence
Et d'ici peu nous ne souffrirons plus.

REFRAIN

France, s'il faut qu'aujourd'hui tu te courbes,
Un jour viendra qu'on entendra ta voix ;
Nous chasserons les traîtres et les fourbes
Qui sont venus pour nous dicter des lois.

Quoi! nos Français si remplis de courage
Fléchiraient-ils sous un joug étranger?
Trembleraient-ils au moment de l'orage,
Céderaient-ils quand il faut se venger?
Non, non jamais notre sainte Patrie
Ne voit d'obstacle impossible à franchir.
Sa liberté se trouverait flétrie
Si devant vous il nous fallait fléchir.

France, s'il faut, etc.

Tous nos traités sont par le roi Guillaume
Foulés aux pieds avec rage et mépris;
De notre France il grandit son royaume,
Nous reprendrons tout ce qu'il nous a pris.
Nous la voyons toute la France entière,
Contre la Prusse elle est prête à courir;
Elle saura reprendre sa frontière,
Elle est toujours prête à vaincre ou mourir.

France, s'il faut, etc.

France, j'entends le devoir qui commande,
Puis aussitôt je suis prêt, j'obéis;
Je n'attends pas que ta voix me demande
Pour me montrer digne d'un grand pays;
Il faut venger une mère outragée
Par un tyran égoïste, sans cœur;
Chère Patrie, oh! tu seras vengée,
Ton peuple est prêt à mourir en vainqueur.

France, s'il faut, etc.

Nos jeunes gens presque encor dans l'enfance,
Se lèveront pour se faire guerriers.
A nos vieillards que votre audace offense
Ils s'uniront pour cueillir des lauriers.
Prussiens, bientôt votre orgueil va s'abattre,
Il va tomber aux pieds de nos enfants ;
Nos citoyens pourront enfin vous battre
Et rapporter nos drapeaux triomphants.

France, s'il faut, etc.

JEAN GROLLEAU.

CONSEIL A LA JEUNESSE

A JULES GENTIL — ACROSTICHE DOUBLE

Jeune homme qui voulez Jouir de l'existence,
Un garçon de votre âge Use mieux de son temps ;
Laissez chacun chercher La joie et l'abondance,
Employer chaque jour Et chaque circonstance,
Sans connaître une fois Sa vie au doux printemps.

Guidez-vous par le bien Gênez votre jeunesse,
Et ne laissez jamais Enflammer votre cœur.
Ne vous écoutez pas Narguez Satan sans cesse,
Travaillez sagement Tout vient par la sagesse ;
Il faut sur cette terre Imiter le Sauveur :
Lui seul peut vous ouvrir Le chemin du bonheur.

JEAN GROLLEAU.

LES BRUITS DE LA NUIT

Quoi de plus effrayant pour un cerveau malade
Que les bruits inconnus perçant l'obscurité,
Sans cause perceptible, et tombant en cascade
Dans l'oreille tendue avec anxiété.
C'est là nuit. Le silence étend son vaste empire
Sur la moitié du globe, et semble s'irriter
Lorsque le craquement d'un meuble vient lui dire :
« Tu parais redoutable et j'ose t'affronter. »

Quand l'œil n'aperçoit rien, les fantômes surgissent;
Ils s'échappent des murs, montent les escaliers;
Même sous notre lit, nous sentons qu'ils se glissent,
Sans crainte, à notre égard, d'être trop familiers.

Le soir, en nous couchant, nous fermons bien la porte,
Par crainte des voleurs, même des assassins;
Mais nous nous éveillons, vers minuit : — l'heure importe,
Et soudain notre bras saisit les traversins...
Oui, la porte a tourné sur ses gonds... la serrure
A livré le secret qui faisait tout son prix :
Je crois déjà sentir la main, sur ma figure,
Du voleur qui tâtonne en foulant mon tapis.
Quel effroi!... pas une arme, et déjà de la pointe
D'un poignard meurtrier je sens le froid glacial...
Mais une attente vaine enfin me désappointe,
Car ce danger si grand n'est qu'à l'état mental.

A qui vais-je m'en prendre?... à toi maître-fantôme,
A moins que je consente à rougir de ma peur,
Oui, c'est toi que j'accuse : il est certain symptôme
Qui ne me trompe pas, même dans ma stupeur.

C'est toi qui trop souvent fais crier ma fenêtre,
C'est toi qui du grenier ouvre la porte au vent,
C'est toi qui d'un fauteuil — car qui ça pourrait être? —
Fais glisser, avec bruit, les pieds en le mouvant.
Lorsque survient le jour, tu t'enfuis avec l'ombre,
Tout semble naturel, je crois avoir rêvé,
J'ai pris tout simplement un zéro pour un nombre,
Et de mon faux calcul, je me trouve énervé.
Enfin j'ai réfléchi, désormais plus de doute,
Je sais que mon fantôme est une fiction;
Que les nocturnes bruits sont bien vite en déroute
Lorsqu'ils n'ont plus pour eux l'imagination.

Gein.

Novembre 1872.

JE PERDS LA TÊTE

CHANSONNETTE

A CELUI QUI DAIGNERA EN FAIRE LA MUSIQUE

Quand je suis là, près de vous ô ma belle!
Et que mes yeux cherchent votre regard,
Pourquoi ma voix si souvent tremble-t-elle?
En prononçant quelques mots au hasard.
Ce que je dis quelques fois est si bête
Que je m'en veux d'avoir voulu causer;
Auprès de vous c'est que je perds la tête
Et que je crains de toujours trop oser. *(bis)*

Voulant braver (timidité cruelle!)
Si je vous prends un baiser sur la main
Pourquoi ma main aussi fort tremble-t-elle?
Rien qu'au contact de votre bras divin...
A vous offrir un bouquet je m'apprête,
Je tremble encor, ne sais où le poser;
Auprès de vous c'est que je perds la tête
Et que je crains de toujours trop oser. *(bis)*

Lorsque je bois pour trouver de l'audace,
Et qu'un nectar m'a donné de l'aplomb,
De vos beaux yeux si je me trouve en face
Je crains l'effet de leur regard profond...
Je m'enhardis, vous passez, je vous guette,
J'ouvre la bouche... et vais enfin gloser :
Si près de vous, je perds encor la tête
Et crains toujours de beaucoup trop oser. *(bis)*

Vous ignorez de ce trouble la cause
Lorsque je crois en savoir le motif;
Vous l'avouer en ce couplet, je n'ose...
C'est malheureux de naître aussi craintif!
L'amour enfin ravage un cœur honnête,
A vous aimer, il ose s'exposer!
Auprès de vous, oui je perdrai la tête,
Vous le voyez je viens de trop oser. *(bis)*

E. Goussé.

LE PASSÉ, LE PRÉSENT ET L'AVENIR

DE LA FRANCE

A Mme ET M. ÉVARISTE CARRANCE

LE PASSÉ

> Un peuple était assis au banquet d'abondance.
> Sous les rayons dorés d'un soleil d'opulence,
> Ces fronts chargés de fleurs étincelaient joyeux.
> Les coupes débordaient de nectars généreux...
> LÉON MAUREL (poème : *France.*)

Nous vivions dans la paix, au sein de l'abondance,
Sur ses nobles lauriers se reposait la France,
Et des glaces du Nord aux plaines de Memnom !
Les peuples et les rois racontant ses victoires,
Lisant avec orgueil les pages de ses gloires,
Avec respect, amour, se répétaient son nom.

Sur les fronts, du bonheur, rayonnait l'auréole !
Le travail qui fait vivre et qui surtout console,
Donnait à l'ouvrier du pain pour ses enfants ;
Et ses vaisseaux volant comme l'aigle sur l'onde,
Sous son noble drapeau portaient au bout du monde :
La Foi, la Liberté ! ses soldats triomphants.

La terre nous gardait ses mamelles fécondes.
Alors vers le soleil montaient les moissons blondes.
L'hiver, le laboureur chantait au coin du feu ;
De ses vastes greniers les salles étaient pleines,
Il savait que les grains qu'il jetait dans les plaines,
Lèveraient au printemps à la voix de son Dieu.

Au souffle de l'amour tressaillait la Patrie.
Des vastes ateliers fondés par l'industrie,
Et des foyers joyeux des vallons paternels;
Dans les cœurs, comme au bois, quand le printemps se lève,
Montait à flots pressés une féconde sève,
Qui s'épanouissait dans des chants fraternels.

Comme une barque allant le soir à la dérive,
Que le souffle embaumé qui monte de la rive,
Pousse tranquillement vers l'abri sûr du port;
Vers l'avenir, la France, alors marchait joyeuse,
Son Ciel était serein, et la vague écumeuse,
De ses flots irrités ne couvrait pas son bord.

Mais depuis, son beau Ciel s'est voilé de ténèbres!
Sa charte gardera des dates bien funèbres,
Des tableaux pleins de sang, un fatal souvenir!
Et nos neveux, lisant cette page d'histoire,
      Un jour, ne pourront croire,
Que Dieu lui réservait sa part dans l'avenir!!...

. . . .

A l'horizon du Nord, regardez ce nuage!!
C'est l'orage qui vient, mais un terrible orage.
Voici! voici les Huns que conduit Attila!
Leurs bataillons nombreux soulèvent la poussière,
L'aigle noir brille au fond de leur sombre bannière!...
Ma France lève-toi!!! Les Allemands sont là!!...

Ma France lève-toi! vite reprends ta lance.
France de Tolbiac réveille ta vaillance,

Car l'heure est solennelle et rude le combat ;
La Prusse, tu le vois, a levé ses cohortes,
Et de ses bataillons pour grossir les escortes,
De chacun de ses fils elle a fait un soldat.

Elle veut, de Celui qui te donna la gloire,
Qui longtemps à ses pas attacha la victoire,
Et sous sa main courba le front d'un de ses rois ;
Puis un jour à ses pieds vit la Prusse tremblante,
Lui demander la paix d'une voix suppliante,
  Et s'incliner devant ses lois ;

Rayer le nom célèbre, et venger sa défaite :
Sa haine ne sera, crois-le bien, satisfaite,
Que lorsque elle verra couchés sur leurs sillons,
Les blés de tes guérets, attendant les faucilles,
Et la mort emportant les fils de tes familles
  Dans ses dévorants tourbillons.

Elle veut reculer dans son humeur guerrière,
De ses vastes États l'orgueilleuse frontière ;
Reprendre sur le Rhin des droits qu'elle n'a plus ;
Enrichir de nouveau sa couronne de reine,
Des deux fleurons perdus : L'Alsace et la Lorraine,
  Si nous sommes vaincus !

Poursuivant de Bismark, le rêve satanique,
Elle veut t'enlever, ô France catholique,
Le dogme qui te vint du bourg de Bethléem !
La foi ! la charité ! la divine espérance !
Et t'enlever surtout ta féconde influence,
  Dans le concert européen !

. . . .

Prêtez l'oreille!... au loin vole le cri de guerre!
Un saint frémissement passe sur notre terre.
Au milieu du soleil flotte notre étendard,
Paris, la cité sainte ouvre déjà ses portes,
Le clairon sonne... au loin s'ébranlent nos cohortes!
      C'est la France qui part!!!

C'est la France qui part et court à la victoire!
La Prusse connaît bien ses étapes de gloire.
De nos soldats vainqueurs elle a gardé les noms;
    Sait que nos aigles victorieuses,
Reposèrent leur vol aux cimes orgueilleuses,
      Des tombeaux des Pharaons!

C'est la France qui part!... va ma locomotive;
Que la vapeur toujours alimente et ravive
Ton essor, pour porter vers le Rhin nos guerriers.
Vole, vole toujours; puis que mon Dieu les garde!
Que comme leurs aïeux de notre vieille garde!
Ils reviennent le front chargé de verts lauriers.

C'est la France qui part!... que Dieu lui soit propice!
Patronne de Paris, place sous ton auspice
Nos soldats qui s'en vont pour vaincre ou pour mourir!
Guillaume veut grandir, et s'agrandir encore.
De la conquête aussi la fièvre le dévore;
      Il veut nous asservir.

. . . .

LE PRÉSENT

ÉPILOGUE

> Les Germains ont creusé sa tombe bien profonde;
> Sur elle ils ont jeté les ruines d'un monde,
> Pensant l'étouffer mieux sous ce poids désormais!
> Et puis se regardant, ils ont voulu sourire,
> Et se croyant vainqueurs, ils ont osé le dire :
> — Elle est morte à jamais!
>
> LÉON MAUREL (poème : *France.*)

Quand la France partit, belle montait l'aurore,
De ses douces lueurs dorant son horizon;
La brise caressait son drapeau tricolore,
L'embaumait des parfums de la belle saison.

Comme de gais oiseaux cachés sous le feuillage,
Quand le jour vient sourire au bocage endormi,
Ses soldats pleins d'ardeur, d'un mâle et saint courage,
Chantaient en s'en allant combattre l'ennemi.

Tout alors s'annonçait sous les plus beaux présages!
L'espérance venait se placer dans son cœur,
Et l'histoire, lisant ses glorieuses pages,
Disait : comme autrefois ton nom sera vainqueur.

Le passé lui citait ses dates immortelles,
Le présent lui parlait d'un brillant souvenir;
Et Dieu devant ses pas appelant l'avenir
L'inondait des clartés de ses aubes nouvelles...

. . . .

Sarrebruck, Reischoffen, Wissembourg et L'Argonne,
Dans leurs combats divers connurent sa valeur;
On fut brave partout comme l'était Cambronne,
Comme le pieux Bayard, sans reproche et sans peur.

Toujours, lorsque sonna l'heure de la bataille,
Le lion se leva pour se battre et bondir;
Toujours, chaque soldat riant de la mitraille,
Criant France!... sut bien combattre et bien mourir!

Mais toujours grossissait de l'ennemi le nombre!
Et nos soldats toujours s'endormaient dans la mort!
Au matin radieux succéda la nuit sombre,
Et nous dûmes plier sous un suprême effort...

. . . .

Voyez ce cavalier incliné sur la selle!
Voyez son noir coursier qui va crinière au vent!...
Il vient nous apporter la fatale nouvelle
Que Guillaume a vaincu sous les murs de Sédan.

. . . .

Sédan! à ce nom seul, la rougeur au front monte!
France! pleure! et puis prend tes longs voiles de deuil!...
L'histoire jugera cette époque de honte
Où l'on mit sans pudeur ton honneur au cercueil!

. . . .

Et la mère depuis a versé bien des larmes
Sur le fils endormi loin du toit paternel;
Quand son enfant partit elle bénit ses armes;
Il tomba, sans avoir son baiser maternel!

Et la France, depuis, compte de tristes heures,
Pleure ses soldats morts et dans son deuil s'endort!
Le farouche Germain souille encor ses demeures,
Et Guillaume et Bismark se partagent son or.

Étouffant ses sanglots la France au loin regarde!
Elle écoute!... elle sait que quelqu'un va venir!
Elle écoute!... elle attend! oui France! Dieu te garde
Ta place au grand banquet que cache l'avenir.

France espère! car Dieu fait lever sa justice,
Des beaux jours vont monter encore à ton beau Ciel;
Il va prendre ta croix et briser ton calice
      Plein de vinaigre et de fiel!

. . . .

L'AVENIR

> Une aurore!... Je vois dans un Ciel sans nuage,
> Graviter un soleil aux fluides lumineux;
> Des champs de fleurs sourire aux zéphirs amoureux,
> Une mer sans tempête émerger sur la plage.
>   LÉON MAUREL (poème : *France.*)

Et sa justice est là!... Quelle est cette lumière,
Inondant l'horizon de sa sainte clarté!
Cette vierge qui vient et porte une bannière,
Où sont écrits ces mots!... Sagesse et charité!

LA JUSTICE

France ne pleure plus!.... Le jour qui vient d'éclore,
Qui monte lentement remplit l'immensité !
France réjouis-toi !... cette brillante aurore !
  C'est la sainte Liberté !

La sainte Liberté, qui ne veut pas d'esclaves,
Qui de l'homme toujours sut protéger les droits ;
Dont le souffle puissant fait tomber les entraves,
Qu'aux peuples d'avenir voudraient donner les rois ;

La sainte Liberté, qui de sa voix console,
Le malheureux captif en sa froide prison ;
Apporte à l'exilé qui pleure et se désole
L'heure du doux retour vers son cher horizon ;

La sainte Liberté, chêne à sève féconde,
  Au tronc fort et noueux,
Qui va multiplier pour en couvrir le monde,
  Ses rameaux vigoureux ;

La sainte Liberté, beau fleuve qui dépose
  Son fertile limon,
Sur les rives qu'il baigne et les champs qu'il arrose,
Et leur laisse de plus la grandeur de son nom ;

La sainte Liberté, dont le pied brise et foule
  Les tyrans odieux ;
Place sur les débris du trône qui s'écroule
  Son pouvoir radieux ;

La sainte Liberté, belle comme la femme
Sortant des mains de Dieu, souriant à l'époux,
Qui de son fier regard versant sur tous la flamme
    Dit aux peuples : aimez-vous !

. . . .

France ! la Liberté viendra sécher tes larmes,
    Réparer tes malheurs ;
Et sa main bénissant de tes soldats les armes
    Te les rendras vainqueurs.

France ! la Liberté vengera ta défaite,
    L'honneur de ton drapeau ;
Et les champs que Bismark marqua dans la conquête
A leur Ciel plein de nuit verront un jour nouveau.

Avec la Liberté tu reprendras ton rôle
    Un moment suspendu ;
Des cèdres du Liban jusqu'aux glaces du pôle
Ton cri, France, sera des peuples entendu.

. . . .

Je vois, lorsque ce chant avec le jour s'achève,
Une aurore plus belle à ton Ciel resplendir !...
Barde laisse ton luth !... Dieu couronne ton rêve,
Une France nouvelle à tes yeux va surgir !

. . . .

Mais va, pour que tu sois cette France nouvelle,
Cette France surtout, grande, noble, immortelle,

Merveille de la Liberté ;
Tends la main à la Foi, souris à l'Espérance,
Et presse avec amour sur ton cœur, chère France,
Leur sainte sœur, la Charité !

Denis Ginoux.

Bouches-du-Rhône.

SEIZE ANS

Quand par un jour d'été, de la naissante aurore
Le voile diaphane et broché de saphirs
S'étend sur les moissons que le soleil colore,
Qu'effleurent les baisers des rapides zéphirs ;

Quand l'aube approche et que de la nuit étoilée
Les coursiers poursuivant leur vol sous le Ciel bleu
Entraînent avec eux la lune échevelée,
Qui fuit pâle d'effroi, l'astre aux rayons de feu ;

Alors le firmament qui dans son éclat brille,
Étalant à nos yeux toute sa majesté,
Est encor moins serein que ton front, jeune fille,
Reflétant la douceur, la grâce et la bonté.

La délicate fleur sur laquelle se pose,
Et puise son éclat le papillon joyeux,
Devient sombre et se fane auprès de ton teint rose,
Et l'insecte jaloux s'envole vers les Cieux.

Non, rien de ta douceur ne saurait se décrire,
Le poète impuissant doit cesser de lutter,
Quand les sons que ses doigts arrachent d'une lyre
Ne savent jusqu'au vrai, le faire bien chanter.

Quels vers pourraient assez chanter ton doux visage?
Quelle âme devant toi ne serait pas charmée?
Du printemps n'es-tu pas la sainte et pure image?
N'as-tu pas d'une fleur la fraîcheur embaumée?

Ah! laisse-moi cueillir ce gracieux sourire
Que dessine ta lèvre en deux plis complaisants;
Ah! dis-moi qu'il s'adresse à ce que vient d'écrire
Celui qui dans ces vers salua tes seize ans.

Octobre 1872.
JULES GODET.

LA BOULANGÈRE

Connaissez-vous la boulangère?
Gracieuse et vive commère,
Deux yeux nés malins, le teint clair,
Beau front, langue prompte et grand air,
    Voilà la boulangère.
C'est elle qui pèse le pain,
D'une alerte et nerveuse main,
Pour le noble et pour le vilain;
Faisant la rente viagère,
A tous, de son babil mutin.
Que la langue lui soit légère,
    A la boulangère.

Connaissez-vous la boulangère ?
C'est une active ménagère,
Sachant mettre la poule au pot
Et de plus, moucher son marmot,
    Voilà la boulangère.
Elle est sans cesse en mouvement,
Allant, venant près du client,
Riant, chantant, lorgnant, causant,
Tout cela, sans aucun mystère.
Elle est, je crois, née en dansant.
Que la jambe reste légère,
    A la boulangère.

Connaissez-vous la boulangère ?
On dit : chacun a sa misère,
On dit... mais que ne dit-on pas,
Qu'elle aurait fait plus d'un faux pas,
    Voilà la boulangère.
Et cependant, plus d'un muguet,
Pour elle, en vain, a fait le guet,
Semant, ma foi, plus d'un bouquet,
Ne récoltant... que sa colère.
Qui donc n'est pas sous le caquet ?
Que la critique soit légère,
    A la boulangère.

Connaissez-vous la boulangère ?
Certes à plus d'un pauvre hère,
Sans avoir l'évangile en main,
Elle a pour rien donné du pain,
    Voilà la boulangère.

Elle a même dans son comptoir
Puisé souvent, et sans savoir
Ce qu'au pauvre elle offrait d'espoir,
Et l'enfant et la pauvre mère,
Plus gais sont revenus la voir.
Que la main soit toujours légère,
   A la boulangère.

Louis Greux.

Somme.

RÊVES A SEPT ANS

Dans l'alcôve riante
Se cache un petit lit.
Sur le seuil de la nuit,
Une vierge priante
Doucement le gravit.

Là, sa paupière rose
S'abaisse par degré,
Et l'on voit, égaré
Sur sa bouche mi-close
Un sourire doré !

Puis un doux songe à l'aile
Brillante de saphirs,
Beau comme ses désirs
Voltige au-dessus d'elle
Et l'invite aux plaisirs.

Sa jeune âme est ravie
Dans un monde nouveau...

Elle est près d'un ruisseau...
Les poissons qu'elle envie
Sautillent à fleur d'eau.

Elle étend sa main blanche,
En prend un à l'essor...
Ah! ciel! il est tout d'or!
Vite sa main se penche
Et grossit son trésor.

D'habits lilas vêtue,
Elle cueille des fleurs,
Aspire leurs senteurs,
Court, vole, s'évertue
Dans des prés enchanteurs!

Près d'une fraîche rose
Vole un blanc papillon;
O bonheur! il se pose!
En sa main demi-close
Elle prend l'oisillon.

Soudain la tourterelle
Chantant sur le rameau
Vient se placer près d'elle.
Sa main caresse l'aile
Du blanc petit oiseau!

A l'aube de la vie,
Point de nuage au Ciel!
Les rêves sont de miel,
Mais leur urne tarie
S'emplit bientôt de fiel.

A. G.

PATRIE ET LIBERTÉ

A VICTOR HUGO

O France, maintenant que tu peux respirer,
N'ayant plus sur le corps un pied pour t'éventrer;
Maintenant que tes bras ont brisé cette chaîne
Qui tient encore, hélas! l'Alsace et la Lorraine;
Maintenant qu'on te voit, plus grande après l'affront,
Te lever assurant tes lauriers sur ton front,
Et que ta main ramasse, ô sublime courage!
Ton vieux glaive tout prêt à venger ton outrage;
Maintenant que tu dis, le cœur plein de fierté :
Je serai France enfin, ayant la Liberté;
Maintenant que sans fers tu sors du précipice
Au fond duquel un jour tout peuple esclave glisse;
O France, maintenant regarde à terre et vois
Dans la fange approcher en rampant... Oh! ces rois!
Ces rois! que veulent-ils, êtres à l'âme vile,
Ces fauteurs éternels de la guerre civile?
Que veulent-ils encor, ces rois dont chaque pas
Est rougi par un crime et marqué d'un trépas;
Ces rois qui dans le sang ramassent leur couronne
Et sur des tas de morts consolident leur trône!
Oui, que voulez-vous donc, empereurs, rois, tyrans?
Quoi! des maîtres encore après les Allemands!

Ah! ne sentent-ils pas que la mère Patrie
Les hait? mais de leurs coups sa poitrine est meurtrie.
Quoi! lorsqu'ils ont poussé, riant sous leur manteau,
La main du Prussien enfonçant le couteau;
Quand avec ces Teutons ils ont creusé sa tombe,
Criant : France, plutôt que d'être libre, tombe!

Quand on a pu les voir tout joyeux, s'amusant
En face de leur mère à terre agonisant;
Lorsque de ta douleur ils ont extrait leur joie,
De toi, Gaule, ils voudraient faire encore leur proie!
Te serrer dans leurs bras hideux pour t'étouffer!...
Non, non, vous ne pouvez, despotes, triompher.
La France est comme antée à force renaissante :
Plus on la jette à bas et plus elle est puissante;
Voulant la renverser on l'élève plus haut,
Et pour l'abattre enfin ce n'est pas vous qu'il faut;
Car, oh! sachez-le bien, rois que le Ciel confonde!
La France tombera quand croulera le monde.

Reculez! reculez! il en est temps encor.
Arrêtez-vous. Ce peuple est debout. Il est fort.
Ses liens sont brisés et d'esclave il est maître;
De son abaissement sa grandeur va renaître.
A sa défaite, ô rois, ce peuple a survécu;
Ce peuple devient grand parce qu'il fut vaincu.

O tas de prétendants, faut-il que l'on vous lie?
Dominer le progrès! — ah! n'est-ce pas folie
A vous, nains, de vouloir enchaîner ce géant? —
Rejeter ce colosse en l'éternel néant!
Entre le peuple et lui bâtir une muraille!
Oh! il me semble encore entendre la mitraille.
Derrière les canons je vois un assassin
Se ruer sur la France et lui percer le sein.
Je vois ces jours de deuil où la vérité sombre,
Où le crime hideux la viole dans l'ombre;

Ces jours où tout périt, raison, droit, loyauté,
Où tout sous le joug tombe avec la Liberté.

Non, ce temps-là n'est plus. Aujourd'hui la Patrie
Par le contact d'un roi ne peut être flétrie.
A présent elle veille, et ses enfants aussi ;
Et le front haut, tyrans, nous vous disons ceci :
D'être maîtres chez nous laissez là l'espérance ;
A nous seuls, ses vengeurs, appartient cette France.
Pour un trône aux Germains vous en eussiez fait don
A qui vend sa Patrie il n'est point de pardon.
Craignez le châtiment. Prenez garde, un abîme
Sépare pour toujours meurtriers et victime.
Insensés, le pays veut vivre désormais ;
Il marche sûrement : son guide est le progrès.
Il va, sur son chemin surmontant tout obstacle,
Offrant à l'univers ce sublime spectacle
D'un pays, d'un grand peuple à la gloire arraché,
Que l'on a vu vingt ans au boulet attaché,
Et qui devant la Prusse, en un coup de colère,
A su pour mieux lutter jeter sa chaîne à terre.
Il ne combattit pas, hélas ! avec bonheur ;
Mais s'il perdit sa force il garda son honneur.
Bravant comme toujours et canons et mitraille,
Ce ne fut qu'abattu qu'il cessa la bataille.
De sa valeur ce peuple a recueilli le fruit :
Nous marchons au grand jour — vous rampez dans la nuit.

Léonce Harmignies.

Seine.

RÉDEMPTION

Notre siècle a marché. — L'ignorance et le crime
S'éteignent dans la nuit... salut à l'avenir !
Le flambeau de la paix nous guide vers la cime
Où notre but, à tous, commence et doit finir.

A l'heure où l'étranger recule à la frontière,
Humilié, vaincu, France ! dans son orgueil,
Quarante milliards, don de l'Europe entière,
Semblent monter la garde autour de ton cercueil !...

Au moment où les faits réalisent nos rêves,
Nous devons acclamer ce glorieux réveil.
Comme il faut aux flots bleus l'immensité des grèves,
Il nous faut aujourd'hui de l'air et du soleil.

La pensée a besoin d'une aube étincelante,
Il lui faut l'espérance et les fortes amours,
Comme il faut à l'oiseau, qui gazouille et qui chante,
La Liberté sereine et l'éclat des beaux jours.

Je dirai donc à tous les fiers esprits : vous êtes
De hardis nautoniers sur l'Océan profond ;
Votre étoile est brillante, ô penseurs ! ô poètes !
Parce qu'elle a le Ciel infini pour plafond.

Parce que votre vie active est traversée
D'éclairs mystérieux et d'espoirs décevants ;
Parce que le navire où marche la pensée
Doit abriter ses mâts contre l'effort des vents.

Parce que, dans vos chants où la foi se réveille,
Vous parlez d'avenir et d'horizons nouveaux ;
Et que vous annoncez cette époque vermeille
Dont l'aube, au loin déjà, sourit à vos travaux.

Parce qu'aux jours d'effroi vous tracez leur limite,
En réveillant la force et les désirs éteints ;
Parce que, des sommets où la justice habite,
Vous promettez encor de lumineux matins !...

O penseurs ! allez donc et suivez votre route !
Ne nous répondez pas : et pourquoi ? nous passons.
— Le monde croupirait dans l'orgueil et le doute,
Sans votre foi sublime et vos jeunes chansons.

De l'honneur et du droit faites-vous les apôtres !
Ayez des mots divins qui raniment nos sens ;
Que les devoirs fameux, poètes ! soient les vôtres :
Qu'à la grandeur du but répondent vos accents.

Nous n'aurons pas toujours des nuits tristes et sombres,
Dont l'aspect est fatal aux cœurs épouvantés.
Voyez quels rayons d'or ont dissipé ces ombres,
Et la paix qui succède à tant d'adversités.

Le passé ténébreux disparaît et s'écroule,
Le jour naissant répand ses divines clartés ;
Répandez donc aussi votre esprit sur la foule,
Frères doués du Ciel, semeurs de vérités !

Répandez votre esprit, puisque voici l'aurore,
Puisque le soleil rit aux futures moissons,
Puisqu'aux étés prochains avec bonheur encore,
Les oiseaux vont poser leurs nids dans les buissons.

Répandez votre esprit, puisque dans la nature
Renaîtront les parfums, les frissons et les voix ;
Puisque les gais ruisseaux diront leur frais murmure
A la feuille qui pousse au milieu des grands bois !

Répandez votre esprit partout où la Patrie
Aura besoin de foi, de force et d'unité,
Car voici la justice, oubliée et flétrie,
Qui salue, à son tour, la grande Liberté !

Paul Harel.

Orne.

LA LIBERTÉ VOULANT SE MARIER

Privé d'instruction, saturé d'égoïsme,
Fût-il d'ailleurs capable d'héroïsme,
Tout peuple qui s'émeut au moindre épouvantail,
Se laissera conduire à l'instar du bétail.

Naguère, Liberté lasse de rester fille,
    Voulut se choisir un époux.
Elle le désirait grand, humain, fier et doux ;
    Mais surtout libre et bon fils de famille,

Bon citoyen, bon frère et bon ami.
Ce projet dans son cœur une fois affermi,
  Notre déesse, aussi belle qu'altière,
Au milieu de ses sœurs, l'aimable Égalité
    Et la douce Fraternité,
Se mit à parcourir notre planète entière;
    Elle descendit, tout d'abord,
    Dans les pays glacés du Nord.
— Voyons, dit-elle, sœurs, voyons si mon attente,
    Ici, peut se réaliser. —
Mais quel horrible aspect à ses yeux se présente!
    Son âme a failli se briser.
    Égalité recule à cette image,
      Et de tendre Fraternité
    Des pleurs couvrent le beau visage.
Horreur! partout des serfs! — Mais quoi, dit Liberté!
Nul ne me reconnaît dans ce pays sauvage?
Je n'entends qu'un lugubre et sourd gémissement;
    Du petit nombre seulement,
    Le bonheur est le privilége;
    Et de ce peuple immense et malheureux,
Qu'engourdit l'ignorance encor plus que la neige,
Pas un cœur, jusqu'à moi, n'ose élever ses vœux!
Les insensés! courbés devant le knout inique,
Ils ont plus d'un seul homme au pouvoir despotique;
Mais voyez donc là-bas ces enfants généreux,
Qui malgré tant d'efforts pour briser leurs entraves,
Du colosse normand sont encor les esclaves.
O polonais, qui donc viendra vous secourir?
Personne!!! on les a tous laissés mourir!
    Venez, mes sœurs, partons, et vite
    Quittons cette terre maudite.

Allons vers l'équateur, sous ces climats ardents,
Où les esprits, les cœurs, doivent être brûlants
   Comme leur soleil du tropique.
   J'ai su de bonne part, d'ailleurs,
Que ces peuples heureux vivent en République.
Étudions leurs goûts, leurs vertus et leurs mœurs.
Ah! que vois-je? mais non, mes yeux me trompent, sœurs,
Regardez donc ici, là, cette multitude
De nègres; mais ils sont encore en servitude!
Ils traînent la charrue! et, pour un seul colon
Qu'ils enrichissent tous, ils souffrent le bâton!
L'émancipation n'est donc pas générale?
Je croyais bien ici, pourtant, — erreur fatale —
Me trouver un époux digne de Washington.
On m'a trompée encor. Fuyons cette contrée,
   Et vers la zone tempérée
   Sans tarder dirigeons nos pas.
— Oh! oh! dit Liberté, j'entends du bruit là-bas;
   On nous attend, on chante, on s'évertue
   Pour fêter notre bienvenue :
Écoutez donc ces cris : — vive la Liberté!
   Guerre aux tyrans! à bas la royauté!
Oui, que l'Égalité nivelle la fortune!
Que la Fraternité la rende à tous commune!
Sinon, la mort! la mort!... — Vous l'entendez, mes sœurs.
   Enfin, ici s'arrête mon voyage,
   A demain donc mon mariage;
Vous en ferez le charme et les honneurs.
Mais quoi! vous vous taisez! — Non, ma sœur, je contemple,
Reprit Égalité, le fronton de ce temple,
   Où je crois lire les débris
   De nos trois noms jadis écrits.

— Le temps, dit Liberté, les a fait disparaître ;
Demain, en lettres d'or, nous les ferons remettre.
Mais puisque dans ce temple on fait réception,
Entrons, nous n'avons rien à craindre ; l'union
Fera toujours la force. — O langage magique !
On parle de travail, d'amour, de République,
D'instruction pour tous. On cite les vertus
De Spartacus, de Caton, de Brutus ;
On exalte Danton, St-Just et Robespierre.
A ces mots, les vivats de l'assemblée entière
   Retentissent de toutes parts.
Soudain, un orateur aux limpides regards
Prend la parole, et dit : — Citoyens, amis, frères,
Si jamais dans vos murs, les hordes étrangères
Menaçaient vos foyers, mon épée et mon cœur,
Mon sang, tout est à vous ; mais dans ces jours d'horreur,
   Mon devoir est de vous défendre,
Non contre l'étranger, mais contre la terreur,
   Dont les discours, que vous venez d'entendre,
Sont les signes certains. Pensez à vos parents
Morts sur les échafauds par la main des tyrans.
   Pensez à vos fils, à vos femmes,
   A vos guérets livrés aux flammes.
Ce qu'ont vu vos aïeux, vous pourriez bien le voir :
Au drapeau rouge, amis, succède un drapeau noir ;
Mais puisque votre cœur souffre de la misère,
Du pauvre sans travail, de la veuve sans pain,
Tenez, voilà de l'or, rassasiez leur faim,
Étouffez leurs complots, apaisez leur colère,
Et vous aurez sauvé notre France si chère.
L'orateur se fit croire, et ce peuple éhonté
Dit en comptant son or : A bas la Liberté !

LA JUSTICE

— Infamie! Infamie!
Crièrent les trois sœurs. Nation avilie!
Et l'on disait la France un peuple généreux!
Vrais pigeonneaux! cogne-fétus! peureux!
Ils ont tous oublié la haute politique
De ces fiers Jacobins au courage stoïque
Qui, pour faire jouir les peuples de leurs droits,
Et pour fonder la grande République,
Abattirent la tête au plus ancien des rois.
Le lendemain, il en surgissait trois,
Que ce peuple acclamait avec reconnaissance.
Race sans union, sans force, sans constance,
Vous n'êtes tous que des bavards;
Des diseurs de grands mots, des faiseurs de placards;
Des cœurs vils que, pour une obole,
On peut à volonté faire changer de rôle.
Demain, à votre perte on vous verra courir.
Saluez donc César, car vous allez mourir.

Et dans une douleur profonde,
Incomprises de tout le monde,
Les trois sœurs quittèrent ce lieu
Et s'en retournèrent à Dieu.

JULES LAURENT.

Gard.

EXIL ET RETOUR

SONNET A Mme DU L., NÉE DE CONDÉ

Vous souvient-il toujours de ce rocher sauvage,
Où, pauvres exilés, nous respirions un air
Plus brûlant à midi que le vent de l'orage
Qui dessèche en passant les sables du désert ?

Vous souvient-il encor que le soir sur la plage
Nous écoutions assis mugir la vaste mer,
Et que dans chaque flot mourant sur le rivage
Nous aimions à trouver l'écho d'un nom bien cher ?

Hélas ! pauvre pays, loin de sécher nos larmes
Il nous cause plutôt de nouvelles alarmes...
Nous le trouvons sans Dieu, sans espoir, sans amour !

Ce n'est plus ce pays de douce souvenance
Que nous chantions là-bas et nommions notre France !
Ah ! repartons, madame, et vite, et sans retour !...

A. Le Sourd.

NOUVEAU SONNET A LA MÊME
ÉCRIT LE LENDEMAIN

De mon Sonnet d'hier j'ai grande repentance :
Mes alarmes ont dû contrister votre cœur.
Presser un cœur si grand d'abandonner la France
Au moment de la lutte ? oh ! non ! j'ai fait erreur.

Restez en ce pays, madame, en assurance :
Vos vertus aideront à le rendre meilleur.
Si les événements trompaient votre espérance,
Vous auriez Augusta, « l'ange consolateur. »

Pour moi, moins généreux, vaincu par la tristesse,
Je ne puis qu'admirer de vos cœurs la noblesse,
N'espérant plus que Dieu prenne pitié de nous !...

Mais, enfin, si le Ciel, après ce long orage,
Devait encor sourire au mérite, au courage,
Ah ! madame, je crois qu'il le ferait pour vous !

A. Le Sourd.

Ille-et-Vilaine.

A MA MÈRE
VISION D'UNE EXILÉE

> Dans un État populaire, il faut un ressort de plus que dans les autres : la Vertu.   Montesquieu.

Dans un linceul sanglant la France ensevelie
Contemple avec douleur son étoile pâlie ;
Elle appelle ses fils, les larmes dans les yeux,
Et leur dit en faisant une prière aux Cieux :
« Et vos frères d'Alsace, et ceux de la Lorraine,
» Où sont-ils ? » Sa tristesse à mon cœur faisait peine...
Elle cherche, et laissant tomber son doux regard,
Plein de langueur sur moi : « La cause du retard,

» Mon enfant, dis-la-moi ; pourquoi donc, pauvre fille,
» Avant tes compagnons tu laissas ta famille. »
Ne les accusez pas, répondis-je aussitôt,
Ils sont toujours vos fils, ils seront là bientôt ;
Car j'ai dû me sauver ; j'avais perdu mon père,
Cher et dernier soutien, qu'un instant de colère
Arma contre un soldat stupide, ivre de sang,
Qui n'eut pitié de l'âge et lui perça le flanc.
Moi j'implorai la mort... lui regarda sa proie
Sans pouvoir contenir une exécrable joie...
Mais je dissimulai, devinant ses projets,
Et le tigre s'en vint se prendre à mes filets.
Dès lors il fallut bien m'enfuir de ma chaumière
Et courir les chemins ; je vis une rivière,
Son onde m'attirait, peut-être... quand le Ciel
A moi soudain s'ouvrit, et je vis l'Éternel :
« Espère, noble fille, à l'âme douce et grande,
» J'ai frappé ta Patrie ingrate, qu'elle attende
» Et revienne à moi, mes bras lui sont ouverts,
» Je remets en ses mains le sort de l'univers. »
J'entendis sa parole et sa voix frémissante...
Comme la mer au loin terrible, rugissante,
Glace le matelot, fait plier ses genoux
Devant les éléments et leur sombre courroux,
Je m'inclinai. La nuit couvrait déjà la plaine
Que j'étais encor là, terrassée, incertaine ;
Je ne pouvais me vaincre ; un sourd bourdonnement
Agitait mon esprit, troublait mon sentiment.
Donc nos fautes, mon Dieu, sont pour toi de grands crimes,
Et pour les expier, il faut bien des victimes !
Sais-tu qu'ils ont sans honte et sans pudeur tiré
De notre sein flétri, par leurs mains déchiré,

Deux provinces d'un coup pour assouvir leur rage ?
Sais-tu que maintes fois ont péri sous l'outrage
Des mères, des vieillards dont l'antique valeur
Tint toujours ferme et haut le drapeau de l'honneur ?
Sais-tu... mais c'est justice. Ah ! promets de nous rendre
Le rang où le passé nous permet de prétendre,
Et tu verras bientôt le peuple du progrès
Retremper sa puissance au soleil de la paix.
Si jadis tu remis le sort de notre France
A Jeanne la Pucelle, et dirigeas sa lance
Droit au cœur de l'Anglais, ce sauveur, le veux-tu,
Je puis l'être à mon tour, et m'appeler Vertu.

Et Dieu me répondit, car je vis un nuage
Qui portait dans son sein un violent orage
Fuir devant le soleil ; et son premier rayon
Sembla dans mon esprit dorer ma vision.

P. Leray.

AUX ÉMIGRANTS

La plainte est lugubre et profonde.
A. Barbier.

Que d'autres, ignorant la valeur de la gloire,
Encensent le héros que flétrira l'histoire
    Peut-être dès demain,
Qu'ils bénissent celui dont les plaisirs intimes
Sont de tout massacrer pour combler de victimes
    Les fossés du chemin !

Moi, je garde mes chants pour nos malheureux frères !
Pour ceux que le courage et les faits téméraires

Placent aux premiers rangs ;
Pour ceux qui combattaient pendant une journée,
Pour ces hommes, tombés dans la lutte acharnée,
  Que la chute fait grands !

Si l'admiration n'est pas encore éteinte,
De quel côté tourner cette volupté sainte
  Que nous dicte le cœur ?
Pouvons-nous hésiter dans notre indifférence
Entre ce cher vaincu que l'on nomme la France
  Et ce lâche vainqueur ?

Non ! de pareils échecs ne sont pas des défaites !
Si les atrocités que ce roi fort a faites
  En face du Seigneur
Ne se retrouvent pas près de nous dans leur sphère,
C'est qu'au reflet de l'or chaque soldat préfère
  Le rayon de l'honneur !

Le vieux sol de la Gaule enfanta des génies
Par qui les nations furent jadis punies
  De leur témérité ;
Qui vous dit que demain quelque nouveau Turenne
N'aura pas écrasé la Prusse dans l'arène
  Où le gant est jeté ?

C'est à vous, chers enfants de la vaillante Alsace,
Que nous demanderons les hommes de la race
  De vos jeunes héros !
Peut-être aurons-nous l'âme assez bien retrempée
Pour pouvoir, à la fin du revers de l'épée,
  Souffleter nos bourreaux !

O les pauvres vaincus de l'Alsace râlante !
— La vîtes-vous venir la caravane lente,
   Tendant ses bras glacés,
Lorsqu'après les combats livrés dans cette plaine
Le farouche empereur dont ils bravaient la haine
   Leur eut dit : « Choisissez ! »

Alors a commencé la migration sombre ;
Les uns semblant courbés sous la douleur que l'ombre
   Ne pourrait pénétrer,
D'autres se redressant sur la terre rougie
Et retrouvant encore un souffle d'énergie
   Pour maudire et pleurer !

Les avez-vous donc vus surgir à la frontière
Ces nobles exilés que pousse une âme altière
   A donner, à genoux,
Un adieu solennel aux pères qui survivent,
Un regard d'espérance à leurs fils qui les suivent
   En se joignant à nous ?

Puisqu'ils laissent là-bas, creusés dans la colline,
Des tombeaux où souvent un poète s'incline
   Pour en baiser la croix,
Donnons-leur un instant de calme et de prière
Pour qu'ils puissent franchir la sinistre barrière
   Une dernière fois !

Trois cent mille déjà grossissent notre armée
Dont l'âme de vengeance est toujours animée...
   Penseurs silencieux,
Tendez-leur cette main d'où nous vient la puissance
Quand un peuple se lève en sachant qu'à l'avance
   Il marche avec les Cieux !

— Ne regrettez jamais ces charmantes vallées
Que le soir inondait de gerbes étoilées,
      D'un feu resplendissant;
Ne regrettez jamais votre riche campagne
Puisque, nonchalamment, le roi de l'Allemagne
      L'achète avec du sang!

Unissez-vous à ceux qui vous aiment, ô braves,
Et tâchez de briser la chaîne des esclaves
      Sous vos pas triomphants,
Si vous voulez qu'enfin, pour notre gloire ancienne,
L'humble toit des aïeux aujourd'hui redevienne
      Le berceau des enfants!

Paul Labbé.

Eure.

UN SONGE AU TEMPLE DE LA SAGESSE

A M. MARIN

L'auteur des mille nuits, d'une main non pareille,
De cent palais divers a décrit les merveilles;
Le fier Châteaubriant, chanta le vieil Éden,
Et le bon Fénélon les champs Éliséens;
Voltaire nous conduit au temple de la gloire,
Où sont nos vieux héros consacrés par l'histoire;
Le Dante en ricanant nous descend aux enfers,
Séjour peu redouté par les esprits pervers;
Et, Le Tasse fait voir dans le château d'Armide,
Où nous mène l'amour d'une femme perfide :

Mais si ces beaux esprits, par leurs rares talents,
Ont enrichi leurs vers des plus beaux ornements,
En simple villageois, enfant de la nature
Qui récite les faits, sans arts et sans parure,
Je vais te raconter un beau songe inouï,
J'en suis, ma foi, Marin, tout encore ébloui.

Couché près du rocher bruni par les années,
Du peuple j'admirai les nobles destinées,
Lorsqu'un songe charmant m'a transporté soudain,
Des bords de Cotignac dans un temple divin.
Sans tous ces monuments de luxe et d'opulence,
Ni de ces beaux tableaux que l'on voit à Florence,
Sans marbre ciselé, sans style Corinthien,
Ce palais était beau, comme anti-diluvien.
Un air pur toujours frais comme un torrent l'inonde;
A l'abri des autans, de la mer et du monde
C'est un heureux séjour, il est digne des dieux.
Ainsi le bel Éden, charma nos bons aïeux.
Dans son vaste jardin sans art, toujours splendide,
J'y vis la pomme d'or de la riche Hespéride.
Toutes sortes de fleurs de tous les océans,
Et, les beaux fruits où règne un éternel printemps.
Par les fleurs et les fruits et les plantes sauvages
L'air pur est embaumé, sur ces riantes plages;
Une chute du Nil, puis de petits ruisseaux
Serpentaient mollement à travers des berceaux.
De superbes oiseaux aux couleurs éclatantes,
Chantaient des airs nouveaux sur ces rives charmantes.
De petits animaux toujours inoffensifs,
Croissaient et sautillaient sur le bord des rescifs.
Par sa simplicité, Marin, je te le jure,
Nul site n'est plus beau dans toute la nature.

Était-ce des héros, ou bien de demi-dieux,
Lucifer de Milton qui régnait en ces lieux?
Non, non c'est le palais, où règne la sagesse;
C'est là que l'on peut voir les sages de la Grèce,
De la France et de Rome et du monde connu,
Le bienfaiteur du peuple est là le bienvenu.
Au favori de Mars, l'entrée est interdite,
Ainsi qu'au fanatique, au méchant hypocrite;
A ces fameux Césars du genre humain, l'horreur,
Pire que ces bandits l'effroi du voyageur.

Auprès d'un frais bosquet Homère à Miltiade
Ainsi qu'à Xénophon chantait son Illiade.
Vashington et Lincol et les frères Graccus
Et près d'eux Scipion, Annibal et Brutus,
A l'abri d'un palmier écoutaient sans critique
De Platon le divin la bonne République.
Comme on voit en tous temps de bien rares beautés,
Les siècles et les lieux y sont représentés.
Joroastre, Caton, St-Ambroise, Aristide,
Confucius, Numa, Jeanne d'Arc, Euripide,
Qui peut compter les grains de sable du désert,
Le murmure des flots, les vagues de la mer.

J'étais enfin entré dans une salle immense
Où l'on voyait assis des enfants de la France;
Socrate au milieu d'eux sans art, sans fiction,
Expliquait sa morale et sa religion,
Lorsque je vois venir un vieillard vénérable,
A l'aspect imposant mais pourtant agréable.
Il s'approche et me dit en me tendant la main:
Enfant de Cotignac, je suis l'aîné Marin.

C'est pour avoir aimé le pauvre en sa misère,
Le chétif orphelin et l'humble prolétaire;
Pour avoir méprisé les emplois, les honneurs,
Le servilisme enfin qui conduit aux grandeurs,
Que je suis en ces lieux auprès de la sagesse
Et des sages de Rome ainsi que de la Grèce,
Et des hommes plus grands par leurs rares vertus,
Que ne furent César, Tamerlan ou Crésus;
Enfant de Cotignac, dans ma riche vallée
Je t'ai vu gambader sous la verte feuillée.
Quoique vieux j'étais vert et je suis toujours frais,
Car l'or et la vertu ne vieillissent jamais.
J'aime ton beau pays où le Ciel me fit naître,
Qui fut celui des miens et de tous mes ancêtres;
Où j'ai passé des jours filés d'or et d'azur,
Dans un bonheur parfait le calme le plus pur.
Nos braves et fiers aïeux sans craindre la mitraille,
Payèrent de leur sang dans plus d'une bataille.
C'est pour avoir servi la France avec honneur,
C'est par leur loyauté, que ces hommes de cœur
Furent faits colonels par de grands capitaines
Tels que le grand Condé, Luxembourg et Turenne.
On les vit enfoncer des carrés à Rocroy,
Et combattre en héros plus tard à Fontenoi.
Ces dignes colonels, fiers enfants de la France,
Sans renier leur foi, ni vendre leur conscience,
Furent chéris de tous, du peuple et de l'État,
Et comme citoyens et comme bons soldats.

La France vient d'entrer dans une ère nouvelle,
Les sages de ces lieux, la déesse immortelle
Approuvent hautement ce principe si beau,
Qui seul peut relever notre noble drapeau.

LA JUSTICE

Je vois avec plaisir que mon fils suit ma trace,
Qu'il est digne de nous et de toute sa race.
Déjà la renommée, en traversant les airs,
Vient de nous annoncer, par ses moyens divers,
Que mon fils veut, avant de finir sa carrière,
Donner au pauvre, ainsi qu'à la classe ouvrière,
Un gage de son cœur, d'amour et de bonté
Qui portera son nom à la postérité.
Que mon cœur est ému! quelle douce allégresse!
Je suis dans les transports de la plus sainte ivresse!
Il donne la maison où sont morts nos aïeux,
Où fut toujours reçu le pauvre malheureux,
Qui n'a jamais connu ce qu'était l'injustice.
Pour en faire un asile aussi bien qu'un hospice.
Honneur à toi mon fils! au corps municipal!
Honneur à Cotignac qui fait un hôpital!
Et déjà depuis lors, le comité des sages,
D'une commune voix a donné ses suffrages,
Pour qu'il fut décrété que fils Xavier Marin,
Était digne d'entrer dans ce palais divin.
Et sa place sera, nous a dit la sagesse,
Près des sages de Rome et de ceux de la Grèce.
Il dit. Je ne vis plus, ce palais merveilleux
Digne de toi, Marin, et de tes bons aïeux.

C. LONG.

Var.

A LA FRANCE

> Développer ce grand mot : conscience, apprécier cette grande chose : la Patrie, telle est la mission d'une poésie régénératrice. — É. CARRANCE.

Mère, sèche tes pleurs. L'heure de la souffrance,
Comme l'hiver devant les brises du printemps,
S'enfuit laissant ton âme ouverte à l'espérance.
Vers l'avenir plus doux qui te sourit, ô France,
    Tourne donc tes yeux, il est temps!

Vois! sur ton sein meurtri le Hun vainqueur se penche
Pour entendre ton cœur jeter son dernier glas...
Mais, sentant quelle vie en tes veines s'épanche,
Il tressaille... il se trouble... il craint une revanche,
    Et ta revanche, tu l'auras!

Mais, celle qu'il te faut, ô mère bien-aimée,
La seule noble, c'est de faire à tes enfants
Une âme grande et fière aux vils instincts fermée;
Il faut, pour recouvrer ta vieille renommée,
    Pour revoir tes fils triomphants!

Pour reprendre ton rang et le sceptre du monde
Et ton antique éclat, mère, avant tout, il faut
Loin des sombres bas-fonds où naît le vice immonde
Marcher, et vers les lieux que la lumière inonde
    Monter toujours, toujours plus haut!...

Monte donc! Refais-toi des mœurs simples, austères.
Cherchant l'air pur, fuyant l'haleine qui corrompt,

Fais circuler un sang nouveau dans tes artères,
France ! et de nobles cœurs et de grands caractères
　　　　Fais une auréole à ton front !

Par le travail, l'étude établis ton empire :
Sonde, scrute, interroge et la terre et les Cieux ;
Crée, invente, produis, parle, chante, soupire,
Sois le peuple qui pense et progresse et n'aspire
　　　　Qu'à vaincre le mal en tous lieux !

Laisse la nuit impure au Prussien louche et chauve :
A lui la honte... à toi l'honneur et la clarté !
Qu'aux pieds de ses dompteurs rampe la bête fauve,
Toi, le front haut et fier, marche vers ce qui sauve,
　　　　Que ton but soit : la Liberté !

C'est elle qui vaincra tes vainqueurs ; c'est par elle
Que du juste et du bien s'imposera la loi ;
Et, parce qu'à son culte ils te sauront fidèle,
Qu'afin d'en recevoir la parole nouvelle
　　　　Tous les peuples viendront à toi !

Julien Lugol.

Tarn-et-Garonne.

LE DIX-NEUVIÈME SIÈCLE

A M. AUGUSTE CHASTAN

En ce siècle barbare il n'est plus de justice,
Tout est perdu, l'honneur n'est, hélas ! qu'un vain mot
Que l'on jette au public avec force artifice
Dans le but d'exploiter le savant et le sot.

« Tromper c'est intérêt, voler c'est bénéfice, »
Ainsi disent ces gens qui s'en vont au grand trot
Dans les salons dorés où dame Bérénice
Les attend chaque soir pour jouer au tripot.

C'est là leur passe-temps; s'ils n'y font leurs affaires
Y trichent bien souvent et complotent après
Contre les ouvriers toujours leurs tributaires.

Aussi pour eux, ami, ce sont de grands progrès
Quand ils peuvent agir comme font les corsaires;
C'est ce qu'ils nomment tous leurs grands jours de succès.

Louis Mas de Castres.

ODE A LA SUISSE

DÉDIÉE A MON ONCLE LEBRAT

O Helvétia !

Bien que je sois sans voix à ton aspect sublime,
Que ton âpre beauté soit pour moi d'un abîme
    L'immense profondeur,
Laisse-moi te chanter Suisse, terre sacrée,
Qui par tes hauts glaciers tiens mon âme enivrée
    Et mon esprit rêveur.

Terre de Liberté, berceau de République !
Toi, seule dans l'Europe et dans le monde unique
    Pour le civisme pur,
Que j'aime tes aspects charmants et pittoresques,
Et tes monts découvrant des sommets gigantesques,
    Et de tes lacs l'azur !

LA JUSTICE

Du haut de l'Oberwald où le chamois habite
L'œil du touriste plonge et n'a pas de limite
  Qui puisse l'arrêter ;
Il se croit souverain de la terre bénie,
Et dans son âme naît une ardeur infinie
  Qui va le transporter...

En effet, en voyant cette agreste campagne,
Ce lac réfléchissant la plus haute montagne
  Du canton d'Appenzell,
Quel peut être le cœur qui ne se sent pas battre,
Surtout en découvrant derrière un point grisâtre
  L'ancien foyer de Tell ?

C'est bien lui qu'on adore encor dans l'Helvétie :
Lui qui fut le héros d'une péripétie,
  Et d'un drame sanglant ;
Lui, qui brisa les fers de sa mère chérie
Et qui, frappant Gessler, s'écriait : « O Patrie
  » C'est pour toi qu'est son sang ! »

Honneur au citoyen qui fut grand pour ta gloire !
Tu dois le révérer et garder sa mémoire,
  Nid de la Liberté !
Que son sublime exemple et son amour civique
Te servent au moment du despotisme inique
  D'un monarque insensé.

Crains tout des Allemands et de leurs chefs barbares :
Pour ces vautours du Nord, cruels autant qu'avares,
  - Vivre c'est conquérir ;
Affaissé comme un serf sous le fardeau qu'il traîne,
Ils ont les yeux rivés sur un énergumène
  Qui n'a plus qu'à périr.

Pour ce prince altéré d'or et de tyrannie,
C'est peu d'un peuple altier la terrible agonie,
      Il lui faut l'univers :
La Suisse après la France, ensuite l'Angleterre,
La Russie et l'Autriche et l'Amérique entière,
      Et puis enfin... des fers !

. . . .

Oui, l'Europe se lasse et va brandir son glaive
Afin de châtier la Prusse après son rêve,
      Rêve d'oppression !
Et toi, Suisse idéale, et toi, vierge féconde,
Sans rêve glorieux tu seras dans le monde
      L'auguste nation !

GABRIEL MARIS.

Ardèche.

A M. CHARLES DANCLA

J'ai souvent, non très loin du lieu de ma retraite,
Dans un vallon obscur, caché, délicieux,
    Rempli d'une extase secrète,
Écouté les concerts de la terre et des Cieux.
Là, tandis que tout fuit, et qu'à mes yeux paisibles
La lumière descend d'un Ciel calme et d'azur,
De ces arbres touffus, de ces roseaux flexibles
    S'élève un accent triste et pur.
C'est des vents parfumés l'harmonieuse haleine
Qui de la feuille émue a tiré ce soupir.

A cet appel répond et roule sur la plaine
Un ruisseau qui gémit comme pour m'attendrir.
Des herbes déroulant la longue chevelure
A mes pieds il serpente, il bouillonne, il murmure;
Loin de moi je le vois disparaître et s'enfuir...
   Divin concert, heureux qui peut t'entendre !
Mais, parmi ces accords, plus facile à comprendre,
De ces buissons en fleurs, quel chant vient de partir?
Triste il s'élève, il meurt, tombe plaintif et tendre,
Il se relève, éclate en jets vifs et légers;
Quel chantre, ainsi rendant les chagrins passagers,
Près du nid qui contient sa plus chère espérance,
Berce, endort ses petits, et des sons qu'il cadence,
  Au sein des plus pénibles nuits,
Amuse sa compagne et charme ses ennuis!
Oui, souvent, oui... vaincu, tremblant et sous ton charme
O vallon frais et pur, doux bruits, aimables chants,
Souvent je me suis dit, essuyant une larme :
Est-il accords plus doux? est-il sons plus touchants?
Que disais-je, ô Dancla?... Non, ta voix pathétique,
Non, tes accents vibrant sous cet archet magique
N'avaient point fait frémir, pleurer, chanter mon cœur;
Non, ton organe à toi tout-puissant, énergique,
Des chants de la nature à mon avis vainqueur
Ne m'avait point avec cet élan frénétique
Inspiré tour à tour la joie et la douleur.
Mais tout tremblant encor je viens de les entendre :
Rien n'est plus beau, plus grand, plus touchant et plus tendre
Et n'a rempli mon sein d'une pareille ardeur.
Ah! trop tôt pour le cœur qui vers lui la rappelle,
  Quand cesse le temps des frimas,
  Dans l'espace étendant son aile,

L'errante et volage hirondelle
Revole vers d'autres climats.
Ainsi tu partiras dans un temps plus tranquille, (1)
Ainsi tu t'enfuiras vers un plus beau séjour; (2)
Mais, souviens-toi, Dancla, souviens-toi bien, ce jour
Que tu laisses aux bords, d'où cet hiver t'exile,
Non-seulement des cœurs que ta main sut charmer
Mais, présent que bien mieux on aime,
Des amis épris de toi-même,
Et qui longtemps sauront t'aimer.

G. Mocquereau.

Maine-et-Loire.

LES DEUX SŒURS

Au bonheur des mortels espérant concourir,
Deux sœurs, filles des dieux, vierges inséparables,
Des splendeurs de l'Olympe aux séjours habitables
Tombèrent par amour. On les vit accourir
Voltigeant, comme on fait, au milieu d'un nuage.
Cette vapeur de l'air, fluide immaculé,
Les porta, chastement, vers une sombre plage
Où l'instinct du malheur semblait inoculé.

Les champs étaient déserts. La terre était inculte.
Le pays par des serfs se trouvait habité.
Un despote y trônait. Il était redouté

---

(1) M. C. Dancla s'était réfugié à Cholet pendant des troubles à Paris.
(2) Paris.

LA JUSTICE

Pour son gouvernement, inexorable insulte
Au bon sens, à l'honneur, voire à l'humanité.
On ne voyait partout, dans ce triste royaume,
Que gens dégénérés, cauteleux et trembleurs.
La misère empestait leurs seuls abris de chaume.
Pas un ne soupçonnait le sentiment des pleurs.
Tous fourbus, abêtis, résignés, impassibles,
Ils dévoraient leur mal comme feu leurs aïeux.
Végétant sans espoir ils mouraient insensibles.
Traités en animaux ils ne valaient pas mieux.

La pitié des deux sœurs, à ce spectacle inique,
Tressaillit. En voyant, demi-nus, affamés,
Tant d'êtres, nés égaux, par un seul opprimés,
La colère entama leur douceur angélique.
Le palais du monarque était tout près de là.
Elles vont droit à lui : l'œil en feu, l'âme émue,
Avec ce zèle ardent qui domine et remue,
Elles forcent la garde, en disant : nous voilà,
Prince !... Il faut nous entendre. Au nom de la justice,
Nous venons te sommer de respecter tes lois.
Tout subit, jusqu'ici, ton révoltant caprice
Comme si les sujets étaient nés pour les rois.
Entre l'orgueil jaloux, les rigueurs, la démence,
Tu n'as jamais admis un paternel milieu.
On a, toujours en vain, imploré ta clémence,
Tu fais des malheureux et tu vis comme un dieu.
Dépouille, à l'avenir, ta superbe insolence.
Règnes, si tu le peux, mais par la charité.
Regarde autour de toi !... La mort et le silence !!!
L'art d'étonner le monde est-il la cruauté ?

Je ne l'ai point rêvé!... ce discours!... cette audace!...
Au niveau des manans suis-je donc descendu?
On me dicte un programme! on m'interpelle en face!
Mânes de mes aïeux, l'avez-vous entendu?
Comment assez punir cette incroyable offense?
Ah! vengeons, sans pitié, l'honneur de ce palais!
Accourez mes féaux, préparons ma défense!
A moi, mes courtisans, mes soldats, mes valets!

Mais les chastes beautés, écartant les esclaves,
Et toisant du regard ce terrible appareil,
Passent, en les calmant, au travers de ces braves,
Comme fait, pour la nue, un rayon du soleil.

Puis, avisant un prêtre au fond d'un sanctuaire,
Ce Ciel anticipé du croyant débonnaire,
Et s'adressant à lui, dans leur sincérité :
Père... inflige au pouvoir tes sermons charitables!
Intercède, après nous, pour tant de misérables
Que le souverain rive à sa duplicité.
Et si tu n'obtiens pas, par ton saint patronage,
De tempérer, au moins, un infâme esclavage,
Si tu n'apportes pas de calme à ces douleurs,
Si l'on ne restitue à tout ce pauvre monde
Un recoin productif de la machine ronde,
Signale au noir Pluton tels augustes voleurs.

Pour toi, bien que soumis à tes pieux modèles,
Ne fixe pas toujours le céleste horizon.
Reste un peu sur la terre et, suivant la raison,
Dis la vérité vraie à tes épais fidèles.

Prêche à ces innocents comme quoi Jupiter
Les a créés pour eux et non pas pour lui-même.
A quoi peut lui servir qu'on l'exalte et qu'on l'aime?
Quand a-t-il exigé votre Pater Noster?
Vers ce Dieu, de leurs cœurs, impénétrable abîme,
Partent des vœux sans nom, que tu dois déplorer.
Il vaudrait mieux bien faire, un peu moins l'adorer,
Que de lui filouter l'impunité du crime.
Dis cela, grand pontife, à tes profanateurs.
Ton temple est où peut être une divine école.
Un ministre sacré moralise et console.
N'es-tu pas le premier des pacificateurs?
Combats leurs préjugés avec persévérance.
La crédulité nuit aux élans généreux.
En laissant triompher leur mortelle ignorance,
Tu les feras pervers et, par là, dangereux.

Femmes, que dites vous!... Notre Souverain Maître
Gouverne ses sujets selon son bon plaisir.
Nos pouvoirs sont divins. Il est roi! je suis prêtre!
Les autres sont nos gens. Ils n'ont pas à choisir.
Vous demandez, pour eux, les funestes lumières
Dont l'homme a le travers de toujours abuser.
Ne les portez jamais au fond de leurs chaumières,
Vous n'avez pas le droit de les leur imposer.
Avec les mots suspects de progrès et de gloire
On fait des insolents, des rêveurs, des ingrats!
Si le peuple savait, il ne me croirait pas,
Et j'ai pour ordre exprès de l'obliger à croire.

Entendu! — Le saint homme ayant lâché son fiel,
On vit, à ce moment, contre son habitude,

S'émouvoir, s'entasser, gronder la multitude
Qui parla de supplice aux deux filles du Ciel.
Mais répliquant, soudain, avec le calme austère
Qui convient à la foi, mêlée à la grandeur,
Elles vont conjurer ce produit adultère
De la férocité soudée à la candeur.
Par dévoûment pour toi, nous venons, dirent-elles,
T'offrir et t'assurer, avec des lois nouvelles,
Le bonheur relatif, un sort facile et doux.
Avant de nous briser, cher peuple, écoute-nous?
Tu gémis sans oser, tu pâtis comme indigne,
Toi la force et le nombre et, de plus, la vertu!
Quand as-tu mérité ce châtiment insigne?
Innocent de ton mal, comment le souffres-tu?
Pour tes dominateurs réclamant l'indulgence,
Nous t'aiderons pourtant à supprimer ton roi.
Ferme et sage à la fois, sans éclat, sans vengeance,
Reprends l'autorité qui n'appartient qu'à toi.

La foule, à ce discours, menaçante, imbécile,
Au rebours de ses droits acclame un dictateur.
Elle répond du poing. Réponse assez facile.
Devant tel argument soyez donc orateur.
Un fanatique, alors, s'arrogeant la parole,
Dit, en les insultant : Qui vous demande ici,
Filles d'enfer? Allez, redoutez notre idole!
Qui, d'ailleurs, êtes-vous pour nous prêcher ainsi?

Je suis la Liberté!... ma sœur, la République!
Recevez, fiers humains, nos éternels adieux!
Puisque, depuis Adam, cela vous convient mieux,

Restez obéissans, butors, capricieux;
Gardez, jusqu'à la fin, votre foi monarchique,
Votre servilité bigote et fatidique!...
Venez, venez, ma sœur, remontons vers les Cieux!

CHARLES MAGNÉ.

Charente-Inférieure.

CONSEILS

I

Vois-tu ce soleil qui scintille
Au plus haut point du firmament?
Et ce Ciel où l'étoile brille
La nuit, comme un pur diamant?
C'est Dieu qui fit ces belles choses,
Pour charmer tes regards joyeux;
C'est lui qui fait fleurir les roses
Et c'est lui qui t'aime le mieux.

Mais pour tant d'amour il demande
Enfant que tu lui sois soumis.
Sais-tu ce que sa loi commande
Aux petits enfants, ses amis?
Elle leur dit : « Soyez dociles
» A la voix qui vous guide au bien,
» Afin qu'au Ciel, roseaux fragiles,
» Vous ayez Jésus pour soutien. »

II

Jeune homme, dont la rêverie
Entrevoit de prochains malheurs,
Regarde au loin dans la prairie,
Ces faisceaux d'épis et de fleurs;
Respire ce suave arôme
Qu'exhalent nos riants coteaux.
Dieu créa tout cela pour l'homme...
Et tu l'accuses de tes maux !...

Ah ! ne sois pas aussi rebelle,
Songe à l'avenir qui t'attend,
Et que ta jeunesse si belle
Ne soit pas flétrie en partant.
Aimer voilà le bien suprême,
C'est aussi le seul vrai bonheur.
Reviens à Celui qui nous aime,
Consacre ta vie au Seigneur.

III

Homme dis-moi pourquoi tu pleures?
Ton orgueil est-il abattu?
Ne laisse point couler les heures,
Sans revenir à la vertu.
Pour embellir ta destinée
L'Être suprême, auprès de toi,
Mit une douce fiancée
Qui t'aide à pratiquer sa loi !

Ne laisse pas d'heure inutile,
Chacun a sa part de douleurs;
Mais on abat l'arbre stérile
Qui ne porte ni fruits, ni fleurs.

Ne redoute point la tempête,
Fais du bien à tes ennemis.
C'est ainsi qu'un sage s'apprête,
Pour le Ciel qui nous est promis.

IV

Bon vieillard, dont la chevelure
Inspire un noble et saint respect,
Ah! parle-nous de la nature,
En toi rien ne paraît suspect.
N'est-ce pas que dans l'existence
Chaque joie arrive à son tour?
Et que l'homme dès sa naissance
A besoin d'un rayon d'amour?

N'est-ce pas que l'homme qui prie
Est plus fort contre le malheur?
. . . .
Déjà ton épouse chérie
A laissé ces lieux de douleur.
Pour toi la mort n'est plus à craindre,
Et peut demain trancher tes jours.
En mourant tu vas la rejoindre
Au Ciel... où l'on aime toujours.

J. MARCHAND.

Charente-Inférieure.

LA JUSTICE

Nous sommes tous égaux devant la loi,
Dit le premier article de la Charte;
On ne fit pas, je le crois, mieux à Sparte;
J'ajouterai même sous aucun roi.
Mais ce décret pourrait être factice,
Pardonnez-moi mon incrédulité.
Magistrats, dites-nous pourquoi la vérité
Ne dicte pas toujours l'arrêt de la justice?

Sous le parler d'un habile avocat,
Nos codes ont différentes nuances.
L'or et le rang, funestes influences,
Font pallier un point indélicat.
Qu'un égaré souffre et se pervertisse,
Fait-on la part de la fatalité?
Magistrats, dites-nous pourquoi la vérité
Ne dicte pas toujours l'arrêt de la justice?

Loin d'éclairer, on préfère punir;
Puis avant tout il faut emplir le bagne,
Quand des escrocs que l'audace accompagne,
Fripons fieffés, savent tout obtenir.
Qui donc un jour tracera la notice
De tant de vols et d'immoralité?
Magistrats, dites-nous pourquoi la vérité
Ne dicte pas toujours l'arrêt de la justice?

Juge ou sachem nous vous en supplions!
Mettez un frein au dol, à la faillite.
Jusqu'à présent le code facilite
Un déficit de quelques millions.

LA JUSTICE

Ceux, presqu'absous pour ce fait subreptice,
Penseront-ils avoir démérité?
Magistrats, dites-nous pourquoi la vérité
Ne dicte pas toujours l'arrêt de la justice?

De tant d'horreurs je détourne les yeux,
Plein de dégoût, miasme délétère,
En attendant qu'on purge notre terre;
On a besoin de regarder les Cieux.
Quand le droit juste invoque un armistice,
Dieu juste et fort, rends-nous l'intégrité!
Magistrats, dites-nous pourquoi la vérité
Ne dicte pas toujours l'arrêt de la justice?

Tous les Français devant les lois égaux?
Non, cent fois non! partout même indolence.
Thémis apprends qu'il faut de ta balance
Rectifier les poids et les plateaux.
Ton temple croule, et plus d'un interstice
Prouve qu'il a peu de solidité...
Magistrats, dites-nous pourquoi la vérité
Ne dicte pas toujours l'arrêt de la justice?

CH. MARCHAND.

Maine-et-Loire.

L'EXISTENCE DE DIEU

> *Unus Deus et pater omnium qui est super omnes, et per omnia, et in omnibus nobis.*
> PAUL EPHŒS., ch. 4, v. 6.

On aurait beau douter, on est forcé de croire :
En tous lieux et toujours Dieu révèle sa gloire.
Les astres, suspendus à la voûte des Cieux,
Ne sont que le reflet de son front radieux;
La terre de ses dons reçoit l'heureux partage;
Pour dire sa grandeur les mers ont un langage;
L'oiseau pour le bénir a de joyeux accents,
Et pour mieux se montrer il nous fit ses enfants.
L'air que nous respirons est son auguste haleine;
L'univers tout entier n'est pas tout son domaine.
Et pourtant, ô mon Dieu, l'athéisme effronté
Voudrait qu'on t'acceptât comme une absurdité.
Le néant nous reçoit, c'est lui qui nous voit naître;
Dieu n'étant qu'un vain mot n'a plus de raison d'être.
Guerre aux adorateurs! Il faut que désormais
On travaille, on s'instruise au chemin du progrès.
Ce qui porte le nom d'esprit n'est autre chose
Que le souffle vital dont le néant dispose,
Et ce qu'on aperçoit dans le vaste univers,
Dans le monde, peuplé d'animaux si divers,
Est l'agrégation, le produit des atomes.
Tous ces êtres, enfin, qu'on appelle les hommes,
Qui se prévalent tant du don de la raison,
Sont des singes, parfaits par éducation.
Obscur néant, comment aurais-tu pu produire
Ces milliers de trésors que je vois, que j'admire?

De ton sein creux et vide aurait-il pu sortir
Cet esprit que la mort ne saurait nous ravir?
Essence provenant d'une essence première,
L'âme commande au corps, composé de matière;
Seule elle a les moyens, seule elle a le pouvoir
De penser, raisonner, réfléchir et vouloir.
Le corps n'est que l'agent des volontés de l'âme;
L'âme est le pur rayon d'une divine flamme.
Tout est l'œuvre, en un mot, d'un être essentiel,
D'un être souverain, tout-puissant, éternel.
Oui, c'est de toi, mon Dieu, que je tiens l'existence :
Tout démontre ici-bas ta divine puissance.
Je ne puis embrasser ton immense horizon,
Mais ce que je conçois suffit à ma raison.
D'un seul vrai, d'un seul beau mon âme est satisfaite,
Elle goûte le monde et toujours le rejette;
Elle ne se complaît qu'au sein de ta bonté,
Chacun de ses soupirs est pour l'éternité.
Créateur infini, je te bénis, t'adore :
Mon corps serait poussière et je vivrais encore,
Et je vivrais en toi, car tu vis, ô Seigneur,
Tu vis, et dans toi seul existe le bonheur.
Je n'ai que peu de temps à rester sur la terre,
Je le passe dans l'ombre et cherche la lumière.
J'entrevois le grand jour où j'irai dans ton sein
Goûter les doux trésors de ton amour divin.

PHILIBERT MAZAUDOIS.

Haute-Vienne.

LES DEUX VOIES

Le désir d'être heureux, ce sentiment commun
Qui règne en tous les cœurs et fait agir chacun,
Est de tous nos penchants la cause primitive
Et de nos actions la raison instinctive ;
Sa spontanéité n'est qu'un instinct brutal
Et son dérèglement n'engendre que le mal.
Mais lorsque la raison, au bonheur nécessaire,
Subjugue ce désir, le règle et le modère,
Tous nos autres désirs, toutes nos facultés
Convergent vers le but de nos félicités.

L'ensemble merveilleux des ressorts de notre âme,
Que la psychologie et dicerne et proclame,
Nous prouve évidemment que pour la vérité
L'auteur de l'univers créa l'humanité,
Et que si l'Éternel veut qu'aux yeux de ce globe
La vérité parfois se voile ou se dérobe,
Et qu'en sa plénitude on ne puisse ici-bas
La voir, la contempler, ne la connaître pas,
C'est, infailliblement, que dans une autre vie
Dieu doit la découvrir à notre âme ravie.

Cependant nous avons, avec la volonté,
Tout ce qui constitue en nous la Liberté.
Habituons-nous donc à faire bon usage
De ce très précieux et divin avantage :
Heureux celui qui sait commander à ses sens,
Dissiper le mensonge et dompter ses penchants ;

Mais malheur à quiconque, au lieu de la détruire,
Par son erreur se laisse entraîner et séduire.

Plaignons ce malheureux, cet insensé, ce fou
Qui, possédant chez lui les mines du Pérou
De crainte d'altérer l'état de ses finances
Dans la privation de toutes jouissances,
Traîne ses lésineux et misérables jours,
Qu'il va finir hélas! délaissé, sans secours.
O passions sans frein! ô défaut de sagesse!
Que vous faites de mal à notre humaine espèce :
L'avare meurt de faim sur des monceaux d'écus
Dont son fol héritier fait un funeste abus;
Dans l'espoir d'acquérir un nom et des richesses,
L'ambitieux renonce aux plus douces caresses.
Il abandonne tout : il quitte ses parents,
Ses amis, ses amours, le berceau de ses ans,
Sa Patrie où sont nés et sont morts ses ancêtres,
Ses rustiques travaux et ses plaisirs champêtres.
Déréglé dans ses mœurs et dans ses passions,
Enfin il sacrifie à ses ambitions,
A ses vastes projets de fortune et de gloire
Le bonheur d'une vie, humble mais sans déboire.
En vain de l'Australie il posséderait l'or,
A ses désirs cela ne suffirait encor.
Des grandeurs ne rêvant que d'atteindre le faîte,
L'ambitieux jamais n'a l'âme satisfaite :
Qu'aujourd'hui la fortune, ouvrant pour lui la main,
Lui donne un nom, un rang, vous le verrez demain,
Ce grand, pour obtenir quelques plus hautes marques
De celle qui préside aux destins des monarques,

Remettre tout en œuvre, excepté la raison
Dont chez lui la folie a brisé l'écusson ;
Enfin d'or et d'honneurs son âme inassouvie
S'envole tristement au terme de sa vie.

Pour le mortel oisif, apathique, indolent
Le progrès, l'avenir n'ont pas de stimulant ;
Le bien, le beau, le vrai, de leur sublime flamme,
N'échauffent pas son cœur, n'éclairent pas son âme.

Qui n'a pas d'autre part son grain d'ambition
Et n'aspire à se faire une position ?
Quel homme ne fait pas des châteaux en Espagne ?
Quel esprit quelquefois ne bat pas la campagne ?
Ces rêves de bonheur, ces projets, ces désirs
Agrémentent la vie, avivent les plaisirs ;
Délassent notre esprit et soudain lui redonnent
La souplesse et l'ardeur lorsqu'elles l'abandonnent.

Vers le Dieu de douceur, de clémence et de paix,
Dont l'invisible main nous comble de bienfaits,
Comme un parfum d'amour que la reconnaissance,
S'élevant de nos cœurs, monte avec l'espérance.
Par amour, par devoir, honorons nos parents
Et d'affectueux soins entourons leurs vieux ans.
Comme une sainte mère, accablée et meurtrie,
Chérissons, vénérons notre pauvre Patrie ;
De nos frères, ses fils, tombés au champ d'honneur
Consolons-la, calmons, partageons sa douleur.
Que notre ardent amour, comme un souverain baume,
De ses maux, dont sont cause et Bismark et Guillaume,

Hâte la guérison et chasse de son sein
Des rapaces frelons le germanique essaim.
Indulgents pour autrui, pour nous-mêmes sévères,
Soyons amis discrets, dévoués et sincères.
De l'homme généreux, sympathique, obligeant,
Prévoyant, ménager, frugal et diligent,
Qui sait par ses vertus, ses mœurs, sa bienséance,
Par son travail, son ordre et son intelligence
Sanctifier sa vie, édifier les siens,
Se rendre utile et cher à ses concitoyens,
Et se faire un bien-être indépendant et stable,
Suivons le bon exemple et la voie honorable,
Et sachons comme lui, modérant nos désirs,
Ne préférer jamais aux devoirs les plaisirs.
Imitons, en un mot, cet homme utile et sage,
Qui de ses facultés fait un si noble usage ;
Car le pain du travail, les vertus et l'honneur
Sont les plus sûrs garants du pur et vrai bonheur.

Théodore Neuve-Église.

Seine.

A MA NIÈCE LISA

AGÉE DE 7 ANS

Quand sur mon front courbé par le poids des tristesses
    Je sens tes blonds cheveux,
Quand de tes petits bras, enfant tu me caresses,
    Oh ! je me sens heureux.

Lorsque ta douce voix, de ta bouche vermeille
    Sort comme un chant d'oiseau,
Le luth harmonieux serait à mon oreille
    Et moins pur et moins beau.

Quand sur moi ton regard où brille l'espérance
    S'arrête avec bonheur,
C'est un rayon du Ciel qui calme ma souffrance
    Et réchauffe mon cœur.

Quand ma lèvre flétrie avec amour se pose
    Sur ton front si charmant,
Sur ton visage frais et de lis et de rose,
    Pour moi quel doux moment!

Lorsque ton cœur naïf me murmure je t'aime!
    Aveu délicieux
Que je sais n'être point un mensonge, un blasphème,
    Des pleurs baignent mes yeux.

Oh! caresse toujours ce front que les alarmes
    Courbent avant le temps,
Ce front que les douleurs, les chagrins et les larmes
    Couvrent de cheveux blancs.

Redis, redis toujours tes aveux de tendresse
    A mon cœur consumé...
Ce cœur qui n'as connu qu'amertume et tristesse
    Et qui veut être aimé!

Laisse-moi déposer sur ton front, sur ta joue
   Fraîche comme une fleur,
Et sur tes blonds cheveux où le zéphir se joue
   Un baiser de bonheur.

Oui, laisse-moi toujours dans cette ivresse pure,
   Car, hélas ! maintenant
Il n'est de chaste amour, il n'est d'amitié sûre
   Que dans un cœur d'enfant.

Colombe, si tu veux que ton aile repousse,
   Pour revoir à jamais
Ton Ciel bleu, tes fleurs d'or, ton nid couvert de mousse
   Et ton ruisseau si frais ;

Chérubin exilé dans ce lieu délétère,
   Veux-tu revoir un jour
La face du Très Haut et vivre de prière,
   De parfum et d'amour !

Laisse ton nom écrit sur le livre de l'ange,
   Livre de diamant ;
Il serait effacé si dans l'impure fange
   Tombait ton cœur aimant.

Conserve sur ton front cette couronne blanche,
   Espoir de l'avenir !
Que sa suave odeur autour de toi s'épanche
   Sans jamais se flétrir.

Garde comme un trésor les grâces de l'enfance,
  Son amour, sa candeur,
Ce parfum précieux du lis de l'innocence
  Qui plaît tant au Seigneur.

ANDRÉ PLAT.

Vaucluse.

LE SOLDAT DE 1867 QUI RAISONNE
CHANSONNETTE FRANÇAISE

DÉDIÉE AUX PATRIOTES FRANÇAIS

I

Venez amis ! courbés sous les lauriers
Reposons-nous. Sur la terre étrangère
Depuis vingt ans nous avons fait la guerre !
On les connaît partout nos vieux troupiers :

  Dans la Crimée et l'Algérie,
  Dans le Mexique et l'Italie
  Sont tombés nos braves soldats !...
  Pourquoi ?... Nous ne le savons pas.
  Badauds, dit-on, c'est pour la gloire,
  Peut-être à votre tour demain !...
  Eh bien ! merci de la victoire ;
  Compagnons qu'on nous verse à boire,
  Chantons ensemble le bon vin.

II

La paix, la paix, on la chante partout,
Tout ira bien !... et l'on nous tranquilise !...
Dans les hauts rangs, on discute, on s'avise,
Peut-être on dit : « Demain, soldats, debout. »

Et pourtant, peu de mois à peine, (1)
Jurant d'étouffer toute haine,
On vit rois, princes, empereurs
S'attendrir sur tant de malheurs !
C'était pour la farce... et pour l'histoire
Qu'en frère on se serrait la main !...
Amis célébrons la mémoire
De ces jours, qu'on nous verse à boire,
Chantons ensemble le bon vin.

III

Et ces rumeurs qui changent tous les jours,
Ces armements, partout la défiance :
Fusil en main, on nous dit : Confiance !...
C'est aujourd'hui l'univers à rebours.

L'on voit des conquérants avides
Avaler des États timides,
Petits princes, petits rois !...
De leurs maigres jours d'autrefois,
Ils perdent la triste mémoire !...
Pendant que sur les bords du Rhin
On nous jalouse notre gloire,
Aujourd'hui, qu'on nous verse à boire
Morbleu !... nous les battrons demain.

Camille Paret.

Belgique.

(1) Exposition de 1867.

L'ABSENCE

ÉLÉGIE

Oh! que sombre est ma vie et bien triste mon cœur,
Et que de pleurs cachés au fond de ma douleur!
      Amour, est-ce là ta caresse?
Pourquoi cette insomnie et ce poignant chagrin,
Pourquoi ces nerfs crispés et ces ennuis sans fin,
      Pourquoi, mon Dieu, tant de tristesse?

Tous tes beaux rêves d'or sont-ils donc envolés
Vers le nuage rose et les Cieux étoilés?
      Et ne les vois-tu plus mon âme?
N'est-il plus dans ta nuit pour toi brillant rayon,
Ni caressant foyer, ni belle vision,
      Nulle fleur, nul parfum de femme?...

— Sur les flots du passé s'est porté mon regard —
Dans l'horizon d'azur, aujourd'hui si blafard,
      Alors je voyais tout sourire :
Tout était poésie et charmes infinis,
L'espérance et l'amour, ces deux charmants amis,
      En moi venaient chanter et rire.

Et je pleure à présent parce qu'hélas! je suis seul,
Comme un mort délaissé que couvre un froid linceul,
      Et pour qui personne ne prie.
Du milieu de cette ombre où se perd mon soupir,
Où se glace mon cœur, mon Dieu, fais donc jaillir
      L'étincelle qui vivifie.

Puisque c'est te servir, puisqu'aimer c'est prier,
Puisque ce fut toujours ta maxime d'aimer,

O Christ! sur ma tendre pensée,
Dans mon cœur qui tout bas épelle un joli nom,
Oh! laisse pénétrer l'ineffable rayon
    Dont tu revêts ma fiancée.

Laisse-moi tout auprès de ses yeux me charmer,
Laisse-moi sur son sein tendrement reposer!
    Que les parfums de son haleine,
Que ses regards voilés descendent jusqu'à moi,
Et que de son amour sur mon être en émoi
    Déborde la coupe trop pleine.

— Que je ne sois pas seul désormais plus longtemps...
— Ne sais-tu pas combien sont mortels les instants
    Passés à maudire l'absence!
L'isolement hélas! c'est doute et désespoir,
C'est un démon dans l'âme, et quand le cœur est noir,
    Un glas, une agonie immense.

C'est sentir tous les sens de terreur frissonner,
C'est dans l'ombre sans fin voir tout à coup sombrer
    Les douces clartés de l'étoile
Qui naguère brillait dans le firmament bleu.
— Ranime donc ma foi, déchire enfin, mon Dieu,
    De mes frayeurs le sombre voile.

Assez, c'est trop souffrir!... Tu ne le sais donc pas,
Sans me donner la main, pour marcher ici-bas

Tout ce que je souffre, ô ma Claire!
Crois-tu que je les puisse ainsi passer toujours
Aussi pâles les nuits, aussi tristes les jours,
    Veuf de toute joie, ô ma chère!

Vers toi toujours s'enfuit mon penser amoureux,
Car ton souffle, mon ange, est l'air délicieux
    Qui fait épanouir ma vie.
— Paraissez joli front et riez blanches dents!
Que j'entende ta voix et tes propos charmants
    Et gai je serai, mon amie.

J.-B. Pène.

Loire-Inférieure.

LE BERCEAU DES BONAPARTE
A M. VICTOR HUGO

> Exécrer les bourreaux, c'est consoler les victimes ; maudire les tyrans, c'est bénir les nations.
>
> Victor Hugo, Jersey 1853.

Aux bords des flots pensifs d'une mer azurée,
Nappe calme, des feux du soleil diaprée,
Une ville, — poissarde au geste menaçant, —
Est assise, les mains et le front teints de sang :
Comme en un grand chemin plein d'ombre et de silence,
L'œil en feu, méditant une pâle vengeance,
    L'assassin guette le passant.

Ajaccio! le cœur de dégoût se soulève
A ce nom que bientôt trouvera sous son glaive,

LA JUSTICE

L'éternelle Justice, ange mystérieux,
Du céleste avenir, précurseur radieux.
— Oh! ville sans pudeur, aussi pauvre que folle!
Aveugle, sous le fard de ta funeste idole,
      Ne vois-tu l'ogre furieux?

Est-ce donc un vrai Dieu que ton géant d'argile?
Ton héros, vil bandit dont la gloire fragile
Singea Tarquin le fauve, humiliant Caton;
Monument qu'au granit succéda le carton.
As-tu donc oublié dans ta stupide extase,
Que s'il eut Austerlitz et Marengo pour base,
      Il eut Waterloo pour fronton?

Esling, Arcole, Eylau, Rivoli, St-Jean-d'Acre!
Noms qu'en de sombres jours illustra le massacre,
Dont le reflet lugubre enflamme ton orgueil;
Et que ta joie hideuse oubliant tant de deuil,
Exalte, — amour impur d'hécatombes fumantes;
Ne sont-ils pas, dis-moi, les étapes sanglantes
      De Ste-Hélène affreux écueil?

Dans les champs d'Iéna, dans les plaines sans nombre
Où ses exploits sanglants, — horreur, souvenir sombre,
Ont promené la mort — ô tristes conquérants!
Ce sont là vos vertus méprisables tyrans! —
Où sur les os blanchis épars dans la poussière,
Planent encore, oiseaux à la faim carnassière,
      Les ignobles corbeaux errants!

On raconte tout bas une légende affreuse;
Et parmi ce bruit sourd, dans la nuit ténébreuse,

L'ombre du duc d'Enghien, fantôme frémissant,
Se dresse, et dit tout haut dans un long cri perçant,
Qu'à ce tigre en maillots une nourrice infâme
Fit, au lieu du lait pur que donne un sein de femme,
  Sucer un biberon de sang.

Ton idole a pour noms : meurtre, viol, ravage,
Et tu livres ta vie à son culte sauvage !
Quoi ! ne rougis-tu pas, quand l'infect oripeau
Qu'on nomme redingote grise est ton drapeau ?
Et tu crois, t'obstinant dans ton erreur horrible,
Que la France ne peut être grande, invincible,
  Qu'à l'ombre du petit chapeau ?

Ton César, loup glouton que le carnage affâme,
Fut un vaste bourreau, noir vampire, être infâme !
C'est parce qu'à Friedland, ses féroces canons
Hurlèrent, qu'enivrés, ses hardis bataillons,
D'une victoire, hélas ! dans le sang ramassée,
Que la France naguère a gémi, terrassée
  Sous le pied brutal des Teutons.

Quand la Patrie en pleurs expiant ses folies
Soupire, et renonçant à de folles orgies,
D'un stoïque dédain rouvrant ses yeux trompés,
Brûle ses lauriers vains dans son meurtre trempés,
Toi seule, te vautrant dans un nouvel outrage,
Tu nous jettes au front l'inoffensive rage
  D'un vautour aux ongles coupés. (1)

---

(1) Le prince Napoléon, nommé conseiller général d'Ajaccio.

N'avait-il pas assez déchiré nos entrailles?
Ne s'était-il repu d'immenses funérailles
Le monstre, que tes flancs en un jour exécré,
Vomirent sur la France? — ô pays massacré!
Ajaccio voudrait, éternisant son crime
Atroce, et sans respect pour sa sainte victime,
    Fouiller ton cadavre sacré!

O honte! ô déshonneur! ô folie! ô démence!
O bassesse inouïe! horreur! forfait immense!
Gouffre morne! antre obscur! infernale cité!
Où meurt par le viol la chaste Liberté!
Peuple ingrat, ivre, fou, cruel, affreux, immonde,
A la face des Cieux, à la face du monde,
    Sois maudit dans ta lâcheté!

P.-P. PALUT.

ESPOIR

SONNET

A Mlle MARIE P.

Nous marchions confiants, ravis, l'âme joyeuse;
Le destin sous nos pas semait de tendres fleurs,
Oh! que j'étais heureux, que vous étiez heureuse,
Un avenir riant faisait battre nos cœurs!

Mais la foule, ce monstre à la bouche baveuse,
En un breuvage amer a changé ces douceurs,
Et satisfaite enfin, dans sa joie odieuse,
Elle admire nos yeux que ternissent les pleurs.

Espoir! les jours sereins chassent les jours moroses,
L'hiver s'enfuit devant le printemps et ses roses;
Après l'orage noir, le Ciel revient d'azur.

Et que peut au soleil le nuage qui passe,
Son front d'or de l'intrus conserve-t-il la trace?
Non, il scintille encor toujours grand, toujours pur!

P.-P. Palut.

Dordogne.

LA MUSE EN DEUIL

Toi que ramène avril et les beaux jours,
Gai rossignol j'entends dans la vallée
Ta voix chanter l'hymne de tes amours,
Et les parfums de la nuit étoilée.
Fils du printemps célèbre ses splendeurs!
Moi, je ne trouve en mon âme attendrie,
Au souvenir de nos récents malheurs,
Qu'un cri vers Dieu pour ma chère Patrie!

Oiseaux, grillons, rainettes de l'étang
Vous saluez la nature immortelle...
Vent du matin qui m'effleure en passant,
Est-ce un espoir que m'apporte ton aile?
Non, ton murmure est le sanglot lointain
De quelque mère en larmes qui s'écrie :
« Pourquoi toujours maudire le destin?
» Mon fils est mort... mais c'est pour la Patrie! »

O poésie et des bois et des fleurs,
  Des papillons, des nids et des abeilles
En vain tu veux endormir mes douleurs,
  Mon cœur se brise au sein de tes merveilles...
Ah! laisse-moi gémir sur nos revers,
  Sur Metz captive et l'Alsace meurtrie,
Sur ces Français qui pleurent dans les fers,
  Les bras tendus vers la mère Patrie...

Auguste Rousseau.

Maine-et-Loire.

LES FAUX DIEUX

Sois ma muse, ô mépris! viens échauffer ma verve,
Et change mes pipeaux en un sifflet strident;
Éclate comme un vin qu'en flacons l'on conserve,
Et qui, débouché, mousse et s'échappe en grondant.

Qui peut rester muet en ces jours d'amertume?
Dans le fiel et le sang il faut tremper sa plume,
Et qu'une lueur sombre éclairant leurs portraits,
Des héros de notre ère on voie à nu les traits!

O Napoléon trois, sois maudit! — Que le monde
Attache au pilori de l'histoire ton nom,
Et qu'éternellement d'un malfaiteur immonde
Le stigmate infamant soit écrit sur ton front!

O singe des héros, ne courbe point la tête,
Et brave, le front haut, la sinistre tempête :
Le navire a sombré corps et biens; mais au port
L'armateur assuré se rit des coups du sort.

Aux faux dieux qui vous pousse, et quels sont leurs prophètes?
Descendants de Japhet, c'est ainsi que vous êtes :
Un veau d'or, qu'en français vous adoriez, tremblants,
Est tombé : vous rampez sous des dieux allemands!

Que ne voyons-nous pas dans ce siècle fertile?
  Admirons notre habileté :
Pour diriger nos pas le Ciel est inutile,
  Grâce à l'infaillibilité.

Dans l'arène des camps, deux grands peuples gémissent
  Devant un César inhumain,
Et les rois devenus plus petits l'applaudissent,
  Pour être ses valets demain !

Non, le peuple n'est rien ! — Qu'enfin il s'extermine,
  Épouvantable en son courroux !
Votre orgueil règnera sur un monde en ruine,
  Qui n'appartiendra plus qu'à vous.

Mais que vois-je? — A la France, en ces jours de misère,
  La Suisse aide à porter sa croix;
Tandis qu'en se courbant vont saluer votre ère
  Les grands complimenteurs de rois!

O Suisse ! ta main gauche ignore ta main droite !
L'une est nue et l'autre a le gant ;
Ton peuple a la voix rude et tes grands l'ont adroite :
Leur style est parfois élégant !

Est-ce pour applaudir l'orgie impériale
Du grand avaleur de milliards,
Qu'en langage de cour ta lettre fédérale
Parle aux festins des Balthazars ?

Toi que j'aime, ô belle nature,
Réveille nos vallons, charme bientôt mes yeux ;
Je suis las de voir l'imposture
Brûler de faux soleils aux autels des faux dieux.

Parais et brille, astre splendide,
Et sur tout l'univers répands l'éclat du jour ;
Que l'homme au cœur simple et candide,
Voyant Dieu près de lui, parle à Dieu sans détour.

Vérité ! qu'on te voie en face,
Et qu'on te montre à ceux qui ne veulent pas voir ;
Que ta lumière d'or efface
Les pâles feux qu'on brûle aux faux dieux chaque soir.

Salut, bienfaisante nature !
Errant dans tes chemins, je ne vois plus nos maux ;
Des grands tu n'es point la pâture ;
Les hommes devant toi sont frères, sont égaux !

      La main dans la main, marchez frères !
La nature convie à la fraternité.
      Venez rebâtir vos chaumières
Et reconstruire en paix votre prospérité.

      Ayez confiance en vos forces !
Travaillant avec calme autour de vos chalets,
      Dédaignez les vaines amorces
Que la corruption vous tend dans ses palais.

      Plus de remparts et plus de glaives !
Assez de sang enfin ! — Nations, soyez sœurs :
      Les guerres seront de vains rêves
Éclos dans les cerveaux d'impuissants oppresseurs.

Mais n'est-il pas pour vous des lendemains terribles,
Rois qui forcez le monde à d'atroces forfaits ?
Voyez-vous pas parfois, en des rêves horribles,
Les malheureux martyrs que vos guerres ont faits ?

Le passé vous poursuit, implacable et farouche ;
Votre joie est menteuse et cache un ver rongeur.
Dans vos fêtes souvent muette est votre bouche ;
Votre front couronné soudain devient songeur.

Mais non, voici le jour : les fêtes recommencent,
Vos lévites sont là, vous êtes adorés !
L'air est plein de parfums ; vos flatteurs vous encensent,
Fléchissant le genou... pour être décorés.

LA JUSTICE

Foulons le vaste cimetière :
Qu'ils reposent en paix, les héros des combats !
Quand vous tomberez en poussière,
Prophètes et faux dieux, nous ne pleurerons pas.

Air pur de ma libre montagne,
Air de la Liberté, viens à nous qui t'aimons.
Qu'on soit de France ou d'Allemagne,
On te veut respirer partout à pleins poumons.

L'herbe verdit et la fleur s'ouvre ;
Oiseaux et papillons, tout nous vient récréer.
Le vaste horizon se découvre :
Les faux dieux ont détruit, le *vrai Dieu va créer !*

Jos. Rais.

Suisse.

SONNET

A MA MÈRE

Vous de qui j'ai reçu le bienfait de la vie,
Ma mère, dont la main guida mes premiers pas,
Pour vous, toujours, mon cœur battra jusqu'au trépas,
Car votre saint amour rend mon âme ravie.

Que de chûtes, hélas ! et, combien de faux pas,
J'eus fait, sans votre cœur qui toujours me convie
A ne pas écouter ni l'orgueil, ni l'envie,
Qui n'ont que souffle impur et dangereux appas !

Quand la nature parle, un bon fils doit l'entendre !
C'est un devoir, pour lui, doux, précieux et tendre ;
Dieu lui-même en a fait un saint commandement !

Si la crainte est mêlée au respect pour le père,
L'affection, l'amour, sont le bien de la mère :
C'est ainsi qu'un bon fils peut vivre longuement.

Esprit Rosier.

LE DEVOIR
STROPHES

Tous les auteurs ont eu pour coutume de faire
Du plaisir une chose à nos devoirs contraire,
Deux pôles terminant notre monde mortel.
Mais le sage y découvre, au fond, la ressemblance
Qu'aurait pu négliger de la vaine science
    Le regard superficiel.

Le plaisir, le devoir, n'ont pas deux origines ;
Leur source est à tous deux dans les œuvres divines...
Comment le cours, depuis, en fut-il altéré ?
Dieu venait de créer un homme à son image ;
Déjà sa bouche avait animé son ouvrage
    D'un mot de son souffle sacré.

Restait sa vie à faire et Dieu commit un ange
Afin de composer un merveilleux mélange

De divers éléments de son être parfait.
Le filtre savoureux coulant en sa poitrine,
L'homme allait conserver l'existence divine,
  Tel que Dieu même l'avait fait.

A poursuivre le bien il eût mis son étude,
Seul objet qui s'offrit à sa sollicitude.
Le plaisir n'aurait fait qu'un avec le devoir,
L'existence divine avec la vie humaine.
La douleur n'eût été qu'une parole vaine,
  Si l'on eût pu la concevoir.

Mais le démon, jaloux et de l'homme et de l'ange,
Obtint du faible Adam de toucher au mélange.
Chacun de nous ressent l'essence qu'il y mit.
Au filtre de délice il versa l'amertume.
Tantôt elle surnage, en répugnante écume,
  Tantôt c'est au fond qu'elle gît.

L'homme doit boire ainsi l'un ou l'autre calice.
S'il choisit le dernier, qui paraît de délice,
D'abord il sent la joie et ne croit plus au mal.
Mais, en puisant, bientôt il arrive à la lie.
Oh! combien vite alors cette saveur s'oublie
  Et fait place au goût infernal!

Heureux celui de qui la main prend l'autre vase!
Après un peu d'aigreur, il éprouve l'extase,
Et les divins transports qui nous viennent du Ciel.
A la coupe du mal préférant le calice
Que l'on nomme devoir, dévoûment, sacrifice,
  Au fond il a trouvé le miel.

Chacun de nous ainsi ne peut-il s'en convaincre ?
Il est plus doux encor qu'il n'est dur de se vaincre.
Ce que laisse un breuvage est son dernier parfum.
Or, le regret qu'on a de frustrer sa personne
Qu'est-ce auprès de celui que le plaisir nous donne ?
   Devoir et bonheur ne font qu'un.

La douleur même à l'âme est bien mieux que le rire.
Tels sont venus trouver un port dans le martyre,
Après tous leurs dégoûts, las de la volupté.
L'homme au milieu des cris est issu de sa mère ;
Chaque douleur ainsi profite, et la dernière
   Nous enfante à l'éternité !

JULES RAMBAUD.

LE MYOSOTIS

A Mlle T.

Voilà tantôt trente ans, belle fleur, que je passe
Sur les bords enchantés de ton joyeux ruisseau ;
Et, pourtant, quelque bruit, quelque éclat que l'on fasse,
Tu ne veux jamais qu'être une enfant du hameau.

Mais, qui donc attends-tu pour révéler tes charmes ?
Serait-ce un Lamartine, un Karr, un Désaugiers ?
Olivier ou Bugeaud qui, mettant bas les armes,
Viendrait, dans nos vallons, chercher quelques lauriers ?

Serait-ce un Alexandre effroi de la contrée ?
Serait-ce un Démosthène, un Bartole, un Cujas ?
Non ; craignant les malheurs de Thieste et d'Atrée,
Rien n'égale à tes yeux d'être libre ici-bas.

C'est bien; la solitude enfante la sagesse :
Pétrarque, en son réduit, lui dressait des autels,
Et Le Tasse captif, célébrant sa maîtresse,
A Ferrare chantait sous des verrous cruels.

Aussi, modeste fleur, l'orgueil de nos vallées!
Reste à jamais cachée en des climats si doux;
Égaye encor l'infirme en ses longues veillées
Pour, qu'ainsi que le gui, l'on t'adore à genoux.

Quant à moi reprenant mon herbier et ma flore,
Cherchant, à pas comptés, le gouet, pied-de-veau,
En redisant le nom de celle que j'adore,
Je viendrai t'admirer à chaque renouveau.

J. ROLLAND.

Dordogne.

VERS TOI

J'ai suivi le vallon sombre,
Par un beau soleil, à l'ombre
Des pins qui tremblaient d'émoi;
Sur ma route commencée,
Où donc allait ma pensée?
   Vers toi!

Du val, j'ai vu des fillettes,
Roses, prestes et follettes,

Passer à côté de moi :
Leur voix pure et cadencée
A laissé fuir ma pensée
    Vers toi !

A St-Marcel, doux village,
Un couple, à la fleur de l'âge,
Fêtait son hymen, ma foi !
Le bonheur de l'épousée
A fait voler ma pensée
    Vers toi !

J'ai rêvé dans la prairie,
Comme l'an dernier fleurie ;
Chaque fleurette, je crois,
Était d'amour épuisée...
Légère allait ma pensée
    Vers toi !

Et j'ai cueilli, sous les herbes,
Des violettes superbes :
Car chacune avait pour loi
D'être sur ton sein posée,
D'aller avec ma pensée
    Vers toi !

Siffrein Seyssaud.

Bouches-du-Rhône.

LE BOIS DE BOULOGNE

DITHYRAMBE ÉLÉGIAQUE

Oh! que nous ravissaient ces ormes indigènes,
Ces hêtres, ces bouleaux, ces ifs noirs, ces vieux chênes,
Dans ton bois, ô Boulogne! alignés au cordeau.
Là d'une main savante, ici par la nature,
Épars, massés, fourrés, perspective berceau,
   Long Pausilippe de verdure,
D'un art indépendant rustique architecture.

Qu'ils étaient éloquents ces troncs : les uns noueux,
Fendus, unis, ceux-là crevassés, caverneux,
Nus, droits, tous noirs, tous à base élargie,
Et qui, vainqueurs des ans accumulés sur eux
   S'élevaient fiers de leur puissante vie.
Leurs fronts heurtaient les Cieux, l'aigle y veillait, leurs bras
Arrêtaient le lion, les hivers, les orages,
Et des hôtes des bois, sous leurs sombres ombrages
   Favorisaient les doux ébats.

Trois siècles en silence entassés sur leurs cimes
De débris foudroyants ont couvert les abîmes,
Et l'œil adoloré regarde avec effroi
Les effets désastreux des guets-apens d'un roi.

La foudre en liberté sillonne son domaine :
Précipités des airs les rapides autans,
Les neiges, les frimas, les affreux ouragans,
   Tour à tour désolent la plaine.

Où sont-ils ces géants des forêts? où sont-ils?...
Le fer a dévoré leur vivante parure,
   Et leurs troncs refroidis,
   Des vers sont la pâture,
  Sur le sol qui les a nourris!

Salut, salut à toi, salut vieil Élysée!
M'écriai-je souvent. Forêt de nos aïeux!
Doux Éden, où souvent s'égarait sous tes Cieux
  Le troubadour seul avec sa pensée.

  L'intrépide voyageur
Que l'amour du savoir, ou le plaisir amène,
Du Nord, ou de l'aurore, aux rives de la Seine,
A son illusion abandonnant son cœur,
Aux pieds de nos remparts s'arrête, voit, s'étonne,
   Et croit revoir encor
   Le bois au rameau d'or,
   Le Liban, ou Dodone.

Où sont-ils ces géants des forêts? où sont-ils?...
Le fer a dévoré leur vivante parure,
   Et leurs troncs refroidis
   Des vers sont la pâture,
  Sur le sol qui les a nourris.

Des fureurs, des excès de la hache étrangère,
   Impuissante à les protéger,
   La Dryade tutélaire
   A fui; mais prompte à se venger
  Elle a, dans sa juste colère,

LA JUSTICE

Sacrifié les bûcherons
Aux fatales fureurs de ses vieux nourrissons.

Trois siècles en silence entassés sur leurs cimes
De débris foudroyants ont couvert les abîmes.

Loin de nous tout se tait, ou se cache, ou s'enfuit :
Le hibou de Pallas qui parlait loin du bruit,
Et qui ravit aussi l'amant de la nature,
Dans l'ombre ne vient plus sous les dais de verdure
    De ses chants célébrer la nuit.

    De la froide cascade,
    La joyeuse Naïade
    N'ose plus folâtrer,
    Et dans son humble ogive
    Bouillonne et bat la rive
    Sans soupirer.

Triste et captive au fond de son humide voûte,
Honteuse elle a cessé d'interroger l'écho :
Seul veille autour de nous le calme du tombeau,
    Et la solitude l'écoute.

Où sont-ils ces géants des forêts? où sont-ils?...
Le fer a dévoré leur vivante parure,
    Et leurs troncs refroidis
    Des vers sont la pâture,
    Sur le sol qui les a nourris.

    Arrachés à leur sanctuaire,
    Rois déchus du trône des airs,

S'ils allaient, menaçants bucentaures des mers,
Aux peuples opprimés départir leur tonnerre,
  Et, respectés de l'univers,
  Souverains de l'empire humide,
Briser, broyer, pulvériser les fers
  Du Polonais ou du Numide,
Non, non, pour nous, plus de regrets amers.

Habitant, avec l'homme, une orageuse sphère
  Où rien n'est immortalité,
Mais du songe au réveil, étappe passagère,
  Aux portes de l'éternité,
Comme lui vous laissez vos cendres à la terre;
Mais combien son destin est loin de votre sort;
Qu'il doit, si vous pensez, exciter votre envie :
L'homme va, du néant, à la seconde vie;
Vous passez, du néant, à la seconde mort.

Mais vous ne pensez point, l'homme seul vit et pense;
Vivre et penser toujours sera son existence :
Croyons-en la raison, marchons à son flambeau,
Car s'il fuit, cet éclair qui sillonne sa route,
  L'homme vit encor dans le doute,
Immobile et captif dans son étroit tombeau.

Cessons nos pleurs, quand loin de son adolescence,
Fils du progrès, le siècle qui s'élance,
Semblable au bon vieillard du romain Statius,
Sème dans l'avenir pour les nouveaux-venus.

Les oiseaux reviendront à l'abri des orages,
  Héberger leurs amours, sous de nouveaux ombrages;

A ses échos émus
La Naïade éloquente,
Douce et fidèle amante,
Viendra redire encor, pour ne se taire plus :
Boulogne aux frais atours, Boulogne renaissante !

Hippolyte Topin.

Italie.

LE REGRET DE L'ALSACIENNE
SONNET PATRIOTIQUE

A MON TRÈS AIMÉ MARCEL SEGOUD

L'automne allait finir. Rose l'Alsacienne,
Frêle enfant qui n'avait à vivre encore hélas !
Comme l'herbe des champs, que quelques jours à peine,
Triste et pensive un soir, s'appuyait sur mon bras.

Des pleurs mouillaient sa joue, et je disais tout bas :
« Elle songe peut-être à la fête prochaine,
» Aux appels de l'orchestre, aux danses dans la plaine,
» Aux doux propos d'amour qu'elle n'entendra pas...

» Oh ! bien en vain luira le jour de cette fête :
» Pauvre Rose ! des fleurs n'orneront point sa tête,
» On n'admirera point sa parure de bal...

» Nul amant ne viendra... » Vers son pays natal
La malade étendant tout à coup sa main blanche :
« Mourir ! mourir ! dit-elle, et sans voir la revanche ! »

Morice Viel.

Drôme.

LA NUIT

Seule une harpe séraphique
Pourrait chanter l'auguste nuit,
Sa beauté toute poétique
Et cet enchantement magique
Qui par l'âme, au Ciel, nous conduit.

Combien sont divins ses charmes;
Que j'aime sa douce splendeur,
Qui tarit la source des larmes,
Enlève à la foi ses alarmes,
Redonne à l'être sa candeur.

La nuit est l'heure solennelle
Où la terre étouffe sa voix,
Où les Cieux murmurent près d'elle :
Afin qu'à toi Dieu se révèle
Regarde, ne doute pas, crois.

Devant son aspect tout s'incline :
Croyants, mondains, malheur, bonheur;
C'est que par sa lampe divine
Elle éclaire notre origine
Et de la mort ôte l'horreur.

Ariane Girod-Ronsset.

DIEU ET LA FRANCE

Un long gémissement d'angoisse, de souffrance
S'échappe avec effort du sein de notre France;
Et de l'Est au couchant cette sombre clameur
Va d'échos en échos réveiller la douleur.
Tel on voit des déserts le roi fier et sauvage,
Pris au piége, écumer de fatigue et de rage;
Et, las de se débattre en efforts impuissants,
Épouvanter les bois de ses rugissements.
Telle aussi notre chère et loyale Patrie,
Voyant de ses lauriers la couronne flétrie,
Ses drapeaux méprisés, ses sujets asservis,
Elle qui commandait aux nations jadis,
Elle dont la vaillante et redoutable épée,
Avait changé l'histoire en brillante épopée;
Elle qui maintenant n'inspire que pitié,
Courbant avec douleur son front humilié,
De l'étreinte prussienne encor toute sanglante,
Elle ne sait plus rien que de sa voix mourante,
Se plaindre et soupirer aux abords du cercueil,
Où déjà sont couchés sa force et son orgueil.

D'habiles praticiens épuisent leur science,
A sonder sa blessure et calmer sa souffrance;
Ils travaillent en vain : leur inutile effort
N'a pas un seul instant fait reculer la mort.
« Du pays, disent-ils, les forces sont taries,
» Elles furent vingt ans mollement endormies,
» Dans les bras du plaisir, et, honte, lâcheté,
» Le pays pour de l'or vendit sa Liberté.

» Pour s'assurer longtemps le luxe et le bien-être,
» Et garder son sommeil, il se choisit un maître ;
» Et lorsque ramollis, énervés, sans vertus,
» Nous fûmes attaqués, nous restâmes vaincus.
» Mais pour sauver la France et pour briser ses chaînes
» Le peuple du pouvoir doit ressaisir les rênes ;
» Sachant ne nous régir que par nos propres lois,
» Chassons à tout jamais les princes et les rois. »

Pourtant, depuis deux ans que les débris du trône
Sont demeurés épars sur les champs de Bellone,
Le malheur qui devait nous avoir corrigés,
En hommes vertueux ne nous a point changés :
La fièvre des plaisirs parcourt toujours le monde,
Et des ambitions le torrent toujours gronde.
La révolte dans l'ombre apprête encor ses coups,
Chacun dit plein d'effroi : mais où donc allons-nous ?
Mais la société sur sa base chancelle,
Mais du volcan déjà s'allume l'étincelle ;
Mais on n'aperçoit plus d'un lugubre avenir,
Que le gouffre béant prêt à nous engloutir.
Qui nous arrêtera dans notre décadence ?
De quel côté luira l'arc-en-ciel d'espérance,
Alors que tout est morne et triste autour de nous ?
Philosophes, savants, dites-le, savez-vous ?
Vous qui vantez bien haut votre philanthropie,
Avez-vous trouvé mieux qu'une vaine utopie,
Pour nous faire éviter l'écueil tant redouté,
Vers lequel nous courons avec rapidité ?
Vous qui voulez du peuple épurer la croyance,
Qu'a su vous inspirer votre toute-science !

La France est en péril, elle vous tend la main.
N'existe-t-il donc pas un suprême moyen
Pour ravir à l'abîme une proie aussi belle?
Mais oui, voyez ce phare où brille l'étincelle;
Peut-être dans vos cœurs le nommez-vous tout bas;
Mais son nom tout-puissant vous ne le direz pas.

Vous ne le direz pas, car de votre doctrine
Ce serait à jamais consommer la ruine;
Ce serait aujourd'hui brûler et renier
Tout ce que follement vous adoriez hier.
Vous ne le direz pas, car il n'est plus de mode,
Car vous l'avez rayé de votre brillant code,
Car de le mépriser, il est de fort bon ton,
Car on fait promptement sa réputation,
Quand on sait lui jeter la boue et l'ironie;
Tant pis si du pays, comme un mauvais génie,
On prépare la chûte et hâte le trépas;
Voilà pourquoi ce nom vous ne le direz pas.

Mais ce mot qui pouvait de la fatale pente,
Guider vers le sommet notre marche tremblante,
Je vous le nommerai, je vous dirai pourquoi
Nous sommes tous saisis d'un indicible effroi.
Vous, zélés partisans de la libre-pensée,
Qui cherchez dans l'effort d'une rage insensée,
Sur qui faire tomber votre juste courroux,
Ne cherchez pas ailleurs, la faute en est à vous.
Vous avez bafoué nos antiques croyances,
Ce Dieu qui lit du Ciel au fond des consciences;
Ce Dieu qui se complaît en des cœurs vertueux.
Dieu de nos actions, témoin silencieux,

Pour expliquer sans lui ses œuvres admirables
Vous avez inventé je ne sais quelles fables ;
Et le peuple admirant votre érudition
A donné tête basse en votre fiction.
Mais en niant ainsi l'existence divine
Il vous a bien fallu prohiber sa doctrine ;
Et ce frein tout-puissant par qui la passion
Se laissait terrasser, ce pressant aiguillon
Que guidait vers le bien la nature assouplie,
Vous l'avez su briser sous le sarcasme impie.
Et depuis, aux récits des crimes accomplis,
Vibrent à chaque instant les échos de Thémis ;
Vos bagnes, vos prisons, vos lois, votre justice
Ne peuvent contenir ceux qu'entraîne le vice,
Et si contre le droit se lève un étendard,
Celui du terroriste, ou bien du communard,
N'en soyez pas surpris : vous avez à la France
Fait oublier le Dieu par qui l'obéissance
Nous était devenue un précepte, un devoir,
Dieu duquel ici-bas relève tout pouvoir.

Vous avez dit encore à la foule ravie :
« Pourquoi prendre souci des maux d'une autre vie ;
» Lorsque nous franchissons les degrés du tombeau
» De notre âme, à jamais, s'est éteint le flambeau. »
Et le peuple s'est dit : « Pourquoi rester honnête,
» La mort est bientôt là, changeons la vie en fête :
» Il nous faut la richesse, il nous faut le plaisir,
» Il nous faut les honneurs, et pour y parvenir,
» Pour combler nos désirs toujours insatiables,
» Qu'importent les moyens plus ou moins avouables

» Qu'il nous faut employer; » et, dans un affreux heurt,
On se choque, on se presse, on arrive ou l'on meurt.
Les heureux, parvenus au sommet de l'estrade,
Repoussent les hardis qui tentent l'escalade;
Et ceux que leur faiblesse empêchent d'y monter
La sapent par le bas pour la faire tomber.
Et, dans ce tourbillon, si tout à coup la France
Réclame de ses fils l'amour et la vaillance,
Combien qui n'ont pas su garder leur cœur viril
Et qui fuient lâchement en face du péril.
Mais c'est tout naturel; on tient fort à la vie
Quand on croit que d'une autre elle n'est point suivie.
Mais si vous évoquez d'un récent souvenir
Ceux qui dans les combats sont tombés sans pâlir,
Vous inscrirez les noms sur la liste des braves,
De ces soldats du pape, héroïques zouaves,
Qu'Orléans vit périr dans l'atmosphère en feu :
Ceux-là n'avaient pas peur, car ils croyaient en Dieu.

Pourtant, je vous entends dire avec assurance :
« Sans doute, la vertu, pour relever la France
» Nous est indispensable, et la religion
» N'inspira jamais rien que d'honnête et de bon.
» Mais pourquoi conserver d'inutiles croyances?
» La droiture est écrite au fond des consciences.
» On peut être homme intègre et parfait citoyen,
» Mourir pour son pays et n'être pas chrétien.
» Le peuple est un enfant violent et frivole,
» Que la foi sut calmer par une parabole;
» Mais qui, par la science, étant devenu grand,
» N'a plus besoin de croire à des contes d'enfant. »

Ah! vous croyez, messieurs, qu'en suivant la nature,
On garde constamment la ligne droite et pure,
Le chemin de l'honneur, et que de ce sentier
Rien ne puisse jamais nous faire dévier.
J'admets, si vous voulez, qu'une âme bien trempée
Marche sans nul soutien dans sa force drapée;
J'admets que vous soyez de ces exceptions
(Bien qu'à ne vous juger que par vos actions
L'on en puisse douter), mais, je vous le répète,
Lorsque souffle le vent, quand mugit la tempête,
Si le chêne géant peut braver sa fureur,
Les faibles arbrisseaux ont besoin d'un tuteur.
Souvenez-vous encor qu'ici-bas notre vie
N'est pas toujours pour tous une route fleurie;
Que de l'aurore au soir, il est bien de douleurs;
Qu'on sourit moins de fois qu'on ne verse de pleurs.
Vous qui n'ignorez rien, vous êtes bien coupables
De ravir au malheur les douceurs ineffables,
Les consolations d'un Dieu fort et puissant,
Qui ranime et soutient le cœur brisé souffrant.
En place de sa foi que vous avez éteinte,
Du peuple, saurez-vous calmer l'amère plainte?
Pour réédifier, si l'on manque de bras
Ou de matériaux, l'on ne démolit pas.
Vous savez ravager, dévaster et détruire,
N'apprendrez-vous donc pas un jour à reconstruire?

Je sais et je l'avoue, il se trouve en vos rangs,
Bien moins d'hommes pervers que d'esprits ignorants.
Quand la mode, encensant vos sottises fieffées,
Au pinacle un instant, porte vos coryphées,

Mille sots après eux, sans y comprendre rien,
Répètent leurs propos, croyant par ce moyen
Partager les succès et la gloire du maître.
Mais vous qui, bien à fond, prétendez tout connaître;
Vous que n'abuse pas un discours bien ronflant;
Vous qui, de ces pensers, devez voir le néant,
Se peut-il franchement que vous soyez sincères,
Qu'aux divines clartés soient closes vos paupières?
N'avez-vous donc jamais plié sous le fardeau
D'une amère douleur, et jamais au tombeau
N'avez-vous dû céder une existence chère,
Une sœur, une femme, un enfant, une mère?
Ces anges envolés ne vous disent donc pas
Qu'il est une autre vie au-delà du trépas?
Ah! si dans votre cœur, la tendresse est tarie;
Si par vos froids calculs, l'âme reste flétrie;
Si son feu doit s'éteindre au choc de la raison,
Conservez pour vous seuls, votre étrange poison;
Laissez-nous de la foi l'immortelle espérance;
Ici je vous en prie au nom de cette France
Qui pour vivre a besoin de dignes magistrats,
De serviteurs zélés et de braves soldats;
La France qui ne peut qu'en devenant chrétienne
Relever triomphant son front de souveraine.
Je vous en prie au nom de la société,
Qui voit vers les brisans son esquif emporté,
Et n'attend plus que Dieu pour la sauver du gouffre.
Au nom enfin de tout ce qui pleure et qui souffre;
Au nom de ceux que plie et courbe la douleur,
De ces déshérités du plaisir, du bonheur,
Laissez-les espérer, respectez leur symbole,
C'est leur unique bien, que pas une parole

De vous, n'apporte un doute en leurs cœurs ulcérés,
Sinon soyez maudits; que vos noms abhorrés
De la postérité supporte l'anathème;
Que pas un seul ami ne vous plaigne et vous aime;
Enfin que sur vos fronts flétris et méprisés,
Retombent tous les maux que vous avez causés.

MARGUERITE GONIN.

Rhône.

IL EST UN DIEU

I

Il est un Dieu partout, il est un Dieu puissant
Qui dirige à son gré les hommes et les choses;
Il calme la tempête et le flot mugissant,
Il conduit le soleil, il fait fleurir les roses.
Les rivages, les mers, les îles, les forêts,
Les pays, les vallons, les palais, les chaumières,
Se peuplent par milliers d'êtres créés parfaits,
Confondant des mortels les sciences altières.

La connaissance humaine ignore pour jamais,
De nos corps respirant la vivante merveille;
L'enfant naît, aussitôt il est rempli d'attraits,
Ses yeux cherchent le jour, souriant il s'éveille.
Qui donne à son regard cette vivacité?
Dans son esprit qui donc a versé la lumière?
Il reconnaît sa mère! ô tendresse première,
Tu révèles de Dieu la touchante équité.

Dans nos prés émaillés de fleurs, d'herbes, d'insectes,
Dans nos champs revêtus de blonds épis, de blés,
Nous cherchons vainement les savants architectes
Qui firent les bosquets, d'oiseaux tout constellés;
En terre un grain fut mis, une plante est venue,
Un bouton, puis un fruit, une cosse, un grain mûr.
Dieu seul a fait grandir cette plante inconnue,
Humide de rosée, aspirant l'air, l'azur.

Sur le bord des grands lacs où glissent les nacelles,
Un nénuphar brillant se mire avec fierté,
Un poisson nage, il luit, jetant des étincelles;
Le splendide soleil lui verse sa clarté.
A ce beau nénuphar qui donna sa parure?
Du brochet argenté qui protége les jours?
Est-ce l'homme?... A Dieu seul obéit la nature,
C'est sa philosophie, elle obéit toujours.

Quand la terre a quitté son blanc manteau de neige,
Le doux printemps de fleurs vient broder le gazon;
A sa suite l'été de chaleurs nous assiége,
Puis, l'automne répand les fruits de la saison.
A qui les éléments sont-ils aussi dociles?
Quel maître assez puissant fait agir à son gré
Et les vents et la pluie et les terres fertiles?
— Ce maître est l'Éternel dans le Ciel éthéré.

C'est un Dieu, c'est un père, il conduit, il console
L'homme, sa créature; il protége ses pas.
Hélas! souvent, l'ingrat insoucieux, frivole,
Méconnaît cet ami bien longtemps ici-bas.

Tout à coup, la mort vient, terrible, impitoyable !
L'homme ouvre enfin les yeux, mais, au seuil du tombeau !
Adieu fêtes, plaisirs, le remords seul l'accable !...
Il oublia celui qui bénit son berceau !

Que vous soyez chrétiens, incrédules, impies,
Alors la vérité vous dit : « il est un Dieu ! »
Du monde indifférent les vaines utopies
Vous laissent sans espoir dans ce suprême adieu !...
— Impie, avec la mort ta lutte est comme un rêve !...
Sagesse humaine, or, vœux, talents, science, effort,
Tout vient se briser là... notre trépas s'achève,
On s'endort, et là-haut on se réveille au port.

II

Pour ne pas craindre un jour ce réveil si terrible,
Reconnaissons de Dieu la sainte autorité.
La foi qui donne aux cœurs un bonheur indicible,
Nous mène à l'espérance et vers la charité.

Pauline Henry, née Lemaitre.

LES LILAS ET L'HIRONDELLE

Ami, viens, le printemps, de son aile fleurie,
Partout, chasse des toits le manteau de frimas.
Que de fleurs, de parfums dans la verte prairie,
Que d'insectes luisants réveillés par nos pas.

LA JUSTICE

   Le gazon a fait sa toilette,
La pervenche est éclose auprès du bouton d'or,
   La gracieuse violette
Achève de nos prés le ravissant décor.

   Du lilas la grappe odorante
Paresseuse se penche et caresse nos mains.
   La timide alouette chante,
Le soleil de rayons inonde les chemins.

    Lilas parfumés blancs et roses,
    Précurseurs des beaux jours d'été,
    Vous entendez de douces choses,
    Des serments de fidélité !

    Heureux, émus sous votre ombrage,
    D'amour rêvent deux jeunes cœurs.
    L'espérance brille à leur âge,
    La vie est pleine de douceurs.

Comme pour encadrer l'amant et la fillette,
Tous les buissons en fleurs prodiguent leur trésor.
La marguerite a mis sa blanche collerette,
Le papillon soyeux ouvre ses ailes d'or.

   Le ruisseau gazouille et murmure.
Le feuillage s'agite au zéphir caressant.
   Des grands arbres la chevelure
Festonne les sentiers aux regards du passant.
   La chèvre broute et l'agneau bêle.
La gentille fauvette aux chants mélodieux
   Bâtit son nid coquet et frêle.
La nature est en fête et le Ciel radieux.

A ma fenêtre est l'hirondelle,
Un toit de chaume est sa maison.
A ses amours toujours fidèle
Elle revient chaque saison.
Comme elle, enfant, que la tendresse
De vos serments durent longtemps!
C'est l'image de la sagesse
Que l'hirondelle du printemps.

Ami, viens dans la plaine en leçons si fertile,
La nature est un livre ouvert à tous les yeux.
Car, pour l'homme, ici-bas toute chose est utile;
Dieu créa pour l'instruire, et la terre et les Cieux.

Pauline Henry, née Lemaitre.

A NOS FRÈRES ALSACIENS ET LORRAINS

Grande et noble vertu, sublime charité!
Dis-nous quelle est ta sœur?... — c'est la Fraternité!...
Douces filles des Cieux guérissant la souffrance,
Vous, qu'un ange gardien conserve à notre France;
Vous, qui dans nos revers, fidèles au devoir
Tarissez nos sanglots, nos cris de désespoir,
Voyez ces malheureux, nos amis et nos frères,
Fuyant leur beau pays si prospère naguères!...
D'Alsace et de Lorraine, infortunés enfants!
Ils ont laissé leurs biens aux soldats triomphants,
Le champ qu'ils ont planté, les fruits de leur prairie,
Plutôt que renier la France leur Patrie!!

Qu'ils sont nobles et grands ces pauvres exilés!
Bien loin du sol natal, d'angoisses affolés
Ils sont partis, laissant un vieux père, une mère!!
Reverront-ils jamais leur famille si chère?...
Leur tombeau sera loin de leur paisible enclos...
Que d'adieux déchirants, de douloureux sanglots!!
Oh! que d'embrassements à ce moment suprême
Quand il faut pour toujours quitter ceux que l'on aime...
Pour eux étaient là-bas l'aisance et le bonheur...
Les souvenirs heureux d'un passé plein d'honneur.
. . . .
L'inexorable loi d'une funeste guerre,
Les frappe, les atteint, les meurtrit, les atterre.
Il faut fuir de ces lieux si riants autrefois,
Où, de durs ennemis il faut subir les lois!
Renoncer à la France! à son nom plein de gloire!
L'implacable vainqueur scelle ainsi sa victoire.
Quoi, renier leur mère aux jours de ses malheurs!!
Ah! qu'il connaît bien peu les Français et leurs cœurs!
Les fidèles enfants de la France meurtrie,
Ont pour joie et bonheur l'amour de leur Patrie!
D'Alsaciens, de Lorrains nos chemins sont couverts...
Ce spectacle sublime attendrit l'univers!
Hélas! pleurons sur ceux que l'affreuse misère
Force à rester rivés sous ce joug dur, sévère!...
Alsaciens et Lorrains soyez les bienvenus,
Vous ne serez jamais pour nous des inconnus.
Votre patriotisme émeut nos cœurs, nos âmes.
Nous aimons vos enfants, vos vieillards et vos femmes!
« A vos frères donnez » dira la charité,
« Et consolez leurs cœurs par la Fraternité! »

Pauline Henry, née Lemaître.

Pas-de-Calais.

APRÈS LE COMBAT

La voix tonnante du canon
Se tait sur le champ de bataille,
Au tumulte strident du feu, de la mitraille
Succède un silence profond...
Mais, dans ce calme affreux, quelle tristesse amère
Jette dans tous les cœurs la haine, la colère!
Ce calme, c'est la mort!... la mort est là!... partout!...
Elle plane au-dessus de ces mornes campagnes,
Ces champs silencieux, ces bois et ces montagnes
Ne sont qu'un cimetière effrayant de dégoût...
. . . .
Quelques heures avant des milliers de nos frères
Jeunes, beaux, courageux, pleins de mâle vigueur
Bravaient pour leur pays les balles meurtrières
Sur ce sol maintenant où ne bat plus leur cœur.
Adieu Patrie! adieu village!
Tombés sous les coups ennemis,
Ils sont pour toujours endormis
Sur le champ sanglant du carnage...
Perdus pour la mère et la sœur!
Perdus pour l'amante éplorée!
Soyons fiers, leur mort est sacrée,
Le sol a bu leur sang, ils sont au champ d'honneur...
Hélas! l'œil éperdu n'en peut compter la masse :
Les sillons, les fossés roulent des flots de sang;
Et vainqueurs et vaincus sont tombés face à face...
La mort ne connaît point le rang :
Un cadavre est jeté sur un autre cadavre,
Des morts sont sous vos pieds, des morts autour de vous...
Partout des morts... partout!... ce spectacle me navre.
Oh! donne-leur, mon Dieu, ta sainte paix à tous!...

Et la nuit à cette tristesse
Ajoute sa langueur et son deuil imposant;
Elle a dans ses soupirs le râle, la détresse,
La plainte de l'agonisant.
Pâles dans le grand Ciel, les étoiles ne semblent
Éclairer qu'à regret cet horrible tableau;
Leurs rayons incertains hésitent, flottent, tremblent
Comme une ombre légère à la face de l'eau.
Sur tous ces visages livides
Leur vague lueur met de sinistres reflets;
Ils font frémir tant ils sont laids
Sous leurs apparences morbides.
Ils semblent se mouvoir ces cadavres raidis,
Se soulever, étreindre avec rage leur glaive
Et menacer encore, et terrasser sans trêve,
Tout ce qui reste d'ennemis.
Fixes, leurs yeux éteints étincellent dans l'ombre;
Regardez sur ces fronts, n'en comptez point le nombre;
A côté de l'empreinte où repose la mort,
Ah! n'y lisez-vous pas comme un suprême effort
Un terrible penser : — Celui de la vengeance?...

Mais le sol détrempé sous mes pas cède encor.
Horreur! toujours du sang!... Ne foule, noble
Qu'avec un saint respect ce sanctuaire où d
L'honneur d'un grand pays dans son abîm
Ce sang ne vaut-il pas des trésors précie·
Que de torrents de pleurs s'échapperon'
Sur ce sable rougi! Là pleureront de
Des amantes, des sœurs, des épous
Et qui sait, quelque pauvre et pe†
Que la guerre a laissé sans asile

Sur ce massacre humain s'élevant vers la nue
Un brouillard tout sanglant assombrit leur couleur,
Et comme s'il voulait cacher ce champ d'horreur
A la nature, au Ciel, à la France vaincue,
Il plane et l'enveloppe en ses rouges replis...
Oh! pauvre humanité, voilà donc ton histoire!
De ces vils potentats alléchés par la gloire,
Tu seras donc toujours le jouet, et tes fils,
A leur funeste appel et pour les satisfaire
De leur poitrine iront se faire un bouclier,
Et chez un peuple ami signifier la guerre...
Notre sang sert toujours à les béatifier.
La guerre est leur baptême. Ils sont du communisme
Les tyrans acharnés, et, pourtant ce sont eux
Qui par leurs vains exploits, leurs traits de vandalisme,
Deviennent d'ici-bas les premiers partageux...

Au calme terrifiant se joint un bruit bizarre :
S'élève-t-il de terre, ou tombe-t-il des Cieux?
On dirait d'un mourant le soupir douloureux...
Peut-être est-ce du vent la plaintive fanfare,
De quelque oiseau de nuit le cri disgracieux!
Non!... d'un pauvre soldat c'est la dernière plainte...
Il a soif... il se meurt... personne ne viendra :
Il est là, mort vivant, dans la funèbre enceinte,
Il appelle, il supplie et nul ne l'entendra...
. . . .
Quelle amère agonie et le glace et l'oppresse!
Pour la dernière fois apparaît à ses yeux
Son village lointain, son père en la tristesse;
A tout, à tous son cœur fait de touchants adieux.

LA JUSTICE

      Sur sa lèvre bientôt glacée,
Un sourire s'efface au souffle du trépas;
Une larme se glisse, adieu, douce pensée!
Il balbutie un nom; il ne l'achève pas!...
. . . .

Mais, qui sait à cette heure, ô conquérant sauvage!
Si dans son agonie, au contact de la mort,
Ce cadavre n'a pas proscrit dans ton carnage,
      Ta gloire, ton nom et ton sort.
Ah! s'ils vous ont maudit, Annibal, Alexandre,
Bonaparte et vous tous conquérants d'ici-bas,
Puisque le remords doit navrer vos cœurs, les fendre,
Non, de tous vos lauriers, non, non, je n'en veux pas!...
. . . .

Le silence renaît... le vent tait son murmure
      Dans les arbres sans chevelure...
Le vaste champ des morts, enserre un mort de plus...
Honneur à toi, cadavre! enfant de la Patrie,
Tu tombas en héros sur le champ des vertus!
Ton pays te contemple, et la France s'écrie :
« Sicambre, je te mets au rang de mes élus! »
. . . .

      Et puis partout la nuit s'achève,
      L'étoile s'éteint dans les Cieux ;
A l'horizon en feu l'aube blanche se lève
Et chasse le brouillard de sang, suaire affreux...
      A la nature morne et triste,
Phébus montre bientôt son front scintillant d'or...
Il n'est à ce tableau nulle âme qui résiste...
      Le soleil éclaire la mort.
Il met sur tous ces fronts de marbre une auréole...
On dirait que chaque âme à sa face s'envole...

. . . .
La nature est en deuil, nul bruit ne retentit...
. . . .
Mais que vois-je en les airs? on dirait un nuage
Que pousse d'Occident un sombre vent d'orage!
Il avance, il accourt, rien ne le ralentit...
Quelles sont ces clameurs?... mon âme se déchire,
Vers la plaine funèbre attèrent des corbeaux...
Leurs cris percent les airs; le trépas les attire;
Ces morts vont devenir de la chair en lambeaux.
Ils peuvent faire un choix, et leurs griffes hardies
Vont lapider ces corps déjà décomposés,
Leurs becs fouilleront ces poitrines refroidies
Où de si nobles cœurs avaient été posés,
Ces cœurs où la Patrie avait gravé sa dette!...
Oh! la curée est belle et leur faim passera
Avant que des mortels la rage satisfaite
A cette boucherie enfin renoncera!...
Quel effroi dans les cœurs ce spectacle soulève?
Vanité, vanité, gloire, tu n'es qu'un rêve!
. . . .
Mais ils seront déçus dans leur avidité
Les funèbres vautours à la voix gutturale,
  Bien avant l'aube matinale
Des Français généreux, grands dans l'adversité,
Ont creusé de leurs mains quelques fosses béantes.
Jetez un peu de terre... oh! couvrez nos héros!
En pleurant avec vous ces victimes sanglantes
Le pays tout entier bénira vos travaux.
  Loin de la terre du village,
  En paix ils reposeront tous;
  La France viendra d'âge en âge
Évoquer leurs débris et prier à genoux.

Sur leur dépouille funéraire,
De ceux qu'ils ont aimés, nul ne fera d'adieux ;
Ils n'auront pas de tombe et pas de cimetière,
Leurs nobles ossements mêleront leur poussière
A celle des Germains tombés à côté d'eux.

Oh! malheur à celui qui dans son égoïsme
N'aura pas dans le cœur leur chaste souvenir,
Ce qu'ils ont fait, le deuil du saint patriotisme
      Et des larmes pour les bénir.
Oui, nous vous pleurons tous ! nos douleurs sont communes,
Vous nous appartenez, vous invoquez nos lois,
De ceux que vous laissez, les nobles infortunes,
      Auront asile sous nos toits.
Partout où nous saurons que reposent vos mannes,
Notre main gravera pour la postérité
L'épitaphe de mort aux ennemis profanes,
      L'épitaphe de vérité :
Ici dorment des preux tombés pour la Patrie,
— Wissembourg, Reischoffen, lugubre souvenir, —
La France dans le deuil conserve leur furie,
Lionne au cœur blessé, prête encore à bondir.
Bien que l'inimitié s'efface dans la terre,
Que le souffle dernier glace tout dans les cœurs,
Ils nous laissent leur haine avec de la poussière,
Et, rentrés dans la paix de la maison dernière,
Ils ont dit en tombant : Vaincus, mort aux vainqueurs!...

A genoux ! à genoux ! demeurons inflexibles !
Soyons grands sous le joug du cruel étranger.
Terribles courbons-nous, pour rugir plus terribles !
Français ! nous avons tous une tombe à venger!...

Henry Brunet.

EXTASE

Ce n'était pas à l'heure où le soleil levant
Répandait en tous lieux son disque étincelant,
Et, de ses rayons vifs, embrasant l'étendue
L'inondait de chaleur et fatiguait la vue.
Ce n'était pas alors que le jour lumineux
Rassemblait dans les champs les travailleurs joyeux,
Alors que la nature, au lever de l'aurore,
Étale aux yeux ravis les dons charmants de Flore,
Et, réveillant l'oiseau jusqu'au fond des forêts,
Égaie et la prairie et les ombrages frais.
Moments délicieux! vous avez vos doux charmes;
Je sais bien vous aimer et vous donner des larmes;
Mais ma muse aujourd'hui, n'en soyez pas jaloux,
Pour peindre un doux transport s'éloigne un peu de vous.

C'était donc à cette heure où, dépliant ses voiles
Parsemés en tous sens d'innombrables étoiles,
Sur son beau char d'ébène, alors que le jour fuit,
Calme et majestueuse arrive enfin la nuit.
Étant au bord de l'eau j'admirais la nature
Et j'écoutais des flots le paisible murmure.
Le soleil tempérait l'éclat de sa splendeur,
Et de ses derniers feux on voyait la lueur
Descendre en pâlissant et se plonger dans l'onde
Pour reprendre au réveil leur course vagabonde;
La brise, en remplaçant l'air enflammé du jour,
Emportait vers les Cieux de doux refrains d'amour
Que le joyeux amant, si désireux de plaire,
Répétait en voguant sur la barque légère;
L'écho mystérieux redisait son bonheur,
Tous les esprits du soir semblaient former un cœur.

Et les couples heureux à la voix modulée,
Abritant leurs petits cachés sous la feuillée,
Doucement éveillés au bruit de ces accents,
Sur le bord de leurs nids reprenaient leurs doux chants.
Dans ce séjour joyeux je me sentais ravie,
Et mon cœur s'accordant avec cette harmonie,
Dans une ardente extase était resté longtemps,
Exhalant ses pensers sur les ailes des vents;
Des songes d'avenir, des images chéries
Balançaient mollement mes douces rêveries.
C'était un songe heureux : j'aurais voulu dormir
Pour prolonger encor ce tendre souvenir,
Lorsque la nuit déjà mélancolique et sombre,
Sur toutes ces splendeurs avait tendu son ombre;
Le zéphir frissonnant en ces aimables lieux
Semblait me dire alors : « C'est l'heure des adieux. »
Adieu, rive fleurie, adieu belle nature,
Qui voile tes attraits comme une vierge pure;
En m'éloignant de toi, déjà fuit mon bonheur
Et les illusions où se berçait mon cœur.
Oh! viens à mon chevet, ange de la tristesse,
Viens, mon âme troublée a besoin de tendresse.
Rêveuse et solitaire, un instant j'ai pu voir
Passer en souriant dans le calme du soir
D'un avenir charmant les fleurs fraîches écloses
Dont le brillant éclat l'emportait sur les roses.
Mais l'extase est passée et le regret me suit;
Viens donc, ô mon doux ange! au rideau de mon lit,
Montre-moi du Seigneur la sainte providence
Et répands dans mon cœur un rayon d'espérance.

EUGÉNIE SCHNEPP.

Seine-et-Oise.

DANS UN BERCEAU

Détournant mes regards de cette horrible guerre,
Où tous nos ennemis, semant partout l'effroi,
Pillent tous nos hameaux, si paisibles naguère
Pour rendre glorieux le règne de leur roi !
Détournant donc mes yeux de cet affreux spectacle,
Je regardai longtemps dans un petit berceau ;
Un berceau n'est-il pas le joli réceptacle
De tout ce que l'on a de charmant et de beau ?
Un enfant y dormait : c'était mon petit frère,
Son frais visage était tourné vers le soleil
Dont un pâle rayon (nous étions en Brumaire)
Ornait son jeune front d'un beau reflet vermeil.
Il avait ses deux bras hors de la couverture,
Ses frêles doigts étant fourrés dans un tricot
Qui cachait à mes yeux le bas de sa figure,
Et son corps enfoui sous le blanc calicot.
De temps en temps, parfois, de sa bouche mi-close
Sortaient de petits cris, charmants gazouillements.
O qu'il était joli ! quelle charmante pose !
Quelle grâce il avait dans tous ses mouvements !
O que j'aurais voulu fixer sur une toile
Le modèle divin que, tout fier, j'admirais,
Et comme je maudis ma bien mauvaise étoile,
Ne pouvant pas, hélas ! reproduire ses traits !

Gustave Carlet.

Seine.

A MON PETIT FRÈRE

Quoique bien éloigné de notre domicile,
O petit frère aimé dont le rire est la loi,
Ne m'oublie pas trop ; quelquefois (c'est facile)
    Pense à moi.

Quand j'arrive te voir, cher Paul, dans ta voiture,
Quand enthousiasmé je m'approche de toi,
Quand je te baise au front, charmante créature,
    Souris-moi.

Si tu veux contenter un grand gamin qui t'aime,
Et dans son petit cœur causer un doux émoi,
Écoute mon conseil : le jour de ton baptême
    Nomme-moi.

Si tu veux que mon cœur dans ma poitrine batte
Comme le gros bourdon d'un antique beffroi ;
Si tu veux qu'avec toi je vienne heureux m'ébattre,
    Aime-moi.

GUSTAVE CARLET.

A LA SOCIÉTÉ DE HOFINGUE
SOCIÉTÉ SUISSE D'ÉTUDIANTS

Amis, j'ai vu déjà, dans ma vie éphémère,
Un trône s'écrouler et tomber un tyran ;
J'ai vu passer dans l'ombre et dégoûtant de sang,
    Le démon de la guerre !

Et la honte enfanter pour nous la Liberté !
J'ai vu, de son poignard, la terrible anarchie
Fouiller le cœur sanglant de la Mère-Patrie
   Aux quatre vents jeté !

J'ai vu râler la France, et vu naître un empire
Sur les débris fumants d'un empire vaincu.
De ta gloire, ô ma France, on ne se souvient plus,
   Hélas ! que pour en rire !

J'ai vu dans Babylone à la face du Ciel,
Le baiser, sans pudeur la débauche et le crime ;
J'ai vu le déshonneur, la courtisane infime
   Renier l'Éternel !

J'ai vu les monts sacrés, bienheureuse Helvétie ;
J'ai connu de l'amour, ce qu'en peut révéler
Le soleil de l'Espagne et le brûlant baiser
   De la folle Italie.

Mais lorsque seul, errant, dans ces lieux exilé,
J'ai vu venir à moi souriante et joyeuse
La douce Hofingia, mon âme soucieuse
S'est ouverte au bonheur : j'ai connu l'amitié !

        Henri Siéger.

L'ASSOCIATION FRANÇAISE
POUR L'AVANCEMENT DES SCIENCES

I

France, nos ennemis conservaient l'espérance
De t'imposer longtemps un peuple de valets;
Ils croyaient loin, bien loin, ton jour de délivrance...
Mais nous avons cent fois plus de trésors en France,
  Que la Prusse n'a de boulets!

Ton front meurtri reprend sa brillante auréole,
Et tu peux, renaissant de ta cendre, ô phénix,
Donner des milliards, comme on donne une obole :
Les Prussiens, dans tes flancs, ont creusé le pactole,
  Eux qui pensaient creuser le styx!

Tu reparais plus grande après ton agonie;
Et c'est lorsque tes bras portent encor des fers,
Que tu fais éclater ta puissance infinie;
Car Bismark n'a pas pu te voler ton génie,
  Autre soleil de l'univers!

La Prusse, dans la nuit, rampe comme la taupe;
Et tandis que de l'Est, ô France, l'astre ardent
Projette la clarté du jour qui t'enveloppe,
Grâce à toi, la lumière, aux esprits de l'Europe,
  Arrivera de l'Occident!

II

Venez, savants français, dans notre cité fière,
Venez surpasser Watt, Franklin, Herschell, Fulton;
Que le monde n'ait plus de secrets à vous taire!...
Venez, comme Cuvier, interroger la terre,
  Ou bien le Ciel, comme Newton!

Venez... et qu'avec vous, les hommes puissent lire
Ces mots, hélas! qu'à peine ils savent épeler
Dans l'immense nature où tant d'ordre respire...
Venez contraindre ici le roc à tout vous dire,
    L'étoile à tout vous révéler!

Venez ouvrir enfin vos sublimes assises...
Venez... de l'ignorance, il faut fixer le sort :
Elle aura, pour témoins, nos revers et nos crises;
Que vos progrès constants, vos nobles entreprises
    Soient son suprême arrêt de mort!

Venez... votre présence est, pour nous, une fête
Venez... notre malheur, savants, est effacé...
En voyant les travaux que notre France apprête,
On comprendra que, lorsque ainsi pense la tête,
    Le cœur bat et n'est plus blessé!

Venez pour des combats qui seuls donnent la gloire,
Car les mères jamais, de ceux-là, n'ont horreur;
Venez pour des combats sans égaux dans l'histoire,
Où l'univers entier remporte la victoire,
    Où ne succombe que l'erreur!

Afin d'inaugurer dignement votre règne,
Et de vous recevoir, savants qu'inspire Dieu,
Au-devant de vous tous dont la parole enseigne,
Bordeaux fait accourir l'ombre du grand Montaigne,
    Et l'ombre du grand Montesquieu!

III

Thèbes, qu'à la ruine Alexandre condamne,
Voit ce prince épargner, sur le sol déchiré,
L'asile de Pindare, où la sagesse plane.
« Il ne faut pas, dit-il, que le fer le profane...
　　L'étude l'a rendu sacré ! »

Un jour, les nations qu'un fol orgueil enivre,
Entendront Dieu nous dire, en les faisant périr :
« Puisqu'elle hait le glaive et qu'elle aime le livre,
Et puisque, dans son sein, la science doit vivre,
　　La France ne peut pas mourir ! »

Louis de Préville.

Gironde.

UN DUEL

Nouvelle héroï-comique et véridique

DÉDIÉ A MON AMI ET COMPATRIOTE GUSTAVE CÉZANNE, L'ÉMINENT ORGANISTE
DE L'ÉGLISE SAINT-LOUIS, DE TOULON

> « Un loup cherche à vous dévorer. Il vaut
> » mieux tuer ce loup que de se laisser tuer
> » par lui. C'est ici le cas de légitime défense
> » et le seul où le duel ne me paraisse point
> » un meurtre prémédité. »
> 　(Extrait de mon recueil de *Pensées philo-
> sophiques* en rimes et en prose.)

PROLOGUE

On m'appelle baron, pour rire, et je me flatte.
Que ce titre sied bien devant ma bourse plate.

Qu'importe ; j'appartiens au genre des barons
Sans façons et sans morgue, en un mot vrais lurons.
Dites-moi, s'il vous plaît, si la sombre tristesse
Peut servir de compagne au défaut de richesse?
Je suis d'avis que non ; car des biens le fracas
Ne peut nous procurer que soucis et tracas.
Mes livres, mon broc plein et ma philosophie
M'aident à traverser les chagrins de la vie.
Je suis un héritier du gai Roger Bontemps ;
A gémir ici-bas je ne perds pas mon temps.
Je le passe au travail et parfois je m'amuse
Aux jeux permis desquels jamais sage n'abuse.
Je possède au surplus l'inoffensif travers
De tourner, par moments, de pitoyables vers.
On me raille souvent pour cette fantaisie
Et l'on a bien raison, car de la poésie
Le règne est fort déchu. L'homme, pour le journal,
Épris de passion, en a fait son régal.
Qu'ont à faire dès-lors vers et littérature,
Sinon à l'épicier de s'offrir en pâture?
Et du beau cependant, chez tous les bons esprits,
Un pur amour survit. Mais je suis tout surpris
Qu'en un siècle, qu'on dit un siècle de lumière,
L'idéal et le beau restent tant en arrière.
Patience ! à son tour un meilleur temps viendra ;
Au gai savoir la vogue encore appartiendra !

Mais où court s'égarer mon inconstante muse?
Je conviens, cher lecteur, que ceci peu t'amuse.
Je vais donc te conter, en style simple et clair,
Le seul duel que j'eus et qui fit pet en l'air.

LA JUSTICE

Exposition. Récit de la cause du duel.

C'était en mil huit cent (je crois) quarante-quatre,
Un an où, paraît-il, chacun devait se battre.
  Il faut bien qu'il en soit ainsi
  Pour qu'un homme aussi pacifique
  Que moi, la bonhomie antique,
  Ait manqué de se battre aussi.
  Rassurez-vous, mon caractère
  D'avance témoigne au penseur
  Que je n'étais point l'agresseur
  En cette ébouriffante affaire !
Je poursuis mon récit. — C'était pendant l'hiver,
Dans un pays alpestre, où d'un climat de fer
Les montagnes tenaient une blanche coiffure
De neige et de frimas; où la triste nature,
Pour six mois, prend le deuil des riants et beaux jours.
Ce pays est le mien et je l'aime toujours.
Or là nous possédons l'estimable avantage
D'une garnison faible, où soldats en partage
N'ont pour distraction que de boire, et parfois
Celle de se lier avec quelques bourgeois.
Le pékin, en ces lieux, très fréquemment se montre
Accort pour le troupier. Quand le fait se rencontre,
Celui-ci, qui n'aurait d'ami que son fusil,
Peut, auprès de son hôte, égayer son exil.
Les nouveaux compagnons vident maintes bouteilles
D'un pétillant clairet dont on dit des merveilles.

Petit nectar Alpin du crû de Chadenas,
Qui vaut mieux qu'un trésor fermé sous cadenas,
Je garde souvenir, comme d'un jour de fête,
De ton gaz enivrant qui nous tournait la tête !

Parmi la garnison, il était un sergent,
Modérément guerrier, mais homme intelligent,
Il avait professé d'abord la rhétorique,
Mais il avait surtout le don de la musique.
Piano, violon, plus qu'à ses fusiliers
Leurs armes, au sergent étaient très familiers.
Les muses envers lui prodigues de largesses,
Lui soufflaient opéras, chants profanes et messes.
Enfin il possédait un talent musical
Qui des difficultés ne se jouait pas mal.
Il faut bien au talent, pour qu'il puisse s'ébattre,
Un certain auditoire, un modeste théâtre.
Mais à notre sergent des muses possédé
Cet avantage fut aussitôt concédé.

Un orchestre à former dans la petite ville
N'était point entreprise ordinaire ou facile.
Et pourtant le succès couronna ses efforts.
Quelques musiciens modestes et peu forts
S'offrirent sous sa main, disposés à bien faire,
Composés d'éléments civil et militaire.
En somme il recruta, sans se compter lui chef,
Douze instruments, entr'eux peu d'accord. Enfin, bref!
Je vais les dénombrer... Tout d'abord une basse,
Une flûte, un serpens, plus quatre violons;
(Mais je crois que j'ai pris la liste à reculons.)
Un cor, une trompête et... chose plus cocasse,
Un buccin dont le son effroyable et strident
A l'oreille pouvait causer quelque accident.

Mais j'allais oublier, peste! la clarinette,
Instrument par lequel l'orchestre se complète.

Et si je l'oubliais, ce n'est assurément
Parce que je cultive aussi cet instrument,
Puisqu'il fut dévolu d'en jouer la partie
A votre serviteur qui peut, sans modestie,
Avouer qu'il n'est point aussi fort que Béer,
L'interprète savant du grand Meyerbeer.
Mais pour cette partie il fallait un rechange ;
Un grand sergent-major, jeune et beau comme un ange,
De l'intérim pour moi volontiers se chargea :
Ce bon sergent-major en ceci m'obligea.
L'orchestre étant complet, il fallut, comme on pense,
Trouver, non point vraiment une salle de danse,
Mais plutôt un salon ou salle de concert,
Pour me servir du mot dont partout on se sert.
L'un de nous, dans ce but, offrit alors sa chambre.
Il y faisait un froid, mais un froid de décembre.
N'importe ; le concert là s'exécutera ;
En soufflant dans les doigts on se réchauffera.
Et puis le feu de l'art empêche la jeunesse
De ressentir l'effet de la bise traîtresse.
Lorsque j'ai dit concert, c'est répétition
Que de dire j'avais d'abord l'intention.

Enfin il arriva ce beau jour d'allégresse
Pour notre maëstro peu doublé de sergent ;
Jour qu'il n'eût point troqué contre son poids d'argent,
Où nous devions de lui répéter une messe.

Au lieu du rendez-vous, à neuf heures du soir,
Tous les exécutants faisaient plaisir à voir.
Rouges étaient les mains et les nez... Bagatelle !
L'art devait réchauffer tout cela sous son aile...

Pour vous faire assister à l'exécution,
Il faut que vous sachiez bien la position
Où se trouvaient alors musiciens et maître.
En tête du pupître, auprès d'une fenêtre,
Notre sergent trônait, son archet à la main ;
Du pupître en longueur le salon était plein,
Et de chaque côté du fragile pupître
Les artistes siégeaient, chacun suivant son titre.
Un certain caporal à tête de melon
Râclait au plus bas bout le second violon.
Soit qu'il ne fût pas fort, soit par défaut de vue,
Le caporal s'assied, se lève, se remue,
Se tord et se replie... Ainsi fait le serpent,
Quand il fuit devant l'homme et s'esquive en rampant.

Je n'exécutais point, ce soir-là, ma doublure ;
Le grand sergent-major, plus sûr dans son allure,
Avait pris ma partie ; et moi libre et joyeux,
J'assistais en critique à ce concert fameux.
Des auditeurs, moi seul était pékin, le reste
De jeunes officiers se composait... Mais zeste !
Voilà le maître qui, brandissant son archet,
Comme si de liens puissants il s'arrachait,
Étendit ses deux bras... aussitôt un tonnerre
D'harmonie ou de bruit faillit jeter par terre
Les pauvres auditeurs par l'effet assommés.
Mais une mélodie exquise et ravissante,
De mollesse et d'ardeur tour à tour palpitante,
Vit tous les auditeurs l'instant d'après calmés.

Tout marchait à souhait. Mais voilà que le diable
Se mit de la partie, à notre orchestre aimable

LA JUSTICE

Il s'apprêtait sans doute à faire un méchant tour...
O muse, toi qui vis tel grabuge en ce jour,
Redis-nous le dépit et le chagrin du maître,
La douleur et l'ennui qui saisirent son être,
Ses imprécations, son deuil, son air bretteur
Envers celui qu'il crut du contre-temps l'auteur;
Mais pourquoi s'aviser aussi, dans une messe,
De mettre un air de danse, une polka traîtresse?
Le diable hélas! se sert en ces affaires-là
De tout ce qui séduit... L'horizon se voila...

C'était bien en effet une polka charmante
Qui vint, en ce moment, par sa note entraînante,
Nous inspirer à tous le désir de polker.
Du diable le complot dès-lors ne put manquer.
Nous étions là nombreux, tous ayant jambes souples;
Aussitôt à l'envi nous polkames par couples.
Mais il fallait franchir un tout petit endroit,
Libre autour de l'orchestre, et ce fut ce détroit
Qui causa l'incident que je vais vous décrire,
Et dont seul le sergent n'eut pas l'esprit de rire.

Le second violon, le zélé caporal,
Se déménait toujours en son coin latéral;
Tour à tour s'asseyant, se levant de sa chaise,
Sans doute pour pouvoir déchiffrer plus à l'aise;
Pendant qu'il se levait, un des couples passa
Près de notre râcleur, et de ses pieds lança
A quelques pas plus loin du cher homme le siége!
De ce fait il surgit le diable et son cortége!!

Le caporal, voulant se rasseoir, et trouvant
Le vide au lieu du siége, aussi prompt que le vent,
Avec son violon, tomba sur son derrière.
Alors un mouvement de bascule s'opère :
Ses pieds vibrent en haut et sa tête est en bas.
Que va-t-il résulter de cette chûte hélas?
Grands dieux! il en advient qu'un de ses pieds s'accroche
Au pupître léger dans lequel il s'embroche!...
O muse, voile-toi, comme alors en effet
Tout dans l'ombre tomba par un malheur complet.
Le pupître portait seul toutes les lumières.
Le pupître tombant, ô mânes de nos pères!
Aussitôt plongea tout dans une obscurité
Où nul de se mouvoir n'eut plus la liberté.
Au moment où le sort marquait ce fait tragique,
Un rire, immense rire, un vrai rire homérique
Du sein des spectateurs dans les airs éclata.
Toute notre gaîté dès-lors se dilata...

L'un de nous à la fin nous rendit la lumière,
Qui fit luire à nos yeux sa brillante atmosphère.
Tous les exécutants prirent bien leur malheur.
Le chef-d'orchestre seul, sur sa tête d'horreur
Sent crispés ses cheveux... Lors de sa lèvre pâle
Une imprécation qui fit trembler la salle,
Éclata. Son archet, qui pendait à sa main,
Ne devait au concert trouver un lendemain!
Son amour-propre atteint d'une affreuse blessure,
Ne pouvait se guérir qu'avec du sang; l'injure
Devait être vengée... Il fallait inventer
Quelque bouc-émissaire habile à tout porter.

Le plus doux, le plus faible aurait, suivant l'usage,
Les horions, les coups et le reste en partage.

Entre tous les polkeurs, j'étais le seul pékin;
J'étais donc le coupable et l'atroce coquin
Qui devait expier l'affront. La discipline
Sauvait les officiers. Ainsi qu'on le devine,
Devant ce nouveau loup j'étais comme l'agneau
Coupable à tous les chefs d'avoir troublé son eau.
Quand on me condamnait d'avance et sans m'entendre,
Pouvais-je argumenter, songer à me défendre?...

Le silence se fit. Aussitôt le sergent,
Vers moi se retournant furieux, dirigeant
Pour mieux me désigner, son archet, en colère
M'apostropha des mots : « Vous êtes, je l'espère,
» Monsieur, de tout ce bruit satisfait et content;
» Mais laissez-moi vous dire un seul mot en partant :
» Votre sang lavera vos injures cruelles;
» Allez!... vous recevrez demain de mes nouvelles!! »
La foule là-dessus s'écoula lentement,
Avec l'air qu'on emprunte à tout enterrement.

Le Duel.

Grands dieux! me voilà donc, innocent de la faute,
L'objectif du sergent blessé dans sa marotte.
Pourtant je me couchai calme et point malheureux
Et mon sommeil n'eut point de songe trop affreux.
Les officiers m'aimaient, et dans leur bienveillance,
M'avaient fort rassuré contre la male chance

Du duel qui demain pouvait bien m'incomber;
Mais nul des combattants n'y devait succomber!
D'après eux le sergent jouait un rôle insigne,
Car sa bravoure était on ne peut plus bénigne...

Le lendemain, c'était à l'heure où le soleil
Passe au méridien, éclatant et vermeil,
Et son char entraînait de rayons un cortége
Qui réduisait en eau les glaçons et la neige.
Je prenais, à ma table, un repas tout frugal,
Ne songeant plus à rien et moins encore à mal,
Lorsque je vis surgir, au-devant de ma porte,
De maîtres spadassins toute une ample cohorte,
Le caporal-sapeur! *Horresco referens!*
Un caporal-tambour, un vrai casseur de reins;
Un caporal-clairon, une lame en fait d'armes;
Puis un sergent grognard, vrai messager d'alarmes!

J'avais, en ce moment, ma mère auprès de moi;
Je voulais épargner à son cœur tout émoi;
Car elle m'aimait tant, la chère et digne femme,
Qu'elle eût, apprenant tout, à Dieu rendu son âme.

Donc, avant d'entamer avec les spadassins,
Qu'elle eût apostrophés du titre d'assassins,
Le premier traître mot du sinistre colloque,
Je l'éloignai... L'un d'eux alors, d'une voix rauque,
M'interpellant, me dit : « Est-ce vous, Monsieur tel?... »
» Je répliquai : « — C'est moi... » — « Recevez ce cartel
» Que vous fait parvenir le sergent magnanime
» Qui fut hier par vous et sans raison ni rime

» Insulté gravement. Indiquez-nous dès-lors
» Les armes, les témoins qui, sur les sombres bords,
» Aideront l'odieux agresseur à descendre. »

Ma réponse était prête et ne se fit attendre.
J'indiquai mes témoins et choisis le briquet
Pour arme de combat. Enfin je me dis prêt
A me rendre le soir aux glacis, à quatre heures.
Dans ces lieux isolés et loin de nos demeures,
Je fus à l'heure fixe avec mes deux témoins
Qui tremblaient plus que moi de leurs pénibles soins.
J'y trouvai mon sergent : sa figure était pâle,
Il était arrogant mais moins que dans la salle,
De mes torts prétendus témoin pensif, muet.
Lors, chacun de nous deux s'arma de son briquet.
Toutes conditions avaient été d'avance
Faites aux combattants par la grave assistance.

« En garde, champions! que chacun prenne rang,
» Le combat doit durer jusques au premier sang!... »

O muse! redis-nous combien de choses chères
Traversaient mon esprit en ces heures amères!!!

Alea jacta est! Alerte, combattants!
Ruez-vous l'un sur l'autre affolés, haletants!!!

Bien que peu courageux, quand j'y vais pour mon compte,
Si le vin est tiré, je le bois... Mais... ô honte!
A peine nos deux fers venaient de se croiser,
Que je vois mon sergent mollir et biaiser.
Il s'arrête et d'un ton de haute comédie,
Il s'exclame : « Cessons l'horrible tragédie!

» Laissons-là ces briquets; entrelaçons nos bras!
» Mon cher, homme tu fus... homme tu resteras!... »
Je pouvais refuser et prolonger sa peine,
Mais je suis homme doux, sans colère ni haine.

Nous nous hâtames donc de quitter les remparts
Et pour finir la noise... on mangea les canards!

Moralité.

De mon récit, lecteur, si tu veux la morale,
Je vais te la donner. L'escrime dans la salle,
Est un art pour chacun facile à pratiquer.
Mais le courage fuit, quand... il faut *s'astiquer*!

Autre moralité! Quand on fait une messe,
On ne doit y mêler ni danse, ni polka;
Car celle dont je viens de vous parler, manqua
De me faire mourir, moi pécheur, sans confesse!

L. GORLIER,
Surnommé plaisamment baron de Gorlitz.

Var.

A LA FRANCE

A toi, France, meurtrie au choc de deux empires,
Pour avoir oublié que les forces expirent
Au sein des nations qui n'ont plus le souci
De leurs droits et devoirs; et vont à la merci
D'un écumeur titré, livrer leur diadème,
Prostituer l'honneur et l'or de leurs cités;
Et le laissent sanglant, ivre, fouiller à même
Dans l'écrin de leurs Libertés!

LA JUSTICE

A toi, mère éprouvée, épuisée et flétrie,
Sous le joug odieux d'une race pourrie
Qui, vingt ans, étouffa ta génération,
L'atrophia par peur et par corruption !
A toi, qui sus pourtant, te redresser sublime,
Et briser du César, l'immonde piédestal,
Quand le danger, du doigt, te fit toucher l'abîme,
  Où t'entraînait l'homme fatal !

L'un de tes fils : de ceux voulant ta délivrance :
Pour adoucir tes maux terribles, ô ma France !
T'offre l'hommage ardent de son sincère espoir,
Dans l'avenir qui doit éclaircir ton Ciel noir ;
Quand, forte République, en arbître érigée,
Tu contiendras, des rois, les sauvages fureurs ;
Et que, par ta grandeur, tu te seras vengée,
  Des crimes de deux empereurs !

France ! relève-toi, chère et grande martyre ;
L'ouragan est passé, l'étranger se retire
Et quitte, avec regrets, de son butin chargé,
Ce pays qu'en sa haine, il a tant ravagé.
Il a pu déchaîner sur toi, France intrépide,
Sa vengeance jalouse et sa haine stupide ;
De la guerre, excitant l'épouvantable vol,
Promener l'incendie et le meurtre et le viol,
Sans qu'un héros criât à sa rage en furie :
Halte ! on ne passe pas : et sauvât la Patrie !
Non, le fléau passa sans heurter un vengeur,
Et ton front se courba sous l'immense douleur...
Ah ! tu dus t'avouer que le ventre et la bourse,
De ton sang généreux, avaient glacé la source !...

Honte, honte à jamais, aux fils dégénérés,
Qui de toute infamie, ont monté les degrés ;
Judas qui, froidement, sans trouver l'œuvre amère,
Trahissant tous les droits de l'humanité-mère,
Ont mis leur intérêt au-dessus du remord,
Et signé, sans frémir, cent mille arrêts de mort !!!

Pas un seul, parmi ceux que l'empire prodigue,
Avait chargé du soin d'élever une digue
Contre l'invasion, que lui seul appela,
Ne fut à la hauteur de ce grand rôle-là !
Tous avaient ramassé, dans le sang de décembre,
Leur droit de commander à la nation d'ambre ;
Et pour tel attentat, tirés d'obscurité,
Ne pouvaient, en héros, tromper l'hérédité :
D'un crime de vingt ans, complices et coupables,
Étaient-ils, de vertu, même un seul jour, capables ?
Et, valets d'un tyran, réponds ô vérité !
Franchement, pouvaient-ils sauver la Liberté ?...

Hoche, Kléber, Marceau ! race en héros, féconde,
Es-tu donc épuisée ? es-tu donc sans seconde ?
Le pays qui donna le jour à ces grands cœurs,
Doit-il subir, longtemps, le joug de ses vainqueurs ?...
Tu pleures, ô Patrie, aux souvenirs épiques,
De ces porte-haillons qui, mal armés de piques
Et de mauvais fusils, mal couverts et pieds-nus,
Ont fait trembler les rois, des quatre points, venus
Pour étouffer au nid, l'Hydre Républicaine :
C'était, comme aujourd'hui, peuples et rois en haine ;
Et l'esclave étranger, sur le sol descendu :
Jemmapes et Valmy, vous avez répondu !

Vous avez répondu : légions de victoires,
Que décrétait Danton ; et vous, plus fortes gloires :
Décrets constituant la grande nation,
Sous le souffle puissant de la Convention !

Tu fus belle, ma France ! et grande, libre, et fière ;
Jusqu'au jour, où surgît la race aventurière,
Qui, plaçant sur ton cœur sa lourde ambition,
Découronna ton front par l'usurpation :
T'écrasa sans pitié, commençant par Brumaire,
Pour finir à Sédan !
                    Et tout est à refaire !...

Eh ! bien soit, reconstruis, pionnier du genre humain,
Et refais ta grandeur, ton histoire à la main !

O France ! ô nation qui prétend aux lumières !
O toi, qui fus toujours là, parmi les premières,
Quand un pas du progrès, venait à s'accomplir ;
Ou, qu'un nouveau rayon, soudain venait jaillir,
Éclairant l'inconnu, dont la nature est pleine,
Sous les efforts ardents de la cervelle humaine !
Toi, qui par le passé, préparant l'avenir,
Étudiais, jadis, l'être et le devenir ;
Cherchais, par tes penseurs, la route d'espérance,
Au nom du genre humain, heurtant son ignorance,
A tous les crimes-lois, par les rois, édictés,
Par de pieux docteurs, inspirés et dictés ;
Et frayant le chemin aux âmes indécises,
D'un siècle de géants, entassas les assises ;
Mis Voltaire à l'entrée et Robespierre au bout,
Et des vieux préjugés, ne laissas rien debout !

Déblayant le terrain, de ce fouillis sauvage,
Qui retînt, si longtemps, aux rêts de l'esclavage,
Ce grand martyr : Nous tous, aux mains de quelques-uns,
Lui dis : lève-toi, marche, au nom des droits communs ;
Marche vers le progrès, à ton tour, vis et pense,
Et de la raison seule, accepte la sentence ;
Travaille, instruis-toi, cherche l'Égalité :
C'est la route qui, droit, mène à la Liberté !

O ma France ! reprends cette route fertile,
Et, par le livre, rends le fusil inutile ;
Rends, par l'instruction, les soldats superflus,
Fais des tyrans de moins et des hommes de plus.
De chaque citoyen, fais un homme qui pense,
Qui discute ses droits, concoure à ta défense ;
Et, libre d'exprimer, tout haut, la vérité,
Qu'il soit fier d'être tien, par la Fraternité !
C'est ainsi que, debout, forte et régénérée,
Puissante sans combats, par la lutte sacrée
Des sciences, des arts, aux autres nations,
Tu montreras le but des révolutions :
Et le monde, ébloui de l'œuvre sans réplique,
Saluera, plein d'amour, la grande République !

Julien Léon.

A UNE JEUNE FILLE
SONNET

Dieu sur votre front pur a posé l'auréole
De la douce beauté qui fait rêver le cœur ;
Le lys de nos vallons, de sa fraîche corolle
En naissant vous offrit la suave fraîcheur ;

Comme l'œil qui s'attache au rayon qui s'envole,
Le regard à vos pas se rive tout songeur ;
Votre sourire enivre, et dans votre parole
Le poète ravi trouve un charme enchanteur !

Oh ! oui, vous êtes belle ! et, riche de vos grâces,
Vous enchaînez l'amour délirant sur vos traces,
Et le monde charmé fleurit votre chemin !

Fière, vous triomphez à ses ardents hommages !
Et vous croyez la vie ici-bas sans nuages !
Hélas ! tout ce bonheur, où sera-t-il demain ?...

Louis Oppepin.

Nièvre.

UN PAOURE VIEIARD

Ben paoure et viei, tranquillamen camino,
Seus envejà lou bonhur de degun.
Oou mot de ben, soun grand front s'illumino ;
Gloire et grandour, per eou, n'en soun que fun.
Coummo aoujourd'hui, de dedin sa jiunessa,
Prêchent d'exemple, a toujou dit ben haou :
N'ei pas lou tout de pas manqua la messa,
Meis bous amis, foou pas faire lou maou.

Si sa recolto a servi de semenço,
De soun travai, se n'a plus pas un liard ;
Si per tout ben l'y resto sa counscienço,
Dieou benira lou paoure et bon vieiard.

Din soun printen n'ero pas sonjo-festo;
Tou soun desir ero la Liberta.
De quaouqueis saous n'avié toujou de resto;
Tou soun bonhur ero la carita.
Charles Fourrier ei resta soun idolo.
Un phalanstère ei soun rêve dooura.
Harmouniens, vite, vite un ooubolo :
Lou mounde entier sara leou restooura !

Si sa recolto, etc...

Ha ! si jamai, la fourtuno fantasquo,
Per favouri, n'en fasié chois, un jour,
Les gros bounets l'y levarien lou casquo,
Mai leis pichots, alors, oourien soun tour.
De seis douas mans, soulagent l'infortuno,
Tout radious, remerciaré Dieou,
Puis, en parten, redirié sen rancuno :
Par doun eis grands, à tout lou mounde, adieou !
Si sa recolto, etc...

THÉODORE SEYSSAUD.

UN VIVEUR
POËME

J'avais vingt ans, j'étais un vrai coureur de femmes,
Un malin abruti par les vices infâmes,
Un jouet de l'amour frivole aux yeux moqueurs,
Grand jeune homme frisant de gros accroche-cœurs,
Clignant toujours de l'œil et portant sur l'oreille
La casquette, un viveur sans espèce pareille.

Je me donnais des airs et des tons baladins,
Je jurais sottement comme font les dandins,
Tellement qu'on m'avait nommé sac à blasphèmes.
Quand on est jeune on est à peu près tous les mêmes,
Lorsqu'on entend prier l'on ne blasphème pas.
A qui la faute si l'enfant fait des faux pas?...
Les faits viennent souvent de déplorables causes.
Ce n'est qu'à l'atelier qu'on vous apprend ces choses;
Quand je jurais les vieux souriaient de pitié,
Mais les jeunes aussi, pour la bonne moitié,
M'approuvaient, rigolaient... Le saint jour de dimanche,
Après avoir bûché huit longs jours, en revanche,
Je m'en payais ma part aux plaisirs et vraiment
Vous m'eussiez cru vivant encore assez gaîment.
Erreur, car je souffrais d'un grand mal en silence,
J'ignorais cet amour et cette vigilance
D'une mère; enfant du hasard j'allais... Enfin
Bien des fois mon salaire arrivait à sa fin,
Avant que j'eus payé les frais de la semaine.
Quand on est seul c'est là que la chance vous mène,
Je m'endettais. Souvent, sous un rire joyeux,
Je cachais de gros pleurs qui roulaient dans mes yeux,
C'est que j'avais besoin d'un amour moins factice.
Que de fois j'ai juré contre cette injustice,
Du sort qui ne m'offrait que prostitution,
A moi pauvre martyr de cette affection
Du cœur, qui me faisait ressentir en moi-même
Un malaise, un affreux vide, un feu qui sème
Les ennuis, la tristesse inconnue aux heureux,
Et seul, je me croyais être seul malheureux
Ici-bas... Donc, j'étais coureur de courtisanes,
Faute de mieux j'avais les roses qui se fanent.

Je croyais, de l'amour, posséder un rameau,
Amour et passion pour moi n'étaient qu'un mot;
Je m'amusais croyant aller cueillir la rose
Quand j'allais vers l'égoût. Je compris, et morose,
Un affreux désespoir parcourut mes esprits,
La vertu me devint un objet de mépris,
J'aperçus bien le gouffre noir de l'inconduite
M'engloutir à son gré, mais c'était dit... Ensuite,
Quand je réfléchissais : après tout l'hôpital
T'enterrera toujours à ton terme vital.
La mort vient tôt ou tard, elle est une coquine,
Tant vaut-il donc finir comme une concubine.
Résolu, je marchais... Au bout de quelque temps
J'étais changé, j'étais un vieillard de vingt ans;
Mon front se découvrit, mon œil devint farouche,
Les marques de mon mal se lisaient sur ma bouche,
Et mes traits se trouvaient tellement décharnés
Qu'à l'atelier les vieux me plaignaient étonnés.
Un dimanche (c'était le Dimanche de Pâques),
A minuit, je sortais d'un de ces vieux cloaques
Numérotés avec des verres en couleurs,
Et j'en sortais, non pas plus calme en mes malheurs,
Mais plutôt abruti, presque sans sous ni mailles;
Pour rentrer au logis je longeais les murailles.
Tout à coup j'entendis un pas paisible et lent,
Je m'arrêtais. Je vis une ombre s'en allant
Vers un noir bâtiment tout au fond d'une impasse.
Comme l'on dit, c'était une accroche qui passe,
Ou je le crus du moins; une fille qui sort
Après minuit, se peut bien prendre pour *consort;*
Mais j'allongeais le pas afin de mieux connaître
Cette fille, et déjà se soulevait mon être :

LA JUSTICE

Elle était jeune et belle, un regard soucieux
S'échappait néanmoins de ses deux jolis yeux
Noirs sous des cils d'ébène, et sa gorge d'albâtre
Et son sein palpitant, propres à faire battre
Les cœurs les plus glacés, soulevaient tout mon sang.
Elle était là timide et d'un air rougissant
Qu'on ne rencontre pas chez la femme vulgaire,
Alors il se livrait en moi toute une guerre.
La voyant si tremblante et honteuse, je fus
Moi viveur sans respect en un état confus.
J'en demeurais surpris, muet, le front humide.
Tremblante elle me fit signe d'un air timide,
Et j'aurai pu vraiment... mais rebroussant chemin,
Je lui dis : Belle, adieu, ce sera pour demain,
Tu n'aurais avec moi qu'une chétive aubaine,
Au revoir, et j'allais sifflant *faridondaine*...
C'est égal, je n'avais jamais rien vu de mieux ;
J'eus bientôt des regrets, et grognant comme un vieux,
Lançant de gros jurons avec ma voix bourrue,
Je revins sur mes pas par un détour de rue.
Elle était immobile auprès du bâtiment.
J'eus bien pu l'accoster, mais un pressentiment
Secret de l'avenir m'enlevait tout courage,
Je voulais et pourtant je n'osais, car je gage
Que ce soir-là j'étais indispos, emprunté ;
Si ce fut une femme au regard effronté
Comme l'on en voit tant aujourd'hui sur les places,
Certes, je n'aurais pas fait autant de grimaces ;
Mais une jeune fille à l'air triste, au front bas,
Maugrebleu ! c'est capable à vous couper les bras.
Quoique indécis, pourtant je fis dans la ruelle
Deux ou trois tours, grognant par la sainte sequelle

Des jurons. A la fin elle me dit : Venez...
N'avez-vous jamais vu fléchir des condamnés
Sous l'arrêt de leur juge ? Elle était de la sorte.
Deux secondes après nous étions sur la porte.
Une mêche roulée au goulot d'un flacon,
Nous servit à monter un étage, un second,
Un troisième, un quatrième, un cinquième, un sixième,
Et nous eussions ainsi monté jusqu'au septième.
Curieux je n'aurais certes pas désisté,
Si le septième étage eût de plus existé.
Nous arrivons ; je vois une étroite mansarde
Qu'éclairait une lampe à la lueur blafarde ;
Une chaise boîteuse, un grand armoire peint ;
Sur la table en bois blanc un noir morceau de pain,
Une petite cruche, une tasse en faïence,
Et sur un vieux fauteuil, tombant en défaillance,
Une vieille grand-mère était là soupirant,
Avec des yeux vitrés comme ceux d'un mourant.
Il aurait bien fallu que mon cœur fut de glace,
Pour ne pas m'émouvoir ; mettez-vous à ma place.
Ensuite il se trouvait, à deux degrés plus bas
Que le sol, deux vieux lits ou plutôt deux grabats,
Au fond d'un bouge infect et même sans lucarne ;
Sur l'un deux, un enfant... le verbe qui s'incarne
N'est jamais peint plus mal logé que ces gens-là.
Comme j'étais surpris personne ne parla.
Mon esprit concevait tout un monde d'idées :
Cette pauvre grand-mère aux larges mains ridées,
Cet enfant... puis comment allions-nous en finir ?
Je ne saurais jamais assez vous définir
Le terrible moment où la pauvre innocente,
Vierge poussée au mal par une faim pressante,

Tremblante du grabat enlevas le marmot,
Et s'approcha de moi, sans me dire aucun mot,
Croyant que j'oserais pour lui payer sa peine
Exiger ses baisers... oh! je le crus à peine!...
Elle allait me parler feignant un air joyeux,
Lorsque la grand-maman ouvrit enfin les yeux,
Comme quelqu'un qui sort d'un rêve léthargique.
L'affaire allait finir par devenir tragique,
Elle dit : Que veut donc ce monsieur que voilà?...
Monsieur, que voulez-vous et que faites-vous là?...
Mais on vient aujourd'hui jusques dans les familles
Violer nos enfants, nos pauvres jeunes filles!...
Monsieur, sortez, monsieur... Elle s'évanouit.
J'étais dans un état impossible, inouï...
Pendant que nous portions secours à la grand-mère,
Je disais : — J'ai compris votre douleur amère,
Et je veux soulager votre malheur maudit;
Parlez : — Nous n'avions plus de pain, qu'elle me dit,
Et j'étais forcément descendue à la rue
Pour me prostituer, Monsieur; j'étais mal vue
Au travail où j'allais parce qu'évidemment
Je n'étais pas assez vêtue élégamment.
On m'a mise à la porte; on vous fait de ces rôles
Quand on est malheureux!... A ces quelques paroles
S'ajoutèrent des pleurs et des soupirs profonds;
Jamais je n'avais vu par des traits aussi fonds,
La misère honteuse, et j'ai su reconnaître
Depuis, que les vrais maux ne se font pas connaître.
Enfin la grand-maman se refit quelque peu,
Elle me regardait avec des yeux de feu,
En silence. Troublé, je lui dis : Pauvre dame,
Croyez à tout le mal que je souffre en mon âme.

J'étais venu, c'est vrai, dans une intention
Méritant votre blâme et mon exclusion ;
J'ai compris la raison de votre voix hostile,
Mais je voudrais pouvoir déjà vous être utile,
Et je suis prêt, madame, à tout faire pour vous ;
Je suis seul sur la terre, ainsi donc entre nous,
Il ne se trouve pas de grande différence.
On me serra la main avec reconnaissance.
Combien j'étais heureux de faire mon devoir ;
Cependant, c'était juste, il me fallait savoir
Jusqu'aux moindres détails, je dis à la grand-mère :
N'est-ce pas, Mademoiselle est sans père ni mère,
Mais ce petit couché sur ce lit par là-bas ?
C'est l'enfant de sa sœur, me dit-elle tout bas.
Cela fera demain tout juste trois semaines
Qu'elle est morte, c'est vrai qu'elle a fini ses peines,
Mais elle a bien souffert, je la pleure souvent ;
Son homme était tombé deux mois auparavant
Du toit d'une maison d'un quatrième étage,
Car il était manœuvre, un lourd métier sans gage,
De plus on fait toujours une mauvaise fin.
Il nous est donc resté ce petit orphelin,
Il est bien plus à plaindre encor que nous ensembles,
On dirait que Dieu veut que les malheurs s'assemblent.
En un mois nous avons subi bien des travers,
Encor si les travaux n'allaient pas de travers ;
Mais voyez, la petite on l'a mise à la porte
De l'atelier ; pour moi, vous savez, peu m'importe
De mourir, au contraire il n'en serait que mieux ;
Mais pour ce petit, c'est à s'arracher les yeux...
A ces mots regardant grand-mère et jeune fille,
Je leur dis : Dès demain je suis de la famille ;

Voyez, moi je suis jeune et je ne bronche pas,
Je vous nourrirai tous avecque mes deux bras.
— Et vous prendriez en main notre pauvre existence,
Vous vous en chargeriez? dit avec insistance
La vieille, et je lui dis un grand *oui* lestement.
Alors soyez béni me dit-elle en pleurant;
Elle me prit la main et tout en ce temps même :
Oh! que vous êtes bon, monsieur, que je vous aime,
Me dit la jeune fille, et je lui pris la main,
En disant : C'est assez, au revoir, à demain,
Le marmot veut dormir, je vois que je dérange,
Et je sortis. L'enfant s'endormit comme un ange.
Le lendemain matin, à peine si le jour
Dessinait sur le sol l'aurore à son retour,
J'étais debout, rêveur au milieu de ma chambre,
Écoutant murmurer la bise de décembre,
Qui simule si bien les longs pleurs oppressés,
Et je saignais au cœur car je me repassais
Mon aventure affreuse et triste de la veille,
Ces jeunes orphelins et cette pauvre vieille.
Enfin je ne savais à quel saint me lier.
Pour aller au travail je prenais l'escalier,
Me reprochant tout bas mon peu d'économie,
Quand l'horloge sonna six heures et demie.
L'atelier n'était pas bien loin de la maison,
Je fus en quelques pas rendus dans la prison,
Puisque ainsi nous nommons l'atelier chez les nôtres;
Une seconde après arrivèrent les autres
Compagnons, et bientôt : Au travail, dit un vieux;
Devant son établi chacun fit pour le mieux;
Marteau, rabot, compas, scie et grand outillage,
Tout fut mis sur les bancs pour commencer l'ouvrage.

Seul j'étais immobile et je ne parlais pas.
Eh! jeune, arrive ici, que fais-tu donc là-bas
Les bras croisés, me dit alors le contre-maître,
Quand on est subalterne il faut bien se soumettre;
J'avançais. Voyons donc, à l'œuvre qu'il me dit,
Tu sais fort bien qu'on a jamais fait saint lundi
Chez nous; bas cette veste et soyons moins morose.
Alors je dus tout bas lui raconter la chose,
Jusqu'aux moindres détails, comme on dit point par point,
On me voyait ému, si je ne pleurais point;
Aussi j'apercevais s'assombrir les visages,
Et l'on ne riait plus comme l'on fait d'usage.
Un silence profond régnait de tous côtés,
Je finissais d'un air et d'un ton attristés,
Ressentant un rayon d'espoir luire en mon âme,
Quand l'un d'eux s'écria : C'est un conte de femme !
Allons donc... Il donnait un grand coup de marteau
Sur la pièce de bois qu'il coupait en liteau,
Lorsque le contre-maître ordonna le silence
Comme un homme bouillant qui se fait violence
Pour ne pas se fâcher : Toi, dit-il au moqueur,
Silence, on ne dit rien quand on n'a pas de cœur.
Vous les amis je vais vous tendre ma casquette,
Pensez aux malheureux quand je ferai ma quête,
Et chacun d'approuver ; il passa dans les rangs,
On donna de bon cœur, cela fit beau dix francs
Que je courus porter moi-même aux pauvres femmes.
Dès ce jour je quittais les passions infâmes,
Je devins vraiment homme honorant mon travail,
Et quand pour St-Michel eut expiré le bail
Du vieux sixième étage, au centre de la ville
J'avais fait choix d'un beau logis pour la famille.

Chacun était content, le petit grandissait,
Dans un parfait bonheur l'aïeule vieillissait.
Depuis lors notre vie est heureuse et bénite;
J'ai, c'est bien naturel, épousé la petite;
C'est de l'amour du cœur que nous fûmes dotés,
Et les mioches déjà sautent à nos côtés.
Je suis même à mon tour devenu contre-maître.
Voilà donc mon histoire un peu rare peut-être,
Je la conte toujours à mes meilleurs amis,
Et je vous l'ai contée à vous tous, sans avis,
Vous laissant seulement ma parole amicale,
Car je laisse à chacun d'en trouver la morale.

P. MAZIÈRE.

Bouches-du-Rhône.

LES MARINS

ODE DÉDIÉE A M. L'AMIRAL DE LA RONCIÈRE LE NOURY

> Marins! votre sang généreux a déjà fait germer en France d'innombrables héros, enflammés de patriotisme et d'espoir.

Le pays se levait par un suprême effort...
Le sang coulait toujours... l'honneur criait vengeance!!!...
Les champs étaient déserts... tout croulait... et la France
Était foulée aux pieds par les hordes du Nord.
Nos malheureux soldats, écrasés par le nombre,
Étaient morts ou captifs; l'horizon était sombre;
      L'Allemand était le plus fort.

Soudain les matelots, rudes enfants des mers,
Au bruit de nos périls, sans regret, quittaient l'onde :
Ils vinrent à Paris pour étonner le monde,
Et voulurent aussi leur part des jours amers.
On put voir chaque jour leur phalange héroïque
Écrire de son sang le grand poème épique
      Qui fait retentir l'univers.

Comme sur des haubans ils paraissaient bondir...
Tels ils furent toujours sur la mer furieuse,
Tels ils poussaient au loin leur course audacieuse.
Leur devise était : « Vaincre!!! ou ne plus revenir. »
Jamais on ne les vit faire un pas en arrière ;
Mais, avant de combattre, ils faisaient leur prière
      En bons chrétiens, pour bien mourir.

Toujours impétueux, n'attendant qu'un signal ;
Esclaves du devoir, vigilants, indomptables,
La hache étincelait dans leurs mains redoutables,
Sous l'œil profond et sûr de leur grand amiral.
Un jour, de gaîté folle, ils prirent un village,
Absolument comme un navire à l'abordage,
      Aux beaux jours du combat naval.

Ils savaient dans le fer se frayer un chemin...
Qu'ils étaient beaux, ces fils des glorieuses races!!!
Ils répandaient partout la terreur sur leurs traces ;
Et toujours par devant les frappait le destin.
La mort n'était pour eux qu'une riante aurore :
Après l'avoir reçue, ils souriaient encore
      Comme dans un joyeux festin.

Rien ne put résister à leur fougueuse ardeur.
Nous avons admiré ces héros intrépides
Qui pourraient enlever d'assaut les Pyramides
Et qui d'orgueil ont fait tressaillir notre cœur...
Nous leur consacrerons les palmes de la gloire,
Et nous les inscrirons au fronton de l'histoire,
    Pour éterniser leur valeur.

Orse.

Seine.

LA JUSTICE

ACROSTICHE

L'amour du bien, du beau, doit régner dans notre âme,
Animer notre esprit, réjouir notre cœur !

Joyeux nous serions tous, si, cédant à sa flamme,
Unis, nous l'acceptions, avec un saint bonheur !
Soyons tous dévoués, et, contre l'injustice
Tenons ferme, et bien haut, notre noble étendard !...
Image de Dieu même aimons tous la Justice,
Car elle a, pour la France, un maternel regard,
Et réserve au méchant, au fourbe, un mortel dard !!!

Esprit Rosier.

LES MAISONS DE JEUX

ST-SÉBASTIEN, BADEN-BADEN, WIESBADEN, WILDUNGEN, HOMBOURG, NAUHEIM,
MONACO, SAXON, SPA, EMS, ETC.

> Croyez-moi, soulager en secret la misère,
> Retrouver un ami, serrer la main d'un frère,
> Admirer un beau ciel, comprendre un bel écrit,
> Ouvrir à l'idéal son âme et son esprit ;
> Au bonheur qu'on reçoit et surtout qu'on fait naître,
> Sentir qu'on a du Dieu dans un coin de son être,
> Ah ! pour payer un seul de ces nobles transports
> Votre banque est trop pauvre avec tous ses trésors.
> ERNEST DE CALONNE.
>
> Et quiconque a joué, toujours joue et jouera.
> REGNIER.

Si tu ne veux un jour devenir rien qui vaille
Et s'il te reste encore un sentiment d'honneur,
Joueur, je te le dis, crois-moi, pour ton bonheur,
Fuis cet antre maudit, ici l'on s'encanaille.

Souvent un honnête homme y devient un fripon,
Toujours l'honnête femme y perd de son estime,
Et la jeune fillette y deviendra lutine,
Le jeune adolescent n'y puise rien de bon.

On s'y morfond le cœur, on s'y torture l'âme,
Et puis, tout bien compté, combien d'affreux remords?
Si c'est là du plaisir, merci, pour moi j'en sors
Pour dépenser ailleurs cette ardeur qui m'enflamme.

Lecteur, puisque j'y suis, permets-moi ce tableau.
Des traits du vrai joueur c'est la frappante image,
Tu verras que jouer n'est point digne d'un sage,
Qu'il n'est pire malheur, qu'il n'est pire fléau.

Cruelle passion! oui toute intelligence
Est éteinte par toi, car c'est bien avéré
Qu'un joueur ne vit plus, il est trop affairé
Et donne à rouge ou noire en tout la préférence.

Quelque grand que tu sois descends du piédestal;
Du plus obscur joueur, qu'il soit grec ou stupide,
Tu te fais le compère en ton âme cupide :
La dignité, le rang, tout perd son idéal.

Parlez-lui de l'amour, de la paix, de la guerre,
De la douleur partout : la Patrie en danger,
Rien ne peut l'émouvoir, rien ne peut le changer,
Pour lui tout est vain mot, il ne s'en souvient guère.

En fait de politique, il n'a pas de couleur,
Chez lui les pièces d'or, n'importe l'effigie,
République ou tyran, vivent en harmonie:
Sa Charte la voilà : c'est le parfait bonheur.

Aux soldats-citoyens, francs-tireurs ou mobiles,
En philantrope il dit : les nations sont sœurs :
Le pays peut compter de nombreux défenseurs,
Si l'on forme jamais le corps des inutiles.

Au lever de l'aurore, écartant le rideau,
Montrez-lui la beauté du printemps et des roses,
Du ciel bleu, des oiseaux: insensible à ces choses
Il ne possède plus le sentiment du beau.

La musique est bien loin de charmer son oreille,
Et son plus bel effet c'est d'agacer les sens;
En dansant les écus (n'est-ce pas un non-sens)
Produisent bien le son qui lui seul fait merveille.

Quand de chûte en chûte il n'a plus un écu,
Le pauvre hère amaigri, victime de ses vices,
Aux grands joueurs du jour rend de petits services,
S'aplatissant si bas qu'il passe inaperçu.

Jusque là c'est très bien, oui bien, si Crésus gagne,
Il cueille pour sa part les miettes du festin;
Mais si le sort contraire a changé le destin,
C'est le *pied haut levé* que l'ogre l'accompagne.

A la fin de la fin il se fait professeur ;
Ce n'est pas de chez lui le côté moins comique,
Enseigner aux amis sans que cela s'explique
Comment de la fortune on devient ravisseur.

Lui qui n'a pour tout gain que misère en partage,
En serait-il ainsi, s'il eût jamais connu
De gagner à coup sûr un seul petit écu,
Qu'il sait faire mirer aux joueurs de jeune âge.

Ainsi meurt mon héros digne d'un meilleur sort.
Après trente ans d'exploits, de jeux ou cours classique,
Le jour vient qu'il n'a plus ni crédit ni pratique,
Requiescat in pace, à l'hospice il est mort.

Le Joueur à l'Auteur

Adieu Patrie, adieu la gloire et les amours,
Des poétiques chants la morale m'énerve ;
Je m'éloigne de vous sans regrets pour toujours,
Viens mon beau tapis-vert, tout à toi sans réserve.

JULES BLANCARD.

Suisse.

ADIEUX DE MARIE STUART A LA FRANCE

ÉLÉGIE

> Adieu, plaisant pays de France,
> O ma Patrie
> La plus chérie !
> Berceau de mon heureuse enfance,
> Adieu, France, adieu, mes beaux jours ;
> La nef qui disjoint nos amours
> N'a cy de moi que la moitié,
> Une part te reste : elle est tienne,
> Je la fie à ton amitié,
> Pour que de l'autre, il te souvienne !
>
> MARIE STUART.

Adieu ! je pars, noble pays de France,
Ton sol brillant s'enfuit loin de mes yeux,
En te quittant, je quitte l'espérance,
Je vais mourir, hélas ! sous d'autres Cieux !
    Adieu, beaux rivages,
    Mes premiers amours,
    Adieu, belles plages,
    Adieu pour toujours !

Adieu, France chérie,
O ma douce Patrie,
Adieu !
Adieu, plaisante terre,
O toi qui m'es si chère,
Adieu !

I

Sous ton Ciel pur et sans nuage,
Les mois m'ont paru des instants ;
J'ai passé, sans craindre l'orage,
Les plus beaux jours de mon printemps.
Mais aujourd'hui le sort contraire,
Heureux pays, aimé des Cieux,
Sur un rivage solitaire
M'exile !... ah ! reçois mes adieux !

II

O vents légers, légère brise,
O douce haleine des zéphyrs,
Hélas ! mon pauvre cœur se brise,
Emportez mes tristes soupirs,
Vers ce pays, où mon enfance
Rêvait un brillant avenir ;
A ce charmant pays de France,
Portez ce dernier souvenir !

III

Adieu, la joie et le sourire,
Chantre de mon premier bonheur,
Sois aujourd'hui, ma pauvre lyre,
L'interprète de ma douleur !

Avec la France a fui ma vie,
Je tombe sous les coups du sort;
La félicité m'est ravie;
Mon seul avenir, c'est la mort!...

IV

A l'infortune destinée,
J'ai vu s'envoler mes beaux jours,
J'ai pleuré, reine abandonnée,
Mes trop malheureuses amours;
J'ai vu s'évanouir mes rêves,
Mon bonheur, ma prospérité,
Bien plus, sort jaloux, tu m'enlèves
Ma Patrie et ma Liberté!

V

Adieu, ma jeunesse est flétrie,
Mon printemps fané dans sa fleur;
Garde de moi, France chérie,
Le souvenir de mon malheur!
Qui sait? Une voix attendrie,
En me plaignant, peut-être, un jour,
Redira le nom de Marie,
Ses infortunes, son amour!!...

Adieu, je pars, noble pays de France,
Ton sol brillant s'enfuit loin de mes yeux,
En te quittant, je quitte l'espérance,
Je vais mourir, hélas! sous d'autres Cieux!

Adieu, beaux rivages,
Mes premiers amours,
Adieu, belles plages,
Adieu, pour toujours!
Adieu, France chérie,
O ma douce Patrie,
Adieu!
Adieu, plaisante terre,
O toi qui m'es si chère,
Adieu!

AIMÉ PRET.

Vienne.

LE SOIR DU CHATIMENT

La guerre a fait parler ses machines cruelles :
La mort plane sur nous, et, de ses sombres ailes
Sur nos têtes répand l'épouvante et l'horreur;
Partout rien que néant, qu'angoisse et que malheur!
On dirait que le Ciel irrité de nos crimes
Nous plonge sans pitié dans d'effrayants abîmes!
Un roi vieillard, traînant toute une nation,
Ne sème autour de nous que la destruction;
Et la France n'est plus qu'un noir champ de bataille,
Où nos braves soldats, hachés par la mitraille,
Jonchent partout le sol; où, trahis par le sort,
Nos chefs tombent frappés dans un suprême effort.
La Patrie est en feu; sa poitrine sanglante
Ne peut plus respirer sous la main foudroyante
D'un perfide ennemi qui, depuis soixante ans,
Créait des instruments de mort pour ses enfants!

Vaincue, elle résiste et force la victoire ;
Elle succombe enfin, mourante et non sans gloire ;
Et l'infâme étranger, abreuvé de son sang,
Arrachant deux enfants à son bras impuissant,
Lui jette en la quittant un dédaigneux sourire,
Et la laisse expirant sous le poids du délire !

Tout à coup l'ennemi se retourne étonné :
Autour de lui, sans lui l'alarme a résonné.
Pourquoi ce bruit lugubre et ces scènes étranges ?
Du sol est-il sorti de nouvelles phalanges
Qui, de leurs bras vengeurs poursuivant les vainqueurs,
Vont leur faire expier le prix de tant d'horreurs ?...
Hélas ! fatalité ! Dans cette noble enceinte
Des cris de désespoir, de douleur et de plainte
Ont retenti soudain ; et les durs Allemands,
Penchés sur leurs canons, pleins d'une froide ivresse,
Contemplent des enfants, pour comble à sa détresse,
A leur mère infliger les plus affreux tourments !

O Ciel ! en est-ce assez ! respire-t-elle encore !
Pourra-t-elle survivre au fils qui la dévore !
Qui la relèvera ! qui lui rendra jamais
Cette gloire et ce nom méprisés désormais !
Ce prestige au-dessus des peuples des deux mondes,
Comme un vaisseau puissant qui vogue sur les ondes !
Qui pourra corriger et ramener ses fils,
De leur impiété, de leurs sanglants défis
Au Ciel, à la morale, à la Liberté même !
Qui viendra l'arracher, à cette heure suprême,
A ce gouffre béant tout prêt à l'engloutir,
A ce sombre démon qui va l'anéantir !...

Seras-ce toi, savant à la mine amaigrie,
Dont l'âme, loin de nous, ne se sent point aigrie
Par ces profonds revers qu'elle a peu ressentis,
Homme de tous les temps et de tous les partis?
Ou toi, fier philosophe aussi calme qu'un meuble,
Dont la sèche raison ne touche point le peuple?
Ou bien toi, romancier, froid corrupteur des mœurs,
Qui flétris le printemps des plus aimables fleurs?
Ou bien toi, journaliste à la plume servile,
Trop nuisible instrument, capable d'être utile,
Et dont l'écrit, souvent, pousse à se révolter
Un peuple qu'on pourrait bien autrement flatter?
Seras-ce toi, poète, ami de la souffrance,
Qui nous charme en passant de vie et d'espérance,
Et qui peux faire aimer le vrai, le bien, le beau,
Chantant ta Liberté jusqu'au bord du tombeau?
Hélas! est-il possible, en ces siècles impies,
Dans ces temps de malheur où trônent les harpies,
D'exciter ces élans et de l'âme et du cœur
Qui, seuls, conduisent l'homme aux vrais biens, au bonheur;
De parler de l'honnête à qui la conscience
N'a plus pour distinguer ni poids et ni balance,
Qui vit dans l'égoïsme et dans l'oppression,
Et qui préfère à Dieu sa vile passion;
Chez qui même s'éteint cette attache flétrie
Aux noms toujours sacrés de mère et de Patrie!

Et le cœur surchargé d'une amère douleur,
L'âme abattue, et là, presque à demi-rêveur,
Le front entre les mains, appuyé sur ma table,
Tantôt songeant aux maux d'un vainqueur redoutable

LA JUSTICE

Aux maux renouvelés par d'indignes enfants,
Au désordre, au chaos vainqueurs et triomphants;
Et voyant la Patrie, en ce péril immense,
Meurtrie, ensanglantée, ouverte et sans défense,
Le cerveau torturé, l'esprit appesanti,
Sous la réalité d'un malheur pressenti,
Fatigué, je tombai dans cette somnolence
Qui n'est point le repos, mais un morne silence.

Soudain, mes sens troublés semblent se réveiller :
Une force m'anime et vient me travailler;
Un esprit tout divin me saisit et m'enflamme,
Je sens gonfler mon cœur et s'élever mon âme;
Je relève le front, et, dans l'obscurité,
De ma lampe je vois la dernière clarté
Jeter un jour blafard, et puis une nuit sombre
M'entoure de stupeur, et de silence, et d'ombre.
Alors, au même instant, un spectacle inouï
Frappe d'étonnement mon regard ébloui :
Un corps ensanglanté, sous forme d'une femme,
S'approchant, le front ceint d'une éclatante flamme,
S'arrête devant moi : Ce visage encor fier,
Ce sein tout déchiré, ce front jadis altier,
Ces yeux étincelants ternis par la souffrance,
Ce regard de douceur, d'amour qu'elle me lance,
Tout m'emplit de respect, d'assurance et d'effroi;
Un saint frémissement vient s'emparer de moi.

Étendant sur ma tête une main maternelle,
Enfant, dit-elle, enfin, la justice éternelle
M'accablant de son poids m'a réduit en lambeaux,
Et je ne marche plus que parmi les tombeaux

D'ennemis arrachés à la terre natale
Et de fils entraînés à la tâche fatale
De s'entre-déchirer, de se détruire entr'eux,
De rage s'étranglant dans un trépas affreux !
Ainsi, loin de l'esprit de paix et de concorde
Je m'avance, isolée, au sein de la discorde,
Recevant pour secours de nouveaux traits au cœur
Et de nouveaux affronts pour calmer ma douleur;
Sans doute condamnée à succomber moi-même,
S'il ne me restait plus ce seul être qui m'aime,
Qui gémit ignoré, qui seul pleure mon sort,
Qui doute et qui pourrait m'arracher à la mort;
Être en qui la vertu n'est point encor tarie :
Il se nomme poète, et je suis la Patrie !
Et les yeux pleins d'espoir, d'amour et de pitié,
Elle parut sur moi se pencher à moitié,
Et frappa mes esprits d'une terreur magique;
Puis elle poursuivit d'une voix prophétique :
Le moment n'est pas loin, où mon peuple lassé
Va renaître brillant des débris du passé;
Où les convulsions qui paraissent le tordre
Feront place au repos, à la justice, à l'ordre ;
Où du combat sanglant qui se livre aujourd'hui
Entre un triste passé qui déjà presque a fui,
Et ce présent gisant dans l'ombre et la poussière
Sortira pour longtemps une vive lumière.
Ces siècles pour éclore ont besoin de chaleur,
D'être annoncés, chantés et gravés dans le cœur,
Et cette noble tâche est la tienne, ô poète !
A l'œuvre donc, mon fils, et que rien ne t'arrête.
Le présent est ton champ, ta moisson l'avenir.
De maux encor récents le triste souvenir

Ne doit point de relâche occuper ta pensée.
La profonde douleur non encore effacée
Rend le corps plus traitable et bientôt l'assouplit.
La tâche à ce moment aisément s'accomplit.
Et c'est de la souffrance unie à la souffrance
Que plus prompte renaît la vie à l'espérance.
Le métal amolli par le contact du feu
Au gré de l'ouvrier plie et résiste peu,
Et s'il sort de la main d'un homme de génie,
Ce fer hier informe est une œuvre finie.
Mais toi, creuse, travaille et sonde les besoins
D'un peuple dont la vie est commise à tes soins;
Développe à ses yeux le mot de conscience;
Contiens son trop d'ardeur et son impatience :
Qu'il ait pour le mensonge un dédain mérité,
Et qu'il respecte en tout la simple vérité;
Lui présentant la main aux heures de faiblesse,
Montre-lui le chemin, où règne la sagesse.
Et c'est lorsque ce peuple, instruit de son devoir,
Pourra sans s'égarer user de son pouvoir;
C'est lorsque la jeunesse aura pris pour égide
La Patrie, le Christ, la Liberté rigide,
Qui, tous trois, repoussant l'égoïsme et l'erreur,
Sont des fiers potentats, l'alarme et la terreur;
Lorsque tous, concourant d'effort, de sacrifice
Et marchant franchement sous l'œil de la justice,
Au travail grandiose auront porté leur part,
Toi, qui, rempli d'espoir, attendant à l'écart,
A ce fier monument mis la première pierre,
Qui sus y rassembler les peuples de la terre;
O toi, par qui mon culte, enfin, s'est relevé,
Repose-toi, mon fils, ton œuvre est achevé!

A ces mots, un frisson que rien ne saurait rendre,
Que l'esprit ne saurait concevoir ni comprendre
Vint glacer tous mes sens; mon souffle s'arrêta.
Dans ce trouble l'esprit avec lui m'emporta
Plein d'espoir et d'effroi vers la sphère étrangère.
Dieu sait ce que causa cette erreur passagère.
Tout à coup à mes yeux son image s'enfuit,
Et je restai plongé dans le doute et la nuit.

Amédée Goubet.

LA TRINITÉ SOUS LA RÉPUBLIQUE
SONNET

Notre religion enseigne que le Père,
Le Fils, le Saint Esprit font un, bien qu'ils soient trois;
Un bon chrétien doit croire à ce divin mystère,
S'il ne veut offenser le Très Haut, et je crois!

Trinité moins auguste, en qui je ne crois guère,
S'impose, sans façon, à la France aux abois;
Thiers, madame et sa sœur s'imaginant ne faire
Qu'un mystique et seul être, osent dicter des lois!

Sans madame et sa sœur, Thiers ne donne une fête,
Ne reçoit un ministre, ou tel ambassadeur;
Dans le même bonnet, tous les trois ont la tête!

La République — Thiers, que guette un dictateur,
N'a fini de puiser dans son sac à malice,
Et clame, en attendant, qu'elle est conservatrice!

Baron de Kinner.

Indre.

ALERTE

> Marche ! marche !!...
> *(Légende du Juif-Errant.)*

Rimes, comme un essaim d'abeilles,
Le jour, la nuit, à tout propos,
Vous bourdonnez à mes oreilles
Et mon esprit est sans repos !...

Votre vacarme, vos tumultes,
Vos tintamarres incessants,
Réveillant des douleurs occultes,
Portent le trouble dans mes sens !...

Mais que vous ai-je fait, méchantes,
Pour vous acharner après moi ?
— Nous voulons que toujours tu chantes,
Répondez-vous, c'est notre loi !...

Chanter !... hélas ! quand le cœur pleure,
La voix ne peut que sangloter.
Ah ! pour pleurer que j'aie une heure,
Après j'essaîrai de chanter...

Quoi ! vous m'importunez encore !
Il est nuit et je veux dormir.
Le coq chante : voici l'aurore
Et le soleil me fait frémir !...

Allons, il faut que je me lève
Sans que mon âme ait savouré
Le doux enivrement d'un rêve
Qu'appelle mon cœur altéré !...

LA JUSTICE

Me voici sur la feuille blanche,
Inquiet, ému, palpitant,
Comme un oiseau sur une branche,
Au plus léger bruit qu'il entend...

A quoi penserai-je? à la France,
A ses malheurs, à sa fierté.
Une voix murmure : — Espérance!
Une autre chante : — Liberté!!!

Je songe aux sanglantes batailles,
Aux héros morts en combattant.
Un mot éclate : — Représailles,
Bruyant comme un tambour battant...

Et si je maudis ces barbares,
Qu'on soldait avec des liards,
Ma muse tonne : — Ces avares
Vous ont volé cinq milliards!!!

Cinq!... nous n'aurons plus un centime!
— Mais plus de maîtres, fit la voix.
— Des milliards, répond la rime,
En voulez-vous quarante-trois?

Peuples merci!... mais c'est l'Alsace
Et la Lorraine qu'il nous faut!...
— De vos pères suivez la trace,
Hurlait un formidable écho!...

J. MERCADIER.

Pyrénées-Orientales.

LE DOUTE

Un terrible ennemi sans cesse nous poursuit
Et cherche de plonger notre esprit dans la nuit :
C'est le doute cruel dont les clartés funèbres
Égarent la raison au milieu des ténèbres.
Si, sur de jeunes fronts candides et rêveurs,
On découvre parfois de profondes douleurs ;
Lorsqu'un vaste génie en proie à la tristesse,
Voit se perdre le fruit de trente ans de sagesse,
C'est que le doute affreux germe dans ces esprits
Et ternit en un jour ces cœurs trop tôt mûris ;
Aussi seul dans les bois au sein de la nuit sombre,
Le poète pensif cherche à dissiper l'ombre
Qui prétend éclipser la sainte vérité,
Présage de lumière et d'immortalité ;
Car à peine l'enfant au jour vient de paraître
Avant que la raison en lui commence à naître,
Avant qu'il ait senti s'allumer en son cœur
Le feu des passions source de toute erreur,
L'allégresse et la joie peintes sur son visage
Annoncent de beaux jours calmes et sans nuage.
Pourquoi ces jours heureux ne s'enchaînent-ils pas ?
C'est que ses premiers ans, c'est que ses premiers pas,
Suivant les passions, fascinantes vipères,
Ne font germer en lui que de vaines chimères.
Il ne voit du bonheur que le riant tableau
Et croit que l'avenir restera toujours beau ;
Et déjà dans son âme une douce espérance
Flatte de ses erreurs la triste imprévoyance.
Mais bientôt vient le jour où la réalité
A ses yeux étonnés montre la vérité,

La vérité terrible, amère, inexorable,
Qui tourmente en secret le cœur du misérable;
La vérité paraît et lui montre soudain
Son illustre origine et son noble destin.
Alors comme en sursaut l'homme sort de son rêve,
Son esprit s'illumine au soleil qui se lève,
Astre resplendissant, et dont un seul rayon
Suffit pour éclairer notre faible raison.
Mais il arrive un jour dans l'humaine existence,
Qu'au milieu des plaisirs, au sein de l'abondance,
L'homme sent dans son âme une amère douleur,
Dès lors il ne peut plus goûter le vrai bonheur.
Car cette vérité dont il fuyait la route
Dans son cœur incertain fait dissiper le doute.
Et ce cœur qui croyait ne couler sous les Cieux
Qu'une suite de jours calmes et radieux,
Voit, mais souvent trop tard, le néant de ses songes
Et des plaisirs trompeurs les sublimes mensonges.
Mais au lieu de sourire à ce flambeau divin
Qui dissipe le doute au fond du cœur humain,
Quand malgré les efforts de ses élans sublimes
L'esprit veut s'élever à de plus hautes cimes;
Lorsque l'on voit partout dans notre humanité
La nature lutter contre la volonté,
C'est que l'homme est créé pour un plus noble empire,
C'est qu'il veut voir le but vers lequel il aspire.
Alors, pour obscurcir l'aube de la raison
Qui colorait déjà son nouvel horizon,
Il regrette des jours coulés dans l'ignorance,
Des jours sans avenir mais exempts de souffrance.
Quoi, dit-il, sans goûter la coupe du bonheur
Mes lèvres de la vie ont tari la douceur!

Et sans avoir pris part aux plaisirs de ce monde
Je n'ai qu'un souvenir, fugitif comme l'onde,
Serpent dont le venin, laisse après soi la mort,
Et nous tient éveillés à l'heure où tout s'endort.
Voilà de quel nectar la coupe était remplie!
Qui de nous l'aurait cru dès l'aube de la vie?
Tandis que nous rêvions, ô trop fatale erreur!
Des plaisirs sans regret un repos sans langueur.
Et d'un songe si doux quand il voit l'imposture,
L'homme accuse le sort, il maudit la nature.
Malheureux insensé de croire qu'ici-bas
La joie et le bonheur allaient suivre ses pas.
Mais bientôt à ses yeux vient briller la lumière,
Et quand de ses rayons la vérité l'éclaire,
Qu'il voit de ses projets le rêve évanoui,
Dans son âme soudain, la tristesse et l'ennui
Remplacent ce doux rêve, enfant de l'espérance
Qui caressait son cœur aux jours de son enfance.
C'en est fait, il a vu se dessiller ses yeux,
Mais il pourra nier : sera-t-il plus heureux!
Qui pourrait sur le doute asseoir une science?
Qui pourrait transiger avec sa conscience?
Le doute n'est pour moi qu'un mot vide de sens,
Et que doit réprouver tout homme de bon sens.

L. MOURIÉS.

Gard.

ILS SONT PARTIS

Ce matin, à 10 heures précises, le dernier bataillon prussien a quitté cette ville. — Reims, 6 novembre.

Pourquoi ces airs de fête et ces sons belliqueux ?
Pourquoi ces voix, ces cris qui vont jusques aux Cieux ?
Rumeur d'une cité qui s'élève en croissant,
Comme au bord de la grève un flot retentissant.
Voyez-vous ces enfants, ces femmes, ces vieillards,
Et tous ces citoyens confusément épars ;
Ces habitants des champs, d'espérance animés,
Revêtus des habits aux grands jours destinés,
Qui, désertant leurs toits et laissant leurs charrues
Se mêlent à la foule ondoyant dans les rues.
Aux dômes, aux palais, aux fenêtres gothiques,
Partout des étendards aux couleurs pacifiques,
Pendent du haut des murs, livrant leurs plis mouvants,
Libres de tous liens, aux haleines des vents.

D'où vient cette allégresse, et ce murmure immense ?
Ah ! c'est que la cité fête sa délivrance.
De pleurs amers, hélas ! trop longtemps abreuvée,
Reims a vu l'étranger vers sa froide contrée,
S'enfuir ; et tout ému, le peuple avec fierté
Acclame nos drapeaux aux cris de Liberté.

C'en est fait ; désormais pour vous plus de souffrance,
Plus de larmes, d'affronts ; libres dans notre France,
Vous dont le front pâli, que l'effroi trouble encore,
Se courbait sous le pied du tyran que dévore
Un orgueil insensé ; vous avez vu finir
Vos tourments, et vos cœurs s'ouvrent par un soupir.

Ineffables transports, après de longs malheurs
Aurore qui s'élève et sans trouble et sans pleurs!
O sainte délivrance! ô date solennelle!
Plus vivement jamais l'âme t'attendit-elle?
Combien n'a-t-on pas craint l'instant de ton retour,
Désirant et tremblant d'en voir naître le jour!

Et nous, derniers témoins de leurs crimes prospères
Coudoierons-nous toujours ces soldats mercenaires,
A la fierté cynique, au regard insolent,
Au sourire moqueur, à l'aspect repoussant?
Quand verrons-nous cesser nos craintes, nos alarmes,
Tous ces temps d'esclavage et de deuil et de larmes?
Que garde-t-il ce jour? que le Ciel nous l'envoie!
Que bientôt ces vautours acharnés à leur proie,
Se disputant notre or et gorgés de milliards,
Nous rendent nos cités, désertent nos remparts!

Mais que dis-je? attendons — il le faut, en silence
A nos destins cruels opposons la constance;
Nos gouvernants, je crois, pour briser notre chaîne,
Et de tous nos tourments fixer la fin prochaine,
Vont unir leurs efforts, rendre à notre Patrie,
A nous les opprimés, la Liberté ravie.

Frères, séchons nos pleurs, nous, la nouvelle France,
Cœurs brisés, que soutient encore l'espérance;
Bravons les coups du sort, rêvons pour l'avenir,
La concorde, la force, et que le souvenir
Du crime, des forfaits, des lâches attentats,
Nous trouve un jour tout prêts pour de nouveaux comba

Au nom du bien de tous, bannissons les excès;
Sous le même drapeau, marchons tous désormais;
N'ayons qu'un même but : Travail, honnêteté;
N'ayons plus qu'un seul cri : Justice, Liberté.

G. SAUVAGE.

Meuse.

HOMMAGE A LA SUISSE

A toi chère Helvétie, à toi tout notre amour!...
Tu nous a fait du bien malgré ce noir vautour
Que l'on nomme Guillaume, empereur d'Allemagne,
Qui prétendait avoir et la France et l'Espagne.

Louis Mas de Castres.

Hérault.

LE 24 FÉVRIER 1848

> Voilà ce qui arrive aux rois qui abusent du pouvoir
> pour ôter la Liberté aux peuples.   PIE IX.

Par un pouvoir ingrat lâchement délaissée,
    Par des lois de fer oppressée,
    La France pleurait ses enfants
Pliant sous le fardeau de tributs incessants.
Dupuis le jour fatal où d'un prince parjure,
    Se posant pour libérateur,
Il lui fallut payer la couteuse imposture
Plaintive, elle évoquait son antique grandeur,
Pour se voiler sa honte et guérir sa blessure.

Elle avait beau gémir triste et baissant le front,
Chaque nouveau soleil amenait quelque affront.
Dans ses banquets railleurs, buvant à pleine coupe
L'oubli de la justice et l'oubli de nos maux,
      Des courtisans l'infâme troupe
Lui vantait en riant les douceurs du repos.
Horreur! aux étrangers ils vendaient notre gloire,
      Ces hommes de qui la mémoire
Fera pâlir d'effroi les siècles à venir!
Leur pouvoir dans la boue avait cru s'affermir...
Mais voici tout à coup les enfants de la France
Qui pour finir ses maux courent se réunir.
De fiers conservateurs enflent leur insolence,
A cet antique droit, à ce droit naturel
      Ils font le serment solennel
      D'opposer la force et l'outrage!
Un noir aveuglement leur dérobe l'orage
Dont le rapide élan va briser leur ouvrage.

Gorgé d'or, le despote au fond de son palais
      Médite de nouveaux forfaits...
Le peuple s'est levé, qui l'arrête?... Il s'assemble,
      Et le vil tyran déjà tremble...
« O rage! ô désespoir!... Enlevée à mes fils,
» Quoi! ma chère couronne, au souffle du mépris
» Tomberait, dans la rue étalant ses débris!... »

      Il entend mugir la tempête,
      Et soudain ses éclats brûlants
Proclament dans les airs son crime et sa défaite :
Il fait entendre alors quelques mots suppliants.

Mais de son sang le peuple a payé sa conquête :
Liberté !... mille cris répètent : Liberté !
      On voit pâlir le tyran éhonté.
Comme un foudre vengeur, dans la vaste cité
Ce formidable cri retentit sur sa tête :
« Qu'il soit avec sa race à jamais rejeté !... »
De regrets dévorants son cœur est agité.
— Mon petit-fils !... Pour lui j'abdique la couronne.
      — Non, non, il est trop tard ;
C'est le peuple qui l'ôte, et c'est lui qui la donne.
Puis on lance au parjure un dédaigneux regard.

Rendons grâces au Ciel ; il ranime la France.
      Dans sa carrière immense
Qu'elle poursuive en paix ses glorieux destins ;
Et vous, peuples amis, battez, battez des mains !!!

L'abbé Peyret.

CHANTS D'UN HABITANT DES MONTAGNES

JOSEPH ESPARCEL

XXIII

> Le juste malheureux est plus précieux pour moi
> que l'or le plus pur.   Isaïe, 13.

Toujours l'homme qui souffre à mes yeux fut sacré.
Je pensais à l'exil, j'avais le cœur navré...
Mes mains venaient d'offrir au Ciel en sacrifice
Le sang du doux agneau qui nous le rend propice ;

LA JUSTICE

D'un père séparé de ses jeunes enfants
Je me représentais le douloureux martyre;
Je pleurais... Tout à coup l'amitié qui m'inspire
Soulagea sa douleur par ces tristes accents :

Esparcel! gloire à toi, noble ami que je pleure...
Les monstres t'ont traîné de ta douce demeure
   Dans un cachot affreux.
Toi si tendre, si bon, si cher aux misérables,
Horreur! ils t'ont traité comme ces grands coupables
   Tout couverts de crimes hideux!

Citoyen magnanime, au cœur patriotique,
Lorsque brûlant d'amour pour la chose publique,
   Tu te levas soudain,
Allais-tu donc livrer aux flammes dévorantes
Une de nos cités superbes, florissantes?
   Jeter la terreur dans son sein?

Au pauvre, à l'affligé ta main si secourable
Allait-elle frapper d'une arme impitoyable
   Le peuple souverain?
Jouant avec la mort, jouant avec le crime,
Allait-elle du sang d'une triste victime
   Rougir un poignard inhumain?

Esparcel! altéré de la soif du pillage,
Courais-tu promener le deuil et le ravage
   Dans les palais des grands
Plein de rage et le cœur respirant la vengeance,
Courais-tu châtier la perfide arrogance
   Des noirs suppôts de nos tyrans?...

Non! tu n'es pas de ceux dont il faut qu'on rougisse :
Tes idoles étaient le droit et la justice,
  Tu sus les proclamer;
Ta voix fit retentir de généreuses plaintes...
Et les vils ravisseurs de nos Libertés saintes
  T'ont puni de les réclamer !

Hélas ! ils ont fait plus, hélas ! ma voix se trouble,
Et ma pitié gémit, et ma douleur redouble...
  Au rivage africain,
Sous un soleil brûlant une aride contrée,
Loin de jeunes enfants, d'une épouse éplorée
  Ils t'ont jeté, grand citoyen !

Esparcel, gloire à toi, noble ami que je pleure !
Les monstres t'ont traîné de ta douce demeure
  Dans un désert affreux.
Goûteront-ils les fruits d'une indigne victoire?
Non!... ces jugeurs bourreaux, que flétrira l'histoire,
  Ont le droit et le Ciel contre eux.

Vous, ses fiers compagnons de gloire et d'infortune,
Frères, que Dieu doua d'une âme peu commune,
  Si grands dans l'insuccès,
O vous tous dont les noms seront chers à la France,
De vos cœurs dans l'exil déployez la constance...
  Notre adieu n'est point pour jamais !

L'ABBÉ PEYRET.

Hélas ! hélas ! noble et généreux ami, cet adieu a été, pour toi, jusqu'au revoir dans le Ciel !

COMMENT OBÉIR AUX CHEFS
IV

> Votre droit est que nul ne vous gouverne, ne vous
> impose des lois à son gré.   **LAMENNAIS.**

Soumettez-vous aux chefs que vous aurez nommés,
Écoutez, attentifs, ce que leur voix proclame ;
Oui, frères ; Dieu le veut, et l'ordre le réclame.
C'est peu d'être obéis, il faut qu'ils soient aimés.
Ministres pour le bien, saint et pieux office !
Réformant les abus, corrigeant les travers,
Favorables aux bons, redoutés des pervers,
A tous également ils rendent la justice.
Rappelez-vous leurs soins, leurs peines, leurs travaux,
Pour maintenir la paix et bannir tous les maux.

Aidez-les de votre or, de vos bras... Leur sagesse
Veille au commun bonheur, s'en occupe sans cesse
S'ils font régner la loi, soyez reconnaissants ;
Mais ne permettez pas que vos chefs, trop puissants,
Gênent vos libertés par d'indignes entraves :
On sert les citoyens, on commande aux esclaves.
Que chacun de vos chefs soit votre serviteur ;
Ne l'appelez jamais ni maître ni seigneur.
Vous n'avez qu'un Seigneur, vous n'avez qu'un seul maître,
Le Créateur suprême et l'auteur de votre être !
Son regard est sur vous et sur vos ennemis ;
Sous sa puissante main courbez un front soumis,
Marchez dans ses sentiers, gardez ses ordonnances,
Et vous aurez du Ciel les douces complaisances.

L'ABBÉ PEYRET.

SUR RACINE

Ce chantre harmonieux dont le divin génie
De la muse tragique embellissait les pleurs,
    Un jour vit sourire Thalie...
    Bientôt naquirent les plaideurs.

L'abbé Peyret.

SONETTO

Francia, che fosti al Lazio un di nemica,
E del sangue latino or sei l'onore,
Rimira come la tua gloria antica
Non ha guari fu volta in rio squallore.

So che né figli tuoi pur si nutrica
L'ardente fiamma sé del patrio amore,
Che se fortuna porgerassi amica
Nuove prove ei faran d'alto valore.

Ma se dé casi tuoi festi tesoro,
Che il reggimento popolar fu vampa
Atta le scorie a sceverar dall'oro :

Dirai che fosti (se dei re pensosa,
Lual ch'or di stato novita s'accampa)
Da Brenno al Corso Eroe sol glorïosa.

Del comte Gaetano Belluzzi.

LE XIXᵐᵉ SIÈCLE
SONNET

> Courrouce-toi, poète. Oui, l'enfer applaudit
> Tout ce que cette époque ébauche, crée ou tente.
> V. HUGO.

Tout n'est que vanité dans ce siècle intrigant :
La paix et le bonheur ne s'y montrent qu'en songe ;
Le juste gémit sous le joug du méchant ;
Et partout l'imposture y vomit le mensonge.

La candeur n'y revêt que le front de l'enfant ;
Le plaisir nous séduit, la volupté nous ronge ;
La pauvreté rougit près d'un luxe insolent
Qui souvent vient du crime et souvent s'y replonge.

Un imbécile orgueil insuffle dans nos cœurs
Le froid de l'égoïsme, et du sein des splendeurs
On dit à l'indigent : « Va, que Dieu te bénisse. »

C'est en vain qu'ici-bas je cherche la vertu ;
Elle a quitté nos mœurs, elle a fait place au vice ;
Le beau, le bien, le vrai, Dieu même est inconnu...

ALBERT VALET.

LE SOLITAIRE

Fuyant un vain langage,
A l'abri de l'orage,

Je chante la vertu.
La grandeur m'importune.
Tranquille, sans fortune,
Insensé! que veux-tu?

N'entends-tu pas le vent qui gémit dans la plaine?
Le joyeux rossignol a cessé de chanter;
Le soleil s'obscurcit, mais mon âme est sereine...
O rois! si le torrent pouvait vous emporter!

Fuyant, etc...

De l'or et de l'argent, des places et des titres
Aux mortels inhumains, sont la moindre faveur.
Ma cabane est sans toit, ma fenêtre, sans vitres :
Non! rien ne peut troubler ma gaîté, mon bonheur!

Fuyant, etc...

Vois ce monde rêveur, croupissant dans la fange :
La foudre le menace et rien ne lui sourit!
Sur cette foule ingrate, enfin si Dieu se venge
Moi, joyeux, en chantant, le désert me nourrit.

Fuyant, etc...

O Phalanstériens! votre doctrine austère,
Méconnue à présent, sera sublime un jour!
Et vous serez bénis, dans chaque phalanstère,
Par les hommes groupés en phalanges d'amour.

Fuyant un vain langage,
A l'abri de l'orage,

Je chante la vertu.
La grandeur m'importune.
Tranquille, sans fortune,
Insensé ! que veux-tu ?

THÉODORE SEYSSAUD.

AU TANGAGE

En marine, j'ai vu dans de certains parages,
Que l'on lutte souvent contre tous les tangages.
Lorsque la grosse mer nous soulève l'avant,
Il faut doubler d'efforts, tel est le bâtiment.
S'il présente surtout une grande surface,
Après l'eau jaillissant, un grand choc le menace.
C'est là que la vapeur, n'emploie son élément,
Que pour mieux naviguer en tenant tête au vent.
Mais dans le mouvement, nous perdions en vitesse,
La force dont le cours va toujours, et sans cesse.
En voyant osciller nos cinq mille tonneaux,
Tout novice eût cru voir des abîmes nouveaux.
Tantôt le bâtiment s'enfonçait dans l'écume,
Pour remonter la lame, ainsi que de coutume.
Et dans cet embarras d'un cas malencontreux,
Notre loch quelque temps se maintint à dix nœuds.
Alors notre appareil, engagé dans la lutte,
Faisait cinquante tours, bien comptés par minute.
Mais lorsque notre loch n'avait que quatre nœuds,
La machine éprouvait un effort épineux.
L'hélice en son recul, vent debout, tout accable,
De quarante-six tours, c'était bien excusable.

Le capitaine au loch, voyant l'effort du vent,
Prit alors le plus près sur le même moment.
Le loch vint à sept nœuds, mais dans ce que j'expose,
Notre but n'était point de contempler la chose.
J'ai crains pour le grand mât : du pont aux jottereaux,
Que l'effort du gros temps, n'en formât deux morceaux.
Cependant résistant à cet acte d'outrage,
Grâce à l'habileté qu'a montré l'équipage,
Où chacun dans son art, sur divers apparaux,
Était pour prévenir des désordres nouveaux.
Tantôt sur les haubans, tantôt dans la mâture,
Le timonier debout guidait la marche sûre.
C'est ainsi qu'à la fin je me suis retiré,
D'un danger imminent, où je m'étais fourré.
Sain et sauf j'en reviens, et ma santé parfaite,
Me rend entièrement mon âme satisfaite.

N. BATON FILS.

Var.

A M. X...

SUR LA MORT DE SON ÉPOUSE

O muse ! prête-moi le secours de ta lyre !
Mes modestes accents, seuls ne sauraient suffire
    A mon rude labeur ;
Fais passer dans mes vers l'éloquente harmonie
De tes mâles accords, fais que dans cette vie,
    Je calme une douleur.

Trahi par le destin, par le sort infidèle,
O toi qui du bonheur viens de voir la nacelle
   S'abîmer dans les flots,
Pleure sur ses débris, pleure ce grand naufrage,
Mais laisse, laisse moi crayonner une page
   Pour adoucir tes maux !

De l'ange du malheur, la flèche empoisonnée
A perforé ton cœur ! victime infortunée,
   Ton Éden est détruit !...
Ta joie et ton espoir, ta vie et ta lumière,
A l'ombre du cyprès, gisent sous une pierre...
   Ton milieu, c'est la nuit !

Ton épouse n'est plus... elle dort dans la tombe !...
Ah ! tu cherches en vain ton aimable colombe;
   Elle a pris son essor
Pour les champs éternels où finissent nos larmes;
Et maintenant sur toi, ton ange, plein de charmes,
   Étend ses ailes d'or !

Qu'il était doux le joug... qu'il était doux l'empire
Sous lequel te pliaient ses vertus, son sourire,
   Ses traits harmonieux !...
Loin du profane, et seuls au bosquet solitaire,
Vous confondiez vos cœurs, vous oubliiez la terre,
   N'enviiez rien aux Cieux.

Son visage exprimait la plus pure allégresse;
De mille soins charmants sa féconde tendresse

Te prodiguait les dons;
Et toi, de ce beau lis, tu pressais la corolle!...
Et la félicité, de sa riche auréole,
   Entourait vos deux fronts.

Sa bienfaisante main secourait l'indigence,
De tous les malheureux c'était la providence,
   L'ange consolateur;
Et dans sa fleur encore elle te fut ravie!...
Nos cœurs sont dans le deuil! nous pleurons une amie,
   Et le pauvre une sœur.

Mais qui donc ici-bas n'a pas connu les larmes?...
Quel mortel a vécu sans chagrin, sans alarmes?...
   En est-il sous les Cieux?...
Quel homme au cœur d'airain, à la perte d'un père,
A celle d'une épouse, à celle d'une mère,
   N'a vu pleurer ses yeux?...

Sous ces ifs verdoyants, dans ce lieu solitaire,
Aperçois-tu, là-bas, gémir sur cette pierre
   Ces deux pauvres enfants?
Ce sont des orphelins, ce tertre est à leur mère!
Ils murmurent, hélas! pour elle une prière...
   Elle avait vingt-cinq ans!

Ne vois-tu pas aussi cet homme au front austère
Sur ce marbre funèbre en ses pleurs se complaire?...
   Pourquoi cette douleur?
— Ce tombeau somptueux renferme sa famille :
Sa mère, son épouse, et son fils et sa fille,
   Son espoir, son bonheur.

Dans les camps, les palais, ainsi que sous le chaume,
La parque, chaque jour, frappe ceux qu'elle nomme,
  Et fait trembler les rois ;
L'orgueilleux patricien et l'humble prolétaire,
Par les mêmes rigueurs, chez leur commune mère
  Vont dormir sous ses lois.

Que d'hommes, ballottés sur la mer de ce monde,
Tombèrent sans regret, sans tristesse profonde
  Sous les coups de la mort !
Enfants de la douleur, ils crièrent : Victoire !
Quand enfin apparut la rive sombre et noire
  Où se trouvait le port.

Sanctuaire des pleurs, de la mort sombre arène,
La terre est un dédale où par la main nous mène
  Notre aveugle destin ;
Nous prenant au berceau, sur le sein de nos mères,
A toute la fureur des soucis, des misères,
  Il nous livre sans fin.

Naître, souffrir, mourir, c'est l'humaine harmonie ;
Nos plaisirs sont d'un jour, et bien fou qui le nie ;
  Nos maux durent toujours.
Puisqu'il nous faut subir leurs terribles outrages,
Aux grands enseignements et du Christ et des sages,
  Sachons avoir recours.

Après nos bons amis nous déplorons de vivre.
Eh ! Ciel ! ignorons-nous qu'il nous les faudra suivre
  Avant la fin du jour ?
Oh ! calmons nos chagrins quand nous pouvons attendre !
L'instant toujours arrive où l'on nous fait descendre
  Au funèbre séjour.

Supportons la douleur en victimes stoïques ;
Faisons contre l'ennui des efforts héroïques ;
    Attendons le trépas.
Au-delà du tombeau, dans l'éternelle vie,
Un jour tu reverras ton épouse chérie...
    On est heureux là-bas.

F. Brunet.

Vendée.

PHOTOGRAPIE SUR Mlle X...
SONNET

Non jamais le soleil, cet artiste splendide,
Ne dessina de front plus pur, plus ravissant,
D'aussi charmants sourcils, de regard plus limpide,
Ni de bouche au souris plus fin, plus séduisant.

Et jamais Dieu n'orna même le plus avide
Des beaux adorateurs de son trône éclatant
D'autant de dons charmants, ni d'esprit plus solide
Son grand législateur du Sinaï tonnant.

En admirant ce rare et merveilleux mélange
Des attraits de la femme et des grâces de l'ange,
Et les mille trésors que recelle son cœur,

Ah! combien voudraient voir leur Ciel gris ou sans voile
S'illuminer des feux de cette blonde étoile
Pour éclairer leur vie et dorer leur bonheur !

P.-C. Dupuy.

LA CONQUÊTE DE LA VÉRITÉ

Vive ut vivas.

Calmont.

Connais-tu ces moments de noir,
Où, dans un bourbier d'amertume,
Disparaît, presque éteint, l'esprit vide d'espoir ?
Où, cyclope indompté d'un volcan qui s'allume,
La rage fait tonner sa flamboyante enclume,
Nous pétrit dans le feu, pour nous plonger après,
Dans la froide stupeur d'inutiles regrets ?
Ces moments où l'orgueil, nous offrant son échasse,
Dans l'ignoble ruisseau nous jette tête basse ?
Où, grâce au gai patin de nos frivolités,
Sur la glace ironique en triomphe portés,
Patatras ! nous voilà criant miséricorde,
Devant d'affreux moqueurs jaloux de notre exorde ?
Odieux souvenirs ! Les heures en mourant,
Nous laissent de vos dards l'implacable tourment.
Si je dis : en avant ! ô tristesse suprême !
Un monstre m'apparaît, ce monstre c'est moi-même,
Je le vois consumé de désirs indomptés,
S'entrechoquant sans fin dans ses flancs tourmentés.
Auprès de lui grimace, ignoble mais parée,
De mensonges masqués la troupe bigarrée ;
J'espérais que le temps enfin m'arracherait,
Au supplice odieux que mon être endurait ;
Je sentis, il est vrai, diminuer la flamme
Des fiévreux appétits qui dévoraient mon âme ;
Certes, je ne suis plus le jeune muscadin,
Qu'entraîne, à travers champs, un papillon badin ;

Mais, avec le printemps, disparaissent nos roses,
De fous que nous étions, nous devenons moroses;
Alors, malheur à nous ! D'un bras sec et noueux,
L'avarice nous lie à son torse crasseux ;
Ou bien, doutant de tout, présomptueux et vides,
Nous portons en cent lieux nos blasphèmes stupides,
A moins que, se jouant de notre sot orgueil,
La goutte ne le livre aux ennuis d'un fauteuil.
O le bonheur d'être homme ! Aussi bien vaudrait, certes,
Être un libre chamois sur des cimes désertes.
Pardonne, mais vraiment la sagesse d'en haut,
A l'endroit des humains me paraît en défaut;
Le bœuf qui s'accroupit à l'ombre du mélèze,
Jouit d'un vrai repos et rumine à son aise;
Et dans les profondeurs d'un calice sacré,
L'insecte puise en paix le nectar désiré.
Mais l'homme ! Il se souvient d'un lointain élysée,
Il voudrait y voler et son aile est brisée.
L'illusion menteuse, escortant sa douleur,
Lui dit : Demain t'amène au seuil du bonheur,
Il l'épouse et, soudain, de sa fougue amusée,
La coquette se change en brûlante fusée,
Il tempête, elle, sous un masque impertinent,
Lui tend l'adroit filet d'un plus cruel tourment.
Homme ! voilà ton sort, jusqu'au jour où, plaintive,
Ton âme voyageuse atteint la sombre rive.
Un destin taciturne, en son obscur manteau,
Entraîne les humains vers la nuit du tombeau.
Prophète à l'œil myope, à la phrase verbeuse,
La science m'annonce une ère lumineuse :
De mes fourneaux secrets va s'élancer, dit-elle,
L'astre resplendissant d'une époque nouvelle,

Arrachée à sa nuit, la pauvre humanité
Comprendra qu'elle est une en sa diversité.
Et moi, je lui réponds : du néant à la tombe,
Du néant d'où je sors, à la fosse où tout tombe,
Il n'est que désirs vains, s'éteignant dans les pleurs,
Le plus beau de mes jours n'est que peine et douleurs,
Et puissé-je aisément, vers la coupe abondante
De plaisirs continus porter ma lèvre ardente.
Pauvre félicité ! Si par dessus le bord,
Mon œil épouvanté voit accourir la mort.

Helwin.

Ami, je t'ai compris, sous ton Ciel toujours terne,
L'existence t'accable et mourir te consterne.
Il fut un temps bien court où tu crus au bonheur,
Au-devant du futur tu courais plein d'ardeur ;
Mais, tels qu'une eau fuyant de lumineuses cimes,
Bouillonne rugissante au fond de noirs abîmes,
Dans le doute emportés, ses pensers caverneux,
Réveillent de mon cœur les échos douloureux ;
Palpitant je retrouve, au sein de tes ténèbres,
De mon triste passé les souvenirs funèbres ;
Comme toi, vainement implorant la clarté,
J'ai dit : S'il est un Dieu, ce Dieu m'a rejeté ;
La foi me fut donnée, avec la foi la joie ;
Connais-tu ces moments où le cœur se déploie,
Alors que, dans la nuit d'un chagrin concentré,
Luit d'un rayon d'en haut l'éclat inespéré ?
Où soudain, nous touchant de son aile de flamme,
L'auguste vérité fait jaillir de notre âme
Des éclairs, des pensers dont la vive splendeur
De nos destins futurs dévoile la grandeur ?

Ces moments à la fois déchirants et suaves,
Où, laissant toute idole, où brisant toute entrave,
Forte en son dénûment, riche en sa pauvreté,
L'âme se sent renaître à la chaste beauté,
Converse avec le Ciel et bienheureuse reine,
Du juste obtient la paix et la gloire sereine?
Où, d'une aile invisible obtenant le support,
Elle plane au-dessus du gouffre de la mort,
Allant, venant, chantant : Dieu m'aime, que craindrais-je?
Le gouffre, il l'a créé, c'est lui qui me protége?

Calmont.

Peu s'en faut qu'entraîné par ta lyrique ardeur,
Je ne joigne mes chants à ceux de ta candeur ;
Par ses rêves bercés, le duo sympathique
Atteindrait radieux l'extase séraphique,
Jusqu'à l'heure où, soudain, colombes sans perchoir,
Dans le vide infini nous nous laisserions choir.
Je ne plaisante point, ma verve est sérieuse,
Puissé-je éterniser sa foi mystérieuse,
S'il est vrai que son charme, ou sublime ou niais,
De lumineux plaisirs t'accorde les bienfaits ;
A mon noir cauchemar, sans peine je préfère
Le songe ailé brillant qui m'arrache à la terre ;
J'aime mieux, papillon, m'envoler au néant,
Que d'y ramper, limace, en un sentier gluant ;
Mais qu'avec toi je vole, ou que seul je me traîne,
Le néant nous appelle en son obscur domaine ;
Le précipice est là, dans sa muette horreur,
Vont périr à la fois ton espoir et ma peur.

Melwin.

Ami, c'est aux clartés d'une espérance ferme,
Que d'un heureux futur j'ai discerné le germe :
Un livre m'est ouvert, et m'offre le vrai sens
Du problème embrouillé de mes destins présents ;
L'évidence, écartant l'épais brouillard du doute,
Du paradis fermé m'a désigné la route.

Calmont.

Quelle est donc cette route? ô mystiques accents!
Quel œil a vu jamais les lieux resplendissants
Où prétend parvenir ta foi contemplative?
La raison parle-t-elle à ton âme naïve?

Melwin.

Oui, je connais mon but et mon point de départ,
Et ne suis point jouet d'un ténébreux hasard ;
Ma Patrie est le Ciel ; trop longtemps égarée,
Mon âme enfin retourne à sa source sacrée ;
En Jésus homme et Dieu, le bonheur m'est rendu,
Son esprit me ramène au paradis perdu.

Calmont.

Paradis! Homme-Dieu! Se peut-il qu'en notre âge
D'un crédule passé l'on tienne le langage!
Qu'est-il ton paradis? Les houris aux yeux bleus
Y font-elles couler un nectar doucereux?
Dramatique héros d'un Olympe homérique,
Diras-tu tes hauts faits en langage classique?
Ton sourire béat s'éternisera-t-il
Sur des gazons fleuris à l'arôme subtil?

Si Dieu veut mon bonheur, d'où vient qu'aujourd'hui même
Je demeure étranger à son amour suprême?

Helwin.

Tu railles, mais parfois, ton esprit tourmenté
N'a-t-il pas entrevu l'idéale beauté?
Cet éclair bienfaisant d'espérance et de joie
Qui de tes premiers jours illumina la voie,
Ce doux pressentiment d'un cœur immaculé,
De l'idéal divin ne t'ont-ils pas parlé?

Calmont.

Il se peut, je rêvais, aujourd'hui je raisonne,
L'idéale beauté pâlit avec l'automne,
Elle n'obtiendra plus les faveurs et l'encens
Que sut lui prodiguer un crédule printemps.
Cette beauté qu'est-elle? Un mandarin soupire
En présence d'appas qui provoquent mon rire,
L'arabe se délecte au son d'un instrument,
Plus triste à notre goût qu'un chant d'enterrement;
Chacun son idéal, art, morale et croyance
Des temps et des climats subissent l'influence.

Helwin.

Eh quoi! ton paradoxe, encensant le caprice,
Soumettrait à sa loi conscience et justice?
Qu'on blesse ton honneur, que l'on touche à ton bien,
L'assaillant fut-il turc, idolâtre ou chrétien,
Un cri spontané prouvera, je t'assure,
Qu'en matière de droit ta croyance est fort pure.

Calmont.

Soit! Mais ne puis-je donc, sans partager ta foi,
Écarter le poignard qu'on dirige vers moi?

Parle, quelle unité discerne ta logique
Entre le sens du droit et son dogme hébraïque?
Si Jésus-Christ ton maître est le tout-puissant roi,
Venu pour nous soumettre à la parfaite loi,
D'où vient qu'à son malheur l'humanité livrée,
Dans un cahos sanglant erre désespérée?
Tu dis que des élus le Christ est le berger,
Suis-je l'élu du Christ, ou lui suis-je étranger?
Quel est-il donc l'élu qui, sûr de la victoire,
D'avance peut se dire héritier de la gloire?

Helwin.

Toi-même est cet élu, si ton cœur est loyal;
Le Dieu vrai, le Dieu fort parle à qui fuit le mal.
De deux courants divers l'influence contraire,
Entraîne les humains dans l'ombre ou la lumière;
Tel bénit l'existence et tel autre en médit,
Suivant que passe un souffle ou céleste ou maudit.
Vois, sur les flancs dorés de la riche colline,
Ce blé qu'en se jouant un doux zéphir incline,
Tout tressaille et sourit sous son vol lumineux,
Les guérets, les jardins, les bois harmonieux;
Mais qu'au désert brûlant, allumant sa furie,
Accoure l'ouragan... la campagne est flétrie.
Notre âme a ses zéphirs, elle a ses ouragans,
Ses hivers orageux, ses suaves printemps.

Calmont.

Suis-je l'herbe des champs passive en sa disgrâce?
L'onde livrant au vent sa mobile surface,
Avec lui s'emportant, s'endormant avec lui,
Tumultueuse hier, souriante aujourd'hui?

Suis-je esclave du sort, ou puis-je en ma souffrance
D'un souffle malfaisant dompter la violence?

Melwin.

Avec moi tu vaincras, te dit la vérité,
Hors de moi ton effort n'est que témérité;
Sur mon roc éternel, ta demeure fondée!
Ne craint ni l'ouragan, ni l'onde débordée.

Calmont.

Mais comment, dis-le moi, par quel vol soulevé,
Infirme, puis-je atteindre à ce roc élevé?
Encor si, de loin, sa cime saluée,
Ne se voilait souvent d'une épaisse nuée.

Melwin.

Tu parles de nuée! Est-il obscur, brumeux,
Le soleil des soleils, le vrai, splendeur des Cieux?
Alors qu'après la nuit, le sol des guérets fume,
A l'active chaleur du feu que l'aube allume,
Et que, s'interposant entre nous et l'azur,
La vapeur se condense en un nuage obscur,
Diras-tu que de l'astre ami de notre terre,
Émanent à la fois et l'ombre et la lumière?
Mais qu'est-elle ta gloire, auprès du vrai soleil?
La brume vient d'en bas et la clarté du Ciel.

Calmont.

Qu'en moi l'obstacle réside,
Ou qu'il naisse du destin,
Toujours est-il que, perfide,
Il obscurcit mon chemin;

LA JUSTICE

En vain dans la nuit où j'erre,
D'une céleste lumière
Je demande le secours,
Hélas! mes plaintes funèbres
Expirent dans les ténèbres,
J'errais et j'erre toujours.

Si tu veux que je t'honore,
O vérité! parle-moi;
La nuit fuit devant l'aurore
Et le doute devant toi.
Mets fin par ta clarté pure
Au supplice que j'endure,
Ou, s'il doit être cherché,
Dis-moi quel sentier logique,
Mène une âme méthodique,
En ton asile caché.

Que de temples sur ma route!
A quel prêtre, à quel docteur
Faut-il confier le doute,
Qui me dévore le cœur?
Est-ce au chef de synagogue,
Au derviche, à l'astrologue,
Au grand Lama thibétain?
Au Czar, le pontife en armes,
Au Saint-Père dans les larmes,
Est-ce à Luther, à Calvin?

Si la vérité cruelle
Me disait, après la mort :
Arrière de moi, rebelle,
Va subir un triste sort;

Ne pourrais-je, sans blasphème,
Adjurer Néron lui-même,
Les plus iniques tyrans,
M'écrier : Elle m'évite,
Puis, terrible, elle s'irrite
De mes doutes innocents !

Belwin.

Elle t'évite, et toi, l'as-tu vraiment cherchée ?
Du haut du sycomore, as-tu, comme Zachée,
Dans la mouvante foule épié ses attraits ?
Avec Nathanaël, dans tes pensers secrets,
A l'ombre du figuier, loin de l'orgueil du monde,
Seul avec la nature et le Dieu qui te sonde,
Du grand problème as-tu sondé la profondeur ?

Calmont.

Qui ne cherche le vrai ? Savant, législateur,
Artiste, financier, chacun dit, dans sa tête,
Je veux la vérité, j'en ferai la conquête.
L'artiste la poursuit, la palette à la main,
Le logicien l'appelle, en son libre examen,
Et sur le tableau noir, étalant sa science,
Le mathématicien la conjure en silence.

Belwin.

Et tu crois qu'au pinceau, qu'au servile compas,
La chaste vérité dévoile ses appas !
La vérité n'est point le trait géométrique
Que mesure, à la loupe, un savoir méthodique ;
Elle s'adresse à l'âme et du code idéal,
Elle grava les lois dans notre être moral.

Calmont.

Peu ferme est son burin! De l'équateur aux pôles,
Que de codes divers, de systèmes d'écoles!
Si de deux chefs rivaux éclate la fureur,
L'un et l'autre du droit se dit le défenseur.
Habitant l'infini, méprisant notre boue,
De nos efforts mesquins la vérité se joue;
Sous les traits de Protée, elle apparut aux yeux
Du poète naïf des âges fabuleux;
Plus d'un crut la saisir, mais, en criant victoire,
Il se vit, tout d'un coup, plongé dans la nuit noire.
Vint-elle à se montrer, j'en douterais, je crois,
Tant je sais qu'elle échappe à qui dit: je la vois!

Helwin.

Elle t'échappe, et toi, l'as-tu vraiment aimée?
D'avance, dans ton cœur, est-elle proclamée
Ton épouse, ta reine, et ton zèle déjà,
Pour elle, promit-il, de gravir Morija?
De flamme environnée, elle s'avance austère,
Austère, mais aimante, et veut notre âme entière.
J'aime celui qui m'aime avec sincérité,
M'aimer, c'est m'obtenir, a dit la vérité.
Ah! certes, ce n'est pas un orgueilleux grand-prêtre
Qui disant: Jéhovah! la fera comparaître;
On l'évoque, en l'aimant, on l'obtient à genoux,
Si votre cœur est double, elle se rit de vous;
Fussiez-vous, plus qu'un ange, orthodoxe en doctrine,
Dès que vous lui mentez, elle vous abomine.
Tandis que, se vengeant d'un culte sans vertus,
Elle livre Sion au sabre de Titus,

Qu'elle abandonne aux Turcs Thyatire et Pergame,
Dans nos murs consternés fait pétiller la flamme,
Vois avec quel amour, le prenant par la main,
A l'Athénien Socrate, elle trace un chemin,
Le console, l'instruit, répond à sa prière,
L'environne de paix, à son heure dernière.
Je ne meurs pas, dit-il, aimer la vérité,
C'est échanger le temps contre l'éternité.
L'aube du jour s'avance, et promet à ma vue
L'idéale beauté dans la nuit entrevue.
Il n'est plus, non, il vit, il a pris son essor,
Et, sur son front glacé, l'espoir rayonne encor.
Il fut païen; n'importe, il aima la justice,
La paix, la vérité, d'un cœur sans artifice.
Veux-tu la vérité? laisse le vieux destin,
Trôner morne et brutal dans le monde latin.
Le futur t'appartient, ta réponse en décide.
De clartés, de rayons ton œil est-il avide?
Diras-tu : Vérité, si ton front m'est voilé,
J'en adore pourtant l'éclat immaculé;
Désormais, n'écoutant que mon ardeur fidèle,
Je sacrifierai tout à ta cause immortelle;
A tes décrets bénis, m'immolant chaque jour,
Je n'aurai plus qu'un but, te prouver mon amour?
Si tel est ton langage, et telle ta tendresse,
Écoute les accents que sa bouche t'adresse :
L'amour seul, te dit-elle, a droit de nous unir,
Tu m'aimes, me voici, m'aimer, c'est m'obtenir.
Ton regard qu'illumine un éclair indiscret,
De ton cœur tourmenté dévoile le secret;
Tu veux et ne veux pas, tu pressens la blessure
Que laisse, à qui l'extirpe, une racine impure.

Ainsi, tremblait jadis, tourmenté dans son cœur,
Le riche à qui le Christ promettait sa faveur.

Calmont.

Le Christ, te le nierai-je, il m'effraie et m'attire;
Je frémis, je l'avoue, au seul mot de martyre;
J'aime la vérité, mais j'aime aussi, parfois,
Accorder à mes sens un plaisir de leur choix.
Faudra-t-il qu'un dévot, à la pâle figure,
M'interdise à jamais d'écouter Épicure?
Je ne suis point encor le sage au front ridé,
Qui gravit du Sina le sommet dénudé;
Fortune, amour, chevaux et festin et quadrille,
Lambris resplendissant où le nectar pétille,
Ballet, théâtre, orchestre et solo velouté,
Ne seraient-ils donc plus pour mon cœur attristé,
Que le songe brillant dissipé par l'aurore?
J'aime la vérité, mais, permets, j'aime encore,
J'aime tous les plaisirs qu'en son triste chemin,
Peut accueillir sans crime un misérable humain.
Entre une vie immonde et celle du martyre,
Ne puis-je découvrir un milieu qui m'attire?
Trop de jour éblouit, je veux le vrai, le faux,
Ne fus-je pas formé de vertus, de défauts?
Ne suis-je pas esprit, ne suis-je pas matière?
Mon sentier s'accommode et d'ombre et de lumière.
Pour n'aimer que le vrai, vivre en sage parfait,
Il faudrait, qu'autrement, mon pauvre être fut fait,
Que le Ciel m'eût donné la complète innocence
Dont un rayon furtif apparaît dans l'enfance,
Ou bien, qu'en ce moment, un souffle créateur
Renouvelât mon être et transformât mon cœur.

Helwin.

Tu t'expliques enfin, oui, double est ta nature,
Et voilà le secret de ta longue torture ;
Deux hommes sont en toi, l'un veut la vérité,
L'autre est fils du mensonge et de l'obscurité ;
L'un croit au noir destin, en maudit le mystère,
L'autre, plein d'espérance, aspire à la lumière ;
L'un, égoïste et bas, rapporte tout à soi,
L'autre a compris l'amour, et s'immole à sa loi.
Auquel donnera droit ta volonté secrète ?
Sous le joug du péché courberas-tu ta tête ?
Pour un plaisir pétri de boue et de regret
Céderas-tu ta part au céleste banquet ?
Ou bien, faisant appel à la grâce propice
Du Dieu qui te créa pour triompher du vice,
N'auras-tu qu'un désir, t'unir, en nouveau-né,
Au principe du vrai dans le Christ incarné ?
Le souffle créateur, le pouvoir qui nous change,
Dieu le donne à qui veut s'arracher à la fange,
A qui, d'une loi sainte, admirant la beauté,
Brûle de lui vouer son cœur, sa volonté.
L'esprit, le soulevant, sur son aile puissante,
Transporte en la clarté son âme frémissante,
Il ne dit plus : je crois, il dit : je vois les Cieux,
Je vois du paradis les sommets lumineux.

Calmont.

Un Christ ressuscité, chef, époux de l'Église,
Un esprit qui nous mène en la terre promise,
Une cité céleste ouverte au peuple élu,
Est-ce bien là le vrai dans le sens absolu ?

Le vrai peut exister au fond de l'empyrée,
Sans s'être concentré dans ta Bible adorée.
De tous temps, tu le sais, mythes et fictions
Surent s'envelopper de clartés, de rayons.
Derrière leur cortége, où mainte erreur grimace,
La raison, calmement, du vrai cherche la trace ;
Que de fois la raison a dû revendiquer
Le vrai que le surplus allait lui confisquer.

Helwim.

Plût à Dieu, cher ami, que sage et conséquente,
Ton âme, à la raison, devînt obéissante,
Et de la conscience écoutât les avis ;
Déjà tu goûterais la paix du paradis.
Le paradis, qu'est-il, sinon la loi morale
Triomphant de la chair son impure rivale ?
Dans le Christ, humble et fort, s'incarna cette loi,
Le Christ sut obéir, donc il est notre roi.
Expiant mes forfaits, me ramenant au Père,
Il me transmet l'esprit, la force salutaire
Qui subjugue les sens et me fait observer
La loi qu'impunément nul ne saurait braver.
Pardonné, relevé, je salue en tout juste,
Un membre bien-aimé de la famille auguste
Qu'en la sainte cité l'amour va réunir :
L'amour, la vérité, voilà mon avenir.
C'en est fait du roulis dont ma nef misérable,
Sans relâche endurait la torture implacable ;
Elle souffre parfois, mais l'esprit du Dieu fort,
En dépit des autans, l'entraîne vers le port.

Calmont.

Est-ce là l'évangile, est-ce là son mystère ?

Helwin.

Tout l'évangile est là : c'est la raison première,
Le vrai se révélant à la sincérité,
Pour lui frayer la voie à l'immortalité.

Calmont.

Une clarté s'est faite en mon âme ébranlée,
Pour moi, ta foi n'est plus et bizarre et voilée ;
La loi que tout humain possède dans son cœur,
Tu la vois, dans le Christ, révélant sa splendeur,
Inondant de rayons le sentier difficile,
Où trébuche, plaintive, une raison fragile ;
Tu méprisas la chair, ses ténébreux avis,
Tu désiras le vrai, dans Jésus tu le vis.
Vérité ! t'obtiendrai-je ? O toi que je réclame,
Soleil d'éternité ! luiras-tu sur mon âme ?
Heureux qui, plein de foi, s'égaye à ta clarté !
Tes feux perceront-ils ma triste obscurité ?

Helwin.

Qu'humble et soumis, d'un bon père
Un fils attende son pain,
Recevra-t-il une pierre ?
Disait le docteur divin.
Et toi, tu mettrais en doute
Que le Dieu d'amour n'écoute
Le cri déchirant d'un cœur,
Qui, de l'une à l'autre aurore,
Lassé de mensonge, implore
L'esprit régénérateur ?

Un éclair de bienveillance
Brille en un regard mortel,
Nieras-tu l'amour immense,
Le pardon de l'Éternel?
Si mon cœur bat de tendresse,
Certes il faut que je confesse,
Et j'adore un Dieu d'amour,
Autrement ma raison même,
Auprès du juge suprême,
M'accuserait au grand jour.

Approche avec allégresse,
Faible mortel, ne crains pas,
« Demande, dit la sagesse,
Demande, et tu recevras. »
Crois en l'amour, et puissante,
Ton âme reconnaissante,
Régnera dans la clarté.
Croire à l'amour, c'est la vie,
L'enfer, c'est l'âme asservie
A son incrédulité.

Sur la cité criminelle
Où planait le noir trépas,
L'amour étendit son aile,
Mais Sion n'en voulut pas.
Jésus, au mont des Olives,
Dit ces paroles plaintives
Qu'accompagnèrent ses pleurs :
J'ai voulu ta paix, ta joie,
Toi, tu préféras la voie
Qui mène à tes destructeurs !

Quand viendra l'heure promise,
Où les peuples fraternels,
De l'erreur, de la sottise
Renverseront les autels?
Alors plus de ces limites,
Arrogantes et maudites,
Sanglant écueil du progrès;
Le vrai, de sa vive flamme,
Dissipera l'ombre infâme
D'où l'orgueil darde ses traits.

Cette heure, Dieu la prépare;
Christ, le prince de la paix,
D'un égoïsme barbare,
Fera cesser les forfaits.
Vibrez, lyres prophétiques,
Accompagnez les cantiques
Des anges dans la clarté.
Gloire à Dieu! Paix à la terre!
Paix à tout homme sincère,
Et de bonne volonté.

W. Afevill.

Angleterre.

DIEU CRÉATEUR

Albert, ainsi que moi, tu sais qu'un divin maître,
L'homme qu'il a formé pour qu'il pût le connaître,
Lui conteste son œuvre, et ce fils révolté,
Préfère à sa lumière une fausse clarté.

Il heurte de ses pas des millions de merveilles,
Sans les voir... et ce cri vient frapper mes oreilles :

« D'admettre, sans la preuve, homme instruit je suis las,
» Il me faut un miracle ou je ne croirai pas. »

Mon Dieu, lance ta foudre et fais parler l'oracle,
« L'homme n'est pas content, il voudrait un miracle;
» Sans le miracle il nie et proclame l'erreur,
» Tu n'as pas fait assez pour prouver ta grandeur. »

La voix de Dieu répond : « L'homme à son origine,
» Demandait, tout d'abord, l'assistance divine;
» Je le suivis des yeux, vins à lui maintes fois,
» Le soutins de mon bras, l'instruisis de ma voix.
» Le menai de ma main, longtemps à la lisière
» Comme un zélé tuteur, comme un soucieux père.
» Lorsqu'il sut le chemin, lorsque l'humanité,
» Fut grande, je cessai d'aller à son côté,
» Et je l'émancipai tout en veillant sur elle;
» Pars ma fille, à présent... va seule... étend ton aile,
» Lui dis-je... tu le peux... l'homme obéit, il part.
» Tout s'incline, et subit sa loi de toute part.
» Il est nu; mais il parle, et la terre tremblante
» Fournit un tissu souple à sa main agissante.
» Il est sans arme... ô mont entr'ouvre-moi ton sein,
» Le mont l'entend, tressaille, il s'entr'ouvre... soudain.
» L'homme y prend le métal qu'il forge et puis façonne,
» En arme redoutable... il se dresse... il ordonne...
» Combat ce qui résiste... et le gouffre des mers,
» Le creux de la caverne, et l'océan des airs,

» Ne peuvent pas sauver du trait inévitable,
» Du trait qu'a pu lancer son bras inébranlable.
» Le voilà tout-puissant ; mais c'est là son écueil,
» A lui vient le démon, le misérable orgueil,
» Son ange que je mis, au poste, en sentinelle
» Près de lui... vers le bien, à chaque instant l'appelle,
» Mais la voix de l'orgueil étourdit la raison,
» Sa main étend un voile et retient son rayon.
» Je fis assez pour l'homme, il peut le reconnaître,
» Je fus son créateur, je suis le Dieu, son maître.
» Une nouvelle preuve, un miracle de plus,
» Seraient de vains appuis, des soins bien superflus.
» Va... demande au savant, d'où naissent son génie
» Et du vaste univers la force et l'harmonie.
» Je vais... et tout d'abord, sans tourner le regard,
» Le savant me répond : ils naissent du hasard....
» Le limon fermentant a produit toute chose,
» La race humaine un jour de la boue est éclose,
» Le hasard est le Dieu par lequel tout se fit,
» Par je ne sais quelle mode... ah ! voilà ce qu'il dit ! »

Il est là, cuirassé d'expériences vides
Qu'il donne avec aplomb pour d'admirables guides,
Seules comme prouvant le savoir en nos jours.
J'écoute en frémissant cet imprudent discours.
Je suis ému, tremblant ; pourtant, en toute hâte,
Je réponds... ma colère en ces termes éclate :
« Le hasard, ô savant, le hasard est ton dieu !
» Mais il est sans boussole, il peut, fais-en l'aveu,
» En formant une chose, aussitôt la détruire,
» Faire le mal, le bien, et sans se contredire,
» Puisqu'il est le hasard, ah ! pourrait-on pourvoir,
» A l'ordre, à l'harmonie en créant sans y voir.

» Mais le hasard ne peut qu'être fort inhabile.
» Supposons un instant que son bras qui vacille
» Sans connaître pourquoi, fasse le bien un jour,
» Le lendemain du mal emmènera le tour.
» Et sous un œil fermé sa main mal assurée,
» Ne pourra nous fournir ni force ni durée.
» Son ouvrage sera sitôt détruit qu'éclos,
» Et toujours nous verrons confusion, chaos...

» Un être intelligent nous créa... tout l'atteste,
» Tout se lève à ma voix, et contre toi proteste.
» Refute en se montrant ton incroyable erreur
» Et par son jeu parfait proclame son auteur. »

Peut-il un seul instant entrer dans la pensée
Qu'un peu de terre inerte et sans ordre amassée
Par l'humide du sol, sous le feu du soleil
Fermente et puis d'un homme obtient ainsi l'éveil.
Que cet être soit germe, infusoire, reptile,
Animal plus parfait : Orang-outang, gorille,
Puis encor... quoi?... mon Dieu!... le dirai-je?... homme enfin.
Ah! peut-on à l'erreur donner ainsi la main?
Grand philosophe... eh bien!... honore ton ancêtre,
Le singe, et méconnaît ton rang et Dieu ton maître;
En ne m'abaissant point à cette humilité,
Le vrai marche d'accord avec ma dignité.
Ah! je te vois sourire, allons, soit... je m'abuse,
Notre siècle est en marche, et ma cervelle obtuse
Me retient dans l'ornière et je n'en puis sortir :
Te rendre à mes raisons, tu n'y peux consentir.
Mais ton soleil puissant, ton créateur splendide,
Ton prince... a-t-il en main un sceptre bien solide?

Non... mieux doté que lui, sur lui l'homme a le don,
D'abattre son orgueil en fixant son rayon.
D'Aguerre l'a contraint à la condescendance,
Et quoique humilié de son obéissance,
Il se rend bien soumis, très humble, ponctuel,
Callabore, avec lui, sous un ordre formel.
Et je vois aussitôt la lumière docile
Enfanter sous mes yeux une image facile.
Cesse de l'adorer, toi, persan convaincu,
Zoroastre, voilà ton astre-dieu vaincu.
Il obéit, travaille et le mortel ordonne,
Il est, Dieu le voulant, le serviteur de l'homme.

S'il commande au soleil, l'homme brave la nuit,
Quand son flambeau d'argent, insuffisant nous luit,
L gaz court sous le sol et dans la ville entière
Par mille et mille jets, sur nous pleut la lumière.
Ce n'est pas tout, sa voix altière au firmament,
Où l'astre brille au loin, fait un appel savant.
Marchant à la clarté de son intelligence,
Soutenu du pouvoir que donne la science,
Il regarde l'étoile, appelle Régulus,
Rigel, Aldébaran, Procyon, Syrius,
Tout s'émeut et répond : la rapide comète,
Au jour qu'il assigna, pour revenir est prête.

Pour créateur veut-on la foudre et ses éclairs,
Ce fluide imposant qui gronde dans les airs?
Mais l'homme l'a vaincu... plus prompt, durant l'orage,
Que le rapide Eurus, emportant le nuage, (1)

---

(1) *Et agente nimbos. Ocior Euro.* — HORACE, liv. II, ode XIII.

LA JUSTICE

Il vole, en un clin-d'œil, en bien des lieux divers,
Emportant la dépêche, il franchit monts et mers.
Rien ne peut l'arrêter dans sa course lointaine,
Je donne mon message... il le reçoit... à peine
Parti qu'il nous revient en un bien court instant.
Serviteur empressé, facteur intelligent,
L'éclair impétueux éclate et nous amène
La réponse exhalée de sa brûlante haleine...

Maintenant où chercher, dis-moi, le Créateur ?
Ah ! tu n'aspires pas sans doute à cet honneur ?...

Peut-être... car ton œil armé du microscope
Cherche la bacterie... elle se développe
Sous ton habile main... donc t'en voilà l'auteur...

Je ne puis m'élancer jusqu'à cette hauteur,
Je ne puis sur le mont du haut savoir te suivre.
Je reste en mon chemin que seul je puis poursuivre.
Ce point trop éloigné passe mon horizon...
Pourtant avec Pasteur, la voix de la raison
Me dit : (et du Très Haut la puissance l'explique)
Qu'il est en nombre immense un germe atmosphérique
Pouvant remplir partout sous la voûte des Cieux
De produits inconnus, d'innumérables œufs ;
Que celui qui pourra par ses soins faire naître,
D'un microscopique œuf un imperceptible être,
Est semblable au fermier d'une agreste maison
D'oiseau de basse-cour hâtant l'éclosion...

Ne vient-il pas semer, cruel, traître, invisible
Dans un pauvre pays un mal irrésistible,

Le germe épidémique apporté par les airs
Ou blotti dans la laine arrivant par les mers?
Mais je m'arrête enfin, je tourne cette plage
Où le tonnerre gronde, où plane le nuage.
Je craindrais, trop hardi, si j'abordais ce lieu,
D'y trouver courroucé le regard de mon Dieu.
Dieu peut quand il le veut, la raison nous l'assure,
Former, si ça lui plaît, nouvelle créature.
Il n'abdiqua jamais son pouvoir créateur,
Et tout ce qui peut naître, il en est seul auteur.

Mais dit-on du climat la continuelle étreinte
Sur l'homme et l'animal laisse toujours l'empreinte.
Le corps se modifie, et l'effort persistant
Le combat, le soumet, le change entièrement.

Sous les rayons ardents de la brûlante Afrique,
Naît la couleur du nègre et le climat l'explique.
Puis nous voyons chétif, flétri, hideux, abject
Des crétins malheureux baver dans le valais.
Pourquoi nier alors qu'un être encore informe
En un être parfait à la fin ne se forme.
Que pétri, malaxé, chaque jour par le temps,
Passant par les creusets d'innumérables ans.
Les tas organisés de mobiles atomes,
Ne puissent devenir des animaux, des hommes.

Pourquoi?... mais c'est que l'homme a reçu mission
De connaître son Dieu, et pour cela le don
D'une âme intelligente, éclatante lumière,
Et qu'il fallut d'abord à la belle ouvrière,
Pour qu'elle put agir de suite, confier
Un instrument capable, un parfait atelier.

Dieu n'a-t-il pas toujours montré sa prévoyance?
Ne voit-on pas en tout sa divine science,
N'a-t-il pas à l'oiseau qui s'élève dans l'air,
Donné de forts poumons... au furet le bon flair?
Au carnassier cruel une dent meurtrière,
A l'insecte artisan une forte tarière,
A l'aigle dans la nue un tout-puissant regard.
Réponds homme savant, dis : est-ce le hasard
Qui met sur l'animal lorsque le froid le presse
D'un poil long et touffu la couverture épaisse,
Et qui, quand le printemps nous revient de nouveau,
Retire prudemment cet importun manteau.

L'âme qu'eût-elle fait au cerveau d'un reptile,
D'un laid orang-outang, d'un féroce gorille.
D'un ver sortant de terre et rampant sur le sol,
D'un frelon bourdonnant, dans l'air prenant son vol?

Je ne conteste pas que la nature entière,
Que l'air, la terre et l'eau, la chaleur, la lumière,
L'influence des mœurs, le climat, la saison,
N'impriment en passant leur cachet sur le front.

Tenant compte et jugeant de cette différence,
Sans balancer pourtant je le crois et l'avance :
Que le mortel qui forme aujourd'hui mes entours,
Est tel que fut celui qui vit les premiers jours.

Mais on me dit encore, l'homme se perfectionne,
Il change... je le sais... ici ce qui m'étonne,
C'est que ceux dont le singe est l'homme primitif
Invoquent le progrès comme un fait probatif,

D'un contact, d'un rapport et d'une ressemblance,
De l'homme à l'animal, moi j'y vois la distance.
Le castor d'à présent, et de boue et de bois,
Se construit la maison, du castor d'autrefois.
Pour ses œufs et son miel notre abeille façonne
Ainsi qu'au premier temps l'élégante exagone;
L'araignée en son mur étend les mêmes retz;
Depuis les premiers temps je ne vois nuls progrès. (1)
Le premier mouvement Dieu l'imprima lui-même,
Depuis rien n'a changé dans le divin système.
L'âme n'a rien à faire, en ces corps, et l'instinct
Seul y gît y jouant un rôle bien distinct.
L'instinct seul vient presser le ressort que Dieu place
Dès l'abord, pour toujours, au sein de chaque race,
Mais en sus de l'instinct l'homme a reçu le don
De la sainte clarté d'un noble et pur rayon,
Et jusqu'au point que Dieu de sa main mit lui-même,
L'homme invente imitant ainsi l'Être suprême.
Comme Dieu s'il n'est pas tout-puissant créateur
Il transforme son œuvre avec force et grandeur.
Ça posé, je me dis, l'homme dès sa naissance,
D'un adulte complet dut avoir la puissance;
Faible enfant, sur le sol pouvait-il parvenir,
A vivre sans la mère il lui fallait mourir.
Le soleil fournit-il le lait de la mamelle
Et tout ce que produit l'affection maternelle?

---

(1) M. Pouchet (communication à l'académie des sciences en 1870), avance que des hirondelles ont modifié leur nid; mais cette observation est-elle bien vraie? Avec l'acharnement que l'on met à contester la création divine, on peut en douter, elle est si contraire, à ce que l'on voit. Ce perfectionnement est-il réel? Cette différence n'existe-t-elle pas depuis le commencement, nécessitée par le climat, par la variété de l'espèce? etc., etc.

LA JUSTICE

A-t-il quelque souci, et de soins assidus
D'abord entourent-ils les fils nouveaux-venus,
Et le tendre duvet, cette agréable couche
Où le pauvre oiselet se tapit et se couche,
Pour la faire aussi bonne il fallait un oiseau
Formé qui put aimer et tresser son berceau.
Puis s'en fut empressé chercher la nourriture
Sans laquelle mourrait sa chère géniture.
Je ne puis de mes yeux éloigner la clarté,
Ne pas d'un créateur voir la nécessité.
Car si l'homme d'abord dut se trouver adulte,
Dieu seul l'a pu former par sa puissance occulte.
Le jour a son lever, son midi, son couchant,
Rien ne viendra troubler cet accord ravissant.
Nul ne pourrait briser ce bel ordre de chose,
Voyant en son midi la créature éclose,
Sans hésiter je dis aussitôt : c'est mon Dieu
Qui l'a fait, et je puis braver le désaveu.
Dieu seul s'affranchissant des lois de la nature,
A pu dans l'âge mûr former la créature ;
Dieu seul qui créa tout, par qui tout peut finir,
Ne connaît pas de lois qui puissent retenir.

Homme instruit, mais pourquoi déniant l'évidence,
Lutter contre ton Dieu par ta vaine science,
Et vouloir effacer tous ses titres divers,
Gravés en lettres d'or dans le vaste univers?
La gloire du Très Haut, fils ingrat, t'importune,
Tu voudrais y trouver une ombre, une lacune.
Malheureux !... c'est le mal qui domine tes sens,
C'est l'orgueil... le démon... en ton cœur je le sens.
L'orgueil du premier homme abusant la faiblesse
Par un récit trompeur fit trahir la promesse.

L'orgueil arma le bras d'un frère trop cruel,
L'orgueil bâtit les murs de la tour de Babel,
L'orgueil a perverti l'homme dès son aurore,
Hélas! et de nos jours le pervertit encore.
Qui met un fer coupable au bras de l'assassin?
Du voleur hésitant qui vient forcer la main?
C'est l'orgueil, le démon, infernale couleuvre,
Seul partisan du mal et toujours à son œuvre.
Pour tromper le mortel il se trouve ici-bas,
Adroit, obstiné, traître il s'acharne à nos pas,
Et nous dit : « Vole, tue amis, parents, et frère,
» Sois riche et voilà tout, c'est là ta seule affaire.
» De l'or... de l'or... de l'or... ton nom retentira,
» Courbé, respectueux, l'homme t'encensera.
» De la gloire partout tu recevras la palme,
» Ta vie avancera douce, suave et calme.
Ah! suis-les ces conseils, et peut-être bientôt,
Des richesses, mortel, t'arrivera le flot.
Mais de plaisir trompeur, la perfide marée,
Dans un gouffre sans fond rapidement rentrée,
Laissera bien à nu, dans ton aride cœur,
Et les regrets poignants et le remords vengeur.
Ne touche pas de Dieu la puissante auréole,
Le rôle qu'il te laisse est un bien noble rôle.
Le haut rang qu'il te donne est bien grand et bien beau,
Ton âme de la terre est le brillant flambeau.
Distingue bien du corps cette belle lumière
De l'âme elle est ton lustre, elle est ta gloire entière.
Fixe d'un œil ravi, son magnifique éclat,
Rejette loin de toi le terrestre apparat.

Comme l'aigle et le ver et le cèdre et la plante,
Ce que produit le grain, ce que la mère enfante,

L'homme est organisé de délicats ressorts,
Par divers mouvements agitent tous ses corps.
Si dans ce jeu sublime existe l'harmonie,
S'il règne un accord pur entre chaque partie,
Le corps organisé luttant contre la mort,
Aux efforts destructeurs oppose un rude effort;
Il brave impunément une faible tempête,
Le robuste aquilon seul peut courber sa tête.
Si rongé par le mal, par l'âge où tout à coup
Avant le temps brisé par un funeste coup,
L'ouvrage n'offre plus dans les fils de sa trame
La force, la vigueur que son être réclame,
Le corps cède et se rend, les agents destructeurs
Le tenant sous leur sceptre agissent en vainqueurs.
Dès qu'un point dans nos corps devient un peu de terre,
Une spore s'y glisse, y germe, y vit, prospère.
Quand la mort nous abat, tout entiers... aussitôt
La plante et l'animal y réclament un lot.
Tous les êtres vivants ont droit à l'héritage,
Et le corps en tombant est soumis au partage.
L'animal le dévore, et la plante soudain
Avance sa racine et prend part au festin.
Car chaque être est un gouffre, et sa gueule béante,
A toute heure engloutit l'animal et la plante.
La plante, l'animal aux mêmes droits admis
De chaque être vivant recueillent les débris.
Eh! ne sommes-nous pas dans la robe mortelle
De plantes, d'animaux la pâture éternelle?
Infusoire caché, cryptogame inconnu,
Le mal détruit la chair en rongeant son tissu.
Si le ver précieux qui nous revêt de soie,
Porte un germe en son œuf dont il devient la proie,

Si le fruit sur son arbre est rongé par les vers,
Si l'arbre porte en lui tant d'ennemis divers,
Si la prairie a vu la cuscute assassine,
Broyer le végétal qui nourrit sa racine,
Si le germe fatal d'un triste champignon
En dévorant le blé le change en noir charbon,
Et si le traître ergot ronge, détruit, transforme,
Le seigle tout honteux en excroissance informe,
L'homme n'aura-t-il pas le tubercule affreux,
Réduisant le poumon en un ulcère creux ;
Mal cruel arrachant au cœur de la famille
Un fils plein d'avenir, une adorable fille ;
N'aura-t-il pas encor le dévorant cancer
De sa cruelle dent mordant à fond la chair,
Et tant de maux vivants, dégoûtants et terribles,
S'élevant sur le corps en pustules horribles.

L'iode, l'arsenic, dangereux instruments,
Pour ces maux vrais poisons, pour nous médicaments,
Le docteur soucieux, fort prudent les oppose,
Pour nous guérir sans nuire en réduisant la dose,
Et si le mal s'en va par l'effet du poison,
Sous le mordant laissant son gîte à l'abandon,
C'est qu'il meurt et partant qu'il avait une vie,
A son tour elle-même à la mort asservie.

Dans la mer, sur la terre, aux champs et dans les bois,
Le mal qui nous atteint soumet aux mêmes lois.

Homme je le redis, exhalte ta lumière,
Mais n'estime que peu ce qui n'est que matière ;

Bouche vermeille, yeux bleus, à quoi bon l'éblouir,
Vous n'êtes que de terre et vous devez finir.
Du corps vaincu, brisé, sous le temps qui le ronge,
Le charme de la chair disparaît comme un songe,
Pour montrer ton néant, insuffisant affront,
Mortel en te formant Dieu macula ton front.
Regarde, il a dressé sur ta pauvre nature,
Des signaux indiquant partout la pourriture.
Vois le sol tout couvert des ossements blanchis
Que le marteau du temps réduit en tristes bris.
Entr'ouvre le gazon, creuse la terre et fouille,
Vois la chair flétrie où le ver ronge et grouille.
Tu regardes hélas! et tu ne comprends pas,
Bruyant sur ton chemin retentissant tes pas.
Tu heurtes fort tranquille, et joyeux dans la foule
Un cercueil s'enfuyant sur le char qui le roule.

Homme, palpe attentif ton visage une fois,
Sur ton front trop superbe imprime bien tes doigts,
Reconnaît de tes os la forme définie
Que masque en ce moment ta face réjouie.
Qu'y trouves-tu, répond... une tête de mort!
Ah! soutiens-la, ta tête en un superbe port,
Qu'elle soit par tes soins habilement parée.
D'un tissu riche et fin, d'une étoffe dorée
Parfume tes cheveux de rose et de jasmin;
Que sur ton chef levé trône altier le dédain;
Courage!... allons... c'est bien... ton orgueil te l'ordonne,
Obéis... il le faut... places-y la couronne
Où nous voyions briller et perle et diamant,
Marche alors d'un pas fier et d'un air triomphant
Pitié... pitié... pitié... pour ce vase d'argile,
Pour ce nain orgueilleux, pour cet être fragile,

Qui tout petit qu'il est, s'écarquille les yeux,
Et voudrait voir au net ce qui se passe aux Cieux.
Ah! qu'a s'humilier ta science s'applique,
Du Ciel tu ne peux pas comprendre la logique.
Ton regard imparfait, assombri par la chair,
Dans le livre de Dieu ne verra jamais clair.
Encore sous nos yeux, en notre terre même,
L'asile qu'il donna, notre propre domaine.
Malgré tant de travaux, malgré tant de progrès,
Combien Dieu ne tient-il de vers lui de secrets?
Certes, mortel, ton âme est belle, intelligente,
Mais celle qui la fit est la toute-puissante.
Qu'est la tienne auprès d'elle... un futile fétu,
Mortel, ah! réponds-moi... près de ton Dieu qu'es-tu?
Rien... et tu dis enflé d'un orgueil indicible,
Je ne comprends pas bien, la chose est impossible.

Ah! la chose n'est pas si tu ne comprends bien...

Je te tiens pour savant académicien.
Eh bien! prenons un homme, un mortel, ton semblable,
Un homme comme toi, sans doute moins capable,
Un homme si tu veux à la terre asservi,
Fais-lui en beau langage un discours bien suivi.
Sur la marche de l'astre, ah! crois-tu qu'il comprenne,
Tes preuves, tes calculs, et pourtant de la tienne
Son âme est sœur... voyons... si dans son embarras,
Il te disait... c'est faux... car je ne comprends pas.
Moi je ne comprends pas... la chose est impossible,
Sans doute tu rirais, disant c'est admissible
Qu'un rustre, qu'un manant ne soit à ma hauteur,
Et toi tu veux monter jusqu'à ton Créateur.

Tu crois tous ses secrets soumis à ta puissance
Et que tout doit céder à ta vaine science!!...

Peut-être même encore que le pauvre ignorant,
Dirait moi, je le crois car cet homme est savant.
Et ce qu'accorderait un homme à son semblable,
Le refuser à Dieu te paraît concevable?...
Ton esprit égaré, s'il s'arrête bientôt...
Plus calme et réfléchi, trouvera que son lot
Consiste de son maître à comprendre la gloire
Que c'est un Dieu caché que le Dieu qu'il faut croire. (¹)

Reconnaissons en tout Dieu notre Créateur,
Qui nous soutient, nous aime, et veut notre bonheur.
Et lorsque du mortel, rentrant au vestiaire,
Nous viendrons rendre enfin le manteau de poussière,
Sachant qu'il est bon père, envieux de le voir,
Élevons-nous vers lui pleins d'amour, pleins d'espoir.

MIREUR.

(1) Racine fils. — *La Religion*, poème.

L'HYMNE DE L'AVENIR

I

Fuyez règnes sanglants! pénible arrière-garde!
Fuyez siècles pourris! noble France regarde,
Admire à l'horizon son splendide réveil!
Tout rit, brille, s'anime — immense symphonie!
    Où ton indomptable génie,
Au superbe avenir, semble donner l'éveil!

Ta Liberté surgit — l'Europe frémissante,
      A ta robe resplendissante,
      Ne peut mettre un joug sans pareil !

La guerrière Allemagne a pu, dans sa victoire !
(Si c'est le mot du moins, que donnera l'histoire),
Nous voler sans frémir, deux sœurs et cinq milliards !
Gédides ! fils des Huns ! vos enfants et vos femmes,
      Vous ont suivis. — Leurs mains infâmes
Vinrent à la curée ! — O nation de pillards ;
Tes guerriers sont venus, voir la France meurtrie !
      Mais cette immortelle Patrie,
      N'est pas faite pour des soudards !

II

On emporte : Canons, fusils, sabres, pendules !
Sur des chemins de fer ; mais Allemands crédules !
Qui rêviez notre ruine — ô Wuilhème, ô Bismark !
Le commerce français, sa brillante industrie,
      Valent bien de l'artillerie !
Vous qui vîtes de près, la cité des La Marck,
O ! sachez que la France a pour sécher ses larmes,
      D'autres richesses, d'autres armes,
      Que Krüpp et son prodigieux parc !

La France est immortelle ! Elle est jeune et virile !
Malgré sa longue histoire ! Est-elle donc stérile,
Sous cette âme de feu, dont les moindres rayons
Électrisent la terre ? ô Paris ! capitale
      Des peuples, tu vivras. Ton râle !

A duré de longs mois, et déjà nous voyons
Ta splendeur qui renaît! ô France toujours vierge,
  Répand de ton sublime cierge :
  Paix, bonheur, justice, unions!

III

Un peuple ne meurt pas, quand dans chaque bataille!
Il fournit des héros, que fauche la mitraille.
Quand malgré ses revers, ses effrayants combats,
Il a des fils encor! pour braver sa défaite!
  O non France! tu n'es pas faite
Pour mourir. — Ton grand nom, que l'on a mis si bas,
S'élève vers les Cieux, y retrouve sa place!
  Sous les yeux de la Prusse lasse,
  De lauriers, de sanglants ébats.

Tant qu'un souffle divin animera les mondes,
Harmonieusement, dans leurs routes profondes;
Tant qu'aux Cieux, brillera notre pâle univers,
Tu vivras, noble France! et jamais en partage
  Des vampires comme à Carthage!
Ne suceront ton sang; car, des yeux sont ouverts
Sur ton cœur; ce grand phare où les peuples se mirent,
  Où les esclaves admirent
  Des mots qui n'ont pas découverts!

IV

Peut-on chasser du monde? et rayer de la terre?
Un pays plein de vie? ô rayonnant cratère!
Qui lance au loin, propage et vomit dans les airs :
Progrès et Liberté! Tyr, Byzance, Sodome,
  Gomorrhe, sous l'éclatant dôme

On vous a vus flétrir, et, d'immenses déserts
Sur vos rayons de gloire ont répandu leurs sables,
    La France à vos noms méprisables
    Ne joindra le sien plein d'éclairs.

Quels que soient les partis hideux qui la convoitent!
Les fils dénaturés qui, sans pudeur, l'exploitent!
Quels que soient ces Néron dont les sanglantes mains
Veulent la déchirer — tyrans, lâches et traîtres
    Non, elle ne veut plus de maîtres!
Assez! Elle connaît l'histoire des Romains;
Assez! vous dit sa voix! « J'ai le peuple pour trône,
    » Et son immortelle couronne
    » Brisera les sceptres Germains!

v

» Car, ce peuple! je l'aime; avec ses mains calleuses,
» Il porte l'avenir; les nations orgueilleuses,
» Dans leur chute verront : son triomphe béni!
» Les despotes iront dans d'ignobles méandres,
    » Grossir avec les tas de cendres
» Les horreurs de leurs nuits pleines de l'infini!
» Le juste sans mépris, sans vengeance, sans haine,
    » Loin de la fatale Géhenne!
    » Devant Dieu ne sera banni!

Tombe, intérêt sordide! exécrable égoïsme!
Toi qui soutint l'empire en glaçant l'héroïsme,
Les hauts faits, le devoir; toi qui soutint vingt ans :
Le parjure et le crime, ô tombe plaie immonde!
    Et, la France, sur le vieux monde,

Sèmera ses vertus qui brillèrent longtemps.
Devant elles, l'Europe asservie et caduque,
    Repoussera son vil ennuque :
    L'esclavage aux doigts irritants !

Ernest Hupin.

A MA MÈRE POUR LE JOUR DE SA FÊTE

I

Pour celui dont la main l'arrose
L'arbre garde son premier fruit,
Le rosier sa première rose,
Le lis le parfum qu'il produit.
A qui lui tend sa graine amère
L'oiseau donne son premier chant,
Moi que faut-il te donner, mère,
Moi ton amour, moi ton enfant ?

Mère ! je t'offre la prière
Que j'adresse à Dieu chaque jour,
Pour qu'il te laisse avec mon père
Un temps bien long à mon amour.
Pour te montrer combien je t'aime
Je suis allé partout quérir
Des fleurs au poétique emblème,
Mais toutes pouvant se flétrir.
Dans l'humble jardin de mon âme
J'ai choisi les plus belles fleurs,
Le pur respect, l'amour de flamme,
L'amour qui parfume les cœurs ;

Et surtout la reconnaissance,
C'est le bouquet qu'avec bonheur
Je t'offre en cette circonstance,
Avec l'hommage de mon cœur.

II

A MA MÈRE : ADIEU

Mère, toi qui m'aimas bien avant ma naissance,
Qui m'as nourri de lait, qui m'a nourri d'amour,
Qui pressas si souvent sur ton cœur mon enfance
Veillant sur moi la nuit, veillant sur moi le jour.

Depuis bientôt deux mois, d'une rive étrangère,
Comme un oiseau qui vient se réchauffer au nid,
Ton fils est revenu sur ton sein, bonne mère,
Réchauffer sa pauvre âme à ton foyer béni.

Et voilà qu'il s'en va déjà loin de ton aile
Où l'appelle une voix qui parle dans son cœur ;
Comme il laisse à regret la maison paternelle !
Mais tu dis : le devoir passe avant le bonheur !

Il s'en va donc au loin. Mais avant, tendre mère,
Il veut te dire encore une dernière fois
Qu'il t'aime et que son cœur a plus d'une prière
Qu'il fait à Dieu souvent pour son père et pour toi.

Bénissez-le tous deux, d'une main paternelle,
Cela porte bonheur, cela sert de soutien ;
O bonne mère, et puis si ma vertu chancelle
Ton souvenir sera mon bon ange gardien !

A. G.

LA BOUSCARLO D'OOU ROUCAS

Toun cant meloudious, que charmo la countrado,
Semblo dire eis passants : arresta-vous un poou !
Salude lou printem d'uno amplo serenado ;
De l'hiver maou gracieou pouden pourta lou doou.
La lumiero d'oou Ciel escarcayo sa flammo ;
Mourtels, oouvrès leis yeus : la verita parei !
Din des bous sentimens foou retrempa soun amo :
Errour et prejuja, tout aco se fai viei !

    Ma pichoto bouscarlo,
    Quand vene per eici,
    Toun ramage mé parlo.
    Bravo ! merci, merci !

Vai moun bel oousseloun, lou tem predit s'avanço :
Lou lume doou prougrès derouto leis cagots.
Lou cris de Liberta quei poussa per la Franço,
Joyous, ei repeta per des lointens échos.
Lou règne chassepot sarra pas de durado ;
La charruio a d'attrets per leis amis doou ben ;
La gloiro deis tyrans nei qu'un brin de fumado...
Plaço oou Dieou de la pas, la guerro a fa soun tem !

    Ma pichoto, etc...

Jour de fraternita, l'humanita t'espero !
A ginoun, bras oouverts, de degnen lou passa,
Foou que din l'univers, sous la mêmo banniero,
Un frère trove un frère, ooujourd'hui, dispersa.
Harmouniens, debout ! vite, lancen la boumbo !
Foou touteis travaya per lou bonhur reel :
Lou maou, de chuto en chuto, annara din la toumbo,
Lou mounde esmerveya benira l'Éternel.

> Ma pichoto bouscarlo,
> Quand vene per eici,
> Toun ramage me parlo.
> Adieou! merci, merci!

THÉODORE SEYSSAUD.

A Mlle N. B.

Nelcy, quand le plaisir appelle tes vingt ans
Et de songes dorés vient bercer ta jeune âme,
Quand la valse lascive, aux propos enivrants
Devant tes yeux cascade en tourbillons de flamme;

Quand tout dort sous les Cieux, et que le souvenir
De son aile d'azur, effleurant ta pensée,
Dans le passé déjà, te montre l'avenir
Sous une ombre riante et bientôt effacée;

N'as-tu point vu, dis-moi, se dresser dans la nuit
Une ombre plus sévère, une forme plus mâle,
Dont l'œil cherche en tremblant ton regard qui la fuit
Et qui sur ton chevet incline son front pâle?

Cette ombre, le sais-tu, c'est le spectre affamé
D'un homme qui partout dans sa morne folie
Te suit ainsi qu'un chien à tes pas attaché;
D'un cœur qui pour tout bien, n'a plus dans cette vie,

Qu'un sourire tombé, qu'un regard de tes yeux!
As-tu donc oublié que la beauté n'est belle,
Que pour rendre en amour les dons reçus des Cieux?
Alors, pourquoi Nelcy se montrer si cruelle?

. . . .

Mais que dis-je? oh, pardon! c'est un rêve, insensé;
C'est une vision de mon esprit lassé;
C'est un rêve... et pourtant j'ai cru, dans mon délire,
Que sous mes doigts tremblants s'allait briser ma lyre.

Henri Siéger.

Suisse.

LA VOIX DES FLOTS

Les flots envahisseurs dévastent nos rivages;
Ils hurlent menaçants, et dans leurs sourdes rages
Ils viennent nous montrer les débris de leurs mors.
Ils sont libres. Les rois qui bâillonnent les hommes
N'ont point pu maîtriser, eux, les divins atomes,
Ces flots dont le courroux engloutit nos trésors!...

Ils gémissent géants!... ils s'enflent de colère.
Ils roulent, vagabonds que la fureur altère,
Comme un nouveau Caïn poursuivi de remords...
Ces flots d'une justice à la voix imposante,
Laissent tomber ces mots dominant la tourmente :
« O rois! qu'avez-vous fait pour dompter nos efforts?

» Vous avez élevé des remparts. La mitraille
» A, par vos tendres soins, fauché comme la paille
  » Le peuple qui vous est soumis.
» L'homme, Jésus l'a dit, l'homme doit être frère :
» Vous l'avez éloigné par les lois de la guerre,
» Et d'amis qu'ils étaient ils sont tous ennemis !

» Vous n'avez pas ce droit, usurpateurs féroces,
» Mirmidons dont l'astuce étreignit ces colosses :
  » Ces peuples au bras tout-puissant !
» Parce que votre souffle est impur, plaie immonde,
» Car voilà six mille ans que vous tenez le monde,
» Et que vous vous vautrez dans son généreux sang.

» Qu'il vaut mieux, par des lois, rendre un peuple féroce ;
» Le pousser, ricanant, dans le gouffre, ô colosse !
  » Honnête, le rendre bourreau.
» Messires, vos grandeurs ne sont que passagères.
» A bas les rois vautours ! les peuples sont tous frères :
» La vengeance est à vous ; pour eux c'est un vain mot !...

» Et qu'avez-vous donc fait pour mériter le trône ?
» Êtes-vous parvenus à détruire l'aumône ?
  » Non ! vous avez forgé des fers...
» Vous avez élevé des arsenaux sans nombre :
» Barrière du progrès, Tuba, fantôme sombre,
» Dont l'immense branchage étouffe l'univers.

» Vous avez endigué d'un peuple les semences,
» Et vous n'avez point pu, par vos folles dépenses,
  » Messires, lutter contre nous ;
» Occuper vos sujets que ronge la misère
» Pour brider d'un torrent la fougueuse colère,
» Et depuis six mille ans les peuples sont à vous !...

» Au fait nous n'allons point troubler votre insolence,
» Vivez en paix, repus, au loin de la souffrance;
    » Allons, élevez des babels!...
» Buvez à pleine coupe et la honte et l'ivresse,
» Agitez les grelots, vivez dans l'allégresse,
» Le temps fuit. — C'est assez : — Vous êtes immortels!... »

MATTET PIERRE.

Bouches-du-Rhône.

L'AIGLE ET LE HIBOU
FABLE

A M. AMÉDÉE MARTIN, NOTAIRE

Un jour, l'aigle, à bon droit si fier,
Se vit, malgré son grand courage,
Contraint de céder à l'orage
L'espace qu'il tenait dans l'air.
Alors, vers les débris d'une vieille masure,
Il dirige son vol à complète envergure :
Et là, dans cet abri, repaire des hiboux,
S'assoupit en rêvant au céleste courroux.
Des hiboux, ce jour-là, le conseil politique
Tendait à réformer tout pouvoir despotique.
Un vrai jurisconsulte, un hibou des plus vieux,
Ex-abrupto, prouva qu'il était odieux
De gémir sous des rois cruels et sanguinaires :
« Abrogeons, disait-il, leurs arrêts arbitraires,
» Et surtout insérons dans la présente loi
» Que l'aigle du hibou ne sera plus le roi! »
L'aigle, au bruit des bravos de la thèse applaudie,
    Soudain sort de sa léthargie,

Et s'approche du parlement.
L'assemblée aussitôt déloge avec prudence.
Seul notre orateur reste, et, plein de confiance,
Reprend, sans s'émouvoir, le sublime argument.
  L'aigle d'une voix douce et tendre.
  « A tes arrêts l'on peut se rendre
» Lui dit-il; novateur, héros de bonne foi,
» Résume ton discours sur la nouvelle loi!... »
— « A jamais protectrice, à jamais fraternelle,
» Repartit le hibou, tout enflammé de zèle,
» Elle est le vrai devoir, le progrès, l'avenir
» Et de la Liberté nous laisse tous jouir!
» Vive la Liberté, soutien du droit unique!
» L'unique droit nous rend, à nous bons citoyens,
» Des droits qu'à nos aïeux usurpèrent les tiers. »
— « Bien, bien, très bien, dit l'aigle, il n'est pas de réplique :
  » Je renonce à la royauté;
  » Aux tiens, je rends l'indépendance,
  » Mais, sans blesser ma conscience,
  » Je garde aussi ma Liberté. »
— « Vive la Liberté, la loi de la nature! »
— « La nature, vilain, t'a fait pour ma pâture! »
Et sous sa serre, hélas! le pauvret tout sanglant,
En vain, demande grâce à l'aigle fier géant!
En vain, de ses hauts cris, tous les siens il implore,
Il meurt sans nul secours! O vous, vous que j'honore,
Peuples trop confiants : Pour triompher des rois,
Comptez sur l'union et non pas sur le droit!!!

V.-V. Durand.

Ardèche.

PATRE ET POÈTE

HARMONIE

Ex-parvo pastore pœta clarus forsan.

De nos pâtres je suis le pâtre ;
On me l'a dit, on me le dit.
Le soir, quand on parle, sous l'âtre,
De l'oiseau grand, du loup maudit.
Je suis pâtre guettant l'aurore
A son réveil, à son départ ;
Le pâtre au front que Dieu colore
Dans quelque vieux temple à l'écart.

Pâtre, vois-tu ? je suis des cités le poète.
Mon regard semble dire à la foule inquiète :
Agitez-vous, agitez-vous.
Dans les livres je puise et les vers et les rimes
Et les plus doux pensers et les échos sublimes
Des chants des peuples en courroux.

Poète ! me dis-tu : poète !
Je ne connais pas ce doux nom.
Vois cette pauvre enfant muette,
Découvre son émotion.
Poète si tu peux devine
Ce que veulent dire ses yeux,
Son regard, sa bouche divine ?
Sans mon secours tu ne le peux.

Aux vieillards, aux enfants je porte mes pensées,
Verse un baume onctueux, aux âmes délaissées.

Je vais droit aux cœurs endurcis.
Je console parfois la vierge en sa mansarde,
Le malheureux qui, seul, tend quand je le regarde,
De longs doigts par les feux noircis.

Quand je vois les feuilles rougies
Des vieux chênes, des aliziers,
Je songe aux sanglantes orgies,
Je songe aux effrayants brasiers.
Seul, je maudis la grande dame
Qui suit la meute dans les bois,
Quand du cor le son rauque acclame
Le cerf à la pleureuse voix !

Quand la nuit je contemple, au milieu des fournaises,
Ces bras tout ruisselants, ôtant la soif des braises,
Au rhythme d'effrayants marteaux ;
Quand du bruit de grands bruits, éléments en furie,
S'échappe un gai refrain qui de cet enfer rie,
Je dis : quels bras dans ces tombeaux !

Surpris par la nuit, par l'orage
Dans quelques verdoyants halliers,
D'où parfois vient un cri sauvage,
Un bruit redouté des sorciers,
L'astre qui rampe est mon étoile ;
Souvent, aux yeux de mon troupeau,
Une lumière se dévoile
Sur les cendres d'un pauvre agneau.

Je contemple les monts de granitique roche,
Géants dont le haut front du royal astre est proche,

LA JUSTICE

        Riant à leur approche.
Là-haut d'une hirondelle et de son nouveau-né,
J'aime à trouver le nid, au nid par Dieu donné,
        Par l'aigle abandonné !

    Je suis le rêveur solitaire
    Qui prie ainsi qu'à son réveil,
    Au fond du bois que l'aube éclaire,
    L'oiseau dans son hymne au soleil.
    Je suis joyeux quand je contemple
    Mon ombre suivant le ruisseau,
    Qui me fait boire en sa coupe ample
    Coudoyant l'oiseau, le troupeau.

J'aime le cœur heureux qui riant de la mort,
Court au frère éperdu puis le ramène au port ;
        Puis met sa lèvre sur sa joue.
Je n'aime pas le sot que révèle l'orgueil,
Sa dédaigneuse main a le teint du cercueil ;
        Son cœur est fait d'horrible boue !

    Des fleurs je préfère les bleues,
    Celles qu'abrite l'églantier,
    Des savants font de grandes lieues
    Pour elles, par ce creux sentier.
    De mon foyer à la campagne
    Seul je fais mes douces chansons.
    L'écho du bois, de la montagne
    M'y font unir leurs plus beaux sons !

J'aime le pieux riche au regard plein de feux
Qui dit à son enfant, donne, fais des heureux,

Qui lui tressent une couronne
De ses cheveux blanchis; le riche qui tout bas
Dit au peuple, venez dans mes bois de lilas,
L'ombre des fleurs je vous la donne.

Je fais les hautbois, les musettes,
Flûtes, pipeaux à douze trous.
Tiens donne ces grands aux poètes,
Garde pour toi ce bon vieux roux.
De tous mes amis des bocages
Sans peine j'imite les chants.
Je guide les amoureux sages,
Chassant les trompeurs, les méchants.

La musique sacrée, au rhythme doux et lent
Que le pauvre du moins, peut ouïr en tremblant
Est la puissance qui me berce.
L'orgue aux sons plus qu'humains monte mes plus purs chants
Au Ciel, près de nos saints, en mélanges touchants
Que dans l'urne divine il verse.

Un matin des oiseaux en troupe
Chantaient proche de ce houx vert.
Ma voix accompagnait ce groupe.
Dieu dirigeait, là, ce concert!
On acclamait un hôte étrange
D'un brillant plumage vêtu,
Venu chercher quelque louange.
Poëte, dis, me comprends-tu?

A.-S. RAYMOND.

Cher.

LA FRANCE ET L'EMPIRE D'ALLEMAGNE
DEVANT LES LOIS ÉTERNELLES DE DIEU

A M. THIERS, PRÉSIDENT DE LA RÉPUBLIQUE FRANÇAISE

> Crois-moi bien, Guillaume, c'est un prêt que nous te faisons. Cet or nous perdait ; purifié par les institutions viriles de la République, tu nous le rendras pour fonder d'une manière durable la solidarité des peuples.

En vérité, en vérité, l'homme aura-t-il donc éternellement des yeux pour ne pas voir, des oreilles pour ne point entendre, une langue pour ne point s'en servir, un cœur pour ne point aimer, et une âme pour ne point croire aux lois qui régissent l'univers. Quoi, tout s'écroule! les mondes passent, les mers se dessèchent, les montagnes se nivellent, les volcans s'éteignent, et nous voudrions que la France toujours virile, la taille ceinte de son écharpe et la framée au poing, continuât de crier aux peuples : Liberté, Égalité, Fraternité.

Liberté! quand elle avait vendue la sienne à un Corse! Égalité! quand toutes ses lois étaient foulées aux pieds. Fraternité! quand ses propres enfants s'entr'égorgeaient sans cesse. Mais la France ne suit donc pas les lois universelles! La France ne s'use donc pas comme tout ce qui a vie! La France la virile, la France la géante, la France la sublime, mais elle a atteint l'âge de la décadence. Pour régénérer cette maîtresse des nations, il lui faudrait une sève nouvelle; et où la prendre, à cette heure; où la prendre? quand durant vingt années des milliers de serres, de tenailles, de griffes, l'ont déchirée, déchiquetée, broyée. Quand des pieuvres à tentacules princières et impériales ont puisé toute sa vitalité, lui ont pris la moëlle de ses os, le sang de ses veines, les pensées de son cerveau, la chaleur de ses entrailles, toute sa vie, en un mot, pour satisfaire des passions insensées, des passions ignobles, et pour lui donner à la place un bien-être momentané, un repos hélas!... qui devait la conduire au tombeau.

O peuple, tu auras donc toujours des yeux pour ne pas voir! Durant vingt ans tu n'as pas vu le ver rongeur qui minait ta Patrie; sous cette enveloppe factice tu n'as pas senti que tout s'ébranlait autour de toi; tu n'as pas senti que les premières bases qui font la grandeur des nations s'en allaient par lambeaux; tu n'as pas vu que la famille n'était plus qu'un vain mot; tu n'as pas vu que la Liberté n'était plus qu'un mythe, que la Fraternité s'enseignait par le plomb des fusils, que l'Égalité se trouvait seulement dans la mort. O peuple, tu as été bien coupable, et tu l'as chèrement payé! Mais cette leçon te profitera-t-elle? j'en doute! car il t'en faut de plus terribles pour redonner à la France son prestige d'autrefois. Après la rançon du sang, la rançon de l'or; après l'or et l'argent, la haine! après la haine, le courage! après le courage, la rage du désespoir! après la rage du désespoir qui enfante les héros, qui électrise les cœurs, qui fait de chaque homme un soldat, qui fait de la femme et des enfants des combattants prêts à sacrifier leur vie pour la Patrie, la victoire! terrible, froide et altière. La victoire réclamant cinq milliards d'une main et une poignée de chaire, l'Alsace et la Lorraine de l'autre. La victoire, sombre, sous ses haillons tricolores demandant vengeance pour les forfaits de Bazeilles, de Châteaudun et de Paris. La victoire implacable accompagnée de la justice, sa balance à la main, pesant et condamnant.

Mais avant que cette victoire arrive, avant que son heure ne sonne au cadran des siècles, pauvre France! Que d'amertumes, d'angoisses et de tristesses ne sentiras-tu pas en ton sein? Comme ils te feront petite ces haineux Teutons, comme ils t'accableront! Il le faut! car c'est de tes souffrances que naîtra le patriotisme de tes enfants, c'est de tes plaies béantes que leur viendra le salut, c'est de cet or, immense lèpre, qui leur donnait toutes les jouissances matérielles et que tu as rendue à ton vainqueur pour les lui faire connaître à son tour, que naîtra ta virilité, virilité de fer et d'acier, virilité de la victoire.

Oui, oh! peuple de France, tu as toujours eu des yeux pour ne pas voir à tes affaires, des oreilles pour ne point entendre les avertissements de la raison, une langue pour ne t'en servir que contre toi, un cœur pour n'aimer que ce qui venait du dehors, et une âme pour ne croire qu'aux chimères de la royauté et de la papauté.

Tu n'as pas vu, tu n'as pas su, et tu n'as pas pu à temps. Je vais te dire le pourquoi : Un peuple qui prend un maître prend ses défauts. Si ce maître est égoïste, si ce maître est ambitieux, si ce maître aime l'or, si ce maître est lâche et cynique, la Patrie qu'habite ce peuple devient peu à peu égoïste, ambitieuse, aimant l'or, lâche et insensée. Du plus grand au plus petit, par l'exemple, les paroles, les écrits, le peuple devient ce qu'est le maître, un reflet de sa personnalité.

Or l'or n'a jamais produit que l'avarice ou la prodigalité, la luxure, l'égoïsme et les crimes de toutes sortes, depuis les plus ignobles scandales, jusqu'aux cataclismes qui font disparaître une nation de la surface du globe. Ceci admis : La France pouvait-elle avec un régime de vingt années passées dans l'adoration du veau d'or, avec un régime de désorganisation morale, avec des institutions travesties qui repoussaient systématiquement tout ce qui était noble et grand, vertueux et sain pour plaire au maître. La France, dis-je, pouvait-elle arriver à autre chose qu'à un effrondrement complet? Non! c'était inévitable; un peu plus tôt, un peu plus tard, elle devait, minée comme elle l'était, s'abîmer au premier choc qu'elle subirait, et bien heureux que ce n'ait pas eu lieu plus tard, car elle aurait pu être engloutie à tout jamais. Mais il est une loi terrible, une loi divine, qui veut que de l'excès du mal surgissent les grandes résolutions, les grandes vertus, les grands génies, les grands capitaines. Il est une loi qui veut que ce que l'on sème, on le récolte ; une loi qui veut que d'institutions viriles, libres, patriotiques, naissent des citoyens virils, libres, patriotes. Nous avons la République ! Vive la République ! C'est le premier degré que nous avons franchi dans le sillon de la régénération. Nous avons cinq milliards de moins. Tant mieux ! C'est pour cinq milliards d'égoïsme, de luxure, de vanité, de bien-être que nous avons en moins ; mais aussi c'est pour cinq milliards de patriotisme que nous avons ou que nous aurons en plus. Second degré de l'immense sillon qui nous trace le chemin de la victoire.

Nous avons en moins l'Alsace et la Lorraine. Tant pis ! Nous les reprendrons un jour soit par la Fraternité d'une partie de la France, pour la France sa mère de prédilection, soit par la victoire du fer sur l'or.

Nous avons perdu l'élite de notre jeunesse ! Salut à ces martyrs qui ont su faire leur devoir et prouver encore que dans le sang d'un petit crevé, il y avait le sang gaulois de nos pères. Mais de ce sang il renaîtra d'autres héros plus virils et plus forts, des lions qui terrasseront l'aigle noir des Teutons, et qui nous mèneront, avec la *Marseillaise* sur les lèvres et le patriotisme au cœur, à Berlin, cette capitale que nous aurons rendue « nouvelle capoue » apte à gangréner le reste du grand empire Allemand. C'est encore là une loi divine qui veut toujours qu'où la justice et la bonne foi ont été bannies, la victoire de l'un serve à sa propre ruine, et les revers de l'autre à sa régénération.

Ralud-Martynic.

A M. DE FOY

S'il est une tâche ingrate et noble à la fois, c'est celle de l'homme qui, s'élevant au-dessus des préjugés, consacre sa vie à faire prévaloir une idée.

Ainsi, durant 40 ans, monsieur de Foy, que tout Paris connaît, a su d'un point à l'autre de la France unir des cœurs et rendre heureux des gens qui semblaient devoir ne jamais se connaître. Avec un tact parfait, avec une aménité qui ne s'est jamais démentie, il a toujours su trouver le moyen d'assortir deux caractères, deux positions sociales, deux difficultés qui ne demandaient que sa vieille expérience pour s'aplanir. Aussi, est-ce avec reconnaissance que je remplis ma tâche vis-à-vis de lui, vis-à-vis de cet homme utile en venant lui dire : Continuez votre œuvre. Continuez à moraliser par le mariage, cette sainte institution, la société entière. Enseignez que le bonheur est dans la famille, dans la famille consacrée légalement et selon les lois admises par nos mœurs. Enseignez qu'en dehors de cela il n'y a que turpitudes et déceptions; que le célibataire est un être égoïste qui porte préjudice à la Patrie et au foyer. Apprenez aux mères que les plus beaux joyaux dont elles peuvent se parer sont ces petits chérubins, ces gages de leur amour et de leur tendresse. Montrez-leur le vide d'une existence sans héritiers, et par cela même sans but. Montrez-leur la joie et le bonheur de la jeune mère allaitant son enfant, de l'époux se voyant père et continuez à unir comme par le passé ces cœurs, qui ne demandent qu'à se connaître, pour goûter ensemble les douces félicités du mariage.

RALUD-MARTYNIC.

LA JUSTICE

Quand verrons-nous le jour, où la justice humaine,
Châtiera Guillaume et Bismark et Bazaine,
Sans oublier non plus notre lâche empereur,
Qui de leurs sots projets fut le conspirateur.

France, rappelle-toi du passé de ces hommes,
Et vois la position dans laquelle nous sommes ;
Garde pour te défendre honneur et sentiment
En attendant pour eux l'heure du châtiment.

Regarde vers le Ciel, tu verras la tribune
Du juge souverain qui bénit l'infortune,
Tu verras près de lui, les tables de la loi,
Qui sont pour l'univers le symbole de foi.
Nous y voyons écrit ce grand mot : l'Espérance,
Le seul qui puisse un jour régénérer la France !

Peuples découvrez-vous, car voici le moment
Où Dieu va prononcer le dernier jugement ;
Entrez dans le lieu saint aux aspects funéraires,
Où reposent en paix les cendres de nos pères.
Silence, écoutez tous la voix du Créateur
Qui s'adresse à Guillaume indigne serviteur...

Guillaume, lève-toi, contemple la poussière
De ces millions de morts couverts de leur suaire ;
Courbe ton front maudit et tremble devant moi,
Toi qui fus assassin et qui te croyais roi ;
Saches donc que de roi il n'en n'est qu'un au monde,
C'est celui qui t'a fait exhumer de la tombe.

Bismark, éveille-toi, et regarde tes mains
Qui sont pleines de sang et de débris humains.
Infâme, qui semas le deuil et la carnage,
Dans le sein de la France où tu pris pour partage
Le violement des lois, l'assassinat, le vol,
Sans craindre de souiller la pureté du sol.

Bazaine, allons debout. La France et le Mexique
Ont remis dans mes mains leur vengeance publique
Pour châtier celui qui porte l'ambition,
Et sur le front, de Metz la capitulation !

A toi Napoléon, j'adresse la parole,
Au lâche de Sédan qui fit rougir Arcole ;
Jette le voile enfin de ta sotte opinion,
Et dis publiquement : J'ai vendu la nation !

Vous croyez, à l'abri de mon doux caractère,
Pouvoir impunément défier ma colère ?
Espérant qu'à vos cœurs noirs comme le charbon
La justice divine accorde son pardon ?
Détrompez-vous fripons, sachez que ma vengeance
Retombe justement sur celui qui m'offense.
Après avoir été maudits par les humains,
Traîtres je vous maudis de mes divines mains !

ANDRÉ PAUL.

Bouches-du-Rhône.

A LA FRATERNITÉ

REFRAIN

France chérie,
Pauvre Patrie,
Toi qui languis pour notre Liberté,
Mets ton espoir en la fraternité.

Non, citoyens, point de bonheur sans elle ;
Fasse le Ciel, que chacun sente au cœur,
Son feu sacré dont la vive étincelle
Doit nous donner la concorde et l'honneur.

Serrons nos rangs, riches et prolétaires,
Si la discorde armait des factieux ;
Chassons bien loin ces impures vipères
Dont le venin serait contagieux.

Vois nos malheurs, Vierge patriotique,
Jette sur nous ton lien fraternel.
En vrais amis de notre République,
Nous te jurons un amour éternel !
France chérie,
Pauvre Patrie,
Toi qui languis pour notre Liberté,
Mets ton espoir en la fraternité.

Guilhaumou Javelle.

GUERRE A L'IGNORANCE

Air : *Quand on a pas le sou.*

I

Si nous voulons un jour voir fleurir notre France,
Soyons de vrais Français, combattons l'ignorance ;
Esclaves, il est temps de rompre vos liens,
Ne portez plus le joug, vous êtes citoyens.
Si vous n'êtes pas nés sous une heureuse étoile
Faut-il encore hélas! couvrir vos yeux d'un voile ;
Sachez briser les fers qui vous font ignorants,
Gardez la République et chassez les tyrans.

II

Il est temps que du Ciel un rayon de lumière
Puisse enfin pénétrer au fond de la chaumière ;
O brave travailleur dépose ton fardeau,
Aperçois la lumière au travers d'un bandeau ;
Mais qu'on brise ce masque au progrès si contraire,
A l'ignorance il faut que l'on fasse la guerre,
Pour cela que faut-il? Instruire nos enfants,
Garder la République et chasser les tyrans.

III

Voyant des orgueilleux chercher à vous détruire,
Courageux campagnards songez à vous instruire ;
Connaissez vos vertus, connaissez vos défauts,
Et sachez discerner le vrai d'avec le faux.
Puisque l'instruction peut venir à votre aide
Sachez en profiter, c'est un puissant remède.
Allons! sous sa bannière accourez paysans,
Aimez la République et chassez les tyrans.

IV

La source de nos maux vient de notre égoïsme,
Car où l'orgueil domine il n'est plus d'héroïsme;
C'est avec de grands mots que l'on sut nous jouer,
Nous le reconnaissons, nous devons l'avouer.
Si la science vient s'unir à l'industrie,
Nous te relèverons France, chère Patrie;
Tes enfants sont petits, bientôt ils seront grands,
Lève-toi République et chasse les tyrans.

Jean Grolleau.

LE VIEILLARD ET LA MORT

FABLE

Un vieillard presque aveugle allait dans un chemin,
Un fagot sur l'épaule, un bâton dans la main;
La sueur de son front inondait son visage;
Son fardeau trop pesant le rendait tout en nage.
Accablé de fatigue, il s'arrête soudain;
A terre comme il peut son fagot il dépose,
Et s'appuyant dessus le vieillard se repose.

« Me voilà, disait-il, en cet âge avancé.
» Quoi? malgré mon travail je n'ai rien amassé!
» A toutes les rigueurs ma détresse m'expose.
» Combien de fois hélas! malgré le froid, la faim,
» Dans mon pauvre logis je n'ai ni feu ni pain.
» Oui j'ai dans le travail passé mon existence,
» Sans m'être reposé depuis ma tendre enfance;

» Et maintenant il faut que je tende la main,
» Je ne vois presque plus, à peine puis-je entendre,
» O mort ! viens donc à moi, ne me fais plus attendre,
» Tu rends toujours service en prenant un vieillard ;
» Hâte-toi de me prendre, il est déjà bien tard. »

En ce moment la mort paraît et lui demande :
« Eh bien ! que me veux-tu ? Je suis prête. Commande. »
Mais le vieillard surpris, d'avis change aussitôt :
« Aide-moi, lui dit-il, à charger ce fagot. »

MORALE

Ainsi beaucoup de gens demandent ce qu'ils craignent,
Le voient-ils arriver aussitôt ils s'en plaignent.

Jean Grolleau.

LA LIBERTÉ

J'aime la Liberté, son nom seul m'électrise ;
Toujours de ses attraits mon âme fut éprise,
    Je veux le proclamer bien haut.
Les actes qu'elle inspire ennoblissent la vie ;
De ses adorateurs qui ne lui sacrifie
    Tout, jusqu'à son sang, s'il le faut ?

L'homme est grand s'il est libre et vil s'il est esclave.
Liberté ! tu souris au généreux, au brave,
    Leur montrant un but glorieux.
Le peuple qui t'invoque on le voit, magnanime,
S'exercer aux vertus, au dévouement sublime
    Qu'admirent la terre et les Cieux !

Les martyrs ont par toi, superbes de courage,
Fait pâlir leurs bourreaux, triomphé de leur rage;
    Mourants, ils ont vaincu la mort.
Dans ses hardis élans tu soutiens le génie;
Ta voix, pour nous charmer, est pleine d'harmonie,
    Et jette en un divin transport.

L'héroïque Pologne et la fidèle Irlande
Savent, ô Liberté! combien la gloire est grande
    Quand ton règne auguste fleurit.
Rien dans leur noble cœur n'a tué l'espérance,
Qu'un jour on les verra, déployant leur vaillance,
    Briser le joug qui les meurtrit.

Nous qui pleurons le sort des deux belles provinces
Qu'il a fallu, dit-on, livrer aux plus vils princes,
    Nous t'invoquons, ô Liberté!
Viens pousser parmi nous un long cri de vengeance;
Qu'en voyant accourir les soldats de la France,
    L'allemand fuie épouvanté!

L'ABBÉ PEYRET.

ATTACHEMENT DES ALSACIENS ET DES LORRAINS
A LA FRANCE

I

Maudit soit le nom d'allemand!...
Guillaume, roi, fut sanguinaire;
Empereur, c'est un vil brigand;
La France est notre bonne mère.

II

Nous Français-Lorrains, Alsaciens,
On nous vit bravement combattre ;
Sans honneur, germains et prussiens
Savaient contre un se mettre quatre.

III

Grands voleurs, ils ont ravagé,
En les pillant, nos deux provinces ;
Un gros butin s'est partagé
Entre les soldats et les princes.

IV

Qu'ils tremblent ces envahisseurs
D'un pays si cher à la France !
Il va, contre nos oppresseurs,
Briller le jour de la vengeance !...

V

Oh ! comme ils fuiront éperdus,
Ces Allemands pleins d'infamie
Qui, gorgés de sang et d'écus,
Ont désolé notre Patrie !

VI

Que de pleurs, et quel désespoir !
De leurs cruautés, de leurs crimes
L'Europe entière pourra voir
Ces bourreaux devenus victimes !

VII

Maudit soit le nom d'allemand !
Guillaume, roi, fut sanguinaire,
Empereur c'est un vil brigand ;
La France est notre bonne mère.

L'ABBÉ PEYRET.

Hérault.

A BISMARK, A GUILLAUME

Les Alsaciens-Lorrains fuyant le sol natal,
Impriment à vos noms un stigmate fatal.

Plutôt que de courber sous l'atroce esclavage
Des insolents vainqueurs de leur noble pays
Leurs fronts ensanglantés par la guerre sauvage
Que leur ont fait subir d'infâmes ennemis,
Les Alsaciens-Lorrains, l'âme toute meurtrie,
Emportent en fuyant leurs plus sacrés trésors,
Et viennent confier à la Mère-Patrie !
Leurs femmes, leurs enfants, et leurs vieux parents morts !

En laissant derrière eux tout ce qui les vit naître
Ces sombres déserteurs de vos honteux succès
Préfèrent tous garder la Liberté pour maître ;
Et, surtout, conserver le titre de Français !...
De leur sanglant soufflet, ô Bismark, ô Guillaume !
Sentez le feu brûlant dans le fond de vos cœurs,
En attendant le jour où dans votre royaume
Vous tremblerez d'effroi devant leurs fronts vainqueurs.

Noble Alsace! Lorraine! ô provinces stoïques,
Espérez, espérez dans vos nobles enfants.
Ils reviendront bientôt en soldats héroïques
Vous arracher des bras de vos lâches tyrans,
Car pour grandir en eux la soif de la vengeance
En attendant le jour qu'ils vous seront rendus,
Ils ont pour aiguiser leur cruelle souffrance
Le souvenir amer de leurs pays vendus.

AMAND NEPVEU.

A Mlle MARIE G...

Vingt ans sonnaient pour moi l'aurore de la vie!
J'étais insouciant; et mon âme ravie,
Riante à l'espérance, ouverte à l'avenir,
Célébrait ces instants où le bruyant plaisir
A nos yeux éblouis n'étalant que ses charmes
N'appelle pas encore l'amertume et les larmes!
Pourquoi tant de bonheur, pourquoi tant de gaîté
Ont-ils fui dans un jour? — Par le vent emporté
Pourquoi mon chant joyeux où s'exhalait mon âme
S'est-il évanoui? C'est qu'hélas! une femme,
Une fille au front pur, au regard chaste et doux,
Dont je ne dis jamais le nom qu'à deux genoux,
Sur ma route apparut à mon âme charmée.
Je ne te cherchais pas, ma tendre bien-aimée;
Ma pensée attachée à ton doux souvenir
Te suivit cependant, ardente de désir.

J'aimais ; les doux aveux se pressaient sur ma lèvre !
Toi-même, te livrant à cette douce fièvre
Tu laissais à l'amour tous les droits d'un vainqueur,
En fermant tes beaux yeux, me pressais sur ton cœur.

Oui, mais voici venir sur l'aile du temps, l'heure
Où quelqu'heureux qu'on soit hélas ! il faut qu'on pleure !
Car plus on s'abandonne aux douceurs du sommeil
Et plus est douloureux le moment du réveil !
Notre amour, ô Marie, hélas ! n'était qu'un songe,
Une illusion triste, un froid et vain mensonge.
Pendant qu'au doux repos nous livrions nos sens,
La barque, balancée aux caresses des vents,
Glissant tout doucement, s'éloigna du rivage ;
La vague avec lenteur nous entraînait... ô rage !
Quand nos yeux égarés se rouvrirent au jour,
Que nous pûmes enfin contempler alentour
Cet Océan sans borne et la masse bruyante
Des eaux couvrant les cris que la terreur enfante,
Alors il fallut bien reconnaître, insensés !
Que si bien loin du bord nous étions repoussés,
Bien loin aussi du but entrant dans ce rêve
Nous étions rejetés !... Pleurons, pleurons sans trêve !
Livrons-nous tout entiers au sombre désespoir,
Car notre amour n'était qu'un amour sans espoir.

EUGÈNE CHARLOT.

Seine.

ACROSTICHES NÉCROLOGIQUES
DE

Lamartine n'est plus! Apollon, les neuf sœurs
Du sommet du Parnasse aujourd'hui sont en pleurs,
Mettons-nous tous en deuil, et l'âme désolée
Adressons nos adieux à la muse envolée.
Reçois divin poète, honneur du nom Français,
Ta couronne immortelle au séjour de la paix!
Il n'est plus d'envieux quand un grand homme tombe,
Nous en avons l'espoir en pleurant sur ta tombe,
En ce moment témoin de nos amers regrets!

La mort vient d'enlever notre grand Lamartine!
Adieu! poète adieu! ta parole divine,
Muette désormais ne nous charmera plus!
Adieu jusqu'au revoir au séjour des élus!
Rival par tes beaux vers de nos plus grands génies,
Tes méditations, tes douces harmonies
Illustrent pour toujours ton nom et ton pays;
Nous en avons goûté les beautés infinies
Et nos fils après nous tous en seront ravis.

R. AGNÈS.

Loiret.

MON DISCOURS DE RÉCEPTION
A LA SOCIÉTÉ DES AMIS DES ARTS D'ORLÉANS, LE 13 MAI 1872

Messieurs,

Un aimable voisin que je vois au bureau
De moi veut en ce jour faire un membre nouveau;

N'ont-ils pas dit, dans leur délire :
« Venez, tuons la Liberté ! »
Frémis, saintement révolté,
Brave peuple qu'on veut proscrire.

Au vote, etc.

IV

N'ont-ils pas dit : « Qu'il soit esclave !
» Corruption, cours l'asservir :
» L'or enchaîne jusqu'au plus brave,
» Dans ta main fais-le resplendir. »
Frères, entendez la Patrie
Murmurer les chants du trépas...
Comment ne volerions-nous pas
Au bruit des fers qui l'ont meurtrie ?...

Au vote, etc.

V

En avant ! que la tyrannie,
Pour garder son sceptre d'airain,
Sème l'or et l'ignominie,
On ne corrompt pas le destin !
Le destin, volonté suprême,
Du grand roi de l'éternité,
Contre l'auguste Liberté
Ne lança jamais l'anathème.

Au vote, etc.

VI

Fille du Ciel et du Calvaire,
Son saint règne va s'affermir ;
L'homme à l'homme dira : « Mon frère,
» J'ai vu sourire l'avenir !... »

Dominant la voix des tempêtes,
Un son divin est descendu :
« Le prix du sang n'est point perdu,
» Goûtez le fruit de vos conquêtes! »

Au vote, etc.

VII

« Tu t'abdiquais; par la souffrance
» Il fallut te régénérer.
» Peuple, dans ta carrière immense
» Grandis! je sais rémunérer.
» Grandis toujours! romps les obstacles
» Qu'oppose un système menteur;
» De la Patrie et de l'honneur
» L'amour enfante des miracles!... »

Au vote, etc.

VIII

Ainsi parle la voix divine,
La voix du seul chef souverain :
Il faut que tout pouvoir s'incline
Devant les droits du citoyen.
Formons une noble milice;
Des tyrans bravant le courroux,
Si quelqu'un tombait sous leurs coups,
Jurons tous de faire justice.

Au vote, etc.

LA JUSTICE

Il s'avance à grands pas! ainsi que le tonnerre
Il frappe sans pitié nos frères malheureux;
Il passe et détruit tout, ne laissant sur la terre
Que de sanglants débris tout confondus entr'eux.

Du farouche Germain l'insigne barbarie
En y portant le deuil, ravagea ma Patrie.
Jamais Français peut-il oublier ses forfaits.

O mon Dieu! dans nos cœurs apaisez la colère,
Sur la France étendez votre main tutélaire,
Rendez-lui ses beaux jours dans une longue paix!

LA PAIX

Depuis le jour néfaste où nous t'avons perdue,
De la guerre la France a connu les horreurs;
De barbares du Nord une foule est venue
Sur nous, sur nos foyers déchaîner ses fureurs.

Par toi notre prière est enfin entendue,
Tu n'as pu résister plus longtemps à nos pleurs;
Dans nos champs dévastés te voilà revenue.
Pour apporter un terme à nos affreux malheurs.

Sainte fille du Ciel! notre ange d'espérance,
Viens adoucir les maux de notre pauvre France,
Viens la rendre à la vie en régnant parmi nous.

Sous tes paisibles lois dans nos champs, dans nos villes,
Puissions-nous désormais vivre heureux et tranquilles,
Ne plus avoir enfin de discorde entre nous!

RENÉ AGNÈS.

LA RÉFORME POLITIQUE
1847

I

« Qui ne vote pas est esclave, »
A dit le sublime O'Connel.
En vain le système nous brave,
Il ne peut fuir le coup mortel. (*bis*)
Écoutons sa grave sentence :
— Le droit n'est rien que du métal,
Et le civisme, objet banal,
S'achète à la banque de France.

Au vote, citoyens ! vengez de noirs affronts !
Marchons ; qu'un noble espoir rayonne sur nos fronts !

II

Arrière, fléau de notre âge,
Cette tourbe d'agioteurs
Pour qui le peuple, qu'elle outrage,
Prodigua son sang, ses sueurs ! (*bis*)
Faisant assaut de tyrannie
Avec la doctrine aux abois,
L'agio ne peut à la fois
Servir Mammon et la Patrie.

Au vote, etc.

III

La réforme, en biens si féconde,
Déployant son vaste drapeau,
S'en va faire le tour du monde :
Non, jamais triomphe plus beau !...

LA JUSTICE

Longtemps j'ai résisté, trouvant trop téméraire
De prétendre à l'honneur d'être un sociétaire.
J'hésite même encor, je me lève en tremblant,
Ne distinguant au plus que le noir et le blanc.
Sur les autres couleurs, telle est mon ignorance,
Que d'en pouvoir sortir j'ai perdu l'espérance ;
Justement pénétré de mon infirmité
J'aurais dû sagement me tenir de côté,
Mais puisqu'on m'a poussé dans votre compagnie,
Pour ne point en troubler la parfaite harmonie,
J'en suivrai les travaux avec attention,
Dans l'espoir d'acquérir un peu d'instruction.
En observant de près j'y parviendrai peut-être ?
Chacun de vous, Messieurs, me servira de maître ;
En suivant vos leçons enfin l'esprit comprend,
Sortant de votre école, on est moins ignorant ;
Dernier enfant venu dans la grande famille
A l'œuvre je verrai le président Marcille,
Messieurs Daudier, Danton et Godou mon parrain,
Qui, pour mieux m'enrôler, m'amena par la main.
Si je fais ce discours quand je me devrait taire
La faute en est, Messieurs, à votre secrétaire ;
Lui seul en est la cause, il est l'instigateur
De ces malheureux vers dont je suis l'humble auteur ;
Je l'en rends devant vous garant et responsable,
Car je suis innocent et lui seul est coupable.
Des travers d'un voisin il a trop abusé,
En droit, en équité je dois être excusé ;
Mais pour lui, mais pour moi, montrez de l'indulgence !
Bientôt j'en serai digne au prix de mon silence.
J'adhère à vos statuts, je prends une action,
Si tous vous consentez à mon admission !

Si par un coup du sort, un jeu de la nature,
Je ne me connais point en couleur, en peinture,
D'en juger je n'aurai point la témérité,
Je serai le bourgeois de la société ;
Membre, ignorant des arts les secrets, les mystères,
Je verrai travailler mes habiles confrères.
Tout sera donc profit pour votre serviteur,
En vivant dans vos rangs exempt de tout labeur !
Voici les derniers mots que ma voix articule,
Suis-je inscrit à présent au livre matricule ?
Quel est le numéro, Messieurs, qui parmi vous,
Doit correspondre au nom que je vous livre à tous ?
En mettant sous vos yeux ici ma signature,
Plus lisible à coup sûr que ma pauvre écriture,
Bien digne des huissiers et du grimoire affreux,
Que plaideurs au palais se font passer par eux.
Pardonnez-moi Messieurs cette reminiscence,
Par le mot de la fin j'attends votre sentence !

R. AGNÈS,
Membre d'honneur des Concours poétiques de Bordeaux.

SONNETS

LA GUERRE

Dans nos vers déplorons le fléau de la guerre,
Au monde en est-il un qui soit plus désastreux ?
Dans notre France hélas ! nous l'avons vu naguère
Trop longtemps exercer ses ravages affreux !

IX

Embrasés d'une ardeur nouvelle,
On verra les peuples voisins
Nous tendre une main fraternelle,
Unir aux nôtres leurs destins.
L'auguste Pologne s'agite;
L'Irlande, au courage indompté,
A su que pour la Liberté
Le cœur de tout brave palpite.

Au vote, etc.

X

O France! ô ma belle Patrie!
Dans la fange on veut t'étouffer;
D'oppresseurs une bande impie
Nommerait cela triompher.
Non, non; si le sort des batailles
Ne flétrit jamais ta valeur,
Tu sauras sauver ton honneur,
En dépit des fortes murailles!!!

Au vote, citoyens! vengez de noirs affronts!
Marchons; qu'un noble espoir rayonne sur nos fronts!

P. PEYRET.

SOLDAT POLONAIS MOURANT

I

Casimir entendit la gloire
L'appeler aux nobles combats :
« Marche, en avant! mort ou victoire!
» Pour la Patrie arme ton bras! »

II

Il vole aux murs de Varsovie,
Bouillant de vengeance et d'honneur.
Le souvenir de la Patrie
Vivement fait battre son cœur.

III

Déjà le démon des batailles
Allume et roule un œil sanglant...
Ce grand semeur de funérailles
Menace chaque combattant.

IV

L'homicide démon s'élance,
Vole et rugit de rang en rang;
La mort le suit; elle s'avance...
Casimir roule dans son sang.

V

De douleur son âme est navrée...
« Ah! garde encor des défenseurs;
» Ton ombre, ô Pologne adorée,
» Me sourit, m'entoure... et je meurs!

VI

Quand son sang, versé pour ta gloire,
A rougi les champs de la mort,
Du Czar maudissant la mémoire,
Ton soldat fièrement s'endort.

LA JUSTICE

A peine aux portes de ce temple,
Étonné, les yeux éblouis,
De tout cet or que je contemple,
J'entends invoquer saint Louis.

Je m'approche afin de comprendre,
Soudain d'un groupe d'ahuris...
Une aigre voix se fait entendre...
Môssieu... *Je vous fais... Saint Louis...*

Nom d'un chien, qu'est-ce qu'ils se disent
Ces barbons autour d'un tapis?...
Est-ce le Saint qu'ils préconisent?
Ce diable Saint fut... *cinq Louis...*

Lors comprenant ma balourdise,
Je dis : halte-là! mes amis,
C'est assez loin dans la bêtise,
Voyons marcher ces Cinq Louis.

« Cinq Louis à Noir ma comtesse,
» On vous les tient, mon beau marquis,
» Cinq Louis à Rouge, et je laisse,
» La masse va pour... Cinq Louis.

Séduit par la belle fortune,
Je tins aussi certains paris,
Mais n'encaissai pas une tune...
Et j'en fus pour mes Cinq Louis.

Rageant je bondis vers la porte
Maudissant l'ogre et son taudis,
Sa banque et toute la cohorte...
Et pleure encor mes Cinq Louis.

Je fus sous les sombres allées
Pour y dissiper mes ennuis,
Là, je vis maintes décavées,
Soupirer après... *Cinq Louis*...

L'une me dit : Voyez mes larmes,
Pour boulotter, plus un radis...
— Combien le souper et vos charmes ?
— Pour vous mon cher... C'est Cinq Louis.

Hum! Cinq Louis, c'est un peu raide,
On dirait plus cher qu'à Paris !
Mais, comme elle n'était point laide,
Je me fendis... de Cinq Louis.

Sans être celui de Cocagne,
Saxon est un charmant pays.
L'excursion dans la montagne,
Fait oublier les... Cinq Louis.

Donc, flanqué de ma Trochulette... [1]
Je grimpe jusqu'au... Paradis.
Là : j'allais lui conter fleurette,
Quand vint à passer saint Louis.

---

[1] Trochulette : nouvel adjectif à l'adresse de ces dames... de résistance douce... en mémoire de celle de Trochu... — (*Figaro,* mars 1871.)

Cé respouandés déman à l'improvisatour,
Ségu qu'aprédeman vous douno soun rétour.
Ma vervo chaqué jour coumpren cé qué duou faïré
En rédoublan d'ardour fara tout per vous plaïré.
Lou citoyen Grimaoud a vouasté distinctien
Li rendé seï respects et félicitatien.

LOUIS GRIMAUD.

Var.

L'OUVRIER

« Ma fille, viens t'asseoir au foyer! Ta journée
» Dans la maison des grands au travail fut donnée :
» Donnons à notre amour ces doux moments du soir,
» Et séchons nos sueurs avec un peu d'espoir!
» Ta mère, tu le sais, sur sa couche funèbre
» Hier s'est endormie... et l'épaisse ténèbre
» Sur nos deux avenirs a répandu le deuil...
» Qu'allons-nous faire auprès de ce cercueil?

» Je n'avais qu'elle et toi! Qu'elle, la douce femme,
» Qui garde en s'en allant le plus cher de mon âme,
» Être consolateur de mes soucis amers,
» Soleil riant et pur de mes jours de revers!

» L'écho lointain des chants joyeux du riche monte
» Jusqu'à notre grabat; entends-tu? notre honte
» A nous, c'est le haillon qui protége nos corps,
» C'est la misère honnête, et la lie à pleins bords.

» Qu'en nos coupes de bois déverse l'infortune.
» En voyant tout cela l'élu de la fortune
» Sourit comme on sourit à l'aspect d'un mortel
» Qui traîne au fond d'un bagne un boulet criminel.

» S'il est un créateur de la matière humaine,
» Un Dieu qui nous soutient de sa main souveraine,
» Que fait-il donc là-haut alors que ses enfants
» Souffrent ou sont heureux de sorts si différents?

. . . .

» Tu pleures, ô ma fille! ah! j'ai lu ta souffrance
» Aux bords de tes yeux noirs qui gardent l'espérance!
» Tes larmes me l'ont dit : je puis encor souffrir!
» Tu me reste ici-bas; je ne dois point mourir!

» Riches, gardez votre or; moi, je n'ai plus de haine!
» De pain noir aujourd'hui ma huche est encor pleine;
» Nous mangerons à deux ce pain trempé de fiel,
» Car pour nous peser tous la balance est au Ciel! »

Abel Farget.

Charente-Inférieure.

SAINT LOUIS

Il est un saint fort à la mode
Dans le tripot de ce pays,
Apparemment c'est plus commode
Le croirez-vous? c'est saint Louis.

VII

Casimir, terre de vaillance,
Comme il vécut meurt sans effroi :
Pour toi soupira son enfance,
Son dernier soupir est à toi !!!

L'abbé Peyret.

Hérault.

LOUANGÉS A MOUSSU CARANÇO
EN VERS PROUVENÇAOU

Per leïs vers prouvençaou sabi tanben menprendré
Din gés de meïs prépaou dégun poou mi surprendré
Senso troou calcula foou dé pouris discours,
Qué pourien figura dé din vouastré councours,
Beni siégué lou jour qu'a douna la neïssenço,
A l'hommé coumo vous, qu'a tant dé counpleïssenço,
Ce qué fes circula dins leïs appartamens,
Man dis qué sias guida per des pur sentimens.
Poussédas émé vous l'amo ben générouso,
Vous counduit chaqué jour dins l'action gloriouso,
Suivren dorrénavan vouastreïs digné counçéous.
Après vous présentant qué dé pouris mouçéous,
Lorsqué mi parlarés daquéou grand édifici,
Sans cesso mi veïrés faïré lou sacrifici.
N'importo lou peys qué vagui résida
Per faïré meïs escrits siou toujou décida,
Nen aï tant coumpousa dessus lou brigandagé,
Dé touteï leïs cousta man douna soun suffragé,

LA JUSTICE

Pas counten d'assouvi seïs brutaleïs passiens,
Livroun nouastré peys oou pouvoir deïs prussiens,
Dugun oourié pensa qu'aquelleïs carougnados,
Duviens capitula mé tant dé corps d'armados
Leïs vesens travaïlla tant misérablamen
Duvien leïs fusilla dévan lou régimen
Lorsqué foou racounta d'histoiro tant frapanto
Leïs gens sentimenta réculoun d'espouvanto
Quand dins un souterrin si guessoun estoufa,
Répararant jamaï lou maou qué nous en fa.
Din moun résounamen la jes dé parabolos
Parlé sincéramen trouvas jes d'hiperbolos.
Qouaqué siégui priva dé touteïs leïs liçouns,
Leïs mots per coumpousa coumprenni mounté souns.
Siou fouaço ségounda deïs douns dé la naturo,
Pouadi ben mi passa d'aquéou dé l'escrituro,
Quand mi siou présenta dins leïs déspartamens,
N'aviou per résulta qué d'applooudissimens.
Leïs jens civilisa qu'enterdiens méïs ouvragés,
Disiens qu'éroun ben fas mi rendiens seïs hooumagés.
Préni la précooutien quan faou meïs prospectus,
Li metti d'attentien leïssi leïs hiatus.
Déïs bouan coumpousitours voudriou suivré leï traços,
Jamaïs din meïs discours trouvaran jes dé plaços.
Lou versificatour qué soou si mésura,
Deïs voyellos coumpren qué duou leïs sépara,
Souvent à l'auouditour l'hiatus countrario,
Vous douno per rétour qué li blesso l'oouriho.
Vous douni l'aperçu qué meïs coumpousitiens,
Dé pertout n'an réçu qué félicitatiens.
Saboun qué siou guida d'un rayoun de lumiéro,
Voou jamaï récula per rendré la pariéro.

— Excusez si je vous dérange;
De vous voir, je me réjouis...
Presser ainsi ce petit ange...
— Eh! bonjour, papa saint Louis.

— Merci : mais par quelle aventure
Êtes-vous ici, mes amis?
De grâce, je vous en conjure...
— Voici le fait : grand saint Louis.

— Dans un vallon de l'Helvétie
Est un pittoresque pays,
Des monts de hauteur infinie...
Bien, bien : j'y suis, dit saint Louis.

Même que dans ces voisinages,
Au Saint-Bernard j'ai des amis,
Qui m'ont dit que dans ces parages,
On parle encor de... *Saint Louis*...

Détrompez-vous donc mon bon père,
C'est de... *Cinq Louis*... au tapis...
Quoi! me dit-il tout en colère,
On blaguerait donc saint Louis?...

Pas le moins du monde, grand homme,
Napoléon... ou bien Louis... (²)
C'est un enjeu qu'ainsi l'on nomme,
Sur ce : Bonsoir, bon saint Louis.

(2) Napoléon ou Louis : En terme technique de tapis, on ne dit pas, je joue cent francs, mais bien, je fais cinq Napoléon et plus encore cinq Louis.

La descente se fit sans peine,
Nous n'eûmes qu'à nous laisser choir,
Pour être aussitôt dans la plaine,
Par le traîneau de Pierre-à-Voir... (1)

Ce fût Cinq Louis pour mon guide,
Cinq Louis pour joindre Paris,
Cinq Louis pour trois jours de gîte,
Bref : ce fût partout *Cinq Louis*...

Enfin pour terminer l'histoire,
S'il est des Saints au Paradis,
De ce pays il faut m'en croire,
Le grrrand patron, c'est... *Cinq Louis* !

JULES BLANCARD,

Saxon-les-Bains, 15 mars 1871. (2)

(1) La Pierre-à-Voir : Montagne célèbre du Valais (4,000 pieds d'élévation), ascension en 12 heures, descente en traîneau en moins d'une heure...

(2) Saxons-les-Bains : Ainsi nommé, parce qu'on ne s'y baigne que peu ou point... Petit village situé au pied même de la Pierre-à-Voir, non loin du Saint-Bernard. Pays très pittoresque... Casino, salon de jeu, eaux minérales, surtout célèbres comme prétexte aux excursionnistes, dont une taille de *trente-et-quarante* est le seul objectif.

A LA FRANCE

O France ! ô ma chère Patrie !
Qu'insulte un barbare étranger ;
La Liberté sainte et chérie,
S'avance pour te protéger.

Secoue ta poussière immonde,
Et sors de ton obscur tombeau,
Pour faire luire sur le monde.
L'éclat brillant de ton flambeau.

Assez longtemps la tyrannie
A paralysé ton essor;
Le feu sacré de ton génie
Doit-il s'éteindre dans la mort!...
Oh! réveille-toi, pauvre France!
A l'appel de la Liberté;
Que l'abîme de ta souffrance
Te mène à la prospérité.

De conquêtes et de victoires,
Quitte les rêves insensés;
Désire de plus saintes gloires
Pour guérir nos cœurs oppressés.
Vois le noir bandeau d'ignorance
Qui pèse encor sur tes enfants...
Instruis-les, ô ma noble France!
Dès lors ils seront triomphants.

Alors tu verras tous tes braves,
Protégés par la Liberté,
S'arracher aux viles entraves
Et d'empire et de royauté,
Pour s'unir en concert immense
Sous les plis de ton étendard,
Et nous montrer que la science
D'un peuple est le meilleur rempart.

Salut à toi, France nouvelle,
Prospère et libre nation,
Qui partout répands avec zèle
Le bienfait de l'instruction !
A l'ombre de la République,
Puissent tes enfants désormais,
Jouir du trésor magnifique
Qui se nomme l'ordre et la paix !

Jules Sauzet.

Basses-Pyrénées.

A LA MÉMOIRE DE Mme DION
NÉE JULIETTE RENAULT

Où retrouver jamais ce fin et doux sourire ?
Cet accueil de si franc aloi ?
Ce facile entretien qui charme et vous attire
Et fait croire qu'on est chez soi ?

Horrible déité que toujours on accuse ;
Contre elle rien ne peut, la mort est une intruse,
Sans tact et sans pitié, sur tous les points divers,
Elle arrache à nos cris les êtres les plus chers.
Après trois ans passés, je reviens, chère morte,
Morose et désolé frapper à votre porte.
Ma bonne muse en deuil, qui vous regrette, hélas !
Vous apporte des vers que vous ne lirez pas.
Disparue, ô mon Dieu ! vous si digne prêtresse
De l'art qui sait causer tant de joie et d'ivresse.
Qui nous rendra jamais ces sons éoliens
Que faisaient retentir vos doigts magiciens ?

Si l'on calculait trop du vide l'étendue,
Ce serait un regret de vous avoir connue.
Juliette dormez... le destin l'a voulu,
Le Ciel avait besoin sans doute d'un élu.
Et pour cela je crois que sur l'aile d'un ange
Doucement emportée à travers la phalange
Qui fut toujours fervente au culte des beaux-arts,
Que là vous dirigez sur nous vos doux regards...
Notre étroite planète est si fort agitée
Que des sages déjà voudraient l'avoir quittée.
Je sais que de vos ans le nombre fut trop court,
Mais l'hiver de la vie est bien sombre et bien lourd.
Quoi, vous ne verrez plus au temps des brises molles,
De vos suaves fleurs s'entr'ouvrir les corolles?
Le mélodique oiseau que vous avez aimé
Demain désertera son nid accoutumé,
Mais dans nos souvenirs vous serez toujours belle!
Vous du premier des arts le plus rare modèle.
Pour être artiste il faut avoir l'âme et le cœur,
L'enthousiasme inné que fait sortir le pleur...
On en meurt quelquefois si trop forte est la dose,
Dieu ne mesure pas le parfum de la rose...
Au revoir! digne artiste, habitante du Ciel,
Vous nous avez quittés comme l'a fait Rachel. [1].

CH. MARCHAND.

[1] L'illustre tragédienne, morte également à 39 ans.

LA JOURNÉE DU BERGER

PASTORALE

1ᵉʳ COUPLET

Au point du jour je mène,
Lon lon la !
Mes moutons dans la plaine,
Lon lon la !...
J'entends le doux murmure des ruisseaux,
Le charmant gazouillage des oiseaux,
La cloche du village, bruit argentin,
Et vois partir les brouillards du matin.

2ᵉ COUPLET

A midi je repose,
Lon lon la !
Et dors comme la rose,
Lon lon la !...
Je sommeille et je rêve un instant,
Puis enfin je me lève en riant :
De la richesse et de la vanité,
Moi, la sagesse et la simplicité.

3ᵉ COUPLET

Le soir, moi, mon troupeau,
Lon lon la !
Nous rentrons au hameau,
Lon lon la !...
En priant je rends grâce au Créateur,
D'avoir donné au pâtre le bonheur ;

Car lui donnant la vie en liberté,
C'est digne du grand mot : humanité!

Denis Robert.

L'ALOUETTE

Un beau matin pour aller sous les nues,
L'alouette quitta son nid,
Et ses chansons au laboureur connues,
Des campagnards pénètrent le réduit.

Tout se lève aussitôt : les vieillards, la jeunesse,
Vont à l'envi pour cultiver les champs ;
L'oiseau tout fier fredonnant son ivresse,
Aux campagnards adresse ainsi ses chants :
Cruels humains, malgré tous vos filets,
Je plane au-dessus de vos têtes,
Tandis que vous dans les guérets,
En écoutant mes chansonnettes,
Vous formez de cruels projets
Pour détruire les alouettes.
En effet, vous cherchez nos nids ;
Mais cruels, c'est pour les détruire !
Daigne protéger mes petits,
Dieu protecteur de notre empire ;
Fais que ces êtres si méchants,
Ne commandent plus sur la terre...
Prive-les de tous leurs enfants,
Et frappe-les de ton tonnerre.

LA JUSTICE

Par ses gazouillements, la petite insolente,
    Avait attiré près de là,
  Sire vautour à la serre tranchante,
  Et qui dans l'air proclamait le hola!

Oh! disait-il, quelle voix dans les airs;
Quel grand caquet, quel discours de travers!...
  Grâce à mon bec, à mon aile légère,
  En fendant l'air, Messieurs les oisillons,
  Je vous ferai descendre sur la terre
  Pour y chercher les petits vermillons.
Il dit. Ses cris aigus font entendre l'alarme,
  Son vol rapide effraye les oiseaux;
  Ils fuyent tous!... adieu champs pleins de charmes,
  L'alouette s'enfuit sous des ormeaux.
    Du vautour la serre cruelle
    Par malheur allait l'accabler,
    Lorsqu'un chasseur rempli de zèle
    Par pitié voulut la sauver...
Aussitôt de son arme il lâche la détente,
  Et le vautour à ses pieds va rouler;
    Et l'alouette très contente,
    Ne pense plus à l'insulter.

Quel est, me direz-vous, le sens de cette fable?...
C'est que souvent on trouve un soutien, un ami,
Dans celui qu'on croyait aussi méchant qu'un diable,
Et que l'on redoutait comme son ennemi.

DENIS ROBERT.

LA POÉSIE

A MON AMI HENRI JARRETHON, DE MARSEILLE

Le Ciel créa la poésie,
De l'âme à l'âme, écho mystérieux,
Mieux encor, coupe d'Ambroisie
Pour charmer, ici-bas, les cœurs bons et pieux.

Dans ses vers inspirés, le cygne d'Ionie
Donne à cette immortelle un modeste berceau,
Pour mère, l'amour chaste, et, pour sa sœur chérie,
L'amitié qui partage et douleur et fardeau.

Dans sa beauté native, elle offrit à la Grèce
Son immortel éclat, ses séduisants atours,
Les plus riantes fleurs de sa belle jeunesse,
Les suaves parfums de ses chastes amours.

Au langage inspiré des vénérés prophètes
Qui chantent l'éternel, elle mêla sa voix,
Ses sublimes accents à ceux des saints poètes
Qui, joyeux, exaltaient la vertu de la Croix.

On l'a vue, en tout temps, et, par toute la terre,
De ses divins accords réjouir les mortels,
Et, leur communiquer cette pure lumière,
Qu'elle-même reçoit du roi des immortels.

Aux jours de la splendeur de Rome, la Payenne,
Du cygne de Mantoue vibrèrent les doux chants;
Dans les jours de salut, de Rome, la chrétienne,
Nos poètes sacrés sont encor plus touchants.

A flots, elle a versé, sur la ville éternelle,
Sa sublime harmonie et ses trésors divins;
Comme un soleil, brillant sur la France nouvelle,
Son génie atteindra des horizons sans fins.

Les peuples s'éclairant à sa vive lumière
Ne verront plus leurs yeux frappés de cécité;
Au matin, au midi, au soir de sa carrière,
Ils seront tous unis dans la fraternité!

Poésie, à toi seule est dû si grand miracle,
De la France nouvelle, active les progrès,
Éclaire les esprits, dissipe tout obstacle,
D'un heureux avenir prépare le succès!!!

Poésie à ta voix la France transformée
Encor redeviendra la grande nation;
Pour les vaillants combats, puissamment réformée,
L'étranger subira sa domination.

Inspire-nous toujours, à nous, tes fils-poètes,
Des chants d'espoir, d'amour, de pardon, de grandeur,
Afin de soutenir, à l'heure des tempêtes,
Du grand peuple Français, l'héroïsme et le cœur.

ESPRIT ROUIER.

Gard.

A Mme VEUVE DUBOIS
LA CÉLÈBRE CHIROMANCIENNE

Laisse ma lyre chanter ton savoir, ô toi qui est un prodige dans l'art de prédire l'avenir ! Laisse-moi, ô femme sans pareille, t'admirer et te dire : Va, tu as raison, garde ta simplicité sur ton front de sibylle, laisse tes mains s'ouvrir à l'accent de ton cœur, ne regrette pas l'obole que tu donnes au passant, ne lui demande même pas de la reconnaissance, car tu puises en toi la satisfaction du bien, tu sens que ta récompense est dans la charité accomplie, et non dans l'acquittement de la dette qu'il a contractée envers toi.

Laisse, ô femme devant qui je m'incline, laisse, te dis-je, l'envie et la jalousie mordre tes talons; laisse comme un roc battu par les flots de la mer la calomnie venir, rencontrer ton dédain; laisse ton sourire sans cesse, comme une étoile qui brille, éclairer ton visage qui semble illuminé. Prends toujours dans les tiennes ces mains qui viennent s'offrir, dis-leur avec conscience la vérité sublime. Dis-la leur sans détours, comme tu la dis toujours. Préviens-les du danger que ces lignes te font voir, donne-leur force et courage, va, donne-leur l'espérance. Mais fustige l'incrédule qui cache la vérité, qui ment par habitude, qui se rit de toute chose; dis-lui cruement ses vices, dis-lui ce qui l'attend, car il ne mérite pas la compassion du faible. Oui femme, ta tâche est sainte, oui femme, tu es utile ! comme l'oracle de Delphes, tu fais croire au destin, tu donnes un corps, une forme, à l'inconnu pour nous; tu saisis le nuage que nos doigts ne peuvent prendre; tu comprimes la fumée quelque légère qu'elle soit, cette fumée blanche nacrée qui est la vie à vivre. Tu lui donnes par ton art une vraie réalité, tu la fais avenir, se changer en présent. Tu déchiffres le passé, tu lis même sur le front. Que dire de tout cela, quand les faits s'accomplissent! Que faire, pour te remercier! si ce n'est ô chère femme, faire ce que je fais: t'acclamer et t'aimer.

RALUD-MARTYNIC.

LE BARDE

A MON PÈRE

Je n'ai que ma voix et ma chanson, mon sourire et ma gaieté; si vous me prenez ma lyre d'airain, si vous me brisez ses cordes sonores, n'est-ce pas la vie que vous m'ôtez?

Je n'ai que ma voix et ma chanson, mon sourire et ma gaieté; je n'ai que ces présents de Dieu, ces refrains chers à mon cœur; je n'ai que la sainte inspiration, les larmes de joie et de ravissement; si vous me prenez ma lyre d'airain, si vous me brisez ses cordes sonores, n'est-ce pas la vie que vous m'ôtez?

Voyez le rossignol captif, pleurant dans son étroite prison, taire ses hymnes au Créateur, redemander la Liberté; voyez la babillarde fauvette, le long des haies et des buissons, jeter ses mélodieuses romances, faire résonner sa lyre d'airain.

Voyez, tout chante dans la nature, le ruisseau et le moulin, l'Océan a sa grande voix, l'insecte a son bourdonnement, les vents mugissent des notes plaintives, l'arbre a sa voix comme l'homme aussi, le poète a ses chants de l'âme qui sont sa gaieté, son sourire, mais si vous prenez sa lyre d'airain, si vous brisez ses cordes sonores, n'est-ce pas sa vie que vous brisez?

De l'Orient à l'Occident, du Ciel à la terre en même temps, des sables arides du désert aux profondeurs des grandes forêts, des abîmes sans fond de l'Océan aux sommets les plus vertigineux, n'entend-on pas des lyres d'airain, des chants d'amour, des voix sans nombre? N'entend-on pas des sons divins, des cris de fête, de pieux cantiques? Laissez-moi donc faire résonner l'écho sans fin de mes accents, laissez-moi ma gaieté et ma joie, ou prenez-moi plutôt la vie.

RALUD-MARTYNIC.

L'AGNEAU

Éplorée et mourante, un soir la jeune Annette,
    Sous les saules aux rameaux pendants,
Grossissait le vallon de ses pleurs abondants.
    La douce et sensible fauvette,
    Écoutait pensive et muette,
    Ses sanglots, ses cris déchirants.
Le vallon retenait son onde fugitive,
    Du rocher évitant les bords,
Seule de la forêt ta voix, au loin, plaintive,
    Redisait en tristes accords :

    « Il est tombé sous le bras sanguinaire,
    » Il est tombé mon cher et tendre agneau.
      » Oh ! comment as-tu pu... mon père...
      » Armer d'un horrible couteau,
      » La main du méchant, du bourreau?

    » Qu'il soit l'objet de ma colère,
    » Le laid, l'ignoble et lourd boucher,
    » Au cœur de marbre et de rocher,
    » Que mon agneau n'a pu toucher,
    » Qui rit de ma douleur amère.
» A cet homme cruel, tu l'as livré mon père,

» Ce bel ami que j'aimais tant.
» Mon père... ô mon père... pourtant,
» Tu n'es ni cruel ni méchant,
» Et tu chéris ta pauvre Annette.
» Le jour qui me voit gaie est pour toi jour de fête,
» Et mon cri de douleur,
» Retentit au fond de ton cœur.
» Mon père... je le sais et ne puis te maudire,
» Aveuglé par l'indigne gain,
» Hélas! tu n'as pu voir quel serait mon chagrin ;
» Si tu l'avais compris, tu n'aurais pu souscrire,
» A ce marché cruel... mon père... oui c'est certain.
» Tu n'aurais pas brisé mon cœur, troublé mon âme,
» Pour un peu d'argent!... ô mon Dieu!
» De l'amour n'est-ce pas... éteindre ainsi la flamme,
» C'est outrager ton cœur, d'où rayonne ce feu.

» Il est tombé sous le bras sanguinaire,
» Il est tombé mon cher et tendre agneau.
» Oh! comment as-tu pu... mon père...
» Armer de l'horrible couteau,
» La main du méchant, du bourreau?

» Hier encor je voyais content et bien tranquille,
» Mon pauvre agneau, dans le pré vif, agile,
» S'éloigner gracieux... regarder... puis... soudain,
» En me voyant sourire accourir sous ma main.
» Nous jouions tous deux sur l'herbette,
» Et notre joie était complète,
» Nous n'avions nul souci sur l'affreux lendemain ;
» Boucher cruel, cœur inhumain,
» C'était en vain,

» Que le pauvret léchait ta main ;
» Fixant ses yeux craintifs sur ta stupide face,
» L'innocent te demandait grâce.
» Mais comment fléchir l'assassin ?

» Pauvre ami trop doux pour combattre,
» Tu succombes sans te débattre ;
» En recevant le coup mortel
» Ton œil seulement fait appel,
» D'un regard à ta pauvre mère.
» Mais hélas ! que peut-elle faire ?
» Attachée auprès de l'étal,
» Elle se dresse affolée... elle bêle,
» Tandis que le boucher brutal
» N'a pas un seul égard pour elle ;
» N'a pas même songé, tant son âme est cruelle,
» A l'éloigner dans ce moment fatal !
» Le méchant à ses yeux te tue,
» T'écorche, en chantonnant, et découpe à sa vue,
» Ton petit corps en maints morceaux.
» En calculant la valeur des lambeaux,
» De ta chair encor palpitante,
» Il fixe le prix de la vente,
» Selon la pièce, tant, à tel ou bien tel taux.
» Horreur !... là devant lui... des femmes...
» Peuvent voir sans émoi tous ces détails infâmes,
» Et vont se partager tous ces débris sanglants.
» Les enfermer encor... vivants,
» Dans leurs cabas... odieuses mégères,
» Vous n'avez pas d'enfants...
» Si vous aviez le sang des mères,
» Des mères vous sauriez comprendre les tourments.

» Votre cœur vibrerait à ces durs bêlements.
» Oh! ne pourrait-on pas être moins exigeants?
　　» Et de nos champs, réponds-moi Sybarite,
　　　　» Enfant d'une race maudite,
　　　» Se contenter du produit suffisant,
　　　» Pour les humbles?... Oh! non, méchant,
» Il te fallait le sang, exécrable vampire,
　　　» Sucer le sang en ton délire.
　　　» Ce repas te sera fatal :
　　　» Le bien ne peut naître du mal...
» Et lorsque tu te livre à des folles ripailles,
　　　» Ne sort-il pas de tes entrailles,
　　　» Des cris plaintifs, apitoyants,
　　　» Pleins de reproche et de colère,
　　　» Répondant à ces cris de mère,
» Dont s'émeuvent les bois, les monts et les torrents,
　　　» Bien plus que toi compatissants...

　　» Il est tombé sous le bras sanguinaire,
　　» Il est tombé mon cher et tendre agneau.
　　　» Oh! comment as-tu pu... mon père...
　　　» Armer de l'horrible couteau,
　　　» La main du méchant, du bourreau?

　　» De bon matin de notre bergerie,
» Il fallait l'amener, mais au sinistre appel,
» Mon ami répondait par un refus formel.
» Oh! que n'étais-je là... de la douce mamelle,
　　　» Ne voulant point se départir,
» Il s'abritait tremblant à l'ombre maternelle,
　　　» Et se refusait à partir.

» Mais il suivra sa mère... oh ! l'odieux système,
» Parce qu'on la chérit ;
» Rendre complice une mère elle-même !
» Ah ! c'est affreux sans contredit.
» Trompé par l'affreux stratagème,
» Rassuré, confiant il suit celle qu'il aime,
» Et transporté de joie il marche vers la mort.
» Pauvre mère en toi tu tressailles,
» Et le trouble de tes entrailles
» Te présage le triste sort.

» Adieu, mon pauvre agneau, c'est mon adieu suprême,
» Ah ! cet adieu n'est pas le même,
» Que celui plein d'amour, d'allégresse et d'espoir,
» Qu'en te quittant je te disais le soir :
» Adieu mon bon... à demain... au revoir...
» C'est fini, maintenant, il n'est plus d'espérance,
» Ma nuit va s'écouler dans les pleurs, la souffrance,
» Et demain,
» Lorsque l'aurore enfin
» Ramènera le radieux matin,
» Nous n'irons plus courir dans notre belle plaine,
» Mon cœur débordera toujours au noir chagrin ;
» Le pré que j'aimais tant fera toujours ma peine,
» L'aspect des champs fleuris, des bois de tous ces lieux,
» Fera toujours couler tous les pleurs de mes yeux. »

La bien aimante enfant n'était pas de ce monde,
D'où la bonté s'exile, où l'égoïsme abonde.
Elle était loin, bien loin, des mœurs de notre temps,
Étouffant, dans nos cœurs, les généreux penchants.

LA JUSTICE

C'était une âme de cet âge,
Appelé par tous : l'âge d'or,
Qui pour notre bonheur devrait revivre encor.
Nous n'aurons pas cet avantage...
Comme un grain délicat emporté par l'orage,
Et tombé par malheur sur un ingrat terrain,
De notre affreux âge d'airain,
Elle avait dû germer sur la brûlante plage,
Pour n'avoir que le mal et la mort en partage.

La pauvre Annette au roc du siècle se heurtait,
Depuis un trop long temps, et son corps s'y brisait.
L'été vit se flétrir les fleurs de son visage,
La toux déchira le poumon ;
Et comme l'avalanche,
Qui menace longtemps et puis tombe du mont,
La mort s'abattit sur son front...
Pour qu'y dormit en paix... enfin... la vierge blanche.
L'automne avait creusé son lit sous le gazon...
Repentant, presque fou, le père,
De sa fille adorée accompagna la bière.
Au fond du cœur se redisant
Avec remords, en sanglotant,
La plainte de sa pauvre enfant :

« Il est tombé sous le bras sanguinaire,
» Il est tombé mon cher et tendre agneau.
» Oh ! comment as-tu pu... mon père...
» Armer d'un horrible couteau,
» La main du méchant, du boureau ? »

Jacques Mireur.

Var.

A LA FRANCE

Te voilà dans le deuil, ô France, pauvre mère!
Le crêpe sur le front tu pleures tes enfants,
A ton cœur arrachés par d'infâmes tyrans,
Fiers de leur imposer leur sanglante bannière.

Malheureux orphelins, voués à la douleur,
Ils marcheront courbés sous le poids de leurs chaînes,
Accablés de malheurs, de tourments et de peines,
Par l'unique forfait de ton vil empereur;

Ce traître, ce félon, ce farouche despote,
Qui t'a livrée aux mains des lâches Allemands,
Ignobles scélérats qui dévastaient tes champs,
Qui t'ont ravi tes fils que Guillaume garrotte.

Volons à leur secours, nous, leurs frères aînés,
Notre devoir le veut, verrions-nous leur souffrance
Sans les venger? non, non, qu'ils gardent l'espérance,
Nous briserons les fers de ces infortunés.

Les voyez-vous ces preux à l'âme magnanime,
Les yeux tournés vers nous et nous tendant les bras?
Pour les soustraire au joug, affrontons le trépas,
La mort est un devoir quand triomphe le crime.

Ces frères malheureux sont nés le cœur français,
Ils ne peuvent changer leurs stoïques natures,
Ils n'ont qu'un cri : Tyrans nous bravons vos tortures,
Nos corps vous les aurez, mais notre âme jamais.

En masse levons-nous, courons briser leurs chaînes
Et laver nos affronts en reprenant nos forts;
Ces braves, ces héros, par leurs vaillants efforts,
Comme nous chasserons ces hordes inhumaines.

Ne verse plus de pleurs, France, console-toi,
La vengeance a sonné, bientôt tes fils esclaves,
Pour rentrer dans ton sein vont briser leurs entraves
Et vivront désormais sous ton unique loi.

Philippe Maxime père.

Eure.

A LA JUSTICE

Justice! n'es-tu pas quelquefois trop sévère
Dans l'application du code des humains?
Les passions, l'amour, la haine, la colère
N'ont-ils jamais penché le fléau dans tes mains.

N'as-tu pas à rougir d'avoir, à certaine heure,
Oubliant tout hélas! et ça pour un peu d'or,
Laissé franchir le seuil de la loi ta demeure:
En donnant la raison à celui qui eut tort,
En arrêtant ton cours, pour conserver sans taches
Les titres, le blason et les noms et l'honneur
De gens riches, puissants, dont les lourdes attaches
Étouffèrent en toi l'intégrité du cœur?

N'as-tu jamais pleuré? quand pour une misère,
Pour le larcin de quelques misérables francs,
Tu laissas de longs mois, trois enfants sans leur père,
Et quelquefois hélas! pour beaucoup plus longtemps.

Le remords, le chagrin, la prison et la honte,
Des trois abandonnés, feront trois orphelins !
Qui par des temps affreux que personne n'affronte,
S'en iront tout nu-pieds, parcourant les chemins,
Implorant des passants, qui n'y prendront point garde,
Le pain que le défunt leur donnait chaque soir,
Et dont toi l'équité (ainsi l'on te regarde)
Tu les prives enfin, en faisant ton devoir !

N'as-tu jamais frémi ? lorsque dans la présence
De la foule anxieuse, au sein de tes palais,
Tu prononças l'arrêt, la terrible sentence,
Qui condamnait à mort celui dont les forfaits
Pouvaient être bien grands ! mais dont la destinée
Ne t'appartenait pas : car Dieu seul a le droit
D'ôter la vie à l'homme auquel il l'a donnée :
« De Dieu la recevant, à lui seul il la doit. »

Et dans ces derniers temps que le monde déplore
N'as-tu pas attiré le courroux du Seigneur
Par de nombreux arrêts ? et chaque jour encore
Sur tes contrées n'as-tu pas beaucoup trop de rigueur ?
Ne nous montres-tu donc pas las de frapper les victimes
Ton bras n'est-il pas lourd du fruit des passions ?
Que toujours te crie : O ferme ces abîmes,
Quand notre voix te crie : O ferme ces abîmes,
Au lieu de les combler de corps ! nous souffrions
En vain. Pourquoi ? dis-nous ? les balles de nos frères
Creusent-elles sans cesse, une fosse, un tombeau
A nos frères, au lieu d'en charger des galères
Qui les expatrieraient dans le monde nouveau ?

Ton cœur inaccessible enfin à la clémence
Ne verse pas un pleur sur les parvis sanglants
De tes palais? Justice! est-ce que la vengeance
Dessécherait ce cœur de ses tisons brûlants?
. . . .

E. Goussé.

CE QUE J'AIME
POÉSIE

J'aime d'une maîtresse
Les doux embrassements,
Et la voix qui caresse
Et l'oreille et les sens;
J'aime quand demi-nue,
Elle accourt sur mes pas,
Et que sans retenue
Je l'enlace en mes bras!...

Et quand elle s'éveille,
Son regard langoureux,
Son teint : Rose vermeille,
De plaisirs amoureux!
J'aime les boucles blondes
De ses cheveux dorés,
Éparses et fécondes
En replis adorés!

J'aime enfin son sourire
Après la volupté,
Ses beaux yeux où se mire
L'amour en liberté;

Sa gorge haletante,
Et son sein palpitant,
J'aime à la voir mourante,
Après l'heureux instant !

E. Goussé.

RÊVES ALLEMANDS ET FRANÇAIS
CONSÉQUENCES DE LA GUERRE DE 1870-71

I

LA JUSTICE APPARAISSANT SOUS L'EMPRUNT

Gloire, honneur à la France, à ce noble pays
    Qui m'a fait verser tant de larmes !
A son amour sacré, maintenant j'obéis
    Tout comme durant ses alarmes.

. . . .

Des oiseaux de la mort louvoyant sur son sol
    Tiraient, derrière eux, un suaire,
Et voulaient s'en servir, dans leur funèbre vol,
    Pour mesurer son ossuaire.

Chacals, aigles, corbeaux, tous, solidairement
    Contre celle que Dieu protége,
Devaient faire les frais de son enterrement
    Et fournir la haie au cortége.

En tête du convoi devait se faire voir
        La Fierté coudoyant l'Astuce ;
A leur suite, couvert des plis d'un drapeau noir,
        Le mensonge qu'a fait la Prusse :

— « Nous frappons le système et pas la nation... »
Cela fut dit... Plus tard, l'histoire
Sera du grand diseur la condamnation
        Et réprouvera sa victoire.

. . . .

Au centre du cortége on devait admirer
        Les éclopés venant d'abattre
La morte... dont la nef venait de chavirer
        En luttant seule contre quatre.

Pour clore le convoi, deux bandes de vautours,
        Ayant la Prusse pour marraine,
Devaient, dans les plus noirs et plus fangeux détours,
        Traîner l'Alsace et la Lorraine !

Quel coup d'œil !... et, surtout, quel exemple !... Je crois
        Voir, souffletant notre souffrance,
Nos insulteurs souiller nos couleurs... et la croix
        Mise sur le corps de la France !

. . . .

Ça devait être beau !...
                Les oiseaux de la mort
        Tendaient le linceul en mesure.
Et la tâche avançait... mais, bec crochu qui mord
        Déchire... en oubliant l'usure.

Et les oiseaux tiraient, tiraient sur le linceul
      Devant couvrir la France entière...
Et leurs yeux se disaient : — « Un drap suffira, seul,
   » Pour rendre nôtre sa frontière. »

Et le drap s'allongeait ! mais la frontière, aussi,
      S'allongeant vers les Pyrénées,
Semblait dire aux oiseaux de mort : — « C'est juste ici
   » Qu'il faut prendre vos sœurs aînées.

» Car l'Espagne et la France ont, toutes deux, un Ciel
      » Digne de votre convoitise.
» Puis, le Hohenzollern, tout providentiel,
      » Ne doit pas tourner en... sottise. »

. . . .

Et les oiseaux de mort tiraient, tiraient toujours
      Pour atteindre le beau mirage...
Et le linceul, sans trêve allongé tous les jours,
      Se tamisait sous ce tirage.

Tout à coup, sans avoir les deux gibiers prédits,
      Se déchira la gibecière !
Or, s'ils n'eussent eu, tous, des ailes, les maudits
      Eussent roulé dans la poussière.

Le rude contre-coup leur fit raser le sol
      Qu'en entier ils voulaient étreindre.
Alors, en croassant, ils reprirent leur vol
      Du côté qu'ils s'étaient fait craindre.

. . . .
On prétend que le coup de corne d'un veau d'or
      Provoqua cette déchirure,
Et que, depuis ce temps, un monstrueux condor
      Ronge leurs cœurs sous leur parure.

Ce qu'on sait de certain, c'est que l'enterrement
      Est remis aux calendes grecques,
Et que, sur notre France, on peut très clairement,
      Placer de bonnes hypothèques.

L'emprunt est le veau d'or calmant de nos vainqueurs
      L'usurière frénésie.
Sa réussite a dû faire naître en leurs cœurs
      Le condor de la jalousie.

Qu'il soit ce qu'il en soit, de notre obscur chemin
      On voit se dissiper les ombres...
En ouvrant du passé le sanglant parchemin
      Lisons ses enseignements sombres.

Étudions-les bien... et qu'on puisse nous voir,
      Puisque le monde nous contemple,
Rallumer dans tout cœur facile à s'émouvoir
      L'espoir du beau qui sert d'exemple.

Après avoir laissé notre mauvais levain
      Dans le creuset de la souffrance,
Montrons ce que Dieu peut, de son souffle divin,
      Faire surgir de notre France !

L'Adam des peuples forts est, pour moi, mon pays...
    Je crois voir germer sous ses côtes
Les plus nobles projets!... et, près de ceux trahis,
    Je vois dormir d'immenses fautes.

Car tout est grand en toi, France que j'aime tant!
    Pour moi ton nom est un mystère
Dans lequel, éperdu, je rencontre, éclatant,
    Tout l'amour que porte la terre.

Toi, cerveau fécondant de tout le genre humain ;
    Toi, l'amante de tout génie,
Fais qu'en ouvrant à tous et ton cœur et ta main
    Par les mortels tu sois bénie.

Fais que tous tes enfants, à tes désirs soumis,
    De tes feux aient une étincelle ;
Que, par l'instruction, tous les peuples, amis,
    Chantent ta gloire universelle !

Et quand, guidés par toi, nous aurons vu ce jour
    Briller sur toutes les étapes,
O France! tu viendras, rayonnante d'amour,
    Présider nos saintes agapes !

II

LES PRÉLUDES DE L'AVENIR, A BORDEAUX

(A l'association française, pour l'avancement des sciences.)

Contents d'eux, trouvant, presque, au fond de leur astuce,
Qu'ils s'étaient, sous les plis du drapeau de la Prusse,

LA JUSTICE

    Conduits très sagement,
Au nom de l'Allemagne, aujourd'hui vraie ogresse,
En poussant un soupir de haine, d'allégresse
    Et de soulagement

Ils avaient dit : — « Enfin ! la France est bien perdue !...
» Elle peut crier !... tous, à sa voix éperdue,
    » Trembleront pour l'emprunt.
» Qui voudrait desserrer les cordons de sa bourse
» Pour un peuple n'ayant plus même la ressource
    » De son soleil défunt?

» Ah !... ah !... ah !... son soleil plus que le nôtre est terne...
» Ah !... ah !... ah !... son soleil n'est plus qu'une lanterne
    » Dont les rayons lascifs
» Se sont tous, dans nos feux, noyés l'un après l'autre...
» Nos feux éteints, dans l'ombre où la France se vautre
    » Tout est écueils, récifs... »

Ils avaient dit cela de leur voix la moins forte,
Car, s'ils eussent chanté bien haut: « La France est morte
    » Et nous battons des mains, »
Les peuples du vieux monde, en regardant ces maîtres,
Se seraient dit entre eux : « Eh! voudraient-ils, les traîtres,
    » Compter nos lendemains?... »

 . . . .

D'un fratricide affreux montrer sa joie atroce,
Prouver que la science est liée au féroce
    Eût été maladroit.
Pour arriver au but qui, toujours se dérobe,
En le tenant à l'œil il faut, du soir à l'aube,
    N'aller point, vers lui, droit.

Tel est le vrai secret de la force tudesque...
Pour loucher mieux qu'un autre en devenir grotesque
    C'est faire injure au beau.
Étant ivre, ou n'ayant qu'une notion fausse
Du métier, l'ouvrier creusant toujours la fosse
    Arrive à son tombeau.

L'Allemagne croyait plus grandes les ruines
Qu'elle avait, sous un Ciel pur ou plein de bruines,
    Fait sur notre vieux sol !
La France doit, sans cesse, être à jamais bénie !
Après avoir séché ses pleurs, son bon génie
    Recommence son vol.

Quatorze fois couvert, méprisant la panique,
L'emprunt vient d'éveiller la terreur germanique
    Sur le jour à venir.
Quoi ? malgré ses revers, sa lourde rançon, glaive
Sur elle suspendu, la France se relève !
    A qui, donc, l'avenir ?

Au progrès !... La science à lui vient de se joindre,
Et, sur tout l'univers, de Bordeaux on voit poindre
    L'aurore d'un grand jour :
Aux rêves d'agonie, à ceux de funérailles,
Succèdent ceux plus doux des nobles fiançailles
    De la force et l'amour.

Toi, mon noble Bordeaux, un moment capitale;
Toi, dont je suis si fier, toi, ma ville natale,

Toi, tout espoir et foi,
Relève ton vieux front que l'avenir contemple,
La science, en tes murs, a su trouver un temple
Digne d'elle et de toi !

III

UN NOUVEAU SOLSTICE

Et l'avenir fatal que redoutaient les hommes ;
L'avenir qui nous voit, qui sait ce que nous sommes ;
L'avenir n'attendant nul bonjour, nul adieu
De nous qui le craignons, l'avenir, tout à Dieu,
A, sur son écliptique, un céleste solstice
Qui, marquant au soleil un point d'arrêt nouveau,
Va guider ses rayons et nous sous le niveau
De la justice !

Henry Nadaud.

Gironde.

LA BOUCLE DE CHEVEUX

Elle était humble et frisotante,
Il la baisa plus de cent fois :
Elle gazouillait dans l'attente,
Paraissant dire au bonheur : « Sois ! »

Comme il aimait ce don qui tente !
Hélas ! il se devait aux lois.
Elle viendrait toute hésitante
 des plaisirs d'autrefois.

Le passé fait naître des larmes :
Il les connaîtra, les alarmes
Du départ : C'est le souvenir.

Il n'aura plus sa bien-aimée ;
Mais son âme, émue et charmée,
Lira dans la bouche : Avenir !

GEORGES TOCQUEVILLE.

Seine.

AUX DÉBRIS D'UN TEMPLE SACRÉ
JOUR DE LA TOUSSAINT

> ...Malheur au temps, aux nations profanes
> Chez qui, dans tous les cœurs affaibli par degré,
> Le culte des tombeaux cessa d'être sacré.
> DE FONTANES.

Vers l'enceinte funèbre où dorment nos aïeux
Dirigeons en ce jour nos pas respectueux ;
Répandons, compagnons, sur leurs tombes chéries
Ces lauriers arrachés à des mains ennemies,
Et prions le Seigneur qu'un de ces noirs tyrans,
Trafiquant sur les morts et trompant les vivants,
S'attendrisse au récit de nos douleurs amères
Et cesse de fouiller les cendres de nos pères...

Et toi, temple sacré, demeure où l'Éternel
Entendait de leurs chants le concert solennel,
Par leur zèle pieux tes voûtes décorées,
Au service divin huit siècles consacrées,

Et tes murs par la ronce et le lierre verdis,
Sur leurs tristes tombeaux ont roulé leurs débris !
Tel en ce champ de deuil un pâle mausolée
Écroulé par le temps sur la pierre foulée,
N'offre plus aux regards qu'un marbre enseveli,
Qu'une cendre et qu'un nom dans l'éternel oubli.

Chaque chose ici-bas, dans son léger passage,
De notre faible vie est la frappante image :
Lois et religions, royaumes, monuments,
Tout tombe ou se vieillit sous l'injure des temps,
Et l'homme avec dédain foulant leur dernier reste,
A briser ce qu'il fait goûte un plaisir funeste.
Tel aussi, temple saint, tu brillais en splendeur
Quand surgit des combats le fléau destructeur,
Quand l'erreur proféra d'une voix infernale
De ta destruction la sentence fatale,
Prétendant effacer, par tes murs abattus,
De tes vieux fondateurs les noms et les vertus...

Le pays vomissant la caste gentillâtre,
Offrait au globe ému le plus affreux théâtre.
La vengeance en furie aiguisait les poignards
Et dans des flots de sang trempait ses étendards.
L'anarchie animant ses hordes effrayantes
N'entassait que débris sur ses traces sanglantes,
Et portant à sa main et le fer et le feu,
Sur les autels brisés outrageait le vrai Dieu.
Dans ces jours de terreur, où la France en alarmes,
Émoussait dans son sein la pointe de ses armes,
Une main fanatique et féconde en forfaits
Au service divin te ferma pour jamais !

Mais cette même main respecta ta parure
Et n'osa des défunts fouiller la sépulture...

A toi ces derniers mots, barbare qui m'entends,
Destructeurs de ces murs, respecté des tyrans !
A tes yeux rien n'est saint ; religions, mystères
Tout n'est que vains propos, que visibles chimères ;
L'égoïsme, l'argent, sont tes dieux et ta loi ;
La foi, l'humanité tout est néant pour toi.
Mercenaire odieux d'un troupeau qui t'abhorre,
Tu ris de ces vertus dont le chrétien s'honore ?
Et loin de satisfaire aux desseins éternels,
Tu pervertis les cœurs et brise les autels.

Dans cet asile saint jusqu'où, ministre impie,
N'as-tu pas sous nos yeux retracé l'anarchie ?
Dis-moi, n'a-t-on pas vu par l'effort de ton bras
Ces antiques autels crouler avec fracas ?
Ces pavés arrachés ? ces tableaux qu'on révère
Et l'image du Christ rouler dans la poussière ?
Quel horrible spectacle, on ne peut sans frémir,
De tes faits odieux peindre le souvenir !...

Plus tard ressouviens-toi, dans ces jours mémorables,
Des efforts opposés à tes vœux exécrables :
Non content de briser ces vertiges sacrés,
Du temple dévasté sur les toits déchirés,
Ta sacrilége main, qu'animait un faux zèle,
Allait en consommant son œuvre criminelle,
Remuer dans ce champ et la terre et les os
Et se repaître enfin dans le fond des tombeaux.

De ces rustiques toits, ces retraites obscures
Où règnent de l'amour les lois tendres et pures,
Un lamentable cri retentit jusqu'aux Cieux;
Tremblante, au désespoir, errant dans les saints lieux,
Sur la tombe d'un fils la mère désolée,
Incline en sanglotant sa tête échevelée,
Et levant vers le Ciel ses yeux mouillés de pleurs,
Implore le Très Haut d'éclairer tes erreurs.
Tout ce troupeau chrétien à tes pieds, en prières,
Veut repousser tes mains des tombes de ses pères,
Et toi, loin de bénir ces nobles sentiments,
Tu veux le disperser sous tes coups menaçants,
Et ton œil en fureur semble invoquer la foudre
Pour réduire ces murs et ces tombeaux en poudre.

Mais l'humble paysan, du saint lieu défenseur,
Rempli d'un zèle ardent te frappe de terreur;
Aux traits de ton courroux il se montre inflexible;
Il marche soutenu d'une main invisible;
On le vit, combattant tes odieux écrits,
Du temple et des tombeaux racheter les débris,
Et toi couvert de honte, accablé dans ta cendre,
La voix d'un Dieu vengeur semble te faire entendre :
Garde-toi de toucher aux temples abattus
Et respecte, insensé, le chrétien qui n'est plus.

ALFRED PIQUOT.

FRUITS

DE L'ENSEIGNEMENT CLÉRICAL CHEZ LE PAYSAN

Quelque soit un mortel, s'il est mauvais chrétien,
Ses bienfaits, ses vertus, devant Dieu ne sont rien.
C'est ainsi que Pierrot armé de sa croyance,
Pour convertir les gens prêche la bienfaisance.
Il veut montrer à tous, le catéchisme en main,
L'art de gagner le Ciel en damnant son prochain.
Et, pour aller le cœur plein de fiel et de haine,
Manger Dieu sang et chair après la quarantaine,
Il semble en nous lançant un regard de travers,
Plonger morts et vivants dans le fond des enfers.
Veux-tu qu'à ta doctrine on se rende fidèle?
Pierrot, montre-nous donc plus d'esprits, plus de zèle.
Pour vaincre notre erreur et dessiller nos yeux,
Vois nos faits avant tout et songe à faire mieux.
Mais que dis-je, un dévot pour bâiller à la messe,
Pour dormir au sermon et mentir à confesse,
Pense de la sagesse atteindre le sommet.
Tu dis être homme juste et citoyen parfait :
Au gré de tes penchants tu peux vivre sans crainte;
Tu peux vingt fois par jour battre ta femme enceinte
Et voler de l'église au fond du cabaret
Et des bras de ton Dieu dans les bras de Babet.
Tu vas au banquet saint, il suffit, c'est tout dire;
Tu peux piller, voler, calomnier, médire,
Croire duper Dieu même au sein du sacrement;
Oui, chez toi tout est beau, tout s'y fait saintement.
Dans peu l'on te verra surpasser les oracles
Ou convertir Renan au bruit de tes miracles.

Si le Ciel indulgent te prodigue ses dons :
« Voyez comme ici-bas Dieu protége les bons ! »
Nous crieras-tu sur l'heure, en vantant ta richesse,
Honneur à mes talents, honneur à ma sagesse !
Mais si, par un revers, Dieu veut te détromper,
Que sous le poids des maux il te fasse ramper,
Diras-tu : « Dieu me frappe, il est juste et sévère. »
Non, mais sec et ruiné, rugissant de colère,
Prêt à tout égorger pour recouvrer tes biens :
« Hé ! Dieu, répondras-tu, n'afflige que les siens ! »
En richesse, en honneur vois-tu grandir ton frère,
« Ce n'est point d'aujourd'hui que le méchant prospère... »
Diras-tu le cœur gros d'envie et de courroux.
Mais si, de l'infortune il tombe sous les coups,
Bientôt nous t'entendrons d'un ton évangélique,
Appliquer à ses maux ton système élastique
Et crier : Il succombe, ah ! le pécheur maudit,
C'est tant mieux... tout est bien... c'est Dieu qui le punit !
Et trouvant ton bonheur en ses propres alarmes,
Tu vas, loin de l'aider, l'insulter dans ses larmes.

Ainsi, tu sais toujours sur un ton doctoral,
Nous démontrer la cause et du bien et du mal.
Le juste en ses bienfaits voit le mal qui le frappe.
Le méchant en son crime au mal souvent échappe.
Le mal frappe au hasard et le faible et le fort,
Et le riche et le pauvre, ayons raison ou tort.
Mais, le mal viendrait-il de la bonté divine ?
Nul mortel n'en connaît le but ni l'origine.
Pourtant il est partout, on n'en saurait douter,
Et c'est en s'entr'aidant qu'on y sait résister.

Supporter en commun le fardeau des misères,
C'est le sage moyen de les rendre légères.

Tu jeûnes au pain sec, j'en conviens, mais crois-moi,
Ce n'est qu'un jeu sans fruit d'observer cette loi.
Seulement une fois soulager l'indigence,
Vaut mieux, à mon avis, que cent jours d'abstinence.
Mais gloire au vrai chrétien, au fraternel appui,
Qui se prive en secret pour soulager autrui :
J'admets que pour ce but le jeûne ait du mérite.
Mais, se mortifier ! que ce mot là m'irrite ;
Je ne croirai jamais, malgré tes bons avis,
Qu'en enrageant la faim on gagne un paradis.
Le pain et l'appétit c'est Dieu qui nous les donne :
Bois donc et mange et dors quand le besoin l'ordonne.
Nul mortel n'a reçu l'ordre du Créateur
D'être de sa santé le zélé destructeur.
Si nous avons reçu talents, force, courage,
Pour l'utile avant tout, sachons en faire usage ;
Épuisons à profit les dons qui nous sont faits,
Notre force au travail, nos talents au progrès,
Croyons qu'un gras curé fier de sa rouge mine,
Vaut autant qu'un dévot que le jeûne assassine.
Mais que dis-je, un abus des siècles adopté,
Passe pour loi du Ciel chez le peuple hébété.
Sur tant de saints décrets quel crime de médire ;
Les enfreindre est mal fait, s'en moquer encor pire.

ALFRED PIQUOT.

ODE A LA LIBERTÉ

A M. GAMBETTA

Peuples qui mendiez des rois, Dieu vous bénisse.

HÉSÉSIPPE MOREAU.

Par un jour de printemps, dans le Ciel entr'ouvert,
    D'où coulaient des flots d'harmonie,
Dont l'horizon noyé dans ce divin concert
    En redisait la symphonie,

Une vierge apparut, un rameau vert en main,
    Le regard tourné vers la France,
Et des milliers de cœurs ébahis, que soudain,
    Enivre une douce espérance.

Dans un accord sonore et cent fois répété,
    Spectacle touchant, grandiose,
Jettent ce cri sauveur : vive la Liberté !
    L'ère de tyrannie est close.

O Liberté chérie ! ô phare étincelant !
    Étoile au progrès consacrée !
Scrutant les vils complots du despote insolent,
    Poursuis ta mission sacrée !

Est-il devoir plus grand, rôle plus glorieux,
    Une tâche ici-bas plus pure ?
Et ne faut-il pas être une fille des Cieux
    Pour capter ainsi la nature ?

A ton viril aspect, las, effrayés, tremblants,
    O belle et chaste souveraine ?
D'un noir vertige pris, les trônes chancelants
    Entrevoient leur chûte prochaine !

Non, le cours éternel des siècles à venir,
Ni des tyrans l'ignoble race,
N'effaceront jamais, immortel souvenir,
De tes pas la sublime trace.

   Tout sourit à tes lois ;
   Tout chante ta puissance :
   Le lion qui s'élance,
   Terrible, au fond des bois,
   L'insecte d'or qui brille
   Sur le velours des prés,
   L'astre-roi qui scintille,
   Sur les lacs diaprés.
   Loin de l'horrible cage
   En ses gentils ébats,
   Le pinson du bocage
   Bénit tes doux appas,
   L'humble et brûlant poète,
   Pour chanter tes splendeurs,
   Comme en un jour de fête,
   Pare de fraîches fleurs
   Son luth fragile et tendre,
   Dont la voix fait entendre,
   Dans l'air silencieux,
   Ses sons les plus suaves,
   Concerts joyeux et graves,
   Que l'écho porte aux Cieux !

Ah ! que la terre couvre en ses basses entrailles,
Cette funeste soif des mortelles batailles !
Q'humble, écrasé, soumis, le vain orgueil des rois
S'exile aux fiers accents de ta puissante voix !

LA JUSTICE

Que sur le monde en paix ton étendard magique
Où rayonne ce mot grand et pur : République,
Plane, splendide aurore ! ô sainte Liberté !
Purifiant flambeau ! superbe majesté !
Cours, vole aux régions où l'esclavage habite ;
A ta marche géante, il n'est pas de limite ;
Et jusqu'aux noirs confins de l'immense univers,
Secouant ta bannière aux divins plis ouverts,
Que ton bras généreux qu'un noble amour anime,
Prodigue les bienfaits de ton cœur magnanime !
Que ton sceptre éclatant resplendisse en tous lieux !
Dieu de qui tu nous viens, de son doigt radieux
A, sur ton front béni que la lumière inonde,
Inscrit ce titre saint : sois la reine du monde !

P.-P. Palut,
Ouvrier tonnelier.

Dordogne.

ALLA FRANCIA

Da Robespier al terzo Bonaparte
Non respiro l'Europa aure serene.
Per ben tre lustri il fulmine di Marte
Distrusse troni, e i Re trasse in catene.

Injiem riunite poi le membra sparte
Riansguarono alfin l'esauste vene.
Vinsero il sommo, che, in remora parte
Chiuso, soffri dell' ambizion le pene.

Francia al suo primo amor bentosto riede,
E'l nipote del grande in alto sale,
Poco serbando la giurata fede.

Anch' Ei cinge Corona Imperiale,
Poi dice « il mio Governo in Pace siede »
Ma il Reno ambisce, e gli è Sedan fatale.

Luigi Ciccaglione.

AD ADOLFO THIERS
PRESIDENTE DELLA REPUBLICA FRANCESE

ACROSTICO

A te dere la Francia ogri rispetto;
Dal tuo senno ripete la salvezza;
Operoso, non cuvi la recchiezza;
Lincea è tua vista, e fino l'intelletto.
Fa core e cesseranno in lei gli affanni
Ond'é accassiata, se colpisci a segno
Tutti i partiti, che uno stesso impegno
Hanno per affidarla ai suoi tiranni.
I pretendenti tu conosci appieno.
Essi ben altri guai van preparando.
Rassoda il suo governo, e metti al bando
Subito il serpe che le rode il seno.

Luigi Ciccaglione.

LE PILOTE DE LA FRANCE

Le vaisseau se tordait, sur la mer en courroux.
Les matelots craintifs s'étaient mis à genoux,
Car on ne pouvait plus lutter contre l'orage
Qui s'était déchaîné plein d'une sourde rage,
Et faisait tout trembler à bord de ce vaisseau.

Sur le bout du grand mât, on voyait un drapeau
Flottant, malgré la vague et malgré la tempête,
Comme un dernier lutteur de cette sombre fête.

Et la mort arrivait lentement. — La terreur
En grandissait la forme et l'effroyable horreur.
Le navire courbait sa puissante mâture,
Vers l'abîme effrayant qui vomissait l'injure,
Les cordages brisés flottaient au gré des vents,
A travers tous les cris passaient des voix d'enfants,
Et comme nul secours n'empêchait ce naufrage
On allait succomber à cent pas du rivage ;
La vaste mer allait se changer en cercueil.
Déjà les matelots apercevaient l'écueil
— A genoux !

Le navire, avait touché sans doute ?
Eh bien non ! il suivait une nouvelle route,
Un homme était venu, pour conjurer le sort,
Et guidait le vaisseau vers un tranquille port !

Évariste Carrance.

Novembre 1872.

A Mlle ANTOINETTE PEYRET

O toi sur qui Marie arrêta son regard,
    Un long regard de bienveillance,
      Vis, en suivant son étendard,
D'un souvenir si cher à ta reconnaissance.

Oh! que tu dois bénir cette reine des Cieux!...
    Les faveurs qu'elle te prépare,
      Jamais sa main n'en fut avare
Pour la Vierge au cœur pur, humble, doux et pieux.

Elle t'aime, Marie!... adresse ta prière
    A l'avocate des pécheurs,
      Pour que, déplorant leurs erreurs,
Ils retournent au Christ, à l'Église leur mère.

Ah! quand l'impiété lève son front maudit,
    La France en sursaut se réveille,
      Et l'on voit partout, ô merveille!...
Des pèlerins sans nombre à qui le Ciel sourit.

Où vont-ils ces chrétiens qu'anime un si beau zèle?...
    Ils vont, pour la Patrie en pleurs
      Espérant des destins meilleurs,
Prier la Vierge auguste aux Roches Massabielle.

C'est là qu'elle apparut, c'est là qu'elle aime à voir,
    Dans la grotte à jamais bénie,
      La foule ardente et réunie
Implorer un prodige... heureuse de l'avoir!!!

L'ABBÉ PEYRET.

Hérault.

UN CHANT D'AUTOMNE EN 1872

A MON AMI CLOVIS R...

Muse! accorde ma lyre et dis-moi si l'automne
A doré les raisins,
Si pour nous les bienfaits de la riche Pomone
S'échappent de ses mains;
Dis-moi si la Picardie,
La vieille Normandie,
Le joyeux Bordelais,
Retrouvent le bonheur au sein de l'abondance;
Si de nouveau l'amour, la gaieté, l'espérance,
Se fixent en Bourgogne et dans l'Orléanais.
Apporte-moi des accents d'allégresse;
Toi qui sais de quels vœux se nourrit ma jeunesse,
Éloigne de mes chants la mort et les tombeaux;
Redis pour moi le plaisir des vendanges,
Peins-moi des jeux, des ris, les joyeuses phalanges;
Ne me présente plus de lugubres tableaux.
Enfin, dis-moi comment, tout frappés que nous sommes,
Nous pouvons invoquer l'honneur et le bon droit;
Comment les vieux Français seront toujours des hommes,
Si chez eux dans ce but, chacun fait ce qu'il doit.

O muse! la Patrie
Fut, je le sais trop bien, malheureuse et meurtrie;
Mais pour elle en poison se transforment nos pleurs,
Et nos plaintes,
Nos craintes,
Sans mobile, sans but, ravivent ses douleurs;
Soyons prudents, soyons calmes et sages,

Nous serons forts,
Maîtres chez nous, respectés au dehors.
N'évoquons du passé les lugubres images
Que pour les bien connaître et nous en souvenir.

Muse ! j'ai foi, chantons, préparons l'avenir :
Souvent triste et rêveur, déjà las dans ce monde,
J'ai fui l'éclat du jour ;
Souvent seul avec moi, dans la forêt profonde,
J'ai chanté mon pays, sa gloire et mon amour.
Là j'ai vu le druide et consulté l'oracle :
Apprends comment le Dieu s'est plu par un miracle
A confirmer toujours ses paroles d'espoir ;
Combien dans l'industrie et nos belles cultures,
Il nous voit d'avenir, d'influences futures !

J'ai vu, d'un nuage, un beau soir,
Tomber à grains serrés la divine semence :
Un fleuve la reçut, et soudain par la France
En promena les flots ;
Cérès les dispensait en de larges canaux,
Et bientôt sous les feux de sa féconde haleine,
La plaine
Se transforme et n'est plus qu'une gerbe d'épis.

J'ai vu d'un gai coteau se gercer le tapis
Et fuir à gros bouillons une essence vermeille ;
La source était multiple, active sans pareille,
Et d'un jet bien puissant, car au-delà des mers,
Une part sans se fondre aux éléments amers
Arrivait, généreuse, aux plus lointaines plages.

J'ai vu, d'un grand principe assez justes images,
　　　　Des monstres miraculeux,
D'effroyables dragons dont les bras musculeux,
Le sein gonflé de flamme et les dents métalliques
　　　　Trituraient, broyaient sans effort,
Mille débris sans nom, mille formes antiques,
Et redonnaient la vie aux jouets de la mort.

Enfin, il était nuit, un nuage bien sombre
Des grands chênes voisins me dérobait le nombre,
Et peut-être en ces lieux de mystère et d'horreur,
Mon âme allait céder au frisson de la peur ;
Mais tel de l'Océan l'éclair vient au rivage,
Une clarté soudaine a lui dans le feuillage,
Y reste suspendue et, tel fait le matin,
Dessine chaque objet vaguement au lointain ;
Puis enfin, tel doit naître en soulevant la plaine
　　　　Le terrible volcan,
Au loin le sol se gonfle et sur un vaste plan,
S'entr'ouvre, se déchire, et n'est plus qu'une arène
Où bondit un métal liquide, incandescent ;
Le flot fuit au hasard, se précipite, inonde,
Se heurte, et de ses coups fait osciller le monde,
Tant sa masse est mobile et son poids est puissant.

Je redoutais de voir cette force tarie,
Mais un nouvel effet à l'effet se marie :
Par cent chemins nouveaux, cent fleuves lumineux,
Aux autres opposés dans le but et la course,
Viennent tous se heurter à la première source.
Un instant refoulés, leurs flots volumineux

Reculent indécis, regardent la colline;
Se roulent et soudain, tel un démon géant,
Chacun d'eux sur le roc s'élance, le domine,
Se courbe et disparaît dans le gouffre béant.

Ainsi le phénomène agit en permanence
      Et son double ressort
   Assure à jamais sa puissance;
Le Ciel en maintiendra l'harmonieux accord.

J'espérais ! Néanmoins, rempli d'inquiétude,
Je voulais de ces lieux quitter la solitude,
Voir le jour, mesurer au poids de la raison
Ces tableaux qui pour moi naissaient à l'horizon.
Une voix m'arrêta : celle du vieux druide,
Du prêtre vénéré qui me servait de guide.

Barde ! tu viens de voir l'aurore de beaux jours !
J'espère que les tiens en fixeront le cours,
Feront de la fortune un conséquent usage,
Et sauront conserver leur brillant héritage,
Disait le vieux pontife avec sérénité;
J'espère que ton peuple aura la volonté,
La force, la puissance, un grand âge prospère.
Mais, bientôt reprit-il, dans un geste sévère,
Francs trop présomptueux, trop futiles Gaulois,
Vous avez bien pour vous l'éternelle jeunesse,
La puissance, l'honneur, le crédit, la richesse,
Mais contre vous souvent, au cœur de certains rois,
La discorde a soufflé le poison de l'envie;
Et pendant qu'un César menaçait votre vie,

    Que faisiez-vous?
Vous vous battiez ou portiez la marotte,
Et de vos droits rompus, la discordante note
Ne faillissait jamais à vous surprendre tous.
   Alors, bondissants, indomptables,
    Sur les pâles calculateurs,
Vous vous précipitiez en masses formidables,
Et baigniez dans le sang, peuples et dictateurs;
Puis vos droits reconquis, bientôt vers la frontière,
    Suivant la route première,
    Vous reveniez en chantant.
Vous aviez terrassé la haine et l'injustice,
Mais à quel prix, hélas! et par quel sacrifice!
On le pouvait bien voir, soldats! en vous comptant.

Une âme un peu plus calme, un peu moins bénévole,
Eût prévenu sans doute un prétexte frivole;
Chez vous comme au dehors, un peu de volonté
L'eût connu bien conduit s'il ne l'eût évité.
La prudence et la force ensemble sont fatales :
Elles feront la paix ou les guerres brutales,
Suivant l'esprit du peuple où naîtra leur accord.

Enfant! le vieux gaulois ne peut craindre la mort :
Un miracle à tes yeux a dit quelle puissance,
Quelles armes toujours sont aux mains de la France;
Aussi, qu'elle soit sage, et bientôt la splendeur
Couronnera pour elle une ère de grandeur.
Mais toi, barde sans nom, ne va pas dans les larmes,
Dans de lâches soupirs déshonorer ces armes,
Efféminer les cœurs, ou par d'autres moyens,
Faire des fanfarons de braves citoyens.

Remonte l'infortune, arme-toi de courage,
Et surtout que jamais une impuissante rage
Ne transforme en blasphème un des sons de ta voix :
   Il est contre l'insulte
     Des lois,
Et sache que toujours le mépris en résulte.
Sois ferme sans orgueil, la noble dignité
Peut chanter le front haut la bataille perdue,
Et sans que dans la fange elle plonge la vue,
A d'injustes vainqueurs dire la vérité.

Exalte la vertu, barde ! et que la mollesse,
L'égoïsme et l'orgueil, l'insulte et la bassesse,
Déshonorés par toi, de ce vieux sol français,
Par les tiens éconduits, s'éloignent pour jamais.
Fais que l'amour du beau, du grand, enfin s'épure
Et remplace partout ces tons voyants et plats
Que je vois effrontés dans de sots falbalas,
Insulter trop souvent à la belle nature.
Sache invoquer l'honneur, ce tout-puissant moyen,
Faire que la raison remplace la folie,
Et que devant le droit, chacun se courbe et plie.
Tu peux de tout Français faire un bon citoyen
En nourrissant son cœur des rayons de la flamme
Que porte la vertu dans le fond de son âme.

Va, chante les moissons, les prés, les champs, les bois,
L'industrie aux cent bras, la nature et ses lois ;
Fais renaître pour tous les gloires immortelles,
Ces rêves que chérit la noble ambition,
Et dis qu'il est toujours des arènes nouvelles
Où l'honneur peut s'unir à l'émulation.

Enfin, chante ton Dieu, l'amour et la Patrie,
Unis-les dans ton cœur et dans ta rêverie.

Adieu, barde! le Ciel te créa pour le bien,
Sois maudit si du mal tu te fais le soutien.

Isidore.

L'IMPOT DU SANG

A tous ses fils, la France donne une arme,
Préparons-nous à devenir guerriers,
Car le devoir, exige, au cri d'alarme,
Que l'on défende, à tout prix, ses foyers.
Accoutumons notre âme à l'héroïsme,
Prêts au combat ne le cherchons jamais,
Préservons-nous d'un nouveau cataclysme
Par le travail, la science et la paix.

Dans ton étoile, ô ma Patrie espère!
Les temps si durs redeviendront meilleurs;
Pour te refaire un sort libre et prospère
Nous serons tous soldats et travailleurs!

Nous qui voulons reprendre dans le monde
Notre influence et notre mission,
Serrons nos rangs devant la horde immonde
Qui déchaîna sur nous l'invasion...
Il ne faut plus, derrière un privilége,
Nous abriter contre l'impôt du sang;
Qui s'en exempte est lâche et sacrilége,
Payé par tous, il sera moins pesant.

Dans ton étoile, ô ma Patrie espère !
Les temps si durs redeviendront meilleurs ;
Pour te refaire un sort libre et prospère
Nous serons tous soldats et travailleurs !

Par leur courage et leur vertu civique
Nos pères ont conquis la Liberté,
A leur exemple aimons la République
Qui doit à tous justice, égalité...
Si quelque roi la menace et l'offense,
Aux citoyens qu'elle adresse un appel ;
Chacun de nous instruit pour sa défense
Saura périr ou se rendre immortel !

Dans ton étoile, ô ma Patrie espère !
Les temps si durs redeviennent meilleurs ;
Pour te refaire un sort libre et prospère
Nous sommes tous soldats et travailleurs !

Auguste Rousseau.

Maine-et-Loire.

LES FLEURS D'AUTOMNE

Petites fleurs des prés qu'octobre trouve écloses,
    Hélas ! vous ne m'annoncez pas
L'agréable saison des œillets et des roses,
    Mais que l'hiver vient à grands pas.

Sans feuilles pour cacher leurs robustes épaules,
    Je vois les vieux chênes branchus ;
J'aperçois les tilleuls, les peupliers, les saules,
    Dans l'air balancer leurs bras nus.

Arbres dont la ramure embellit le bocage
  Et remplit d'ombre nos vallons,
L'homme aussi se ressent, comme votre feuillage,
  De l'influence des saisons.

Voyez cette figure à l'air grave que donnent
  Le grand âge et les blancs cheveux ;
Ce visage flétri que les rides sillonnent
  Et tout ce corps qui se fait vieux.

Regardez ce vieillard que la joie abandonne :
  Il eut comme vous son printemps;
Et l'été sur son front a fait place à l'automne,
  Comme vous il a fait son temps.

Quand je vois le colchique en fleur dans la prairie,
  Je me dis, adieu les beaux jours !
La sève dans ton sein languissante ou tarie,
  O terre, alors suspend son cours.

Plus de chants, de ciel bleu, de fleurs ni de verdure,
  Partout le silence et le deuil ;
Et la terre bientôt, sous sa froide parure
  Sera triste comme un cercueil.

Petites fleurs des prés qu'octobre trouve écloses,
  Hélas ! vous ne m'annoncez pas
L'agréable saison des œillets et des roses,
  Mais que l'hiver vient à grands pas.

BOUCHER.

Loir-et-Cher.

MOSAIQUE

Le style est aussi bien l'homme en architecture qu'en littérature : les monuments sont le style d'un siècle.

JULES DE VORIS.

Un bon livre est un ami qui nous donne des leçons sans blesser notre amour-propre.

ÉVARISTE CARRANCE.

A Mlle S. P.

HIER — AUJOURD'HUI — DEMAIN

Hier

Sur un triste terrain dont l'air froid la glaçait, sans force grandissait la plante solitaire, sa tige sans vigueur se penchait vers la terre, sans qu'un frêle bouton la réjouit jamais. Mais l'Être Souverain qu'adorent les archanges, vit la plante faiblir, et d'elle ayant pitié : « Va, dit-il, au plus doux des plus doux de ses anges, pars sur un rayon d'or, tu sauras la sauver. »

Et quittant le Ciel bleu, et son père, et ses frères, l'ange au tendre regard, l'ange au doux front penché, s'élança, tout aimant, sur le char de lumière qui l'allait emporter au terrain délaissé.

Aujourd'hui

Le brillant rayon d'or a traversé l'espace, son divin passager fait son œuvre d'amour. Comme il a su chasser les miasmes de l'espace! Comme son souffle pur les renvoie à toujours! Il a des soins bénis pour son enfant souffrante, il a des mots charmants qu'il prononce tout bas, il saura la sauver car sa voix est puissante, sa force est en Dieu même et il réussira.

Quand son aile se blesse à l'épine cruelle, il sourit, il n'a point d'autre signe vengeur : son âme a des trésors d'une indulgence telle, qu'on n'en sonda jamais l'immense profondeur. Et lui parlant d'espoir, il lui montre les plaines du Ciel bleu sa Patrie, où l'attend Jéhovah! Ah! la plante a compris, son angoisse est suprême, il faudra dire adieu et rester ici-bas.

Elle n'ose fléchir, elle n'ose se plaindre, mais elle essaie en vain d'espérer avec lui : « Ne te verrai-je plus?... l'avenir est à craindre si tu pars à jamais, mon doux ange béni! »

Il la rassure alors, il promet sa pensée à la pauvrette en pleurs qui ne craint que l'oubli : « Jamais sa sympathie en vain n'est évoquée, » a-t-il dit, elle croit car elle espère en lui; à la fois résignée et triste, elle s'incline, pour recevoir, hélas! le baiser de l'adieu.

L'ange ému va partir, mais sa voix argentine s'écrie auparavant : Je reviendrai, adieu.

Demain

Sur la terre assombrie a grandi cette plante que l'amour seul sauva de la mort, du néant; solitaire mais forte, elle lutte vaillante, elle mourait sans but : elle vit maintenant, car pour l'ami qui doit la revoir au passage elle veut être belle et riche d'une fleur, qu'elle lui donnera comme un joyeux hommage, et qu'il accueillera comme un tribut du cœur.

Amie, l'heureux temps où votre voix si chère vi... it pour me guider est hélas! loin de nous; votre plante a grandi, mais si je me sens fière, c'est que je suis à vous, et pour toujours à vous.

Louisa Chouet.

Suisse.

RIEN NE M'EST PLUS, PLUS NE M'EST RIEN

Valentine de Milan

Pourquoi n'aimez-vous plus la vie,
  Cette reine des jeunes cœurs?
  Sa belle coupe d'ambroisie
Pour vous n'a donc plus de douceurs.

Cependant elle est si suave
  Que ne faisant que l'effleurer,
  Chaque être devient son esclave
Et pour elle veut tout quitter.

Le rayon brille moins dans l'ombre
  Qu'elle pour la création;
Sans elle tout s'éteint, tout sombre,
  Beauté, or, adulation.

Pourquoi fuyez-vous sa présence
  Quand pour l'avoir tout tend la main;
  Il faut n'avoir plus d'espérance
Pour haïr son joyeux festin!...

— « Me rendrez-vous ceux que j'adore,
» Sans eux, loin de moi, le nectar,
» Son parfum pour moi s'évapore
» Et de la mort j'attends le char!... »

Ariane Girod-Ronsset.

ODE HISTORIQUE A TOUTE MA FAMILLE
SIÉGE DE PARIS DE 1870 A 1871, A JAMAIS DÉPLORABLE

Que faites-vous? enfants, frères, papas, mamans!
Vous tous que je n'ai vus, depuis près de cinq ans!...
Voyons! causons un peu : car pendant cette guerre,
Tous avons dû souffrir, tourment, peine et misère!
Moi, pour mon compte aussi, dans Paris assiégé,
Pendant plus de six mois, sans être dégagé!...
Un ennemi nombreux, couvrant toute la ville,
De bombes et d'obus, tombant à domicile,
Mettant à force coups, le feu même aux maisons,
Aux hospices civils, aux gares et wagons!...
Aux monuments pieux, temples et basiliques,
Aux dômes et palais, dorés et magnifiques!!...
Ces désastres étaient tous moins que la faim,
Du chien et du cheval, rien au monde à la fin!...
Pour toute une journée, enfants, hommes et femmes,
Du mauvais pain tout noir, trois cent soixante grammes!!...
Voyez, mes chers amis, si l'on était heureux ;
De tous côtés des cris, de pauvres souffreteux!...
A chaque pas vraiment, ce n'était que misère,
Les plus nécessiteux, vomissaient de colère :
Des malédictions contre les gouvernants,
Des reproches amers, par les plus accablants!
Détromper tout Paris, par de vaines promesses,
Sachant que tout le peuple était dans les tristesses!!...
Tantôt c'était Trochu, Jules Favre et Picard,
Ducrot, Vallant, Vinois qui lançaient sur placard,
Que dans huit ou dix jours tout Paris serait libre,
Au moyen de canons d'un tout nouveau calibre!
Et que, par conséquent, les Prussiens tous vaincus,
Les vivres dans la ville abonderaient et plus!!!...

Mais tout ceci n'était que d'absurdes mensonges,
Non pas comme Joseph, prédisant dans ses songes,
Aux crédules hébreux du temps de Pharaon,
Abondance et disette étant dans sa prison!...
Pour les Parisiens, c'était une autre affaire,
Car l'ouvrier à peine, avait-il son salaire!...
Les gardes nationaux, seuls étaient bien payés,
Aussi les voyait-on tous bien appropriés!...
Chacun d'eux, s'empressait de faire l'exercice,
Se rendant à l'appel pour faire son service!...
Le havre-sac au dos, comme de vieux grognards,
Fusil, sabre et giberne, accourir aux remparts!...
De nombreux généraux trahissant la Patrie,
Au milieu du combat, craignant tous pour leur vie,
Commandaient de sonner la retraite aussitôt,
Alors que nos soldats, même étaient à l'assaut!...
Chacun d'eux leur criant : assez! l'on vous en prie!
Pour rien, il ne faut point sacrifier sa vie!!...
Mais nos vaillants soldats, indignés, tout confus,
Tous se sont écriés : nous sommes bien perdus!
C'en est fait de la France impudemment vendue,
Et notre armée enfin, est toute corrompue
Voilà, mes chers enfants, la cause à tous nos maux,
Tous ces mauvais gredins de traîtres généraux!
Pareils à ce maudit lâche de Bonaparte,
Qui nous a tous livrés, comme on le fit à Sparte!!!...
Il est à désirer, qu'un bon gouvernement,
Fort, sage et libéral, dure éternellement!...
Comme l'est celui d'une grande République,
Semblable à celle de la Suisse et l'Amérique!!!
Tel est mon vif désir, et j'y tiens fortement,
Pour la France et pour moi, le souhaite ardemment!!!...

LALOY.

ANGE OU DÉMON

> Elles me disent, viens !...
> Alors je songe, et me souviens.
> Or^{Iles} LES FANTOMES.

Quand par un souffle heureux de la toute-puissance,
Pour embellir l'Éden, la femme prit naissance,
Que faisait l'homme au sein de la création?
Il étendait au loin sa domination;
Mais un charme inconnu manquait à son empire :
La femme alors parut avec son doux sourire,
Et sa grâce ineffable, aiguillon de l'amour,
Elle transfigura le terrestre séjour :
Par l'attrait enivrant de sa secrète flamme,
L'homme ému, transporté, sentit doubler son âme,
Et mille rejetons émanés de ses feux,
Pour suivre son destin surgirent en tous lieux.

Glorieux descendants de cette noble souche,
Aujourd'hui comme alors le même attrait nous touche.
Le poète inspiré par un doux souvenir,
Évoquant le passé, pressentant l'avenir,
Célèbre les trésors de l'humaine famille,
Dans l'épouse et la sœur, dans la mère et la fille.

Est-il sous le soleil un spectacle si beau,
Qu'il ne s'éclipse auprès de ce riant tableau?

Quand l'enfant a fixé sa démarche incertaine,
Et que de sa raison la lueur brille à peine;
Pour partager sa joie, et ses plaisirs naissants,
Qu'apparaisse une sœur en ses jeux innocents;
Quel changement soudain ! son heureuse influence
Des plus vifs mouvements calme la violence;

Le jeune frère ému, docile, repentant,
De sa grâce naïve a subi l'ascendant ;
Et comme sa voix douce a déjà su lui plaire,
Tantôt elle l'excite, et tantôt le modère ;
Exerçant à son gré ce magique pouvoir,
Qui se fait obéir, sans presque s'émouvoir.
O prestige ! et pourtant cette âme neuve et pure
Tient tous ses dons heureux de la simple nature.

Mais voyez-la grandir sous le toit paternel ;
S'abreuvant chaque jour à la coupe de miel,
De sa mère enivrée elle devient l'idole ;
Charme tous ses ennuis, à ses désirs s'immole,
Et fille dévouée elle offre à ses douleurs
Ses soins compatissants et ses plus douces fleurs.
Quel docteur inspiré pourrait mettre en balance
Les efforts incertains de sa vaine science ?
Des mots entrecoupés, de timides soupirs,
Un regard qui trahit tous ses secrets désirs,
Voilà le baume heureux, le précieux dictame,
Dont cet ange adoré vient soulager son âme.
Le mal a fui ; voyez quel céleste rayon
De cette jeune fille illumine le front :
Espoir de la famille elle a gardé son frère,
Aux serres du trépas elle arrache sa mère.

Mais aussi quel triomphe, et quel concert d'amour
Lui garde la cité qui lui donna le jour !
Dans ces temps solennels où, pour marquer sa joie,
Sur tous les lieux publics la foule se déploie,
Qu'elle vienne à passer dans ses simples appas,
Partout chacun s'incline, et lui cède le pas ;

On admire à la fois ses vertus et sa grâce,
Et cet air enchanteur devant qui tout s'efface.

Pour avoir ce beau corps et cette âme à la fois,
Quel mortel fortuné saura fixer son choix ?
Combien de prétendants qui n'osent se produire !
Tandis que de plus fiers se laissent éconduire.

Mais de tous ces rivaux le trop heureux vainqueur
De notre belle enfin a su toucher le cœur ;
Le jour est annoncé, qui de leur destinée
Va serrer à jamais la trame fortunée ;
Partout on se prépare à fêter ce beau jour,
Où la vertu triomphe, aussi bien que l'amour.
De ce commun bonheur chaque fille jalouse
Va s'unir en secret aux serments de l'épouse ;
Et cherche dans son cœur un poétique nom,
Qui relève à ses yeux cette belle union.

De l'anneau nuptial la voilà donc parée ;
Orgueil de son époux dont elle est adorée,
Dans les salons, au sein du plus brillant concours,
Elle va s'étaler avec tous ses atours :

De tous ces cœurs émus elle devient l'idole ;
On aime à contempler dans sa pure auréole,
Ce visage enivré, gracieux et sans fard,
Dont un simple reflet fascine le regard.
Vous dont un heureux choix a couronné la flamme,
Songez aux vifs transports qui ravissaient votre âme,
Lorsque ayant entrevu les plaisirs de l'Éden,
Vous fûtes introduits dans ce riant jardin,

Pour ressentir ces feux qu'un doux prestige dore,
Et les enchantements que l'hymen fait éclore.

Prodigue de faveurs, à ce couple enchanté
La nature a fait don de la fécondité.
Hier c'était l'épouse, aujourd'hui c'est la mère
Qui d'un beau rejeton se montre toute fière ;
Déchirée, abattue, en lui donnant le jour,
Quelle énergie elle a puisé dans son amour !
Qui décrira sa joie, en voyant ce visage
Où d'elle et son époux se reproduit l'image !
Ah ! vienne désormais l'épreuve du malheur,
On la verra du sort combattant la rigueur ;
Pour le vaincre, opposer cette force divine
Que Sabinus trouva dans l'âme d'Éponine.
D'un amour partagé quels précieux trésors !
Heureux qui pour les peindre a traduit ses transports !

Pourquoi faut-il qu'auprès de toutes ces merveilles
Des récits moins touchants attristent nos oreilles !
Et qu'un ange créé pour inspirer l'amour
Devienne le fléau de cet humain séjour !

Hélas ! il est trop vrai, plus d'une frédégonde
Des traits de sa vengeance a fait frémir le monde ;
Plus d'une messaline, aux lascives ardeurs,
A d'indignes amants prodigua ses faveurs.
Mais sans nous arrêter à ces puissantes reines,
Contemplons un moment de plus modestes scènes.

Dans la ville opulente ou le simple hameau,
Dans le modeste asile, ou le brillant château,

Si l'on semble se fuir, si la douce harmonie
Des esprits divisés est à jamais bannie,
Quelle perfide main a versé le poison,
Qui des amis d'hier a troublé la raison ;
C'est ce démon caché, cette fière sirène,
Qui distille à longs traits tout le fiel de sa haine.
A d'obscurs soupirants qui recherchaient sa main,
Elle avait refusé les douceurs de l'hymen,
Rêvant d'aller s'asseoir dans sa sotte insolence,
Sur les crépines d'or de la fière opulence :
Longtemps le sort fatal et rebelle à ses vœux
A plaisir déjoua ses plans ambitieux ;
Mais dans ses noirs chagrins trop vaine pour se plaindre,
Pour marquer ses regrets elle apprit l'art de feindre.
Des plus vastes projets apte à nouer le fil,
Rien ne put échapper à son esprit subtil ;
Prodigue de louange, et de ses sens maîtresse,
Elle sut afficher la joie ou la tristesse ;
C'est en courant ainsi quelque riche union,
Que d'un fat opulent elle accepta le nom.
Sur cet étroit cerveau pour asseoir son empire,
Elle s'arma d'abord de son plus doux sourire ;
Flatta tous ses instincts, et par d'adroits amis,
Avec force largesse à ses ordres soumis,
Pénétra tous ses plans, connut tous ses caprices,
Et sut bientôt le rendre esclave de ses vices.
Dès ce moment pouvant à son gré semer l'or,
Ses penchants contenus prirent tout leur essor.
Elle voulut former sa cour, comme une reine
Dont la foule subit la grandeur souveraine.
Son riche hôtel devint un somptueux palais,
Où le luxe étala ses plus brillants reflets.

L'éclat de ses atours, la pompe de ses fêtes,
Étendirent au loin ses nombreuses conquêtes;
On rechercha ses bals, ses ravissants concerts,
Et ses festins ornés des mets les plus divers.
De ses enchantements qui la suivaient sans trêve,
Le plaisir la comblait, ainsi que dans un rêve.
On citait les amants, dont les propos flatteurs
Obtenaient de ses sens les plus douces faveurs.

Mais qui peut s'assurer d'un sort toujours prospère?
L'orgueil, en la berçant d'une vaine chimère,
Dissimulait l'abîme ouvert devant ses pas;
Ses prodigalités et ce brillant fracas,
Épuisaient son trésor, sans qu'aucune ressource
Vint s'offrir, pour combler le vide de sa bourse.
Ses amis préférés, en lisant dans ses yeux,
Comprirent son malaise, et pour combler ses vœux,
Le tapis vert offrit dans ses salons splendides,
A ses prôneurs charmés ses appas si perfides;
Une lueur d'espoir rasséréna son cœur.
Mais! ô triste retour d'un mirage trompeur,
Soit que de ses amis la prudence opportune
Par un piége eût tenté de fixer la fortune;
Soit que déconcertant les calculs des joueurs,
Une veine obstinée excitât leurs fureurs;
Après un grand festin où les joyeux convives
Avaient donné l'essor à leurs humeurs lascives,
Un orage éclata dans ces groupes sans frein,
Ivres de jalousie et des excès du vin.

Jetons un voile épais sur cette affreuse scène,
Qui renversa le trône, où notre triste reine

Croyait, avec l'appui de ses adulateurs,
Braver impunément la justice et les mœurs.

Faut-il donc lui jeter notre froid anathème?
Oh! non, car ici-bas la femme est un problème...
　　Et si vous désirez une conclusion,
Je dirai : C'est plutôt un ange qu'un démon.

GUSTAVE ROUSSET.

Drôme.

A LA FRANCE

Que ses bataillons soient vaincus ou triomphants,
La Patrie est le lieu qui nous a vus enfants.

O France, qu'as-tu fais de ta gloire si belle?
Comment as-tu gardé cette palme immortelle
Que les dieux avec joie avaient mise en tes mains
Pour attirer le monde et guider les humains?

France, rentre en toi-même, as-tu la conscience
Des pas désordonnés que tu fais au hasard?
Te sens-tu respirant un souffle de démence?
Laisse-tu, sans y voir, souiller ton étendard?
Exploitant sans pudeur une réminiscence,
Un drôle put vingt ans t'imposer sa démence,
Et quand il t'avait fait honte nombre de fois,
Tu lui donnas encor huit millions de voix!

Il riait dans sa barbe avec sa clique impure,
Et de ta confiance et ta soumission,
Ensemble ils se disaient : Pourvu que cela dure,
Et que le bien nous vienne avec profusion!

Grâce à l'aveuglement, France, qui peu t'honore,
Cela dura longtemps et durerait encore
Si ton chef, écoutant sa folle vanité,
N'avait point de Bellonne irrité la fierté.

Mais on voulait, le mot en était populaire,
Mater l'aigle prussien et même le plumer.
On se le figurait complaisant, débonnaire,
Et comme un déjeûner se laissant consommer,
L'armée allait devant, vantarde, fanfaronne,
S'imaginant venger le général Cambronne,
Et la presse, croyant à tout ce faux semblant,
Proclamait haut : L'armée a l'esprit excellent.

« Ces mangeurs de choucroûte et ces buveurs de bière, »
Disaient nos bons soldats dans leur enivrement,
« Qu'ils viennent, ah ! ma foi, nous ne les craignons guère,
» Et nous les réduirons à l'aplatissement. »
Ils sont venus sans crainte et sans forfanterie,
Dévoués à leur roi, soumis à leur Patrie,
Possédant du devoir le sentiment profond
Par lequel les succès et les exploits se font.

Après chaque victoire, inclinés dans la plaine
Ils en remerciaient le Dieu dispensateur,
Ils nous envahissaient sans colère, sans haine,
Et comme pénétrés d'un esprit redresseur
Nos soldats, en voyant leur face vengeresse,
Quoique braves, sentaient leurs cœurs pris de détresse,
Et pour fuir un chasseur à leur perte irrité,
Les lièvres n'auraient pas plus de vélocité.

Hélas! je les ai vus! Notre pauvre Lorraine
A gardé de l'armée un triste souvenir.
Elle était étonnée, ignorante, incertaine,
Non pas pour se vanter, mais s'il fallait agir
Toute l'armée aux camps, avec son entourage
S'efforçait dans le vin de trouver du courage;
Et l'on eût pu penser, les voyant réunis,
Qu'ils n'en laisseraient pas un verre aux ennemis.

Mais ceux-ci s'avançaient, et d'un air grave, austère,
Faisaient fuir devant eux les bataillons français;
Tel on voit l'ouragan balayer sur la terre
Les feuilles et les fleurs des arbres fracassés.
Un jour, le sept août de mil-huit cent septante,
On nous dit: les Français ont tous levé leur tente,
Et leur empressement à fuir est si soudain
Que leurs provisions gisent sur le terrain.

Mais ne ravivons pas cette terrible plaie;
Effaçons un passé qui fait rougir nos fronts;
La résignation à la valeur supplée,
Et le repentir peut laver bien des affronts.
On ne commande pas seulement à la terre,
Parce qu'on est vaillant et dispos à la guerre;
Les œuvres de l'esprit, l'industrie et les arts
Savent à l'étranger inspirer des égards.

France, ne pense pas à prendre ta revanche;
En déclarant la guerre à tes fiers ennemis,
Les yeux écarquillés et le poing sur la hanche,
Ne dis point: maintenant tout en ordre est remis,
Repousse les lueurs d'une trompeuse amorce,
L'Allemagne sur toi l'emporte par la force,

Les fameux canons Krupp par les Cyclope faits,
Pour t'écraser encor se tiennent toujours prêts.

Tes clairons en sonnant la nouvelle campagne
Diraient le premier coup de ta messe des morts;
La Bourgogne bientôt, la Comté, la Champagne
Lèveraient leurs soldats en voyant choir leurs forts.
Tes ennemis gorgés de butins, de carnage,
Se feraient de ton sol un néfaste partage,
Et les maîtres diraient aux écoliers ceci :
« Sur la carte, voyez ! La France fut ici. »

Ma France écoute-moi, sois raisonnable, sage,
Supporte tes douleurs comme expiation;
Ne va pas t'aveugler sur ton mâle courage:
Hélas! il est sujet à variation.
Un homme éclairé, probe et prudent à l'extrême
De ta conversion entreprend le problème;
Suis-le sans défiance, écoute ses avis,
Et tu t'applaudiras de les avoir suivis.

France, qui prendrais-tu pour remplacer cet homme
Que l'injustice attaque et que la haine suit?
Où trouver de vertus une pareille somme?
Où tant de dévoûment avec si peu de bruit?
Serait-ce de Chambord le monarchique comte?
Il n'a pas de ces bras avec lesquels on dompte
L'hydre de l'anarchie, et, d'antiques abus
Lui-même imbu, s'adresse à des amis imbus.

Sont-ce les d'Orléans? La tâche originelle,
Malgré leurs qualités, jaillit sur les enfants.
Philippe-Égalité, de sa voix criminelle,
Votant la mort du roi, souilla ses descendants.

Du dernier des Condé le trépas si lugubre
Fut à leur renommée encore moins salubre.
Ils peuvent, je le sais, tous en être innocents,
Mais ils ont éveillés de terribles accents.

Serait-ce Gambetta que la France éplorée
Choisirait pour calmer son agitation ;
Mais ce serait la guerre aussitôt déclarée,
Et la France perdue et sans rémission.
Ces gens-là, partisans d'une levée en masse,
Sur la guerre sont tous d'une ignorance crasse.
Ils pensent qu'il suffit d'improviser un chef
Pour d'un foudre de guerre avoir tout le relief.

Serait-ce Badinguet, de quel nom qu'on l'appelle,
Qui reprendrait la France afin de se panser.
Prend-on pour se guérir l'épée avec laquelle
On a reçu le coup qui vient vous offenser ?
Ses familiers sont prêts, avec sa valetaille,
A tendre leurs chapeaux à la vaille qui vaille.
Ils sont, pour de l'argent qu'il donnait volontiers,
Prêts à reprendre encor les plus honteux métiers.

Avant de trébucher piteusement du trône
Et de tomber à plat sous les traits du mépris,
Bonaparte avait vu se ternir sa couronne,
Victor Hugo l'avait payé selon son prix.
Si notre armée osait regretter un tel être,
Je soutiendrais qu'elle est indigne de paraître
A la face du monde. Elle s'abaisserait,
Et l'étranger moqueur d'elle plaisanterait.

Français ! ralliez-vous autour de l'homme intègre
En qui vous avez mis votre espoir le plus sûr,
Que ne rebute pas un vrai travail de nègre
S'il faut de l'édifice étansonner le mur.
France, qu'il soit pour toi comme un sauveur sublime
De ton affection digne et de ton estime ;
L'Europe le vénère. Aucune nation
N'ose lui marchander son admiration.

Didier Simon.

ERRATA du volume LA PATRIE (8me série)

Page 145, 4e ligne, lire : Déjà je ne vois plus *au lieu de :* Déjà je ne peut plus.
Page 152, 21e ligne, lire : Ce passage *au lieu de :* Le passage.
Page 152, 24e ligne, lire : Paix fraternelle *au lieu de :* Paix solennelle.
Page 153, 20e ligne, lire : Je *nous* compare *au lieu de :* Je vous compare.
Page 31, lire : Garnisaire, *au lieu de :* Garnissaire.
Page 34, lire : à la sénilité dozez *au lieu de :* à la sénélité dorez.
Page 35, lire : et des vœux qu'exprimait *au lieu de :* qu'exprimaient.
Page 369, 15e ligne, lire : encore cette fois *au lieu de :* encore une fois.
Page 369, 23e ligne, lire : Von Gœben *au lieu de :* Isoben.
Page 407, 10e ligne, lire : en bâton *au lieu de :* en laiton.
Page 408, 2e ligne, lire : orbes *au lieu de :* arbres.
Page 495, 12e ligne, lire : et par ses vapeurs assoupi *au lieu de :* et par des vapeurs assoupi.
Page 503, 3e ligne, lire : honteux du bien puérile rôle *au lieu de :* honteux du puérile rôle.
Page 503, 21e ligne, lire : où l'or donnait aux grands l'encens souvent fertile *au lieu de :* où l'or donnait aux grands l'encens souvent futile.
Page 503, 27e ligne, lire : En fait à toute la France *au lieu de :* on en fait à toute la France.

TABLE

Afevill (W.). — La Conquête de la vérité, page 449.

A. G. — Rêves à sept ans, 287. — A ma mère pour le jour de sa fête, 485.

Agassiz (G.). — Le Contrebandier Suisse, 91.

Agnès (René). — A la France, 95. — A M. Thiers, 96. — Appel à la Bienfaisance, 97. — Acrostiches nécrologiques, 513. — Mon Discours de réception, 513. — Sonnets, 515.

Andrevetan (Dr). — Satire idéale sur les hôteliers, 151.

Anonyme. — Sur le cercueil de mon enfant, 56.

Aspley Le Gros (Augustus). — Jersey, ma Patrie, 149. — Il faut mourir, 200.

Barbier (Jean). — Rêve Satano-Politique, 99.

Bassignot (C.-V.-M.). — La Science et les arts comparés aux armes, 125.

Baton (N.). — Au Tangage, 443.

Baudemant (R.). — Prophétie, 164.

Baudet (A.). — Le Fauteuil du grand'père, 138.

Berliez (Constant). — Un Oublié, 131.

Blancard (Jules). — La Trochulliade, 236. — Les maisons de jeu, 414. — St Louis, 525.

Blanchot (Ch.). — Espère, 51. — Les Ruines du château, 232.

Bodeau (J.). — La Beauté de la Liberté, 177.

Bogros (l'Abbé Maurice). — Les Deux Frères, 9.

Bonhommet (Victor). — La France, 67.

Boucher. — La mort du curé de campagne, 129. — Les Fleurs d'automne, 578.

Bour (Eugène). — Le Jour de la Justice, 41.

Briol (J.). — Stances, 221.

Brocherie (Léandre). — Les Fleurs de mai, 134.

Brossette (Dr).— Revers de la France, 133.

Brunet (F.). — A M. X..., 444.

Brunet (Henry). — Après le combat, 372.

Buffeteau (Gustave). — Réparation, 135.

Carlet (Gustave). — Dans un Berceau, 380. — A mon petit frère, 381.

Carrance (Évariste). — La Justice, 7. — Devant un Berceau, 124. — A Maurice-Robert-Évariste Carrance, 124. — Pensée, 144. — Liberté, 145. — Les Pêcheurs, 163. — A M. Jules de Voris, 171. — Le peuple le plus heureux, 191. — Le Divorce, 193. — A S. A. Mme la Princesse Marie Lascaris, 218. — A Mme Marie Giard, 223. — Le Pilote de la France, 569. — Mosaïque, 580.

Ciccaglione (Luigi). — Alla Francia, 567. — Ad. Adolfo Thiers, 568.

Charlot (Eugène). — A Mlle Marie G..., 511.

Cherruau (Édouard). — Sonnet, 257.

Chastanet (Auguste). — Le Serment des Vengeurs, 142.

Chocque (Paul). — La Revanche, 25.
Chouet (Louisa). — A Mlle S. P., 580.
Christophle (J.-C.). — Malédiction d'un soldat, 140.
Coudrier (Victor). — L'Idéal de Brunette, 144. — Exil, 205.
Curie (H.). — L'Esprit humain, 203.
Daguet (H.). — Le Siècle d'or, 259.
Darloy (Charles). — Aux Alsaciens-Lorrains, 226.
Didier (Simon). — A la France, 591.
Dieuaide (Jules). — Le Fantôme, 258.
Dupuy (P.-C.). — Les Anges de la terre, 71. — Photographie sur Mlle X., 448.
Durand (V.-V.). — L'Aigle et le Hibou, 491.
Esprit Frappeur. — La mort, 19.
Esprit Rosier. — Sonnet, 347. — La Justice, 413. — La Poésie, 536.
Fabre des Essarts (Léonce). — Deuil, 86.
Farget (Abel). — L'Ouvrier, 524.
Flament (Léon). — Si j'étais petit oiseau, 157. — Allégorie sur l'Ambition, 158.
Gaëtano Belluzzi (le comte). — Sonetto, 440.
Gein. — Le Mobilisé, 172. — Les Bruits de la nuit, 272.
Gimoux (Denis). — Le Passé, le Présent et l'Avenir de la France, 275.
Girod-Rousset (Ariane). — La Nuit, 358. — Rien ne m'est plus, plus ne m'est rien, 582.
Godet (Jules). — Seize ans, 284.
Godet (Louis). — L'Alsacienne, 268.
Gonin (Marguerite). — Dieu et la France, 359.
Gorlier (L.). — Fragment de la traduction en vers français du poème de *Don Juan*, 170. — Un Duel, 385.
Goubet (Amédée). — Le Soir du Châtiment, 420.
Goussé (E.). — Je perds la tête, 273. — A la justice, 547. — Ce que j'aime, 549.
Greux (Louis). — L'Hospitalité, 167. — La Boulangère, 285.
Grimaud (Louis). — Louangés à moussu Caranço, 522.
Grolleau (Jean). — Revanche, 269. — Conseil à la Jeunesse, 271. — Guerre à l'ignorance, 505. — Le Vieillard et la Mort, 506.
H. (H.). — Patrie, 66. — Si...! 224.
Harel (Paul). — Avant l'exécution, 161. — Paris, 165. — Rédemption, 292.
Harmignies (Léonce). — Patrie et Liberté, 289.
Henry (Pauline). — Il est un Dieu, 366. — Les lilas et l'hirondelle, 368. — A nos frères Alsaciens et Lorrains, 370.
Hupin (Ernest). — L'hymne de l'Avenir, 481.
Isidore. — Un Chant d'automne en 1872, 571.
Javelle (Guilhaumou). — A la Fraternité, 504.

Kinner (Baron de). — La Trinité sous la République, 426.
Labbé (Paul). — Aux émigrants, 302.
Laloy. — Ode historique à toute ma famille, 583.
Lapaine (Iwan). — A ma cousine Adèle, 162.
Laurent (Jules). — La Liberté voulant se marier, 294.
Le Guerche (Eugène). — Le rendez-vous royal, 64.
Léon (Julien). — A la France, 396.
Leray (P.). — A ma mère, 300.
Le Sourd (A.). — Souvenirs de St-Brieuc-de-Mauron, 211. — La Saint-Henry, 221. — Exil et retour, 299. — Sonnet, 299.
L'Hotte (Gustave). — A une jeune fille dont le cœur s'éveille, 16.
Lieure (Isidore). — Ce que j'ai vu, 161.
Lobel (Adrien de). — Pensées, 223.
Long (C.). — Un songe au temple de la sagesse, 305.
Lugol (Julien). — A la France, 310.
Magné (Charles). — Les Deux sœurs, 316.
Mas de Castres (Louis). — Le Dix-Neuvième siècle, 311. — Hommage à la Suisse, 434.
Maris (Gabriel). — Ode à la Suisse, 312.
Martonne (Alfred de). — La mort du poète, 57.
Mattet (Pierre). — La Voix des flots, 489.
Marchand (Ch.). — La Justice, 324. — A la mémoire de Mme Dion, 531.
Marchand (J.). — Conseils, 321.
Maxime (Philippe). — A la France, 546.
Mazière (P.). — Un viveur, 402.
Mazaudois (Philibert). — L'existence de Dieu, 326.
Menich (Armand). — Le Carnaval, 84.
Mercadier (J.). — Alerte, 427.
Mireur (Jacques). — Dieu Créateur, 466. — L'agneau, 540.
Mocquereau (G.). — A M. Charles Dancla, 314.
Mouriés (L.). — Le doute, 429.
Nadaud (Henry). — Mélancolie, 98. — Lettre, 207. — Rêves Allemands et Français, 550.
Neuve-Église (Théodore). — Les Deux voies, 328.
Nepveu (Amand). — A Bismark, à Guillaume, 510.
Oppepin (Louis). — L'Hirondelle du Calvaire, 10. — A une jeune fille, 400.
Orse. — Justice, 50. — Les Marins, 411.
Oudart (Euphrosine). — A Mlle Isabelle D..., 166.
Palut (P.-P.). — Le berceau des Bonapartes, 338. — Espoir, 341. — Ode à la Liberté, 565.

Paret (Camille). — L'amour doit-il coûter tant, 187. — Fleurs de sa fenêtre, 198.— Le Feu follet, 214.— Chantez, dansez fillettes, 216.— Le Soldat de 1867 qui raisonne, 334.

Paul (André). — La Justice, 502.

Pêne (J.-B.). — L'absence, 336.

Peyret (l'abbé). — Au Christ, 83. — La Justice et la Liberté, 146. — Invocation, 179. — A Notre-Dame de Mai, 181. — Aspiration d'un vieillard, 182.— L'exilé, 183.— Le Prêtre, 185. — Chants d'un habitant de la Montagne, 201. — Sur Geneviève, 203. — Sur la Statue de Voltaire à Paris, 206. — Le 24 février 1848, 434. — Chants d'un habitant des montagnes, 436. — Comment obéir aux chefs, 439.— Sur Racine, 440.— La Liberté, 507.— Attachement des Alsaciens et des Lorrains, 508. — La Réforme politique, 517. — Soldat Polonais mourant, 520. — A Mlle Antoinette Peyret, 570.

Piquot (Alfred). — A mon voisin Philipot, 39. — Aux débris d'un temple sacré, 558. — Fruits de l'enseignement clérical chez le paysan, 562.

Plat (André). — A ma nièce Lisa, 331.

Pret (Aimé). — Adieux de Marie Stuart à la France, 417.

Préville (Louis de). — Élégie, 23. — L'Association Française, 383.

Rais (Jos.). — Les faux dieux, 343.

Ralud-Martynic. — La France et l'Empire d'Allemagne, 497. — A M. de Foy, 501. — A Mme veuve Dubois, 538. — Le Barde, 539.

Rambaud (Jules). — L'amour paternel, 175. — Le Devoir, 348.

Rastel (Pierre).— Les Pardons, 230.

Raymond (A.-S.). — Patrie et poète, 493.

Robert (Denis). — Le Rossignol, 196. — La Journée du berger, 533. — L'alouette, 534.

Rolland (J.).— Le Myosotis, 350.

Rousseau (Auguste). — La Muse en deuil, 342. — L'impôt du sang, 577.

Rousset (Gustave). — Douleur, espoir, 59. — Ange ou démon, 585.

Sauvage (G.). — Ils sont partis, 432.

Sauzet (Jules). — A la France, 529.

Seyssaud (Siffrein). — A des Rouges-Gorges, 178.— L'aumône, 189.— A l'ombre des pins, 199. — La Fontaine des fous, 209. — Vers toi, 351.

Seyssaud (Théodore). — Un paoure vieiard, 401. — Le Solitaire, 441. — La Bouscarlo d'oou rougas, 487.

Schmepp (Eugénie). — Extase, 378.

Siéger (Henri). — A Mlle N. B., 219. — Oubli, 223. — A la Société de Hofingue, 381. — A Mlle N. B., 488.

Tocqueville (Georges). — La boucle de cheveux, 557.

Topin (Hippolyte). — Le bois de Boulogne, 353.

Valet (Albert). — Le XIXe siècle, 441.

Vallon-Colley (Dr Henri-M.). — Hélène, 75.

Vellot (Alfred). — La France devant les Siècles, 80.

Viel (Morice). — Le Regret de l'Alsacienne, 357.

LITTÉRATURE CONTEMPORAINE

Julien Lugol. — Le Quatre Septembre	F. » 30
Ad. Chevassus. — Rouget de Lisle	1 20
» Un amour en Touraine	» 50
Ali Vial de Sabligny : Les grains de poudre	» 50
» Un peu d'aide fait grand bien, comédie	» »
Alfred de Martonne : Bagnoles de l'Orne	» »
Alfred Gabrié. — Jacques Bornier, poème	1 50
Le F^{re} Léontin : Les Prussiens à Dampierre-sur-Loire	» »
J. Mercadier et Joseph Coli : Guillaume de Cabestany, opéra comique	» »
F. Orse. — Le Miroir de l'Exposition universelle	» »
» A Mac-Mahon	» »
» Considérations sur la réorganisation de l'armée	» »
J. Abeille. — Les nuits de l'Empereur Guillaume	» »
René Agnès. — Les Cent Sonnets	1 »
Léonce des Essarts : Tous trois sont morts	» »
Ch. Blanchaud. — Étapes du 7me mobile	» »
Louis Grimaud : Situation de Toulon en 1855	» »
Mlle Marguerite Gonin. — Primevères, poésies	» »
Henry Nadaud. — La Patrie en deuil, prose et vers	3 »
Le C^r Crisostomo Ferrucci : Scala di vita mémoriale en terza rima	» »
J. de Voris : Flâneries orientales	3 »
H. Topin. — La divine comédie, traduction de Dante, 2 volumes	» »
Andrevetan. — Poésies nouvelles	5 »
Dr Henri Vallon-Colley. — Ces Dames et ces Messieurs	1 »
G. Tocqueville. — Causettes	» »
Évariste Carrance. — Le Mariage chez nos pères	5 »
» De Ma Fenêtre	1 »
» Au bruit du canon	1 »
» M. Thiers	1 »
» Le Roi des Pêcheurs	2 »
» Maison à louer, comédie	1 »
Poésies collectives : Voix Poétiques	10 »
» Parfums de l'âme	6 »
» Aigles et Colombes	10 »
» Fleurs et Fruits	5 »
» Ombres et Rayons	5 »
» Rubis et Saphirs	5 »
» La France Nouvelle	5 »
» La Patrie	5 »
» La Justice	4 »

www.ingramcontent.com/pod-product-compliance
Lightning Source LLC
Chambersburg PA
CBHW060410230426
43663CB00008B/1433